the FRENCH experience 2

Authors
Mike Garnier
Jeanine Picard
University of the West of England, Bristol

Course consultant
Anny King
University of Cambridge Language Centre

The French Experience 2 TV series was first broadcast in
January 1996

Television producer: David Wilson
Radio producer: Merilyn Harris
Audio producer: Alan Wilding, BBC Languages

Developed by BBC Languages
Edited by Jenny Goodwin, Geraldine Sweeney
Designed by AMR
Glossary compiled by Judy Batchelor
Picture research by Paula Cahill
Illustrations by Art Construction, Jeff Edwards, Johanna Fernihough
Consultant on Horizon pages: Camélia Bendhaou

© Mike Garnier and Jeanine Picard 1996
The moral rights of the authors have been asserted

ISBN 0 563 40020 X
Published by BBC Languages, BBC Worldwide Ltd,
Woodlands, 80 Wood Lane, London W12 0TT
First published 1996
Reprinted 1996, 1997, 1998 (twice), 2000, 2001

Printed and bound in Great Britain by
Butler & Tanner Ltd, Frome and London
Cover printed by Belmont Press Ltd, Northampton

Contents

Le Monde de la Francophonie

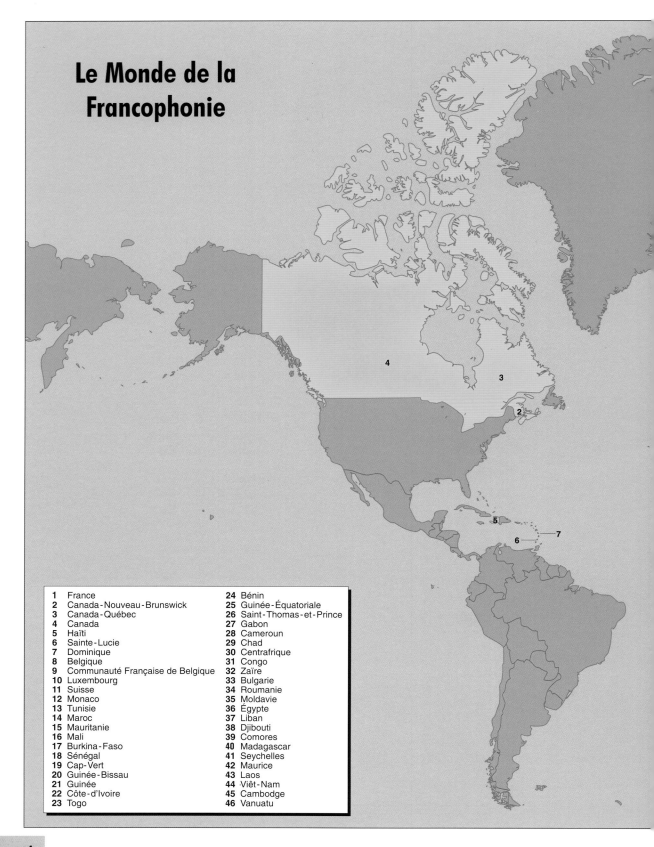

1	France	24	Bénin
2	Canada-Nouveau-Brunswick	25	Guinée-Équatoriale
3	Canada-Québec	26	Saint-Thomas-et-Prince
4	Canada	27	Gabon
5	Haïti	28	Cameroun
6	Sainte-Lucie	29	Chad
7	Dominique	30	Centrafrique
8	Belgique	31	Congo
9	Communauté Française de Belgique	32	Zaïre
10	Luxembourg	33	Bulgarie
11	Suisse	34	Roumanie
12	Monaco	35	Moldavie
13	Tunisie	36	Égypte
14	Maroc	37	Liban
15	Mauritanie	38	Djibouti
16	Mali	39	Comores
17	Burkina-Faso	40	Madagascar
18	Sénégal	41	Seychelles
19	Cap-Vert	42	Maurice
20	Guinée-Bissau	43	Laos
21	Guinée	44	Viêt-Nam
22	Côte-d'Ivoire	45	Cambodge
23	Togo	46	Vanuatu

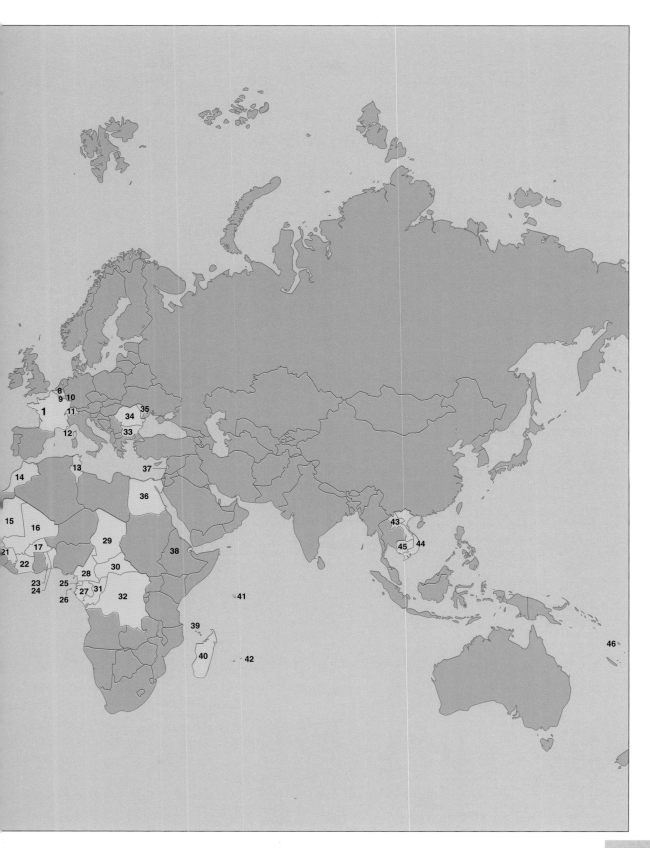

Introduction

The French Experience 2 is a second-level course for adult learners of French who have followed a beginners' course such as *The French Experience 1*. It has two primary purposes: to enable you to take your speaking, understanding, reading and writing of French a stage further, and to introduce you to French-speaking countries around the world, in addition to France itself. It offers a fascinating insight into the French-speaking world and a varied and rich opportunity for you to advance your knowledge of the French language.

The main teaching and learning materials are this course book and four fully integrated audio cassettes.

THE COURSE BOOK

Used together with the audio, this contains all the material needed for you to follow the course on your own or in a class. The course book is divided into ten teaching units, and each unit comprises the following sections:

A l'écoute: six pages of audio-based material to develop listening and speaking skills. They feature varied activities to help you understand, practise and produce the language yourself. This is the language of opinions, the exchange of ideas, factual information, and ordinary everyday chit chat.

Découverte: four pages of reading-based material to develop reading comprehension. These pages feature a range of texts from newspapers, magazines and other sources with a wide variety of activities.

Echange: two pages based on the language of 'transactions' – in shops, travel settings, restaurants, etc. – featuring extended role-play activities to help you practise the language you have learned.

Profil: an audio-based profile of an interesting individual or institution, which gives an intriguing insight into the French-speaking world.

Horizons: a text-based introduction to the many different French-speaking countries, including the DOM-TOM, Vietnam, Canada, Guadeloupe and Senegal.

In addition, there is a four-page self-assessment unit after every two units for you to check your progress.

The comprehensive reference section includes a Language summary which gives a more detailed explanation of the language covered. Within the units key structures are dealt with as they arise from the context. The reference section also includes full transcripts of the core audio recordings, answers to all the activities, and a French – English glossary.

THE AUDIO CASSETTES

The course book is accompanied by fully integrated audio on four cassettes. These are packed with language explanations, carefully graded opportunities for listening, understanding and speaking, as well as real life conversations in French to show the spoken language in everyday use. The recordings were made in France, Belgium, Switzerland and the Ivory Coast.

TV

A ten-part television series, *The French Experience 2* further explores the French-speaking world and provides additional support.

Course menu

Unit		Functions & topics	Horizon
Unité 1	Langues et pays	Talking about the languages you speak Asking what others speak Arranging to meet someone Fixing an appointment	La francophonie
Unité 2	Origines et logements	Talking about your background Talking about where you live Talking about your home Enquiring about properties for sale Booking a hotel	La Tunisie
Unité 3	Argent	Talking about money & cost of living Enquiring about costs and prices Doing business at the bank Making arrangements to collect a hire car	Le Viêt-Nam
Unité 4	Environnements	Talking about your home town Talking about the environment Talking about the weather Understanding weather forecasts Getting information about a place you're visiting Buying a guide book Enquiring about holiday information	La Belgique
Unité 5	Gastronomie	Locating and buying the food you need Talking about food Understanding recipes, dishes & menus Ordering a meal in a restaurant	Les DOM-TOM
Unité 6	Métiers	Saying what you do for a living Asking about hours of work, opening times Saying whether you like a job, and why Applying for a job, preparing a CV Taking part in a job interview	La Guadeloupe
Unité 7	Générations	Talking about your family & friendships Asking for advice on obtaining a bus pass Using the telephone system in France Using Minitel	La Nouvelle-Calédonie
Unité 8	Transports et voyages	Talking about travel Asking about times and timetables Making and changing a reservation Asking for directions	La Suisse
Unité 9	Sociétés	Talking more about your background Saying why you live in a particular place Saying what you miss about your home Comparing lifestyles in different societies Putting forward an argument	Le Sénégal
Unité 10	Loisirs	Saying how you spend your spare time Talking about holidays Talking about leave from work Talking about what you can and can't do Making enquiries & hiring leisure equipment Reporting a car breakdown, obtaining help	Le Canada

In this unit, you will:

- Practise saying what languages you speak and asking what others speak
- Find out more about the French language and the countries where it is used

- Practise arranging to meet someone
- Practise making contact by phone

A l'écoute
• Quelles langues parlez-vous?

INFO
LANGUE

- **WHICH LANGUAGES DO YOU SPEAK?**

- To ask someone which languages they speak:

  | Quelles langues parlez-vous? |

- To ask them if they speak a particular language:

  | **Parlez-vous** français /espagnol /russe /arabe? |

Various answers are possible:

Oui, **je parle** français et anglais	Yes, I speak…
Je parle **couramment**…	…fluently
Elle parle **très bien**…	…very well
Je parle **un peu**…	…a little
Il parle **un tout petit peu**…	…a very little
Je **me débrouille en**…	I 'get by' in…

Names of languages are all masculine, and the article *le* or *l'* is normally used:

| Je trouve **le** français plus facile que **l'**arabe |

However, after the verb *parler* it is usually omitted.

- To say what your mother tongue is:

  | **Ma langue maternelle** c'est le suédois |

- To say you're learning a language:

  | **J'apprends** le français |

- 'In ' or 'into' a language = *en*

  | Ce livre a été écrit **en** anglais mais il a été traduit **en** plusieurs langues |

1 ((o))
Now turn on the tape to practise using these and similar phrases.

2
Match up the countries with the languages.

1	En Belgique on parle	a	allemand
2	Au Canada	b	arabe
3	En Suède	c	principalement allemand et français
4	En Australie	d	français et flamand
5	En Autriche	e	français et différentes langues africaines
6	En Suisse	f	anglais et, dans certaines régions, français
7	En Côte d'Ivoire	g	suédois
8	En Arabie Saoudite	h	anglais
9	Au pays de Galles	i	hollandais
10	Aux Pays-Bas	j	anglais et gallois

3
How would you say the following in English?
1 Elle parle très bien flamand et elle se débrouille en français.
2 Parlez-vous d'autres langues que le français?
3 Quelle est la langue que vous parlez le mieux? – L'allemand.

4 Mon ami Yves parle un peu anglais mais sa langue maternelle c'est le français.

5 L'allemand c'est la langue qu'on parle à la maison.

6 Mes enfants apprennent l'espagnol et l'allemand à l'école.

INFO
LANGUE

• **NATIONALITIES**

Remember to make your nationality 'agree':

	males	**females**
Je suis	anglais	anglaise
	français	française
	danois	danoise
	américain	américaine

With the French words *nationalité*, *origine* and *langue*, the adjective is always feminine:

Mon père est d'**origine italienne**
Pierre est d'**origine marocaine** et de **nationalité française**
La **langue française** est une des **langues officielles** de la Suisse

Interview 1

In Abidjan we interviewed M. Grah-Mel, a writer and journalist from the Ivory Coast.

1 ((ο))
Listen to M. Grah-Mel talking about himself and the languages he speaks, one of which is *adioukrou*. Then listen again and complete the following identity card.

Nom	Grah-Mel
Prénom	Frédéric
Domicile	....
Nationalité	....
Profession	Ecrivain et journaliste
Langue maternelle	....
Autres langues	....

2 French is the official language in a great many countries around the world, including a number in Africa. Look at this list of African countries and tick all those in which you think French is an official language.

a le Sénégal	f l'Afrique du Sud
b le Congo	g la Côte d'Ivoire
c l'Ethiopie	h l'Angola
d le Nigéria	i la Tanzanie
e le Tchad	j le Rwanda

3 ((ο))
We also asked M. Grah-Mel about other languages used in his country.

environ	*about, approximately*
choisi	*(past participle of* choisir – 'to choose'*)*
dans tous les cas	*in any event*
la vie quotidienne	*everyday life*

Listen to what he has to say and from the words below, tick the ones you hear. They are all to do with language.

se comprendre   commune   utiliser   française internationale   maternelle   nationale communication   officielle   coloniale

4 All the words in the list below can be used with *langue* or *langues*. Use them to fill the gaps in the following sentences.
coloniale   commune   étrangères   française internationale   maternelle   nationale officielles

1 L'anglais est la langue ...... de la majorité des Australiens.

2 Le français est la langue ...... en Côte d'Ivoire.

3 J'aime étudier les langues ....

4 Le parlement européen a adopté plusieurs langues ....

5 Si vous allez vivre à Toulouse, vous devez apprendre la langue ....

6 Les Suisses et les Belges parlent une langue ...... – c'est le français.

7 L'anglais est parlé presque partout dans le monde. C'est vraiment une langue ....

8 Après la décolonisation, beaucoup de pays ont gardé la langue ....

5 ((o))

Look carefully at these questions, then listen to M. Grah-Mel again and tick the correct answer to each one.

1 Combien de langues y a-t-il en Côte d'Ivoire?
  a environ 16   c environ 70
  b environ 60
2 Combien d'Ivoiriens y a-t-il aujourd'hui?
  a deux millions   c douze millions
  b deux milliards
3 Quelle langue est-ce que M Grah-Mel utilise le plus?
  a l'anglais   c le français
  b l'adioukrou
4 Combien d'Ivoiriens parlent adioukrou?
  a beaucoup   c très peu
  b presque personne
5 Dans combien de pays africains est-ce qu'on parle français?
  a 14
  b 40
  c 80

INFO LANGUE

• **DEFINITE ARTICLE: LE, LA, L', LES**

The definite article is often used the same as 'the' in English:

| Le chat est dans le jardin |

However, there are some cases where it is used in French though not in English:

1 with names of languages

| L'espagnol, le catalan, le basque et le galicien sont tous parlés en Espagne |

2 with names of countries

| Le Canada est beaucoup plus grand que les Etats-Unis |

Note that 'to' or 'in' feminine countries is *en*:

| J'habite | en France/Espagne/Côte d'Ivoire |
| Je vais | |

For masculine countries it's *au* or *aux*:

| Je vais | au Japon/Canada |
| J'habite | aux Etats-Unis |

(There is more on the uses of articles in the Language Summary at the back of the book.)

6

How would you say the following in French?
  1 I learnt French...   4 in Belgium
  2 at school   5 in Brittany
  3 in Canada   6 in Paris

How would you ask these questions in French?
  7 What is the capital (*la capitale*)...?
  8 of Italy   12 of the Ivory Coast
  9 of Canada   13 of the Netherlands
  10 of Switzerland   14 of Portugal
  11 of Belgium   15 of the United States

Now, choosing from the capital cities listed below, see if you can answer your own questions along the following lines:

16 La capitale de l'Italie c'est ....
  Berne   Abidjan   La Haye   Lisbonne
  Bruxelles   Ottawa   Washington   Rome

7

Fill in the gaps in these sentences, using the appropriate word or phrase.
1 Où allez-vous? Nous allons ...... Afrique.
2 Quelle langue apprenez-vous? J'apprends ...... italien.
3 Où avez-vous passé Noël? Je l'ai passé ...... Canada.
4 Où as-tu appris ...... français? Je l'ai appris ...... école.
5 Quelle est la langue maternelle ...... Ivoiriens?
6 Il y a beaucoup de contacts humains et culturels entre ...... France, ... Tunisie, ... Maroc et ...... Algérie.
7 Quand il est avec des amis, il me parle ...... français; quand on est seuls, il me parle ...... italien.
8 C'est Tokyo la capitale ...... Japon, n'est-ce pas?

8 ((o)) *Jeu de rôle*

You are M. Grah-Mel and you're being interviewed by the local radio station. What you have to say is on tape, but if it helps you to prepare, the English text is with the Scripts at the back of the book. Play the part of M. Grah-Mel.

Interview 2

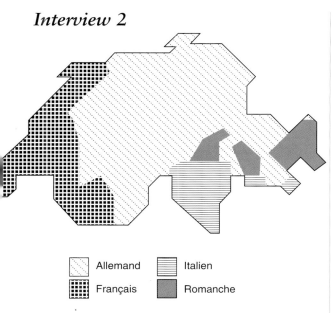

Allemand	Italien
Français	Romanche

Les langues parlées en Suisse

In many French-speaking countries, there are often several other languages spoken as well. We first asked Frédéric Grah-Mel then Toni Burgener from Switzerland, whose mother tongue is German, which languages they use at home with their families.

tessinois	*coming from* le Tessin
valaisan	*coming from* le Valais
un patois	*a dialect*

1 ((o))

Before listening to the interviews, read these questions.

1 La femme de M Grah-Mel ne parle pas la langue adioukrou.
 a Elle parle une autre langue africaine.
 b Elle parle le français.
 c Elle parle l'anglais.
2 Frédéric Grah-Mel ne parle pas la langue maternelle de sa femme. Dans quelle langue la famille communique-t-elle?
 a en adioukrou   c en anglais
 b en français
3 Toni Burgener est suisse. Sa langue maternelle est l'allemand. Dans quelle langue parle-t-il à son fils Fabio?
 a en allemand   c en italien
 b en français

4 La femme de Toni Burgener est suisse du Tessin. Sa langue maternelle est l'italien. Dans quelle langue parle-t-elle à son fils Fabio?
 a en allemand   c en italien   b en français
5 Quelle est la langue commune de Toni Burgener, de sa femme et de leur fils Fabio?
 a l'allemand   c l'italien   b le français

Now listen to the interviews and answer the questions.

2 ((o)) *Jeu de rôle*

Listen again to the interview with Toni Burgener and make sure you understand what he says. Now play the part of Toni and answer some questions about the languages you use at home. If you want to prepare, the text is included with the Scripts.

Toni Burgener

INFO LANGUE

• **FRANCOPHONE/FRANCOPHILE/FRANCOPHOBE**

The French have special words to refer to people who speak particular languages, or to the countries where they are spoken.

| un pays **francophone** | a *French-speaking* country |
| un écrivain **anglophone** | an *English-speaking* writer |

Similarly:

| -ophile | someone who loves a country and its people |
| -ophobe | someone who dislikes a country and its people |

3

Starting with the prefixes *arabo-, anglo-, germano-, franco-, hispano-,* use an appropriate word to complete these sentences.
1 Le Mexique est un pays ....
2 L'Arabie Saoudite et la Libye font partie du monde ....
3 La Côte d'Ivoire est un pays ....
4 Les habitants de Zurich sont ....
5 Il n'a jamais aimé l'Angleterre; on peut dire qu'il est presque ....
6 J'adore tout ce qui est français – la cuisine, la langue, les gens. Je suis un vrai ....

1

Interview 3

1 ((o))

We interviewed Sylviane Dupuis (right), a French teacher in Geneva about the languages of Switzerland. There are four official languages in Switzerland. Before you listen to Sylviane, can you tick the ones you think they are?

l'allemand	l'anglais	l'espagnol
le néerlandais	le français	l'italien
le latin	le romanche	le roumain
le slovaque		

Now listen to the interview and hear if you were right.

CULTUROSCOPE

*L*es *Grisons* is the largest of the Swiss cantons; it includes the resort of St Moritz. The German-speaking part of Switzerland is usually called *la Suisse alémanique*, while the French-speaking part is usually called *la Suisse romande*.

2 ((o))

Listen to the interview again and tick the correct completion of each sentence.

1 La majorité des Suisses sont
  a francophones.   b germanophones.
2 La partie de la Suisse où l'on parle français s'appelle
  a la Suisse alémanique.
  b la Suisse romande.
3 La partie de la Suisse où l'on parle italien se situe
  a dans le nord du pays.
  b dans le sud du pays.
4 La langue particulière des Grisons c'est
  a le romanche.   b l'italien.
5 La langue principale à Berne c'est
  a le français.   b l'allemand.
6 L'allemand est la langue maternelle de ...... des Suisses.
  a deux tiers   c la grande majorité
  b trois quarts

3

Here's a postcard written by a French boy who's staying with his English pen-friend. Fill in each gap with a word or phrase from the list.
école Angleterre français bien italien apprend d'anglais débrouille communiquer l'Angleterre italienne ne parle pas

Chers parents
Un petit mot pour vous dire que je suis bien arrivé en .....
et que tout va très très ...... Mon correspondant Giorgio ..... beaucoup de français. Il l'..... à l'..... depuis six mois seulement. Mais avec un peu ..... et un peu de ..... on peut ...... Sa soeur Samantha se..... aussi en français. Ses parents sont très gentils; ils sont d'origine ..... mais ils ne parlent pas un seul mot d'...... J'adore .....!
Grosses bises,
Antoine

Monsieur et Madame
Desnoyer
11 rue de La Fontaine
56000 VANNES
France

INFO LANGUE

- **FRACTIONS**

Sylviane Dupuis talks about:

| **deux tiers** de la Suisse | **two thirds** of Switzerland |

Here are some other common French fractions:

$\frac{1}{3}$ = un tiers $\frac{1}{4}$ = un quart $\frac{3}{4}$ = trois quarts

- **APPROXIMATE NUMBERS**

In French there is a series of approximate numbers, such as:

une dizaine de régions	**ten or so** regions
une vingtaine de personnes	**about twenty** people
des centaines d'erreurs	**hundreds of** mistakes

(But *une douzaine* = 'a dozen', not 'about twelve'.)

4 Now try to say the following in French:
1 A third of the class speaks a foreign language.
2 Three quarters of the population speak the official language.
3 He speaks about twenty languages!
4 I've been learning French for around forty years.
5 I have about a hundred books.
6 It costs hundreds of francs.

Lac Léman, Genève

INFO LANGUE

- **ASKING QUESTIONS**

There are three main ways of asking 'simple' questions in French (i.e. those which can be answered by 'yes' or 'no').

Take the statement *Vous parlez français*. The equivalent question can be made by:

1 intonation; leave the word order the same and just raise the pitch of your voice at the end:

| Vous parlez français? |

2 starting your question with *Est-ce que...*:

| **Est-ce que** vous parlez français? |

3 putting the subject after the verb:

| Parlez-vous français? |

If you are pretty sure that the answer is going to be 'yes', you can make a statement and tag *n'est-ce pas?* on the end for confirmation:

| Vous parlez français, **n'est-ce pas?** |

There is more on question-forming in the Language Summary.

5 ((○))
Practise asking questions on tape.

6 ((○))
How would you ask the questions below using 'intonation'? Ask each question aloud, then check your intonation with the tape.
1 Est-ce que vous habitez toujours à Abidjan?
2 Parlez-vous français?
3 Apprenez-vous des langues à l'école?
4 Est-ce qu'ils ont quitté la Belgique?
5 Allez-vous bien?
6 Est-ce que vous connaissez la Suisse?
7 Est-ce que vous apprenez le français depuis longtemps?
8 Etes-vous d'ici?

7 ((○)) *Jeu de rôle*

You're staying at a hotel in Geneva. You're very impressed (*impressionné*[e]) as you've heard the receptionist speaking various languages. You decide to chat to her. Text with the Scripts.

Découverte
• La langue française

Le français et l'anglais: deux langues amies?

English and French may be two separate languages but the proximity of the countries, a lot of shared history, and wars and invasions have led to the two languages having a great deal in common, especially in vocabulary as the two languages have borrowed, taken and swapped words for centuries. Some words disappear as quickly as they came, others stay forever.

You hear a lot about *faux amis* in English and French, that is words that look or sound the same in the two languages but which have a totally different meaning. In reality, there are far, far more *bons amis* between English and French. So an English speaker learning French, or vice versa, already has a vocabulary of thousands of words without even knowing it.

Look at the newspaper extract. Highlight or underline all the words you think you recognise or can guess.

Violence...

DÉSIREUX de mieux combattre la violence à l'école, le ministre de l'Education nationale vient de proposer douze nouvelles mesures dont on espère pour le moins qu'elles permettent d'évoquer désormais au passé les dramatiques incidents que l'on a connus récemment.

Ainsi, s'appuyant sur l'éducation civique, une formation plus adéquate des enseignants en milieux sensibles, une coopération plus étroite entre les fonctionnaires de son ministère et ceux de la police et de la justice, espère-t-il accomplir de louables progrès.

Nous serait-il permis toutefois d'ajouter à ce programme une initiative supplémentaire, nous inciterions — bien que d'en parler passe aujourd'hui pour une banalité — le ministre de l'Education à peaufiner sa copie et à mener, dans le même temps, une croisade contre certaines productions de télévision. Car leur rabachage au quotidien, pour les jeunes esprits qui s'en délectent, n'est rien d'autre, reconnaissons-le, qu'une... école de la violence.

Centre France
La Montagne
Mardi 28 mars 1995

L'Académie française

- **L'Académie française**
The *Académie française* was founded in 1635 to defend and improve the French language. It is made up of 40 members (known as '*Les Immortels*') who are appointed for life.

- **Les anglicismes**
To prevent the invasion of English words into French, the *Académie* regularly publishes lists of French words which they want the French people to use instead of their '*franglais*' equivalent.

Did you know that...?

After the Norman Conquest, the English peasants raised the animals, the Norman lords cooked and ate them. So, while in today's English the animal names have an Anglo-Saxon origin, the meats that come from them have a French origin.

French	English	
Animal + Meat	**Meat**	**Animal**
porc	pork	pig
bœuf	beef	cow
mouton	mutton	sheep
veau	veal	calf

Notice also 'poultry' from *poulet*.

In recent years, with the growing spread of British and American popular culture, so many words and phrases from English have been picked up by the French, especially the young, that it has led to a 'language backlash'.

1

Look at these two columns of words. The *Académie* does not approve of the ones on the left. Try matching each one to its 'acceptable' equivalent.

1	un barman	a	des achats
2	un baby-sitter	b	un aéroglisseur
3	le business	c	les affaires
4	le fast-food	d	un baladeur
5	un flash-back	e	une boîte de nuit
6	un hobby	f	un dirigeant
7	un hovercraft	g	un garde d'enfant
8	un leader	h	un passe-temps
9	un night-club	i	la restauration rapide
10	du shopping	j	un retour en arrière
11	un walkman	k	un serveur

La défense de la langue française

1 **a** Before reading the article (right), look at these statements and tick all those which you think are true.

1 Au XVIIIᵉ et XIXᵉ siècles, le français était la langue de la diplomatie.
2 Aujourd'hui, l'anglais est la langue du commerce.
3 Le français est resté la langue de la culture, surtout parmi les jeunes.
4 Le français est la première langue étrangère enseignée dans les écoles autour du monde.
5 En France, les publications scientifiques sont toujours en français.
6 Les congrès internationaux qui ont lieu en France sont toujours en français.

b Now check your answers by reading the article and for each statement that was 'false', find the corresponding 'true' statement in the article.

2 See if you can remember the French for each of the following expressions in the article. Then write them out.

1 the language of diplomacy
2 the language of business
3 a modern language
4 advertising
5 foreign words

Pourquoi dit-on que la langue française est menacée?

Entre 1714 et 1919, le français était la langue diplomatique utilisée dans toutes les capitales. Aujourd'hui, une seule langue internationale semble dominer: l'anglais.

L'anglais est la langue du commerce. Pour beaucoup de jeunes, il est la langue de la culture, en particulier de la musique. Dans les pays du monde où l'on enseigne une seule langue vivante, l'anglais domine largement et la France essaie donc d'encourager l'enseignement de deux langues vivantes à l'école.

En France, de nos jours, les publications scientifiques se font très souvent en anglais. En 1990, 45% des congrès internationaux organisés en France avaient lieu en anglais.

On accuse la publicité et les médias. Selon un intellectuel français, il y avait plus de mots étrangers sur les murs de Paris en 1994 que pendant l'Occupation allemande!

Doit-on interdire le 'franglais'?

In France, in 1994, new legislation, the *Loi Toubon* (from the name of the French *ministre de la culture et de la francophonie*) stopped the use of English words in many public and even private situations. Feeling that this law was going against the freedom of speech, the Constitutional Council made some aspects of it anticonstitutional.

M. TOUBON
ON TROUVE QUE VOTRE LOI EST PLUTÔT HAS BEEN !

CONSEIL
...UTIONNEL

PLONK

S O N D A G E

LES FRANÇAIS
ET LA DEFENSE DE LA LANGUE FRANÇAISE

I. Selon vous, qu'est-ce qui menace le plus la langue française? %

— Le mauvais niveau de l'enseignement du français à l'école	38
— Le manque de vigilance des Français eux-mêmes pour défendre leur langue	35
— Le fait que beaucoup de Français doivent utiliser l'anglais dans leur travail	22
— L'influence excessive de la culture américaine en France	21
— Le mauvais usage du français dans les médias	17
— La mondialisation de l'économie	12

2. A qui faites vous le plus confiance pour défendre la langue française?

— A l'école	59
— Aux Français eux-mêmes	29
— A l'Académie française	28
— Aux médias	15
— Au gouvernement	10

3. A propos de l'utilisation de mots anglais et américains dans la langue française, croyez-vous que: %

— C'est une mauvaise chose	44
— Ce n'est pas une mauvaise chose	52
— Sans opinion	4

4. A propos de l'utilisation d'expressions et de mots anglais dans la vie de tous les jours, diriez-vous que c'est:

— Moderne	41
— Utile	30
— Amusant	19
— Snob	16
— Gênant	14
— Agréable	8
— Choquant	3

5. Estimez-vous choquant ou pas choquant que des organismes publics utilisent des mots anglais pour nommer certains de leurs produits (comme le Shuttle pour la navette du tunnel sous la Manche)?

— C'est choquant	49
— Ce n'est pas choquant	49
— Sans opinion	2

Above are the results of an opinion poll (*un sondage*) carried out in 1994 to find out whether French people were worried about the growing influence of English on the French language.

3 Read the opinion poll. Then make a list of all the words in question 1 of the poll that look the same or almost the same in French and in English.

4 Read the poll again and highlight or underline the expressions that mean:
1 the teaching of French
2 to use
3 the media
4 who do you trust most?
5 concerning
6 'don't know'
7 useful
8 irritating
9 shocking
10 do you consider...?

5 Read the opinion poll through again and decide whether each of the following statements is true (*vrai*) or false (*faux*).
1 La majorité des Français pensent que c'est la culture américaine qui menace la langue française.
2 Une minorité de Français fait confiance aux médias pour défendre la langue française.
3 La majorité des Français sont opposés à l'utilisation de mots anglais et américains.
4 Les Français ont une bonne image des mots anglais utilisés dans la langue française.
5 La moitié des Français trouvent choquant que l'on utilise des noms anglais pour certains produits.

Echange

• Au téléphone

Our reporter Nadine Wakefield (*d'origine française*) needs to confirm an appointment with a certain Monsieur Douang (*d'origine vietnamienne*) in Langres. So she calls his home and gets Madame Douang (*langue maternelle, le vietnamien*) on the phone.

La famille Douang

INFO LANGUE

• ON THE PHONE

Hallo	Allô
It's... speaking	C'est... à l'appareil
Could I speak to...?	Je pourrais parler à...?
Could I leave a message?	Je pourrais laisser un message?
Could you tell him that...?	Vous pourriez lui dire que...?
OK – that's agreed	D'accord
See you... this evening/ tomorrow/Monday at six/soon	à... ce soir/demain/ lundi/six heures/ bientôt

1 Look at the *Infolangue* boxes above and opposite. Then work out how you would say the following in English.

1 Pouvez-vous lui dire qu'on arrive lundi soir?
2 Je pourrais vous parler en français, s'il vous plaît?
3 Pourriez-vous m'aider, s'il vous plaît?
4 On pourrait changer notre rendez-vous, s'il vous plaît?
5 Vous pourriez m'appeler à la maison après dix heures ce soir?
6 Qu'est-ce que je peux faire pour vous?
7 Je peux vous rappeler demain?
8 Je ne peux pas vous voir aujourd'hui mais je pourrais vous rencontrer demain.

2 ((o)) Listen to Nadine Wakefield on the phone. Then listen again and tick the correct statements. (One question has two correct answers.)

1 Nadine dit à Mme Douang qu'elle a déjà appelé
  a hier   b ce soir   c hier soir

2 Elle dit qu'elle va arriver
  a juste après six heures ce soir
  b juste avant six heures ce soir
  c à six heures ce soir

3 Elle va voir Monsieur Douang
  a avec une autre personne
  b avec sa tante   c seule

4 Monsieur Douang rentre de son travail
  a à six heures exactement
  b vers les six heures
  c juste après six heures

5 La maison des Douang est située
  a en ville   b au centre d'un village
  c à l'entrée du village

6 La maison des Douang
  a n'a pas de véranda
  b n'a pas de numéro sur la porte
  c est la deuxième à droite

7 En fait, Monsieur Douang va rentrer
  a juste après six heures
  b vers cinq heures et demie
  c à cinq heures trente

- **FIXING WHEN TO MEET**

Quand est-ce qu'on peut se voir?	When can we meet/ see each other?

Possible answers:

après six heures	after...
avant midi	before...
juste après dix heures	just after...
vers trois heures de l'après-midi	around...
pas avant lundi	not before...
entre midi et quatre heures	between...

3 ((o))   You want to make an appointment with Doctor Thouvay. It's not particularly urgent. You ring and get the following recorded message. Listen and fill in the blanks.

Bonjour. Vous avez appelé le cabinet du docteur Roger Thouvay. Nos horaires de ...... sont de 9h à 12h15 et de 14h30 à 1800, du lundi au ......, et de 10h00 à midi le .... En dehors de ces heures, vous pouvez appeler, en cas d'......, le 24 45 11 87. Je répète. Le 24 45 11 87. Si votre appel n'est pas urgent, vous pouvez laisser votre message, avec votre nom, ... ou numéro de téléphone, et l'...... de votre appel, après le bip sonore.

- **PEUX OR POURRAIS?**

Both of these come from *pouvoir* ('can', 'be able'). Other forms are in the Language Summary.

Je peux...?	Can I...?
Je pourrais...?	Could I...?

Je peux	avoir votre numéro de téléphone?
Je pourrais	

While they do exactly the same job, *je pourrais* is more tentative and gives the other person a little more chance to say 'no'.
Similarly:

Vous pouvez/Pouvez-vous...?	Can you...?
Vous pourriez/Pourriez-vous...?	Could you...?

4 ((o))
Jeu de rôle

Now leave a message for Doctor Thouvay. What you have to say is on tape and with the Scripts.

5 ((o))
Jeu de rôle

You're on a driving holiday in France and you stop for a couple of days in Vannes, at the Hôtel du Lion d'Or. A family with whom your son did an exchange last year lives in Vannes. You've been going to French classes all winter, and you've got their telephone number. So take your courage in both hands and ring them. Text with the Scripts.

Profil

Stélio Farandjis is General Secretary of the *Haut Conseil de la francophonie* in the French Prime Minister's office in Paris. He is one of the internationally-known experts on the French language around the world. Our reporter Caroline Moreau interviewed him.

((o))   First, read the questions below; they will give you a good idea of what to focus on. Then listen and see if you can answer the questions.

le noyau	*core, hub*
le berceau	*cradle*
le Maghreb	*north-west Africa*
s'exprimer	*to express yourself*

1 How many people in the world have French as their main language for everyday purposes?
2 How many people are there for whom French is an official language or a language of administration?
3 What does this figure rise to if you add all the speakers of French as a foreign language?
4 Which are the three main areas of the world where French is widely spoken?
5 What proportion of people in the Maghreb can speak French?
6 What proportion of people in francophone Black Africa speak French?

La francophonie

Avant de commencer un tour du monde qui nous fera voyager dans neuf pays francophones, nous allons voir tout d'abord ce que signifie 'la francophonie', ce que le président du Sénégal, Léopold Sédar Senghor, a appelé 'un Commonwealth à la française'.

Que savez-vous sur la francophonie?

1

1 Quelle est la province du Canada où il y a le plus de francophones?
2 A quel état des Etats-Unis le roi de France Louis XIV a-t-il donné son nom?
3 Quel est le nom des trois pays d'Afrique du Nord qui forment le Maghreb?
4 Quelles sont les deux principales îles des Antilles françaises?
5 Parmi les quatres pays africains suivants, lequel n'est pas francophone: le Sénégal, le Burundi, le Niger, le Nigéria?

2

See if you can predict the right answers to the following questions, if you don't already know.

1 Combien y a-t-il environ de francophones réels dans le monde?
  a 450 millions
  b 105 millions
  c 250 millions

2 Le mot 'francophonie'...
  a est un mot récent
  b date du Moyen-Age
  c date du XIXème siècle

3 Les sommets de la francophonie ont lieu
  a régulièrement
  b tous les deux ans
  c de temps en temps

4 Le français est la langue officielle dans
  a dix pays du monde
  b une cinquantaine de pays ou régions
  c une centaine de pays

5 Combien de personnes dans le monde ont-elles appris le français à l'école?
  a 10 millions
  b 50 millions
  c 100 millions

Check your answers by reading the following articles.

Qu'est-ce que la francophonie?

En 1989, il y avait dans le monde 104 612 000 francophones réels, c'est-à-dire dont le français est la langue maternelle:

Nombre de francophones réels par continent

Afrique	30 000 000
Amérique	8 682 000
Asie	1 627 000
Europe	63 952 000
Océanie	350 000

(Source: *Haut Conseil de la francophonie*)

La francophonie regroupe toutes les personnes qui parlent le français et tous les pays où on le parle. C'est le géographe Onésime Reclus qui a inventé le mot 'francophonie' en 1880.

Le statut du français dans le monde

Le français est la langue officielle ou administrative dans 48 pays ou régions du monde, c'est-à-dire la langue utilisée par les institutions de ces pays.

C'est aussi une langue internationale utilisée comme langue de travail dans les institutions européennes, les organismes internationaux (l'ONU) et les jeux olympiques.

C'est enfin une langue étrangère enseignée en ce moment à plus de 25 millions d'élèves par environ 250 000 professeurs. Près de cent millions de personnes dans le monde d'aujourd'hui ont appris le français comme langue étrangère.

Les institutions de la francophonie

1970 Création de l'*Agence de coopération culturelle et technique* (ACCT), principal opérateur des échanges économiques et culturels. En 1995, la francophonie a donc fêté ses 25 ans.

1984 Création du *Haut Conseil de la francophonie*. Il publie tous les ans un état de la francophonie dans le monde. Vous avez déjà entendu son secrétaire général, Stélio Farandjis, parler de la protection de la langue française (voir page 19)

1986 Premier *sommet de la francophonie* à Versailles. Quarante et un pays sont représentés. Deuxième sommet à Québec l'année suivante. Les sommets ont lieu ensuite tous les deux ans.

Hommes politiques associés à la naissance du mouvement francophone:

- **Léopold Sédar Senghor:** écrivain, poète, membre de l'Académie française, président du Sénégal jusqu'en 1980. Il dit en 1960 que la francophonie est un 'merveilleux outil' pour les pays africains qui deviennent indépendants.
- **Habib Bourguiba:** président de la Tunisie jusqu'en 1986, il voit dans la langue française un moyen d'accéder à la modernité occidentale.

Léopold Sédar Senghor

Habib Bourguiba

Saviez-vous que...?

- On estime qu'il y a aujourd'hui plus de 4 000 langues dans le monde.
- Le français et l'anglais sont les deux seules langues parlées sur tous les cinq continents.
- Le chinois (mandarin) était la langue la plus parlée dans le monde en 1995. Le français arrivait en dixième position.
- Les langues régionales que l'on peut étudier dans les écoles françaises sont le basque, le breton, le catalan et le corse.
- En 1987, l'auteur le plus traduit dans le monde était Agatha Christie, suivi de Disney Productions, Lénine et Jules Verne.
- Le mot *blue-jean* est d'origine française (déformation de *Gênes*, port italien d'où venait le tissu).

POINTS DE REPERE

At the end of this Unit...

❑ can you discuss the languages you and other people speak?

❑ can you ask simple questions?

❑ can you make contact by telephone and arrange to meet?

❑ can you ask 'Can I...?' and 'Could I...?'?

❑ do you know about the links between French and English?

❑ do you know more about the French-speaking world and the Francophone movement?

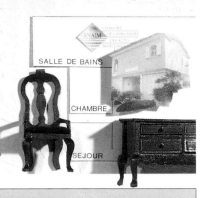

Origines et logements

In this unit you will practise:

- Talking about your origins and background
- Saying where you live and how you came to be there
- Talking about the home and enquiring about properties for sale
- Looking for hotel accommodation

A l'écoute
• Je suis d'origine lyonnaise

INFO LANGUE

• I'M FROM...

- To say where you originally come from:

je suis d'origine	iranienne
	française
	lyonnaise*

* See also Language Summary.

- To tell people where ...

you were born:	Je suis né(e)	à Bordeaux
you grew up:	J'ai grandi	**au** Canada
you once lived:	J'ai vécu	**au** Havre
you did your studies:	J'ai fait mes études	**près de** Paris

- To say how long you stayed in a particular place:

Je suis resté(e) à Lyon **jusqu'en** 1990

and when you left a particular place:

J'ai quitté Marseille **en** 1992

- To say you're proud of your origins:

Je suis	**fier d'être** parisien/lyonnais
	fière d'être parisienne/lyonnaise

1 ((·))
Now turn on the tape to practise saying these and similar phrases.

2
How would you say the following in English?
1. J'ai grandi dans un petit village dans le département du Doubs.
2. Mon fils a fait ses études au Canada.
3. J'ai vécu pendant plusieurs années en Auvergne, pas très loin de Vichy.
4. Je suis allée à l'école à Cannes-la-Bocca, une banlieue de Cannes, sur la Côte d'Azur.
5. Ma première fille est née le 4 mai mil neuf cent quarante et un, au Mans.

3 ((·))
a Listen to Madame Christine Duberos talking about her background and tick the correct statements below.
1. Elle est née dans une grande ville du Lot en 1933.
2. Elle a grandi à Lalbenque.
3. Elle est restée à Lalbenque jusqu'à l'âge de six ans.
4. A l'âge de 16 ans elle est allée vivre à Toulouse.
5. Elle s'est mariée quatre ans plus tard.
6. Après son mariage, elle est retournée vivre à Lalbenque avec son mari.
7. Elle n'a jamais vécu à Paris.
8. Elle n'aime pas le village de son enfance.

b Listen again if you need to and correct each incorrect statement.

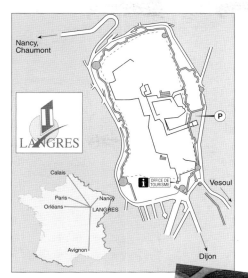

Interview 1

In the town of Langres in north-eastern France, Nadine Wakefield talked to hotel owner Mme Caron (right) about her origins.

1 ((•))

Listen to Mme Caron talking about the places where she has lived. Then listen again and complete the following identity card.

Nom	*Caron*
Prénom	....
Domicilé(e) à	....
Département	....
Lieu de naissance	....

2 ((•))

Can you fill in the gaps to tell us about Mme Caron's origins and movements around France? Listen again to check your answers.

1 Madame Ghislaine Caron est ...... à Lyon. Elle est donc d'origine ....
2 Elle est ...... à Lyon jusqu'à l'...... de trente-cinq ans et puis elle est allée vivre dans le ......, ... Bandol, près ...... la ville de ....
3 Elle a ...... Lyon pour être avec son mari. Maintenant elle ...... à Langres, ... la Haute-Marne.

CULTUROSCOPE

Le Midi is the usual name for the South of France. *La Haute-Marne* is a French *département* in the Burgundy region, whose capital (*préfecture*) is Chaumont. *Lyon, capitale des Gaules*, was built by the Romans in 43 BC and became the capital of Gaul in 27 BC.

INFO LANGUE

• PARISIEN? QUEBECOIS?

Every region, town and village in French-speaking countries has a name for its inhabitants. Here are some well-known ones:

Les habitants	de Paris	sont des	Parisiens
	du Québec		Québécois
	de Vichy		Vichyssois
	de Toulouse		Toulousains
	d'Abidjan		Abidjanais
	de Langres		Langrois

The most common endings are *-ais, -ois, -ien, -ain*. Some stretch outside the French-speaking world:

les Londoniens (de Londres)
les Newyorkais (de New York)

Note that these words are not restricted to people:

la région parisienne	the Paris region
le Crédit Lyonnais	a large French bank
la soupe vichyssoise	leek and potato soup
les transports londoniens	London Transport

3

Can you guess where these people live?

1   Monsieur Claude est rochelais.
2   Mademoiselle Dubois est lilloise.
3   Pierre Lenoir est messin.
4   Ma femme est d'origine rennaise.
5   Lucie Lebrun est brestoise.
6   Alfonse Jones est vannetais.
7   Madame Bobo est limougeaude.
8   Mon ami Georges est d'origine aixoise.

4

Do you know or can you guess what people are called in the following places? Remember that the words may take a slightly different form if the person referred to is a woman.

1   Je suis né en Belgique. Je suis ....
2   Je suis née à Londres. Je suis ....
3   Je suis né à Marseille. Je suis ....
4   Je suis née en Espagne. Je suis ....
5   Je suis né au Canada. Je suis ....
6   Je suis né au Québec. Je suis ....
7   Je suis née en Italie. Je suis ....

INFO
LANGUE

• **WHERE ARE YOU FROM?**

If you're initiating the conversation about origins and backgrounds, you'll find the following questions useful.

D'où êtes-vous?	Where are you from?
Où êtes-vous né(e)?	Where were you born?
Où avez-vous grandi?	Where did you grow up?
Où avez-vous vécu?	Where did you live?
Où avez-vous fait vos études?	Where did you study?
Pourquoi est-ce que vous avez quitté Lyon?	Why did you leave Lyon?

5
Jeu de rôle

You have just met a French woman at a party in London, and you get chatting in French. After a few 'ice-breaking' remarks, you ask her about her origins. Take part in the conversation. Text with Scripts.

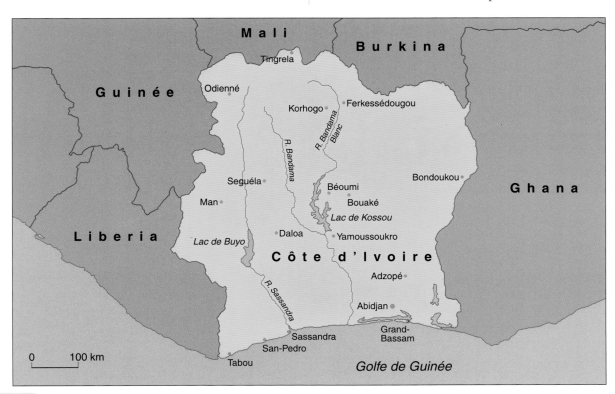

Interview 2

Mme Simone Guirandou runs an art gallery in Abidjan. Our reporter talked to her about her background.

un courant	*a current, a movement*
un échange	*an exchange*
un brassage de races	*an intermingling of races*
un(e) autochtone	*a native*

Abidjan, Côte d'Ivoire

1 **a** Before listening to Mme Guirandou, tick all the sentences which *you* think apply to a large city.

Il y a beaucoup de monde qui passe.
On trouve un peu de tout.
Il y a beaucoup de communautés qui y vivent.
Il n'y a pas d'étrangers, seulement des autochtones.
Il y a de nombreux avantages quand on vit dans une grande ville.
Il y a plus d'inconvénients que d'avantages.

b The word *études* means 'studies'. Can you guess what these expressions mean?
1 études primaires   2 études secondaires
3 études supérieures

INFO LANGUE

● **THE PERFECT TENSE**

J'ai vécu, j'ai grandi, j'ai quitté, je suis resté(e) are all examples of the perfect tense (*le passé composé*). It stands for two tenses in English:

j'ai vécu	*I lived or I have lived*

For the formation of the *passé composé* (with *avoir* and *être*) and its uses, see Language Summary.

● **NAÎTRE**

Où êtes-vous né/née/nés/nées?	*Where were you born?*

Naître means 'to be born'. It is most commonly used in the perfect tense, which it forms with the verb *être*.

Je suis née à Saigon	*I was born in Saigon*

But it can be used in any tense.

Mon bébé va naître au mois d'avril	*My baby is going to be born in April*

2 ((○))
Now listen a few times to what Mme Guirandou has to say and tick the correct statement from each pair of sentences.
1 a Simone Guirandou est née à Abidjan.
  b Elle est née à Grand-Bassam.
2 a Simone Guirandou a fait ses études primaires en France.
  b Elle a fait ses études primaires à Abidjan.
3 a Elle a fait ses études supérieures en France.
  b Elle a fait ses études supérieures à Abidjan.
4 a Abidjan est une ville où l'on rencontre beaucoup d'étrangers.
  b Abidjan est une ville pour les autochtones.

3 You've returned from the Ivory Coast and you're telling some friends about Mme Guirandou. How would you say the following?
1 *(She was born)* ...... à Grand-Bassam près d'Abidjan.
2 *(She grew up)* ...... à Grand-Bassam.
3 *(She studied)* ...... pendant dix ans en Côte d'Ivoire.
4 Puis *(she went)* ...... à Paris.
5 *(She stayed)* ...... à Paris pendant cinq ans.
6 Puis *(she returned)* ...... en Côte d'Ivoire.

4 How would you tell a French speaker about your own life? Only you know the answers!
1 Où êtes-vous né(e)?
2 Où avez-vous grandi?
3 Pendant combien de temps êtes-vous resté(e) là?
4 A quel âge êtes-vous parti(e)?
5 Où avez-vous fait vos études?

2

Interview 3

Isabelle Morisset is a French teacher who lives in Busset, a small village near Vichy but she is originally from the north of France. Before listening to her, do exercises 1 and 2.

1 Look at these definitions of four expressions Isabelle Morisset uses. Can you match each expression with its definition?
1 à cause du travail
2 changer de pays ou de région
3 lié sentimentalement
4 la période entre la naissance et l'adolescence

a émigrer
b attaché
c l'enfance
d pour des raisons professionnelles

2 Here are some reasons why you might decide to move. Number them from 1 to 5 according to how important they are for you.
• des raisons professionnelles
• la proximité du reste de la famille
• l'endroit où vous avez passé votre enfance
• des gens plus sympathiques
• la possibilité d'avoir plus de place pour les enfants

CULTUROSCOPE

Le Loiret is a French *département* situated in the region called le Centre (*préfecture*: Orléans), while le Nord is a *département* in the region called le Nord-Pas-de-Calais (*préfecture*: Lille).

3 ((o))
Listen to the interview with Isabelle Morisset as many times as you need. Then write out the phrases which mean:
1 I spent my childhood
2 150 kilometres to the south of Paris
3 we go back there every year
4 our family is there
5 Are you attached to that region?
6 apart from my parents

Busset

4 ((o))
a Look at these statements and tick all those that are true.
1 Isabelle est née dans le Nord.
2 Elle a quitté le Nord à l'âge de six ans.
3 Le Loiret est à cent kilomètres de Paris.
4 Isabelle est venue à Busset pour être près de sa famille.
5 Les parents d'Isabelle habitent dans le Nord.
6 Ses parents retournent dans le Nord tous les deux ans.
7 Toute sa famille habite encore dans le Nord.

b Now give the true answer for the statements which are false.

26

INFO LANGUE

• **POSSESSION**

The words for 'my', 'your', 'his', 'her', 'our' and 'their' depend on the definite articles *le*, *la*, *l'* and *les*.

le mari	mon mari
la fille	sa fille
les études	vos études

• When the definite article is *l'*, use '*mon*', '*ton*' or '*son*' for both masculine and feminine words:

| l'âge (m) | mon âge |
| l'enfance (f) | son enfance |

Check the table in the Language Summary if you need to find out more.

Le Château, vu du jardin à la française

5 Isabelle is talking about her family. Fill in the gaps.

(My) ...... père et *(my)* ...... sœur habitent dans le Loiret. *(Their)* ...... maisons sont près d'ici. Le reste de *(our)* ...... famille est dans le Nord, *(our)* ...... cousins, *(our)* ...... cousines et *(their)* ...... parents. Je vois souvent *(my)* ...... cousins. *(Their)* ...... enfants sont petits mais *(my)* ...... fille aime beaucoup les voir parce qu'elle les connaît depuis *(her)* ...... enfance.

INFO LANGUE

• **WHAT ABOUT...?**

The easiest way of asking 'What about...?' is to use *Et...* + a noun + a question mark.

Et vos parents?	What about your parents?
Et ta mère? Elle va bien?	What about your mother? Is she well?
Et les autres?	What about the others?

6 You're meeting some French people for the first time and you'd like to know a few things about where they come from. How would you ask:

1 Were you born here?
2 Did you spend your childhood there as well?
3 Did you leave because of your job?
4 What about your parents? Do they still live there?
5 What about the rest of your family?

7 Answer the questions on tape about your own family and background. Then write out your answers.

8 *Jeu de rôle*

While on holiday, you've begun to make friends with the French woman who owns the *gîte* you've rented for a fortnight. One day you get chatting in the garden. Text with the Scripts.

Découverte
• Le logement

1 L'intérieur d'une maison

What room are you in? Match the furniture following each number below with one of the rooms of a house.

1. la commode, le téléphone, le minitel
2. le placard, l'évier, la machine à laver, le sèche-linge, le lave-vaisselle, la cuisinière, le réfrigérateur, le congélateur
3. le canapé, le fauteuil, le tapis, la télé, le magnétoscope
4. la table, les chaises, le buffet
5. le lit, l'armoire, la table de nuit
6. le bureau, l'ordinateur, l'imprimante, le téléphone, le fax, le répondeur
7. la baignoire, le lavabo, la douche, le placard, le tapis de bain
8. la valise, la malle, les cartons
9. les vins, les légumes à conserver
10. la voiture, la bicyclette, la tondeuse

a la salle de bains
b la cave
c l'entrée (le hall)
d le grenier
e le salon (le living)
f la cuisine
g la salle à manger
h le bureau
i le garage
j la chambre à coucher

2

Read carefully the passage below about the room the French like best. Make a list of the four rooms mentioned and put them in order of importance for the French.

c'est là que	*that's where*
les devoirs	*homework*
les comptes	*accounts*
recevoir	*to entertain*
sans	*without*

3

a Now say whether the following statements are *vrai* or *faux*.

1. La pièce la plus importante, c'est la cuisine.
2. Les origines rurales des Français expliquent l'importance de la cuisine.
3. Les Français reçoivent leurs amis dans le salon.
4. Les Français aiment les toilettes dans la salle de bains.

b Correct any false statements and write out the corrections.

La pièce la plus importante pour les Français

Pas de surprise, c'est la cuisine, pour 32% des personnes interrogées. Cet attachement à la cuisine s'explique par les origines rurales des Français: la cuisine est le lieu où l'on vit. En plus des repas et de leur préparation, c'est là que les enfants font leurs devoirs, que les parents font leurs comptes, que l'on reçoit des amis. Les femmes y sont plus attachées que les hommes.

Vient ensuite le salon, puis la salle de bains, mais sans toilettes! Les Français veulent des toilettes autonomes. La chambre à coucher n'est pas mentionnée.

1 Un logement sans problèmes

You've seen a Breton cottage that you'd like to rent for one week in August. You've just received the brochure from *Gîtes de France* but the details are not very explicit. Complete the letter below to obtain the following information:

1 You would like to have a phone
2 What about the kitchen? Is there a cooker, a fridge and a freezer?
3 Is there much land? Does it have a garden?
4 Is there a shower or a bath in the bathroom?

Londres, le 30 août 1996

Madame,
Merci pour votre catalogue. Je voudrais louer un gîte l'année prochaine pendant la semaine du 29 juillet au 5 août. Je suis très intéressée par votre gîte situé en Bretagne (référence XV123F). Pourriez-vous me donner quelques détails supplémentaires?

(Include your questions here)

En vous remerciant, je vous prie d'agréer, madame, l'expression de mes sentiments distingués.

Julia Blake

2

If you stay in a hotel or in rented accommodation, you may need to report things that need seeing to, like 'the tap is leaking' or 'the toilets don't work very well'. Match the following problems with their English equivalent.

1 Le robinet fuit.
2 La douche est cassée.
3 Il y a une panne d'électricité.
4 Les toilettes ne marchent pas bien.
5 Le chauffage n'est pas en route.
6 La baignoire est bloquée.
7 Je n'ai pas de tonalité au téléphone.
8 Il y a un nid de guêpes dans le jardin.

a I can't get a dialling tone.
b The toilets don't work very well.
c The tap's leaking.
d The shower's broken.
e The bath's blocked.
f There's a wasps' nest in the garden.
g The heating's not on.
h There's a power cut.

3

The owners of five houses on a new housing estate all had to call the builders back to carry out repairs. From the clues given can you match the name of the workman with the house, the repair and the day of his visit?

1 M. Charrière n'a fait réparer ni sa porte d'entrée ni sa cheminée.
2 Jacques est allé chez Mme Laporte lundi, trois jours après que son collègue s'est occupé des robinets.
3 La réparation du carrelage défectueux de M. Dubois s'est faite jeudi avant l'ajustement de la porte d'entrée.
4 Alain a fait son travail un jour avant Thierry mais un jour après la réparation de la fenêtre de M. Charrière.
5 Frédéric, qui a réparé la cheminée mardi, n'est pas allé chez Mme Delacave.

Propriétaires: M. Dubois, M. Charrière, Mme Laporte, M. Toutbon, Mme Delacave.
Ouvriers: Jacques, Georges, Alain, Frédéric, Thierry.
A réparer: la porte d'entrée, la cheminée, le carrelage, la fenêtre, les robinets

Jour	Propriétaire	Ouvrier	A réparer
mardi			
mercredi			
jeudi			
vendredi			
samedi			
dimanche			
lundi			

4

Here is a note from two Tunisians holidaying in France to some friends they have in Paris. Can you fill in the gaps from the words listed below?

jardin   problèmes
ordre   village
château   bloquée
guêpes   formidable
amitiés   était
centre   près

Chers amis,

Nous voici à Busset, un petit .... de Vichy. Notre gîte se trouve au ...... du village, juste en face du ....

On a eu quelques ...... au début; la baignoire était ......, la douche ...... le ......! Mais heureusement tout est en ...... maintenant.

C'est ....

......,

Fatira et Ahmed

Immobilier – Petites annonces

Below are some of the most common abbreviations used in small ads for properties in France. The floor area of a house or flat is measured in square metres (*mètres carrés* or *m²*). Land is also measured in *mètres carrés* (*10 000 m² = 1 hectare*). Use the abbreviations to help you understand the descriptions of the properties for sale or for rent which follow.

4F (4 faces)	*detached building*
ch (chambre)	*bedroom*
ch c (chauffage central)	*central heating*
Cuis. équip. (cuisine équipée)	*fitted kitchen*
env. (environ)	*approximately*
F4 (4 pièces principales)	*3-bedroomed house/flat*
Gar (garage)	*garage*
m² (mètres carrés)	*square metres*
mais. (maison)	*house*
prox. (à proximité de)	*close to*
rdc (rez-de-chaussée)	*ground floor*
s. d'eau (salle d'eau)	*shower room*
sdb (salle de bains)	*bathroom*
séj. (séjour)	*living room*
sh (surface habitable)	*living area*
TB expo. (très bien exposé)	*south-facing*
TBE (très bon état)	*excellent condition*
terr. arb. (terrain arboré)	*wooded land*

Ventes et locations

Ventes
• **Argelès**, belle villa à 200m plage, 4F, F7, sh 270m² sur terrain 800m². Séj. 50m² avec cheminée. 1 ch. et 1 sdb au rdc. Gar. Calme 1.600.000F
• Près **Thuir**, mais. F4, 3F sh 160m². TB expo. sur 600m². Séj. 40m², cuis. équip. 3 ch. Garage. Prox. commerces. A saisir. 580.000F

Location
• **Sainte-Sève**, sur terr. arb. 1.000m² env., mais. TBE, sur sous-sol, rdc, hall, séj. avec cheminée, cuis. équip., ch. c. gaz indiv., 1 ch., s. d'eau, WC; étage, 3 ch., sdb, WC, 1 grenier. Libre. Tél 98.67.12.11

Property at...	No. of bedrooms	Sizes		Detached/semi/ terraced?	Parking facilities?	Price
		Total living area	Size of land/ garden			
Argelès						
Thuir						
Sainte-Sève						

1 Read the property ads opposite carefully and complete the above table. (Not every column will be filled for every property.)

INFO
LANGUE

- **SIZES, AREAS, DISTANCES**
- To describe the size of a room:

| une pièce **de** 4m **sur** 5m | *4m by 5m* |

- To describe the area of a room:

| une pièce **de** 10 **mètres carrés** (m²) | *10 square metres* |

- To talk about distances from somewhere:

| **à** 200m **de** la plage | *200 metres from the beach* |

2 Now try to say the following in French.
1 500 yards from the station
2 3 minutes from the sea
3 15 km from Bordeaux
4 150 m²
5 780 m²

3 An English friend wants to buy a property in France and you've found a small ad that sounds particularly suitable. Explain to him what it means.

Près **Brest**, 3F, F4, TBE, ch c gas, jardin env. 700m², garage, cuis. équip. 12 km plages. Prox. commerces. A saisir. Tél: 98 85 23 05

Profil

((ο)) Christine Mozian is a young woman living in Paris. Her grandparents came to France from Armenia at the beginning of the century. Listen to her conversation with Caroline Moreau and then try to complete the following sentences.

1 Les grands-parents paternels de Christine étaient d'...... arménienne.
2 Le père de Christine est né en ....
3 Les grands-parents de Christine aimaient beaucoup la France. Ils étaient très ....
4 Le père de Christine parlait ...... avec ses parents.
5 Christine est très attachée à ses origines ....
6 Mais elle se sent complètement ....
7 Christine n'est jamais allée en ....
8 Mais elle aimerait y aller pour voir des ....

La Tunisie

Notre tour des pays francophones nous emmène au Maghreb, c'est-à-dire en Afrique du Nord, et plus précisément en Tunisie.

Que savez-vous sur la Tunisie?

1 Tick the correct completion of each statement.

1 La Tunisie est un pays situé sur les bords de...
   a la Méditerranée
   b l'océan Atlantique
2 La Tunisie attire...
   a énormément de touristes
   b peu de touristes
3 La Tunisie est un pays principalement...
   a musulman
   b chrétien
4 La Tunisie est...
   a un royaume
   b une république

Now read what follows to find out whether you were right or wrong.

2 Can you complete these sentences?

1 La langue officielle de la Tunisie est ....
2 Pendant l'époque coloniale, la Tunisie était un ...... français.
3 La Tunisie reçoit ...... de touristes par an.
4 En Tunisie, on étudie le français dès ....
5 La Tunisie a gardé ...... privilégiés avec la France.

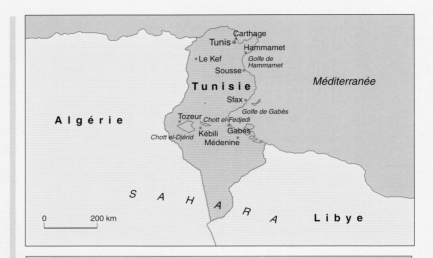

CARTE D'IDENTITE DE LA TUNISIE

- **Géographie** La Tunisie est un pays méditerranéen, situé entre l'Algérie à l'ouest et la Lybie à l'est. La capitale est Tunis.

- **Superficie** 164 000 km². (Par comparaison, France: 552 000 km²)

- **Population** En 1992, il y avait 8,3 millions de Tunisiens.

- **Densité** 50 habitants par km² (France: 101 habitants par km²)

Le français en Tunisie
La langue officielle du pays est l'arabe. Le français est utilisé comme langue administrative. Le bilinguisme domine dans le système scolaire. Le français y est étudié dès l'école primaire. La télévision française est diffusée dans tout le pays.

Situation politique
La Tunisie est une république.

Ressources principales

- le tourisme: plus de 3 millions de visiteurs par an

- l'agriculture: légumes et fruits (dattes, olives, raisin)

- l'industrie: pétrole, gaz, mines de phosphate.

Carthage

Tunis

3 M. Khayati is press officer of the Institut du monde arabe in Paris. Read his statements about French-Maghreb relations below, then cover up the text and see if you can answer the questions.

On a fondé cet Institut pour trois objectifs: d'abord, faire connaître la civilisation arabo-musulmane à tous les Français; deuxièmement, aider à ce que cette culture sorte de ses frontières et se répande; et troisièmement aider à ce qu'il y ait une coopération culturelle entre la France et les pays arabes.

Les rapports qui existent entre nous... c'est un peu comme deux amoureux, qui se chamaillent d'un côté et qui s'aiment de l'autre. Ces rapports sont très anciens parce que la Méditerranée est comme un lac qui a toujours été traversé, d'un côté comme de l'autre. Et si l'Institut a une mission principale – c'est de faire comprendre que l'immigré qui est en France n'est pas né de rien, il a une riche culture et une grande civilisation derrière lui.

1 Name the three purposes of the Institut du monde arabe.
2 How does M. Khayati describe the relationship between France and the Arab world?
3 What does he compare the Mediterranean with?

Saviez-vous que...?

- La Tunisie est un des 22 membres de la Ligue des Etats arabes, composée de pays francophones et non-francophones.
- Le Maghreb comprend trois pays: la Tunisie, l'Algérie et le Maroc. En arabe, 'maghreb' signifie 'endroit où le soleil se couche', c'est-à-dire l'ouest. C'est aussi le nom arabe du Maroc.
- Les Berbères occupaient l'Afrique du Nord dès la préhistoire et habitent toujours dans les régions montagneuses de tout le Maghreb.
- La monnaie tunisienne est le dinar.
- Le plat national tunisien le plus apprécié est le couscous.
- Hannibal, le célèbre général de Carthage (actuellement en Tunisie), arriva aux murs de Rome en 217 avant J.C. avec 50 000 soldats, 9 000 cavaliers et... 37 éléphants.
- Depuis 1956 les femmes bénéficient du même salaire que les hommes pour le même travail.
- Il faut un mois pour fabriquer, par des méthodes artisanales, 1 m² de tapis, ce qui représente plus de 4000 nœuds (knots).
- Dans les noms de famille, Abou signifie 'père de'; Ben signifie 'fils de'; Ibn signifie 'fille de'.

<u>CULTUROSCOPE</u>

L'Institut du monde arabe se trouve dans le 5ᵉ arrondissement à Paris. Il existe depuis 1987 et il a pour but la promotion en France d'une meilleure compréhension du monde arabe.

Institut du monde arabe

Echange
• Chercher un logement

Réserver une chambre

(((o))) When staying in a French-speaking country your chosen *logement* may be *la maison de vos amis*, *un camping*, *un gîte rural*, *une auberge de jeunesse* or *un hôtel*. Listen to our reporter Dominique Graham as she tries to get a room in a hotel in Beaune. She's unlucky. They're fully booked (*complet*). So she asks if the receptionist knows another one.

1 (((o)))
Listen again and see if you can find the French equivalent for the following phrases, then write them out.
1 a room free for tonight
2 I'm terribly sorry
3 I can recommend you...
4 not too noisy?
5 a quiet hotel
6 Could I ask you...?
7 you can use it
8 to reserve in advance
9 not at all, madam

INFO
LANGUE

• **EN**

• The pronoun *en* is used to replace a group of words starting with *de...*

J'ai besoin **d'une chambre**	J'**en** ai besoin
Nous avons parlé **de nos vacances**	Nous **en** avons parlé
Vous pouvez vous servir **du téléphone**	Vous pouvez vous **en** servir

See Language Summary for more on *en*.

• **ASKING A FAVOUR**

There is often more than one way of asking a favour or making a request.

Pouvez-vous...?	Can you...?
Pourriez-vous...?	Could you...?
Est-ce que je peux...?	Can I...?
Est-ce que je pourrais...?	Could I...?
Est-ce que je pourrais vous demander si...?	Could I ask you if...?

2 (((o)))
Jeu de rôle
You want a hotel room for the night. Take part in this conversation with the receptionist. Text with Scripts.

Une visite dans une agence immobilière

1 (((o)))
Mrs Wilson, a French woman, now married and living in England, visits an estate agent in Brittany with her British husband. They are hoping to find and buy a reasonably-priced holiday home. Before listening to the conversation, try to match the key phrases on the left with their equivalent in French.

1	to buy a house	a	une annonce
2	an advertisement	b	en tête
3	not really	c	ça dépend
4	in mind	d	l'ordinateur
5	an old house	e	en pleine campagne
6	the computer	f	une maison ancienne
7	in the heart of the country	g	pas vraiment
8	it depends	h	acheter une maison

2 ((•))

Listen again and tick the correct statement.

1 a Mr and Mrs Wilson have seen an advert they are interested in.
  b They have not seen anything of interest in the adverts.
2 a They want an old house.
  b They prefer a new house with no renovation.
3 a The house costs 200 000 francs.
  b The house costs 300 000 francs.
4 a Mr and Mrs Wilson are not interested in visiting the house.
  b They want to visit the house that same afternoon.

3 ((•))

When you are familiar with the conversation, fill in the gaps. Then listen again to check your answers.

1 Bonjour, madame. Nous voudrions ...... dans la région.
2 Vous avez vu quelque chose qui vous intéresse dans ......?   Pas vraiment.
3 Alors, d'abord, dites-moi, ... maison vous avez en tête?
4 Nous cherchons une maison ......, genre ferme ....
5 D'accord. Alors, je consulte .... Eh bien, j'ai une ancienne ferme de style breton, en pleine ...... , avec dépendances, un hall magnifique, un grand séjour, une salle à ......, deux chambres, ... la mer, 300 000 francs, intérieur à rénover, un demi-hectare de .... Ça vous intéresse?

Réf. : **CT 421** Région Caniac du Causse. A la campagne, belle vue, commerces à 8 km. Grange avec pigeonnier en cours de restauration prévu pour 3 pièces avec salle d'eau, WC. Toiture refaite à neuf. Terrain 3 HA 54 A 15 CA. Permis de construire.   Prix : 250.400 Frs.

Réf. : **CT 428** Dans un cadre de verdure au calme, à 5 km d'un village avec commerces. Ancienne grange bien aménagée. RDC : Séjour salle à manger. Cuisine aménagée. Etage : 2 chambres, salle de bain, WC. Abri de jardin. Terrain : 1 137 m2. Prix : 433.000 Frs.

INFO LANGUE

• **ASKING FOR REACTIONS**

| Ça vous intéresse? | Are you interested? |
| Oui, ça m'intéresse | Yes, I'm interested |

Other positive answers:

c'est possible	possibly
sans aucun doute	without a doubt
tout à fait	completely
bien sûr	of course

| Est-ce que ça vous convient? | Does that suit you? |
| Non, ça ne me convient pas | No, it doesn't suit me |

Other negative answers:

pas vraiment	not really
pas forcément	not necessarily
pas du tout	not at all
pas pour le moment	not at the moment

• **MORE THAN/LESS THAN/ABOUT**

When discussing money and prices you may find the following expressions useful:

plus de/moins de 100 000F	more than/less than...
autour de/environ 50F	about/around...
dans les 200 000F	in the region of...

4 ((•))
Jeu de rôle

You want to buy a house in France. Take part in this conversation with the estate agent. Text with Scripts.

POINTS DE REPERE

At the end of this Unit, can you...

❑ discuss your background and origins and those of other people?
❑ discuss the key events of your life in the past?
❑ talk about the rooms in a house and their contents?
❑ enquire about hotel accommodation?
❑ rent a gîte?
❑ discuss properties for sale?

• Self-Assessment Test 1

Quiz

Put a V by the statements which are *vrai* (true) and an F by the ones which are *faux* (false):

1 On parle français dans quarante pays africains.
2 Une personne qui parle l'anglais est anglophone.
3 La Suisse alémanique est la partie de la Suisse où l'on parle français.
4 Les membres de l'Académie Française s'appellent 'les Immortels'.
5 La langue la plus parlée dans le monde est l'anglais.
6 Les habitants d'Abidjan s'appellent les Abidjanais.
7 La ville de Lyon est née au XVIe siècle.
8 Dans un F4, il y a trois chambres.
9 La Tunisie est gouvernée par un roi.
10 La langue officielle en Tunisie est le français.

Pays cachés

Replace each sign in the grid with a letter and find the names of eight francophone countries:

(Indice: ■ = C)

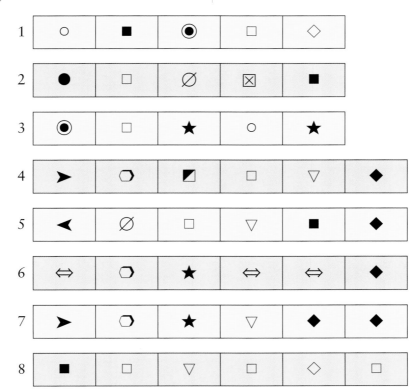

Document

La cuisine doit être appétissante

Dans une maison, la cuisine doit être pratique, tout en évoquant le passé avec des objets décoratifs. Une styliste française, qui n'apprécie ni les laboratoires froids ni le retour à la nature, donne les conseils suivants:

– Premièrement, il faut donner de la place à la cuisine pour pouvoir faire la cuisine à deux ou trois, s'asseoir à la table, lire les journaux. Il est pratique aussi d'avoir une ou deux chaises pliantes (*folding*) dans un coin et une table qu'on peut agrandir.

– Deuxièmement, il faut respecter les règles de base: le lave-vaisselle près de l'évier, si possible à proximité des placards.

– Troisièmement, il faut s'offrir un beau plan de travail en granit ou en marbre et penser aux placards vitrés (*glass doors*) en hauteur pour montrer les belles choses de la cuisine: des tasses, des pots de confiture, une bouteille d'huile d'olive...

– Enfin, il faut bannir tout ce qui est difficile à nettoyer, comme les cuivres, et choisir une couleur dominante: le blanc est idéal parce que les fruits, les légumes et l'épicerie sont déjà très colorés.

(Source: L'Evénement du Jeudi, spécial Immobilier)

Now, say briefly in English what are:

1 The two main considerations when designing a kitchen.
2 The two looks that the French stylist dislikes in a kitchen.
3 Her first recommendation when designing a kitchen.
4 The two space-saving items of furniture which can be used when needed.
5 The basic rule when organising the layout of a kitchen.
6 The two types of material for work surfaces.
7 The best way to display attractive objects.
8 An example of something which should not be used.
9 The recommended dominant colour.

Contrôle langue

1 Put the following words in the right order to make a complete sentence each time:
1 téléphoner • à l'avance • vous • réserver • pour • pouvez
2 conseiller • hôtels • je • vous • d'autres • peux
3 hier • je • appelé • ai • soir • vous
4 quelle • il • vers • du • heure • rentre • travail
5 numéro • il • pas • de • n' • a • y

SCORE: (1 point par bonne réponse) ⬚.../5

2 For each of the following countries, indicate the name given to the inhabitants and the official language they speak:
Exemple: la France – les Français – le français
1 le Danemark
2 la Suède
3 les Etats-Unis
4 la Tunisie
5 les Pays-Bas

SCORE: (1 point par bonne réponse): ⬚.../10

3 Write down the French for:
1 my mother tongue
2 a foreign language
3 the main language
4 the official language
5 the common language

SCORE: (2 points par bonne réponse): ⬚.../10

4 Imagine that the following passage describes your life. Complete the gaps with the appropriate possessive adjectives :

..... parents habitent en Suisse mais ils passent l'été dans ..... maison de vacances dans le midi de la France. ..... frère et ..... amie les rejoignent au mois d'août avec ..... deux enfants. Moi, j'arrive vers le 15 août avec ..... femme et ..... fils. Nous passons donc ..... deux semaines de vacances en famille. ..... deux nièces sont très jeunes et j'aime beaucoup ..... compagnie!

SCORE: (1 point par bonne réponse): ⬚.../10

5 Rewrite the following sentences replacing the expressions in italics with *en*:
Example:
Elle n'a jamais goûté *du camembert*
Elle n'*en* a jamais goûté
1 J'ai besoin *d'une chambre* pour ce soir.
2 Il y a beaucoup *de réservations* cette année?
3 Vous pouvez vous servir *du téléphone* si vous voulez.
4 Vous avez parlé *de ses problèmes* avec lui?
5 Vous n'avez pas *d'argent* sur vous?

SCORE: (2 points par bonne réponse:) ⬚.../10

6 You need to talk about a famous woman writer, Marguerite Yourcenar. Write sentences about her life based on the following information:
– born in Brussels (1903) in a French family
– lived in Belgium during her childhood (*son enfance*)
– studied greek (*le grec*) and latin
– travelled a lot in Switzerland and Italy
– started writing in 1929
– spent a few years in the United States
– became American in 1947
– wrote several famous novels (*romans*)
– was the first woman elected to the Académie Française in 1980
– died in 1987

SCORE: (2 points si toute la phrase est correcte/ 1 point si la moitié de la phrase est correcte): ⬚.../20

Contrôle Audio

7 ((o)) Listen to M. Stélio Farandjis talking about the use of French in francophone Africa. Choose the correct statement from each pair:

1 Dans certains pays africains,
   a 10 ou 15% de la population est francophone.
   b tous les jeunes parlent français.
2 Dans ces pays, ce sont les jeunes
   a qui parlent mieux le français.
   b qui parlent moins bien le français.
3 A l'école,
   a les mathématiques et les sciences seulement sont enseignées en français.
   b tout l'enseignement se fait en français.
4 L'enseignement en français commence
   a à l'école secondaire.
   b très tôt.
5 Dans certains pays,
   a l'enseignement se fait en français et dans une autre langue.
   b l'enseignement est bilingue seulement à l'école primaire.

SCORE: (1 point par bonne réponse): …/5

8 ((o)) Listen to a Belgian academic, M. Michel Francart, talking about the future of the French language and its significance for the French, then complete the transcription:

– Où va se jouer l'avenir du français? ……………… En Afrique. C'est en Afrique que dans les années ……………, on va …………… le choix du français ou de l'anglais. Ça dépendra des accords, ça dépendra des ……………… économiques, etc. Il est ………………… que la francophonie …………………

– Vous dites que la France est en dehors mais en fait ne pensez-vous pas, le fond de votre pensée, qu'elle est ………… par rapport à l'évolution de la langue?
– Je crois qu'un ……………… de Français ont des attitudes très conservatrices par rapport à la langue mais cela s'explique très bien encore une fois. Pour eux, il y a une sorte d'assimilation profonde entre le français et ………… […] Toucher au français, à la …………………, c'est toucher à la France.

SCORE: (1 point par bonne réponse): …/10

Contrôle Parole

9 ((o)) You've rented a house in France for your summer holidays through a French agent and you find that a lot of things are not quite right. You decide to ring the agent. Say:

1 Hallo, it's Mr/ Mrs …….. speaking.
2 Could I speak to M. Laurent?
3 M. Laurent, I'm sorry but we have a few problems with the house.
4 The toilets don't work very well and the shower is broken.
5 Could you come to the house today?
6 Tonight about six o'clock?
7 I'm sorry, that doesn't suit us. Not at all.
8 Tomorrow evening after seven.
9 Agreed.
10 Thank you. See you tomorrow I hope.

SCORE: (2 points si toute la phrase est correcte/ 1 point si la moitié de la phrase est correcte): …/20

Listen to the tape to check your answers.

LANGUE:	…/65
AUDIO:	…/15
PAROLE:	…/20
TOTAL:	…/100

In this unit you will:

- Practise talking about money and the cost of living
- Find out more about French attitudes towards money
- Find out about different ways of paying and how to use the services of a bank
- Practise making arrangements to collect a hire car

A l'écoute
• Comment dépensez-vous votre argent?

INFO LANGUE

- **MONEY AND THE COST OF LIVING**

- To ask how much something is:

| **C'est combien,** | le téléphone? |
| | les assurances? |

- To say something is expensive:

C'est	**cher,**	le téléphone	
Ça coûte		l'essence	en France
		les loisirs	

or not expensive:

| Ce n'est pas | très cher |
| Ça ne coûte pas | trop cher |

| C'est bon marché | | *It's cheap* |

- To ask someone what their main outgoings are:

| Quelles sont vos dépenses principales? |

what their fixed expenses are:

| Quels sont vos frais fixes? |

or how they spend their money:

| Comment dépensez-vous votre argent? |

- To indicate value:

Money:

| un billet **de** cent francs |
| une pièce **de** cinq francs |

Other items:

| un timbre **à** 2 francs cinquante |
| la robe **à** mille deux cents francs |

1 〈◦〉
Now turn on your tape to practise using these and similar phrases.

2 〈◦〉
On tape, you'll hear some French people making observations about money, prices and the cost of living. How would you say each one in English?

INFO LANGUE

- **DO YOU EVER?**

A very common way of asking this is with *Ça* (or *Il) vous arrive de...?*

| **Ça vous arrive** | **d'**aller au cinéma? |
| | **de** mettre de l'argent de côté? |

Possible replies:

Oui, ça m'arrive	*Yes I do sometimes*
Oui, ça m'arrive de	*Yes, I do now and*
temps en temps	*again*

Similarly, *J'arrive à...* means 'I manage to...'

Je ne sais pas	*I don't know how **I***
comment **j'arrive à**	***manage** to spend*
dépenser tout mon	*all my money*
argent	

Interview 1

In Paris, we met Lucie Ronceval, a secretary who lives alone. We asked her what she spent her money on.

les sorties	*outings (e.g. to the cinema)*
les frais fixes	*fixed costs*
les impôts	*taxes*
les weekends ailleurs	*weekends away*
le loyer	*rent*
mettre de l'argent de côté	*to put money aside*

1 (())
Look at this list of common expenses, then listen to Lucie. Listen again and this time tick the items you hear her mention.

le cinéma   le loyer   l'électricité   le gaz
les vacances   le téléphone   les assurances
la nourriture   la voiture   les loisirs
le théâtre   les impôts   les weekends
les vêtements   l'éducation   les restaurants

2 **a** See how these words are connected:

assurer	*to insure*	les assurances	*insurance*
sortir	*to go out*	les sorties	*outings*

b Now fill in the gaps.

1	dépenser	*to spend*	......	*expenses*
2	rester	*to remain*	......	*the remainder*
3	......	*to reserve*	la réservation	*the reservation*
4	acheter	*to buy*	......	*purchases*
5	......	*to cost*	le coût	*the cost*
6	......	*to produce*	les produits	*products*

3 (())
Jeu de rôle
A market researcher is interviewing you about your outgoings. Take part in the interview.

Interview 2

Pierre-Yves Gestier, below, is a secondary school teacher who lives in a suburb of Paris. Our interviewer, Caroline Moreau, asked him what he spends his money on.

INFO LANGUE

• **ON**

On means 'people', 'they':

> A Bruxelles **on parle** flamand et français, c'est une ville bilingue

But in spoken French, *on* is simply another way of saying *nous*.
The following pairs of sentences mean exactly the same thing:

Nous		On	
allons au bord de la mer		**va** au bord de la mer	
partons maintenant		**part** maintenant	
sortons ensemble		**sort** ensemble	
visitons les sites		**visite** les sites	
faisons des promenades		**fait** des promenades	

1 (())
Listen to this first part of the interview with Pierre-Yves. Then listen again and make a note of how many times he says *on* for *nous*.

2 You're telling a friend about you and your partner's expenses. How do you say the following, using *on?*

1 Nous dépensons beaucoup pour le téléphone.
2 Nous partons souvent au bord de la mer et ça coûte cher.
3 Nous avons une petite maison à la campagne.
4 Nous avons deux enfants.
5 Nous habitons dans un petit village près d'une grande ville.
6 Nous n'arrivons pas à mettre de l'argent de côté.

3 Before you listen to the second part of the interview with Pierre-Yves, see if you can match each of these French expressions with their English equivalent.

1 des places payantes   a fine
2 l'habitation   b in a hurry
3 la nourriture   c pay and display parking
4 la contravention
5 se garer   d to park
6 le pare-brise   e food
7 pressé   f house, home
     g windscreen

4 ((o))
Listen to the second part of the interview with Pierre-Yves, then listen to the whole interview again and tick each true statement below.

1 a Il part souvent en Bretagne.
   b Il part souvent en Grande-Bretagne.
2 a Il part avec une amie.
   b Il part avec un ami.
3 a Il dépense beaucoup pour les vêtements.
   b Il dépense peu pour les vêtements.
4 a Le lycée où il travaille possède un parking payant.
   b Le lycée où il travaille ne possède pas de parking.
5 a Il ne paie pas ses contraventions.
   b Il paie toujours ses contraventions.

CULTUROSCOPE

L'amnistie présidentielle

It has become traditional in France for a newly-elected President to declare an amnesty for all unpaid parking fines (*contraventions non payées*). Many French people resist paying their fines for some while before an election in the hope of benefitting from this gesture.
The interview with Pierre-Yves was recorded in the run-up to an election, following which the hoped-for amnesty was duly announced.

INFO
LANGUE

• **QUI, QUE, QU' AND OÙ**

• *Qui* is usually followed immediately by a verb and is its subject:

> Vous avez des dépenses **qui sont** vraiment obligatoires?
> On a des amis français **qui habitent** en Bretagne
> C'est une petite ville **qui a** beaucoup de charme

• *Que* is usually followed by the subject of the next verb:

> Vous avez des dépenses **que vous** détestez?
> C'est un ami **que je** connais depuis très, très longtemps
> Locronan est une petite ville bretonne **que nous** visitons tous les ans

• *Que* shortens to *qu'* when the next letter is a vowel:

> C'est une petite **ville qu'**elle adore

• In similar sentences *où* can mean 'where' or 'when':

> Le lycée **où** je travaille n'a pas de parking
> La maison **où** je suis né n'est plus là

le jour **où** elle s'est mariée...	*the day she got married...*
le moment **où** je l'ai vu...	*the moment I saw him...*

5

Use *qui, que, qu'* or *où* to complete the following sentences.
1 J'aime les weekends ...... nous passons ensemble.
2 Quelles sont les dépenses ...... vous détestez?
3 Voilà l'église ...... je me suis marié.
4 J'ai une voiture ...... me coûte très cher.
5 Le restaurant ...... il préfère n'est pas loin.
6 Le matin ...... je l'ai rencontré, il faisait très beau.

6

How would you say the following in French?
1 the towns which I prefer
2 the day I got married
3 the sites she visits
4 the people who pay their parking fines
5 schools which don't possess a car park

7 ((o))
Jeu de rôle
You're talking to a new-found friend in France and the conversation has turned to the cost of living. Take part in the conversation.

Interview 3

Our interviewer also asked Isabelle Morisset, a language teacher in Busset, how she spends her money.

1 ((o))

Before you listen, look at the expressions below and choose the correct English translation for each French phrase.

1 rembourser un prêt   a to repay a loan
                                b to take out a loan

2 contracter un prêt   a to reduce a loan
                                b to take out a loan

3 se faire plaisir   a to give yourself a treat
                                b to do the right thing

4 manger frais   a to eat outdoors
                                b to eat fresh food

EDF (Electricité de France)	*French Electricity Board*
GDF (Gaz de France)	*French Gas*
la Poste	*Post Office*
France Télécom	*French Telecom*
la SNCF	*French Railways*
l'alimentation	*food*
bavard(e)	*chatty, talkative*
des chaussures	*shoes*
le caddie	*supermarket trolley*

INFO LANGUE

• A BIT, NOT MUCH

Note the difference in meaning between these two expressions:

un peu d'argent	*a bit of* money
peu d'argent	*not much* money

You can also say:

un petit peu d'argent	*a little bit of* money
très peu d'argent	*very little* money

Notice also:

pas mal d'argent	*quite a bit of* money

2

Look at these ways of spending money. What do they mean in English?

1 acheter une maison
2 acheter une voiture
3 partir en vacances
4 acheter des chaussures
5 acheter des vêtements
6 aller au cinéma
7 payer les assurances
8 payer le loyer
9 dîner au restaurant
10 payer le gaz
11 payer les impôts

3 ((o))

Listen to Isabelle and tick which of the above ways of spending money she mentions.

INFO LANGUE

• MORE/LESS

• Two key words in French are *plus* ('more') and *moins* ('less'):

| C'est **plus** cher | It's **more** expensive |
| C'est **moins** cher | It's **less** expensive |

When *plus* or *moins* are to be followed by a noun, use *plus de, moins de*:

| Je dépense **plus d'**argent | I spend **more** money |
| Je gagne **moins d'**argent | I earn **less** money |

• When comparing things, use *plus que* ('more than') and *moins que* ('less than'):

| Le vin est **moins** cher **que** la bière | Wine is **less** expensive **than** beer |
| La France est **plus** montagneuse **que** la Belgique | France is **more** mountainous **than** Belgium |

• To say 'more and more' or 'less and less', use *de plus en plus* and *de moins en moins*:

| La nourriture coûte **de plus en plus** cher | Food is **more and more** expensive |

For more on *plus* and *moins*, see Language Summary.

4

How would you say the following in French?

1 Electricity is more expensive than gas.
2 Education is more and more important.
3 I have fewer expenses this year.
4 He earns less money than his wife.
5 She buys more clothes than her daughter.

INFO LANGUE

• BY/WHILE DOING

Notice a form of the verb that you'll hear in French which means 'by doing' or 'while doing':

Elle se fait plaisir...	She gives herself a treat...
...**en allant** au restaurant	...**by going out** to a restaurant
...**en achetant** un joli vêtement	...**by buying** a nice piece of clothing
Il est tombé **en traversant** la rue	He fell **while crossing** the street

For more on 'while doing' see Language Summary

5

What do these sentences mean?

1 Elle se fait plaisir en allant au cinéma.
2 Il dépense beaucoup en allant dîner au restaurant.
3 J'ai eu un accident en garant ma voiture.
4 Je me repose en écoutant de la musique.
5 Tu prends un café en attendant?

6 ((o))

Listen to the interview with Isabelle again until you feel familiar with what she says. Then see if you can fill in the gaps below with an appropriate word from the interview.

1 La dépense la plus importante pour Isabelle c'est l'...... .
2 Elle essaie de rembourser le ...... qu'elle a contracté pour acheter sa maison.
3 Elle essaie d'économiser pour acheter une ....
4 Elle achète un joli vêtement de temps en temps pour se faire ....
5 Elle ne sait pas comment elle ...... à dépenser tout son argent.

6 Le téléphone coûte cher pour Isabelle parce qu'elle est très ....

7 Les visites au supermarché coûtent de ...... en ...... cher.

8 Et il y a de moins en ...... dans son ...... quand elle sort.

7 Make a list in French of the items that you regularly spend money on.

Interview 4

Our interviewer asked Maître Léon Folquet, a lawyer living in Abidjan, about prices in the Ivory Coast. Before you listen, do exercise 1.

1 Can you match each of these expressions with its French equivalent?

1	clothes	a	revenir cher
2	from abroad	b	les taux de douane
3	a large proportion	c	confectionner
4	customs duties	d	un pays sous-développé
5	to be expensive	e	de l'étranger
6	to make, to manufacture	f	une grande part
7	an under-developed country	g	les habits

Abidjan

2 ((o))

a When you have listened to the interview with Maître Folquet, read the list of products below. Then listen again and tick the ones Maître Folquet says are expensive in the Ivory Coast.

les voitures   les fruits   le beurre   le riz
les vêtements   le vin   le fromage
les cigarettes

b Complete these sentences using the words below.

Les produits ...... sont très chers en Côte d'Ivoire parce que nous avons des taux de ...... qui sont très très .... Comme beaucoup de pays sous- ......, nous sommes obligés d' ...... beaucoup de produits de l' ...... et ces produits reviennent ...... chers.

développés   douane   énormément
importer   élevés   importés   étranger

3 ((o)) Which of the following statements are true?

1 Les taux de douane en Côte d'Ivoire sont peu élevés.

2 On importe beaucoup de riz en Côte d'Ivoire.

3 En général, les biens importés en Côte d'Ivoire reviennent chers.

4 On ne confectionne pas de vêtements en Côte d'Ivoire.

5 L'Ivoirien moyen mange beaucoup de fromage.

4 *Le taux* usually means 'the rate' of something, e.g. *le taux de chômage* is 'the unemployment rate' and *le taux de croissance* 'the growth rate'. Can you work out what the following expressions mean?

1 le taux de natalité   **4** le taux de change
2 le taux de mortalité   **5** le taux d'intérêt
3 le taux d'inflation   **6** le taux de criminalité

5 ((o)) *Jeu de rôle*

You're staying with a French friend and you get chatting about money. Take part in the conversation.

Découverte
• L'argent en France

Le fric, les devises et les dépenses

French has lots of popular colloquial
expressions to do with money, or the lack of it.
Here are a few:

Tu as du fric?	*Have you got any dosh?*
Il est plein de pognon	*He's loaded (with money)*
Tu peux me prêter cent balles?	*Can you lend me 100 francs?*
Je suis fauché/ Je n'ai pas un sou	*I'm skint/broke*

1 Can you match these French and English
sayings about *argent*?

1 Le temps, c'est de l'argent
2 L'argent ne fait pas le bonheur
3 C'est de l'argent facile
4 En avoir pour son argent
5 Jeter de l'argent par les fenêtres

a It's easy money
b Time is money
c To have money to burn
d Money doesn't bring happiness
e To have a good run for your money

2 Can you match each currency (*la devise*)
with its definition?

1 le mark
2 le dollar
3 le franc
4 le yen
5 l'ECU
6 la lire

a C'est la devise de l'Union européenne.
b On l'appelle 'le billet vert'.
c C'est la devise d'un pays européen unifié en 1990.
d C'est le nom de la monnaie de trois pays européens.
e C'est la devise d'une grande puissance asiatique.
f Une petite maison peut coûter plusieurs milliards dans cette monnaie.

3 Study the table below which shows the
changes in the way the French spend their
money.

Les dépenses des Français	1959 %	1993 %	2000* %
Alimentation, boissons et tabac	36,0	18,6	16,5
Habillement	9,3	6,0	5,1
Logement, chauffage, éclairage	9,3	21,1	19,0
Meubles, articles de ménage	11,2	7,5	8,7
Santé	6,6	10,3	16,4
Transports et communication	9,3	15,9	15,7
Loisirs, enseignement, culture	5,4	7,5	8,6
Autres	12,7	13,0	10,0
	100,0	100,0	100,0

* Prévisions
(Source: INSEE)

Now look at the following statements
and fill in the missing words from the list
below.

1 En 1959, les Français dépensaient ...... pour leur alimentation ...... pour leur logement.
2 Aujourd'hui, ils dépensent ...... pour l'alimentation et pour l'habillement.
3 Le logement est la dépense ...... importante dans le budget du Français.
4 C'est en partie à cause des importations que les vêtements et la nourriture ...... moins cher qu'avant.
5 Les ...... de logement ont ...... augmenté.
6 En l'an 2000, les dépenses de nourriture devraient ...... davantage mais les dépenses de loisirs atteindront ...... de 8,6%.

*coûtent   plus   dépenses   diminuer
le taux   moins   que   beaucoup   la plus*

Six bonnes raisons pour payer par carte

1 Read the text below, and see if you can find the French for the following:
1. purchases (2 answers)
2. to pay (for) (2 answers)
3. sign
4. in a few seconds
5. any time
6. filling up with petrol
7. no problem
8. petrol station
9. fuel
10. personal code (PIN)

2 Match each expression with its correct translation.

1. les dépenses au quotidien
2. les achats 'coup de cœur'
3. les investissements plus importants
4. les atouts
5. le panonceau CB
6. composer votre code
7. gagner du temps
8. les achats de faible importance
9. éviter les tracasseries
10. apprendre par cœur

a. advantages
b. save time
c. everyday expenses
d. avoid hassle
e. learn by heart
f. larger purchases
g. small purchases
h. impulse buys
i. Carte Bleue (credit card) sign
j. type in your PIN number

3 As well as having the English meaning of 'important', the French *important* is also very often used to mean 'large in number' or 'large in size'.

vos investissments **plus importants** — your **larger** purchases

Il y a **un nombre important** d'immigrés à Marseille — There are **a considerable number** of immigrants in Marseille

Use *important* each time to translate the following sentences into French.
1. Lille is a very large town.
2. The President has announced a significant reduction (*une baisse*) in taxes.
3. She has made a considerable effort.
4. 50 000 francs is a large amount (*une somme*).

4 Now that you're familiar with the text, correct the sentences below to give the six good reasons for paying by card.
1. On ne peut pas tout payer.
2. C'est difficile.
3. On perd du temps.
4. On a beaucoup de difficultés.
5. On peut utiliser la carte entre 9 et 18 heures.
6. On a très peu de sécurité.

6 bonnes raisons pour payer par carte

Pour vos dépenses au quotidien, pour vos achats 'coup de cœur' ou pour vos investissements plus importants, les cartes de paiement vous offrent tous les atouts d'un moyen de paiement moderne, efficace et sûr:

Pour tout payer
Les achats dans un supermarché, Le restaurant, Les vêtements, L'autoroute, Le téléviseur, Les meubles...

... vous réglez avec votre carte, tous vos achats en France auprès de 520 000 établissements signalés par le panonceau CB.

Pour payer plus simplement
Pour payer, il vous suffit de votre carte et de composer votre code sur le terminal du commerçant.

Pour gagner du temps
Les achats de faible importance se règlent en quelques secondes.

Pour éviter les tracasseries
Avec la carte, le commerçant est garanti du paiement. Votre carte est un véritable 'passeport-paiement'.

Pour payer à toute heure
Le plein d'essence? Avec la carte, pas de problème. Les grandes stations-services sont pour la plupart équipées d'un automate qui permet, grâce à la carte, d'obtenir du carburant 24 h/24.

Pour plus de sécurité
Vous bénéficiez d'un code personnel. Apprenez-le par cœur, ne le confiez à personne.

(based on leaflet by the Crédit Mutuel de Bretagne)

La carte: le bon réflexe pour tout payer.

Les services.

Crédit Mutuel de Bretagne
la banque à qui pa...

Argent et culture

Argent et culture

TRADITIONNELLEMENT, la culture française est plutôt hostile à l'argent. Un honnête homme doit se méfier de l'argent 'bon serviteur et mauvais maître'. La tradition littéraire et intellectuelle lui est aussi hostile.

Pourtant, depuis les années cinquante, une société individualiste et matérialiste a placé l'argent au centre de son fonctionnement. Gagner de l'argent, en travaillant, en jouant ou en héritant, est devenu une ambition légitime. La crise économique a rendu l'argent plus désirable à tous ceux qui ont vu leur pouvoir d'achat menacé.

On aurait tort pourtant de voir dans cette attitude la disparition totale et définitive du tabou. Les traditions religieuses et culturelles continuent de peser lourdement sur l'image de l'argent. Le retour des inégalités de revenus, la montée de la corruption, le rôle croissant de l'argent dans le sport, dans l'art ou dans certaines professions publiques ont entraîné un besoin grandissant de morale. Les valeurs matérialistes sont contestées; on observe un besoin pressant d'humanisme, de solidarité et d'éthique. S'il n'est plus honteux de gagner de l'argent, il redevient suspect d'en gagner trop, trop facilement.

(Source: adapté de Francoscopie 1995)

1 Read the above extract on how money was perceived in French society in the past compared to the present situation.

se méfier de	*to mistrust*
un serviteur	*servant*
un maître	*master*
peser	*to weigh*
la montée	*the rise*
croissant	*growing*
entraîner	*to lead to*
honteux	*shameful*

2 **a** Can you match the French and English phrases?

1	plutôt hostile	**a**	the economic recession
2	depuis les années cinquante	**b**	buying power
3	la crise économique	**c**	unequal income
4	le pouvoir d'achat	**d**	it is no longer shameful
5	les inégalités des revenus	**e**	rather hostile
6	un besoin grandissant	**f**	values
7	les valeurs	**g**	since the '50s
8	il n'est plus honteux	**h**	a growing need

b Look at the French phrases and see if you can remember their English equivalents.

c Now look at the English list and try to remember the French equivalents.

3 Answer these questions in English.
1 How was a gentleman traditionally supposed to consider money?
2 How has society's attitude to money changed since the '50s?
3 What are the three legitimate ways of getting money?
4 What effect has the recession had on those whose spending power has been reduced?
5 Name four reasons given for a return to a more moralistic attitude to money.
6 What is not considered shameful any more?
7 What has become suspect, though?

Echange
• Des problèmes imprévus

Le distributeur a refusé ma carte

((o)) A tourist needs cash to pay his hotel bill, since the hotel doesn't accept credit cards. But the cash dispenser outside the *Crédit Agricole* has rejected his plastic card, so he goes into the bank to ask for help. Before you listen, do exercise 1.

1 Match up the French and English phrases below. They are all to do with money.

1	les chèques de voyage	a	your account
2	les devises étrangères	b	to pay my bill
3	en espèces	c	in cash (*2 phrases*)
4	retirer de l'argent	d	cash dispenser
5	le distributeur automatique	e	to withdraw money
6	régler ma note	f	means of identification
7	en liquide	g	methods of payment
8	les moyens de paiement	h	foreign currency
9	une pièce d'identité	i	traveller's cheques
10	votre compte		

2 ((o))
When you've listened to the conversation, tick the correct completion of each sentence.

1 Pour retirer de l'argent, le client doit aller...
  a à la caisse   b au distributeur automatique
  c dans une autre banque
2 Le distributeur a ...... la carte du client.
  a accepté   b refusé   c détruit
3 Le client a une carte ....
  a Mastercard   b bleue   c Visa
4 Il doit régler sa note ......
  a de garage...   b d'hôtel...
  c de restaurant...
5 ...en ....
  a francs français   b liquide
  c devises étrangères
6 Son ...... part dans trois heures.
  a collègue   b train   c avion
7 Il veut retirer ...... francs français.
  a 2000   b 200   c 2200

8 L'employée demande ....
  a son passeport   b une pièce d'identité
  c son carnet de chèques
9 Le client cherche sa carte de garantie dans ....
  a sa valise   b sa poche
  c son portefeuille
10 Pour prendre son argent le client doit passer ....
  a au distributeur   b à la caisse
  c plus tard

3 When you're familiar with the conversation, complete these sentences.
1 Le touriste voulait retirer de l'argent, mais le distributeur ....
2 Les cartes anglaises ont une ...... magnétique, mais en France on utilise des ....
3 L'hôtel n'accepte pas les Eurochèques parce qu'il y a des .... pour toucher ces chèques.
4 La carte de garantie Eurochèque contient deux numéros: celui de la ...... et celui du ....
5 Pour recevoir son argent dans une banque, il faut passer ....

CULTUROSCOPE

If you can't cash a cheque (*toucher un chèque*), you can get money (*toucher de l'argent*) from a cash dispenser using your plastic card and your PIN (*votre code personnel*).

To pay in a shop, you may be handed a small keyboard (*un clavier numérique*) on which to type in your number. However, foreign cards with a magnetic strip (*une bande magnétique*) are not always compatible with French systems that use a microchip (*une puce*), so a signature may suffice.

4 ((o))
Jeu de rôle
You want to change some money in a French bank, so speak to the employee at the counter.

3

Location de voiture

((o)) Listen to our reporter, Nadine Wakefield, who has just arrived at a mainline station in Paris. She wants to pick up the hire car she has booked in advance, but she finds the rental company's offices closed, so she phones their head office.

Some useful expressions when asking for advice, further information, etc:

Qu'est-ce que je fais maintenant?	*What do I do now?*
Où êtes-vous?	*Where are you?*
Quelle est votre adresse?	*What's your address?*
Ça se trouve où?	*Where is that?*
Vous êtes à quelle distance de...?	*How far are you from...?*
Vous êtes à combien de temps de...?	
une voiture de location	*a hire car*
faire une réservation	*to book, to make a booking*
On aurait pu nous prévenir	*They could have warned us*
Ça va me coûter les yeux de la tête!	*That will cost me an arm and a leg!*

1 ((o))

Listen again to Nadine and tick each correct sentence below. (In one case there's more than one right answer.)

1 Nadine est arrivée...
   a à la Gare Saint-Lazare
   b à la Gare du Nord
   c à la Gare Montparnasse

2 L'agence est fermée parce que...
   a c'est dimanche après-midi
   b c'est après 13 heures   c il est midi

3 L'agence à qui elle téléphone se trouve...
   a à Paris Nord   b à Montparnasse
   c à Montmartre

4 Pour se rendre à la nouvelle adresse, il faut...
   a une heure   b deux heures
   c une demi-heure

5 L'adresse où Nadine doit se rendre c'est...
   a rue du Maine   b rue d'Allemagne
   c Rougemont

6 Pour y aller, Nadine doit prendre...
   a une voiture   b un taxi   c le train

2

Here is part of Nadine's telephone conversation with the car hire office. Can you order what the car hire employee might have said to make a coherent conversation?

Allô, oui, j'ai fait une réservation pour une voiture de location et je suis arrivée à Paris Nord et votre agence était fermée.
1 ...
Oui, d'accord, mais on aurait pu nous prévenir quand on a fait la réservation.
2 ...
Oui, oui j'ai tous mes bagages, et puis alors qu'est-ce que je fais maintenant?
3 ...
Et vous êtes où?
4 ...
A Montparnasse, oui, mais ça se trouve où?
5 ...
Et c'est à combien de temps de Paris Nord jusqu'à Montparnasse?
6 ...
Une demi-heure!
7 ...
Un taxi! Ça va me coûter les yeux de la tête!
8 ...

a Pouvez-vous passer dans notre agence de Montparnasse?
b Alors vous pouvez prendre un taxi.
c Je suis désolée, Madame Wakefield. La personne avec qui vous avez fait la réservation aurait dû vous le dire.
d Dans le métro, une demi-heure à peu près.
e On va vous rembourser le prix du taxi.
f Notre agence se trouve rue du Maine, à Montparnasse.
g C'est dans le quatorzième arrondissement, madame. Dans le sud de Paris.
h Oui, madame. Notre agence de la Gare du Nord ferme toujours à treize heures le dimanche.

3 ((●)) *Jeu de rôle*

You've just arrived in Paris by train and have made an advance booking for a hire car for a week, but the rental offices at the station are closed. There's a notice on the door giving a number to ring, so you dial the number. Speak to the person who answers the phone.

CULTUROSCOPE

Le franc CFA

Le franc CFA (the franc of the *Communauté Financière Africaine*) is used in several Francophone countries of West Africa. It is tied to the French franc at the rate of 100 CFA = 1 French franc. Prices in West Africa are not always very different from those in France, although earnings tend to be much lower.

Profil

Ernestine-Sophie from the Ivory Coast talks about the cost of living in her country. You will hear her describe the arrangements for paying for the education of the children of the extended African family.

par contre	*on the other hand*
être malin	*to be crafty*
se soigner	*to take care of yourself*
gratuit	*free of charge*
une école publique	*a state school*
un chiffre	*a figure*

1 ((●))

Read the questions below, then listen to the interview with Ernestine-Sophie and see if you can answer the questions.

1 Name three things which are expensive in the Ivory Coast.
2 Name two things which are relatively cheap there.
3 In the traditional African family, who pays for the children's education?
4 Give three examples of things you can't afford if you're having to pay for the children's education.

2 ((●))

Our interviewer also asked Frédéric Grah-Mel about the cost of education in the Ivory Coast.

la scolarité	*schooling*
inscrire dans une école	*to register at a school*
coûteux (coûteuse)	*expensive*

Listen to M. Grah-Mel, then answer these questions.

1 How old is his daughter?
2 How much does it cost each year to send her to school?
3 Why does he not send her to a state school?
4 What is the drawback of private schools?

Le Viêt-Nam

Notre arrêt suivant nous fait découvrir le Viêt-Nam en Asie du Sud-Est. Le Viêt-Nam, ainsi que le Laos et le Cambodge, sont des enclaves francophones en Asie en raison de leur passé colonial.

Que savez-vous sur le Viêt-Nam?

I

1 Quel est le produit alimentaire que vous associez principalement avec le Viêt-Nam?
2 Que s'est-il passé à Diên Biên Phû en 1954?
3 Qui étaient les *boat people*?
4 En quelle année s'est terminée la guerre du Viêt-Nam?
5 Quel est le nom actuel de la ville de Saigon?
6 Comment s'appelle la mer située à l'est du Viêt-Nam?

Check your answers by reading what follows.

Quelques dates

1804 Un état nommé Viêt-Nam est formé avec des frontières semblables à celles d'aujourd'hui.

1883 Le Viêt-Nam devient protectorat français et forme, avec le Laos et le Cambodge, l'Union indochinoise.

1946-54 Guerre contre la France à la suite de la proclamation de l'indépendance du Viêt-Nam par Hô Chi Minh.

1954 Défaite française à Diên Biên Phû. L'Indochine française disparaît. La langue française perd son statut de langue officielle. Le pays est coupé en deux. Les Français quittent le Viêt-Nam.

1957-75 Seconde guerre du Viêt-Nam entre le Nord et le Sud. Les Américains aident le Sud. En 1975, les Américains quittent définitivement le Viêt-Nam et le pays est réunifié. Des milliers de *boat people* quittent le Viêt-Nam.

1989 Les contacts officiels reprennent avec la France et le Viêt-Nam participe aux sommets de la francophonie. Le pays s'ouvre de plus en plus vers l'extérieur.

CARTE D'IDENTITE DU VIET-NAM

- **Géographie** Le Viêt-Nam est un pays allongé, avec la mer de Chine à l'est, la Chine au nord, et le Laos et le Cambodge à l'ouest.
- **Superficie** 330 000 km²
- **Population** En 1994, elle était de 72 millions de Vietnamiens.
- **Densité de la population** 215 habitants par km²
- **Le français au Viêt-Nam** La langue officielle est le vietnamien. Il y a aujourd'hui environ 510 000 francophones au Viêt-Nam, surtout parmi les plus de 60 ans. L'anglais a largement remplacé le français pendant la guerre et le français est aujourd'hui la troisième langue étrangère apprise à l'école après le russe et l'anglais.
- **Situation politique** Le Viêt-Nam est une république socialiste depuis 1976. La capitale est Hanoï. Saigon, dans le Sud, s'appelle aujourd'hui Hô Chi Minh-Ville.
- **Ressources principales**
- L'agriculture fait vivre 80% de la population. Troisième exportateur de riz dans le monde en 1992.
- L'industrie, encore peu développée, se transforme très rapidement. Au rythme actuel de 8% de croissance par an, le Viêt-Nam sera bientôt l'un des 'dragons' asiatiques.
- En 1988, il y a eu 3 000 touristes au Viêt-Nam; en 1993, 350 000. Le Viêt-Nam est une destination très à la mode en ce moment.

Chine

Viêt Nam

Hanoi

Haiphong

Laos

Thaïlande

Huê

Da Nang

Viêt Nam

Qui Nhon

Nha Trang

Dalat

Cam Ranh

Cambodge

My Tho

Hô Chi Min-Ville

Cantho

Vung Tau

Mer de Chine méridionale

0   200 km

Hô Chi Minh-Ville

2 Tick any of the following statements that are true and correct any that are false.

1 Le français est la première langue étrangère au Viêt-Nam.

2 Le développement du Viêt-Nam est spectaculaire depuis quelques années.

3 Le Viêt-Nam est membre officiel de la francophonie.

4 Le Viêt-Nam est un pays grand producteur de riz.

5 Le Viêt-Nam s'ouvre progressivement au tourisme.

Saviez-vous que...?

- Le Viêt-Nam est surnommé 'le pays des monts et des eaux'.
- La laque (*lacquer*), vernis épais et brillant, vient d'un arbre qui pousse au nord du Viêt-Nam, le laquier.
- Sept millions de tonnes de bombes ont été déversées (*dropped*) sur le Viêt-Nam pendant la guerre.
- Le Viêt-Nam est le plus grand fournisseur de ferraille (*scrap metal*) du monde. Il s'est spécialisé dans la refonte (*melting down*) du matériel de guerre.
- Trois films français, tournés au Viêt-Nam en 1991, ont attiré l'attention sur la région, *Indochine*, *L'Amant* et *Diên Biên Phû*.
- Le vietnamien a la particularité, rare parmi les langues asiatiques, de s'écrire en caractères romains.
- On peut manger du cobra, servi au mètre, dans certains restaurants du Viêt-Nam.

The French writer Marguerite Duras was born in 1914 in what was then called Indochina. In several novels, she remembers life as it was before the Second World War for a girl in a fairly poor white family and the exoticism of the region.

la traversée	crossing
le bac	ferry
la boue	mud
le bastingage	the ship's rail

C'était donc pendant la traversée d'un bras du Mékong sur le bac qui est entre Vinhlong et Sadec dans la grande plaine de boue et de riz du sud de la Cochinchine, celle des Oiseaux.

Je descends du car. Je vais au bastingage. Je regarde le fleuve. Ma mère me dit quelquefois que jamais, de ma vie entière, je ne reverrai des fleuves aussi beaux que ceux-là, aussi sauvages, le Mékong et ses bras qui descendent vers les océans, ces territoires d'eau qui vont aller disparaître dans les cavités des océans.

(*L'Amant*, Les Editions de Minuit, 1984, Paris)

3 Now answer these questions in English.

1 What is the ferry crossing and where is it going?

2 What is the landscape like?

3 What does the girl's mother tell her about the Mekong river?

POINTS DE REPERE

At the end of this Unit, can you...

❑ discuss money, where it goes, and the cost of living?

❑ compare one thing relative to another?

❑ use a credit card?

❑ use the services of a bank?

❑ sort out a car hire problem?

Hanoi

UNITÉ

Environnements

In this unit you will practise:	
• Talking about the good and bad points of where you live	• Getting information about a place you're visiting
• Talking about the environment	• Buying a guide book of the region
• Talking about the weather and understanding weather forecasts	• Enquiring about holiday information

A l'écoute

• Je suis très bien à Vichy

INFO LANGUE

• QUALITY OF LIFE WHERE YOU LIVE

• What it's like:

C'est une ville	agréable	It's a pleasant town
	calme	It's a quiet town
	désagréable	It's an unpleasant town

Il y a	beaucoup de parcs, de jardins et d'espaces verts
	beaucoup de monuments historiques
	une qualité d'air excellente

Il n'y a pas	de problèmes de circulation
	de problèmes pour stationner
	beaucoup de bruit

• Its position:

C'est à	50 kilomètres de la mer
	trois heures de Paris
	une demi-heure de la montagne

• Things you can do there:

On peut	faire beaucoup de sports
	jouer au golf
	aller très facilement à la montagne

1 ((o))
Turn on your tape to practise using these and similar phrases.

INFO LANGUE

• WOULD YOU LIKE TO...?/DO YOU FEEL LIKE...?

• To ask someone if they'd like to...

| **Vous aimeriez** | vivre ailleurs? |
| | habiter dans une grande ville? |

• To say you wouldn't like to...

| **Je n'aimerais pas** | quitter Vichy |
| **Je n'ai pas envie de** | vivre ailleurs |

2 ((o))
Listen to two people talking about where they live, then read the transcript below. What is each person saying?
1 Dans cette ville il y a des monuments très intéressants.
2 La montagne est tout près. En hiver nous pouvons faire du ski.
3 Nous sommes à quatre heures de train de Paris.

4 Chez nous il n'y a pas assez d'espaces verts.
5 Je préfère la mer à la montagne.
6 A Paris on a beaucoup de problèmes pour stationner.
7 Je n'aimerais pas vivre loin de ma ville natale.

INFO LANGUE

• PROBLEMS

If the problem's with SOMETHING use *de:*

> J'ai un problème **de** voiture
> Elle a toujours des problèmes **d'**argent
> Il y a des problèmes **de** circulation au centre-ville

If it's with DOING something use *pour:*

> On a des problèmes **pour** stationner
> Il y a des difficultés **pour** trouver un logement

Interview 1

((o)) In Vichy, Caroline Moreau interviewed Françoise Bernard, a speech therapist (*une orthophoniste*) who has always lived there. Before you listen, read through exercise 1.

1 ((o)) Here are some reasons why people might like the place they live. Check that you understand what each one means, then listen again to what Françoise says about Vichy. Tick the ones she mentions.
1 La qualité de vie est excellente.
2 Il n'y a pas de problèmes de circulation.
3 Le climat est magnifique.
4 L'architecture est très intéressante.
5 Il y a beaucoup de parcs et d'espaces verts.
6 Il y a beaucoup d'équipements sportifs.
7 La mer est proche.
8 Il y a beaucoup de cinémas et de théâtres.
9 La montagne n'est pas loin.
10 C'est une ville très agréable.

2 a When you've listened to Françoise, tick the statements that are true.
1 Les enfants sont très heureux à Vichy.
2 Paris est à trois heures de train de Vichy.
3 Il faut cinq heures pour aller de Vichy à la montagne.
4 Françoise préfère la mer à la montagne.
5 Françoise ne voudrait pas vivre ailleurs.

b Now give a correct statement for each one that was false.

Interview 2

Dominique Lagrange is the press officer at the *mairie de Vichy*. She is not herself *vichyssoise* but she spoke to Caroline Moreau about the advantages of living there.

1 ((o)) **a** Before you listen, match up these French and English phrases.
1 Je n'avais jamais vécu à Vichy.
2 C'est une ville très agréable.
3 C'est une ville à la campagne.
4 Au sein même de la ville
5 Je suis très bien à Vichy.
6 C'est une ville que j'adore.
7 Du début du vingtième siècle
8 Je n'ai pas envie de quitter Vichy.
9 J'y ai vécu quatre ans.
10 A cause du soleil

a Because of the sun
b I'm happy in Vichy.
c I had never lived in Vichy.
d It's a town I love.
e I don't feel like leaving Vichy.
f I lived there for four years.
g It's a town in the countryside.
h It's a very pleasant town.
i In the very heart of town
j From the beginning of the twentieth century

b Listen to the interview again and tick any of the above phrases that you hear.

c Which are the two phrases in the list that Dominique doesn't use?

4

INFO LANGUE

• **DISTANCES FROM...**

• To ask how far you are from somewhere:

Nous sommes **à quelle distance de** Paris?

or the distance between two places:

Quelle est la distance entre Vichy et Lyon?

You might be told a distance:

Paris est **à 500 km de** Bordeaux

or a travelling time:

Nous sommes **à vingt minutes de** la mer

• To ask how long it takes to get there:

Il faut combien de temps pour y aller?

Possible answers include:

Il faut cinq heures pour aller à la mer	*It takes five hours to get to the sea*
Le bus **met une heure** pour y arriver	*The bus **takes an hour** to get there*

2 How would you say the following in French?

1 We live 200 km from Vichy.
2 Our house is five minutes from the sea.
3 How long does it take to get to Dijon?
4 The train takes three hours.
5 Birmingham is 160 km from London.

3 ((○))
Jeu de rôle

You were born in Vichy and have always lived there. See if you can answer our interviewer's questions.

VICHY, C'EST FOU CE QU'ON SAIT FAIRE AVEC DE L'EAU

CULTUROSCOPE

Today as in its past, Vichy attracts visitors because of its reputation as France's top spa town (*une ville d'eau*). Over the years it has also developed as a centre for health, diet, fitness and beauty. It still attracts those in search of a healthy and beautiful body. In the twenties and thirties, though, it was an annual 'must' for the smart set, the wealthy and famous, royalty and filmstars, who did the Deauville-Vichy-Biarritz circuit for gambling, racing, nightlife and perhaps even a bit of taking the waters. Hence its present-day attractions such as a famous racecourse, a casino and its opera house.

INFO LANGUE

• **Y**

— Les enfants sont heureux à Vichy?	
— Oui, ils **y** sont très heureux	*Yes, they're very happy **there***
J'adore Paris	*I love Paris*
J'**y** ai passé mon enfance	*I spent my childhood **there***

Y means 'there'. Notice its position in the sentence, before the verb. For more on *y* and other pronouns, see Language Summary.

4 Replace the words in italics with *y*.

1 Paris? Oui, j'habite *à Paris* depuis deux ans et je l'adore.
2 Je ne connais pas Vichy. Je ne suis jamais allé *à Vichy*.
3 Elle est née à Grand-Bassam et elle a toujours habité *à Grand-Bassam*.
4 Ma sœur habite en Guadeloupe. Moi aussi, j'aimerais habiter *en Guadeloupe*.
5 J'ai passé trois semaines sur la Côte d'Azur. Il fait très chaud *sur la Côte d'Azur* au mois d'août.
6 Mes parents habitaient en face de la gare mais ils n'habitent plus *en face de la gare*.

Interview 3

In Vichy, our interviewer also met the deputy mayor, Jean-Louis Bourdier, who has special responsibility for tourism in the town. She asked him about the attractions of Vichy for tourists.

1 **a** Here are some typical attractions that you may see advertised as you enter a town in France. Make a list in English of what you can expect to find there.

> **A voir à Vichy**
> - sa cathédrale du XIVᵉ siècle
> - son musée d'art moderne
> - ses hôtels de luxe
> - son architecture
> - son casino
> - ses monuments historiques
> - son golf
> - son établissement thermal
> - ses parcs
> - ses piscines
> - ses équipements sportifs

b Now listen to M. Bourdier describing the attractions of Vichy. Then from the list above, tick the five features that he mentions.

2 Use the words below to fill in this summary of the attractions of Vichy. Listen again to the three interviews if you need to.

des massifs d'arbres	*clumps of trees*
des essences d'arbres	*species of tree*
à la mode	*fashionable*
l'époque	*the period*

Vichy est une ville très fleurie, très agréable. ......, il y a beaucoup de ...... et ...... verts très entretenus. ......, le style architectural de Vichy est très .... Troisièmement, le visiteur trouvera deux ou trois ...... un peu plus spécifiques qui sont l'opéra et le casino. Ensuite, il y a son établissement thermal dans un ...... byzantin, et finalement, on peut y faire beaucoup de sport, car il y a des ...... sportifs extrêmement importants comme l'hippodrome, le ...... et le ...... omnisports. Vichy est une ville sans ...... de circulation où la ...... de vie est extraordinaire.

qualité   centre   équipements
monuments   deuxièmement   d'abord
problèmes   parcs   golf   style
intéressant   d'espaces

INFO LANGUE

- **SEQUENCING**

If you're building up a list of points you want to make, the following expressions might be useful.

D'abord...	*First of all...*
Deuxièmement...	*Secondly...*
Troisièmement...	*Thirdly...*
Et puis/Ensuite...	*And then... /Next*
Et finalement...	*Finally/Last of all...*

INFO LANGUE

• DE OR DES?

There are three situations where you use *de* or *d'* instead of *des*:

1 In front of a plural adjective which itself comes before a noun:

> Il y a **de** beaux parcs avec **de** jolis massifs d'arbres

2 After expressions of quantity like *beaucoup* and *trop*:

> Il y a **beaucoup d'**espaces verts

3 After the negatives *pas de* and *plus de*:

> Il n'y a **pas de** problèmes de circulation à Vichy

For more on *de* see Language Summary.

4
Insert *des*, *de*, or *d'* as appropriate.
1 Elle a ...... yeux bleus.
2 Elle a ...... beaux yeux bleus.
3 Je voudrais ...... cigarettes.
4 Nous n'avons pas ...... cigarettes.
5 Vous pouvez me donner ...... autres exemples?
6 Vous avez ...... oranges?
7 Non, je n'ai plus ...... oranges.
8 Tu as ...... bonnes idées!
9 A Vichy, il y a beaucoup ...... équipements sportifs.
10 Albert et Jeanine? Oui, ce sont ...... très bons amis.

5
Note the word order in French:

des équipements sportifs extrêmement importants
un équipement architectural très intéressant

If you numbered the words in French 1 – 5, the English equivalent would be 1 - 4 - 5 - 3 - 2.

The difference in French/English word order can often be seen in acronyms:

UNO	ONU	*Organisation des Nations Unies*
NATO	OTAN	*Organisation du Traité de l'Atlantique Nord*
EU	UE	*Union européenne*

Try saying the following in French:
1 An extremely pleasant French town
2 A very expensive Italian meal
3 A very interesting little village
4 An extremely unpleasant little hotel
5 A very famous spa town

6
Jeu de rôle

You and a friend are visiting Vichy for the first time, so you go to the *Syndicat d'initiative* to ask advice about what to see. Take part in this conversation with the *hôtesse d'accueil*.

La météo

INFO LANGUE

- **THE WEATHER**
- The most common ways of talking about the weather:

Il fait	beau	It's fine
	chaud	… hot
	du soleil	… sunny
	mauvais	… bad weather
	froid	… cold
Il pleut		It's raining
Il neige		It's snowing

- You can also use *aller* with the verb:

| **Il va** | faire beau demain |
| | neiger |

- **THE FUTURE TENSE**
- Many references to the future, including weather forecasts, are expressed in the future tense. You'll recognise the future from its endings in *-ai, -as, -a, -ons, -ez, -ont.* which are normally added to the infinitive:

| rester | Le ciel **restera** couvert |
| neiger | Il **neigera** sur les Alpes dans la nuit |

- Some verbs aren't quite so predictable:

faire	je ferai etc.
être	il sera etc.
avoir	il aura, il y aura etc.

For a fuller list see Language Summary.

1 ((o))
Now turn on your tape to practise using these and similar phrases.

2 ((o))
On tape you can hear a typical weather forecast (*un bulletin de météo* or simply *la météo*). Before listening, see if you can match these common expressions to their English equivalents.

1 Le temps sera ensoleillé.
2 Il y aura des éclaircies.
3 Le ciel restera chargé.
4 Le ciel deviendra nuageux.
5 Il y aura quelques ondées.
6 Des orages se développeront.
7 Le temps sera doux.

a It will be mild.
b It will cloud over.
c There will be a few showers.
d It will be sunny.
e It will remain overcast.
f There will be sunny spells.
g Storms will develop.

3 a When you've listened to the forecast, work out which of the phrases in the table below apply to the different regions on the day of the forecast.

b Will the weather be better or worse in the east the following day?

estival	*summer*
atteindre	*to reach*
le mistral	*a very strong north wind affecting the Rhône valley and the Mediterranean region*

	de la Bretagne à l'Aquitaine	de la Normandie à la Lorraine	la Méditerrannée	l'est de la France	les Pyrénées	au sud des Alpes et en Corse
beaucoup de soleil						
un ciel chargé						
températures de 23 à 25 degrés						
une tendance orageuse						
un après-midi ensoleillé						
de la chaleur						
une lente amélioration						
un temps doux, humide						
du vent de nord-est						
quelques ondées						

Découverte

• L'environnement

Les priorités des Français en matière d'environnement

On the right are the results of a survey showing the priorities of the French when it comes to environmental matters.

1 **a** Which three would you personally have chosen?

b Cover up the list above and see if you can remember the phrases for:
1 the beauty of the landscape
2 the air we breathe
3 the quality of foodstuffs
4 the Amazonian Forest
5 river water

2 **a** Read the news item below about air pollution in Paris.

un pic	*a peak*
éventuel	*possible*
a priori	*here = out of hand*
déposer un projet de loi	*to put down a bill (in parliament)*
prendre les devants	*to take the lead*

'Parmi les éléments suivants, quelles sont selon vous les priorités à respecter en matière d'environnement?'

Les réponses des Français ont été les suivantes (3 réponses possibles):

l'air que l'on respire	
l'eau des rivières	66%
les forêts	37%
les grands espaces (forêt amazonienne)	31%
les animaux, la faune	25%
la qualité des produits alimentaires	24%
les océans	23%
l'harmonie des relations humaines	22%
les espaces verts	18%
le calme, la tranquillité	15%
la beauté des paysages	14%
les espèces végétales	13%
	11%

La pollution atmosphérique

LES PICS DE POLLUTION atmosphérique enregistrés le weekend dernier en région parisienne ont relancé le débat sur une éventuelle interdiction de la circulation automobile dans les grandes villes, les jours où la pollution est vraiment trop forte.

Une mesure que Corinne Lepage, ministre de l'environnement, n'exclut pas 'a priori'. "Ce serait une mesure ultime qui ne pourrait être que temporaire", a-t-elle expliqué. Le ministre va déposer un projet de loi sur l'air "le plus rapidement possible".

De son côté, la préfecture de Paris a pris les devants. Elle annonce plusieurs mesures d'information du public, de contrôle renforcé des voitures et de déviation du trafic de transit. (6 juillet 1995)

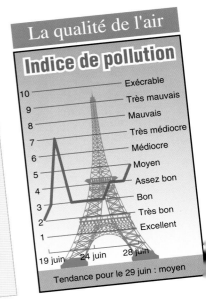

La qualité de l'air

Indice de pollution

10 — Exécrable
9 — Très mauvais
8 — Mauvais
7 — Très médiocre
6 — Médiocre
5 — Moyen
4 — Assez bon
3 — Bon
2 — Très bon
1 — Excellent

19 juin   24 juin   28 juin

Tendance pour le 29 juin : moyen

b Now answer the following questions.
1 What are some people saying should be done on the days when pollution levels in large towns are very high?
2 What action is the Minister for the Environment taking?
3 What three measures are the Paris authorities taking?

3
Read this article, right, about the attitude of the French towards the car.

a Can you find the French equivalent of the four positive values attributed to the car (1 – 4) and the four negative values (5 – 8)?

1 freedom   5 traffic jams
2 escape   6 stress
3 journeys   7 pollution
4 meeting people   8 noise

b Now find the French equivalent of these phrases:
1 energy saving
2 public transport
3 private individuals

Les Français et la voiture

La voiture joue un rôle fondamental dans la vie d'aujourd'hui. Elle évoque des valeurs plus positives que négatives: le voyage, la liberté, l'évasion, l'échange. Elle est considérée comme indispensable dans la vie moderne. Pourtant, elle évoque aussi des nuisances comme la pollution, les embouteillages, le bruit et le stress. Pour ces raisons:

61% des Français pensent que l'utilisation des voitures individuelles doit être limitée car elle génère trop de pollution.

Pour 68% d'entre eux, les transports en commun incarnent l'avenir car ils permettent une économie d'énergie et une pollution moins élevée.

Dans le même temps, 67% préfèrent leur voiture à tous les autres types de transport, même si elle est polluante, et 34% seulement seraient favorables à des taxes pour les particuliers qui utilisent leur voiture alors qu'ils pourraient utiliser les transports en commun.

4
Read the article below about noise pollution which also recognises that noises which are offensive to some people are pleasant or reassuring to others.

se chiffrer	to quantify
le défilé	the stream, procession
se repérer	to get your bearings

LE BRUIT – UN DANGER PUBLIC

Les Français souffrent de plus en plus du bruit. Cette violence banale coûte cher en accidents du travail, en internements psychiatriques, en consommation de somnifères et de tranquillisants, en journées de travail perdues. L'addition? 25 milliards de francs l'année dernière, sans compter ce qui ne se chiffre pas: la somme infinie de détresses individuelles.

Le bruit est devenu la première des nuisances dont se plaignent les Français et la plupart des Européens. Le nombre de plaintes contre le bruit ne cesse de croître.

L'accusé numéro un est la circulation routière. Selon le ministre de l'environnement, l'endroit le plus bruyant de l'Hexagone se trouve à Vénissieux, près de Lyon. Le défilé des poids lourds sur le boulevard périphérique y provoque un grondement comparable à celui des chutes du Niagara!

Mais il ne faudrait pas s'imaginer que les ruraux sont épargnés des nuisances de la circulation. Il suffit pour s'en convaincre d'aller demander l'avis de ceux qui habitent un village que traverse une route nationale.

Viennent ensuite les bruits de voisinage: la télévision des voisins, la perceuse du bricoleur d'à côté, la tondeuse à gazon du samedi matin, sans parler du chien qui aboie tout le week-end parce qu'il est enfermé dans l'appartement des voisins partis se reposer à la campagne!

Vouloir améliorer la qualité de l'environnement ne signifie pas vouloir supprimer tous les bruits. Il y a les bruits qui gênent et qui fatiguent, mais il y a aussi ces autres bruits qui rassurent et qui aident à se repérer dans la vie quotidienne.

Can you match these phrases from the text on *Le bruit* with their English equivalent below?
1 en consommation de somnifères
2 sans compter ce qui ne se chiffre pas
3 ne cesse pas de croître
4 l'accusé numéro un
5 l'endroit le plus bruyant
6 le boulevard périphérique
7 le défilé des poids lourds
8 les ruraux sont épargnés
9 la perceuse du bricoleur d'à côté
10 la tondeuse à gazon

a the procession of heavy lorries
b the drill of the DIY enthusiast next door
c doesn't stop growing
d country dwellers are spared
e the noisiest place
f without including what can't be quantified
g in the taking of sleeping pills
h the lawn mower
i the prime culprit
j the ring road

INFO LANGUE

• **DONT**

Use *dont* instead of *de qui*:

La première des nuisances **dont** se plaignent les Français...	The first disturbance the French complain about...
Les Français se plaignent **du** bruit Le bruit **dont** les Français se plaignent le plus...	The French complain about noise The noise the French most complain about...
Vous avez besoin **d'**un guide? Voici le guide **dont** vous avez besoin	Do you need a guide book? Here's the guide book you need

For more on *dont* see Language Summary.

5 When you feel you understand most of the article on *Le bruit*, see if you can answer the following.
1 Donnez au moins trois exemples du coût, en termes humains, des niveaux de bruit excessifs.

2 De quelle sorte de bruit les gens se plaignent-ils le plus?
3 Quel bruit est comparable à celui des chutes du Niagara?
4 Pourquoi les ruraux souffrent-ils souvent du bruit?
5 Donnez au moins trois exemples de bruit dont se plaignent les voisins.

6 How would you write the following in French?
1 I suffer more and more from noise in my garden at the weekend.
2 The prime culprit is the road traffic which never stops growing.
3 Then there's the neighbour's dog which barks all weekend.
4 I don't want to get rid of all noise, only unpleasant noises.
5 There are some noises which are reassuring and which improve the quality of the environment.

L'industrie nucléaire en France

Read the following passage.

1 Now answer these questions in English.
1 Why is nuclear energy so important for France?
2 What do the French feel about nuclear energy?

L'industrie nucléaire est très développée en France. En 1992, elle produisait 73% de l'électricité française. La France, pays sans pétrole, est le seul pays européen à avoir adopté le 'tout nucléaire' à la suite de la crise énergétique des années soixante-dix.

Qu'en pensent les Français? En grande partie, ils supportent le nucléaire comme un mal nécessaire. EDF (Electricité de France) a su rassurer en partie l'opinion publique de la rigueur de sa politique en matière de sécurité. De plus, le nucléaire a joué sur le fait qu'il ne participe pas à l'effet de serre (*greenhouse effect*) pour améliorer son image de marque.

Les essais nucléaires

1 Read this extract from Le Monde, written after France resumed nuclear testing at Mururoa atoll in summer 1995.

a Summarise in English President Chirac's five main justifications for carrying out the nuclear tests.
b Complete the following sentences with an appropriate word from the list.

1 Les représentants de Greenpeace France n'étaient ..... satisfaits des ..... du président de la République.
2 Greenpeace France croyait que les résultats des expéditions scientifiques ..... l'argument des autorités françaises.
3 Des expéditions scientifiques ont conclu qu'il serait impossible de garantir ..... le confinement des produits radioactifs dans le sous-sol de Muroroa. En plus, les essais risqueraient de ..... la structure du ..... .
4 Greenpeace France craignait également que ..... des essais français encouragerait des essais nucléaires de la part d'autres pays.

récif   infirmaient
pas du tout   à long terme
la reprise   explications
fissurer

M. Chirac a écrit à Greenpeace France pour justifier la reprise des essais nucléaires

LE PRÉSIDENT DE LA RÉPUBLIQUE a adressé une lettre au mouvement Greenpeace France pour « justifier » sa décision de procéder à une série limitée d'essais nucléaires. C'est ce qu'a indiqué, au cours d'une conférence de presse, jeudi 27 juillet, à Paris, le président de Greenpeace France, Rémi Parmentier. Dans cette lettre, datée du 19 juillet, Jacques Chirac indique que cette initiative vise à « doter la France d'une force de dissuasion fiable et sûre » et à l'engager sur la « voie de la simulation ». Le président insiste sur la compatibilité de sa décision avec les « obligations internationales contractées par notre pays ». Selon lui, cette « dernière campagne » ne remettra pas en cause la conclusion, à la fin de l'année 1996, du traité d'interdiction complète des essais nucléaires. Enfin, il annonce la mise en place de missions scientifiques qui pourront « se rendre sur place afin de s'assurer de l'innocuité totale des essais, tant pour les populations que pour l'environnement de la région ».

Les représentants de Greenpeace France se sont montrés peu satisfaits de ces explications. Selon eux, les résultats des expéditions scientifiques, pourtant placées sous l'autorité du ministère de la défense, menées dans le passé autour de Mururoa, infirment l'argument des autorités françaises selon lequel les essais souterrains ne présentent aucun risque. Ces missions, conduites de 1982 à 1991, reconnaissent que le confinement des produits radioactifs dans le sous-sol de l'atoll ne peut être entièrement garanti à long terme et que les essais risquent de fissurer la structure du récif de Mururoa. Par ailleurs, Greenpeace France redoute que la décision de M. Chirac, dans le contexte de la récente reconduction du traité de non-prolifération des armes nucléaires (TNP), n'entraîne une extension de la reprise des essais nucléaires. Selon M. Parmentier, si les puissances nucléaires « ne respectent pas leurs engagements » elles perdront toute crédibilité pour interdire aux autres pays de s'aventurer dans cette voie.

Le Monde du 29 juillet 1995

Essai nucléaire à Mururoa

La Belgique

Notre tour des pays francophones nous amène maintenant au cœur de l'Europe, puisque nous nous arrêtons en Belgique.

La Belgique est divisée en trois Communautés basées sur la langue: les Communautés flamande, francophone et germanophone. Elles ont une certaine autonomie au niveau international et la Communauté francophone de Belgique est membre officiel de la francophonie.

Que savez-vous sur la Belgique?

I

1 Quelle est la langue la plus parlée en Belgique?

2 Comment s'appelle le roi des Belges?

3 Pourquoi Bruxelles est-elle dans une position exceptionnelle en Belgique?

4 Qu'est-ce qui a enrichi les villes comme Bruges à partir du Moyen-Age?

5 Quels produits agricoles associez-vous avec la Belgique?

Check your answers by reading what follows.

une exploitation	farm
le lin	flax
le houblon	hop
la sidérurgie	steel industry
le siège	head office

Quelques dates

Ve siècle La Belgique connaît déjà deux influences linguistiques différentes.

1815 Après la chute de Napoléon, un royaume composé de la Hollande et de la Belgique est constitué.

1830 La Belgique devient indépendante de la Hollande en octobre 1830. Léopold Ier est élu roi des Belges.

1957 Bruxelles devient la capitale de la CEE (Communauté Economique Européenne)

CARTE D'IDENTITE DE LA BELGIQUE

• **Géographie** La Belgique est bordée par la mer du Nord. Elle partage ses frontières avec les Pays-Bas, l'Allemagne, le Luxembourg et la France.

• **Superficie** 31 000 km²

• **Population** Il y avait 10,07 millions de Belges en 1993.

• **Densité de la population** 328 habitants par km²

• **Les langues en Belgique** Le français belge (ou wallon), langue officielle depuis 1830, et le néerlandais belge (ou flamand), langue officielle depuis 1898, sont les deux langues principales en Belgique. En 1993, la population belge se divisait ainsi:
  • 57,85% d'expression flamande
  • 32,03% d'expression francophone
  • 0,68% d'expression germanophone
  • 9,43% officiellement bilingue à Bruxelles. En fait, 89% de la population bruxelloise est francophone. Bruxelles est une ville francophone en territoire flamand.

• **Situation politique**
– La Belgique est un royaume mais le roi a peu de pouvoir politique. Depuis 1993, le nouveau roi se nomme Albert II.
– Ce sont les trois Communautés qui ont le pouvoir en matière linguistique et culturelle.
– En matière politique et économique, la Belgique est divisée en trois régions: la Flandre, la Wallonie et Bruxelles.

• **Ressources principales**
– une agriculture très productive avec de petites exploitations (céréales, betteraves, élevage, pommes de terre, lin, houblon, tabac, légumes, fleurs)
– des industries comme le textile, la sidérurgie, la métallurgie
– une vocation commerciale dans les villes comme Bruges depuis le Moyen-Age

Bruges

Les divisions en Belgique

La division entre les Wallons et les Flamands est profonde. Elle est parfois à l'origine de conflits entre les deux Communautés principales, mais dans l'ensemble, elles tendent plutôt à s'ignorer.

Certains voudraient cependant voir une séparation des deux Communautés et regardent avec envie ce qui s'est passé en Tchécoslovaquie avec la séparation pacifique des Tchèques et des Slovaques.

2 Tick the correct statements.
1 La langue française a été la première langue officielle en Belgique.
2 La Belgique est devenue un état indépendant en 1815.
3 La Belgique est une république.
4 Le néerlandais belge est devenu langue officielle en 1898.
5 La Belgique participe aux sommets de la francophonie.

Saviez-vous que...?

- Les Belges ne disent pas soixante-dix, quatre-vingts, quatre-vingt-dix, mais septante, octante, nonante. (Les Suisses disent huitante plutôt qu'octante).
- Hergé, le créateur de Tintin, était Belge.
- L'hymne national belge s'appelle *La Brabançonne*.
- La devise de la Belgique est 'L'union fait la force'.
- René Magritte est l'un des peintres modernes belges les plus connus à l'étranger.
- La monnaie belge est le franc belge. Il est différent du franc français. Un franc français vaut environ 5 francs belges (1996).
- Bruxelles est une ville très internationale. Elle est non seulement la capitale de l'Europe mais aussi le siège de l'OTAN.
- Georges Simenon, créateur du commissaire Maigret, est né à Liège en 1903.
- Waterloo, qui a vu la défaite finale de Napoléon, est une ville belge.

Humour franco-belge

Un Français demande à un Belge la différence qu'il y a entre un Belge et un miroir. Le Belge ignorant la réponse, le Français explique: 'Un miroir, ça réfléchit'. Le Belge demande alors au Français quelle est la différence entre un Français et un miroir. Le Français ignorant la réponse, le Belge lui explique: 'Le miroir, lui, est toujours poli'.

Source: *Euroscopie*, Gérard Mermet, Larousse

Echange
• Se renseigner sur un endroit

Acheter un guide de la région

Our reporter, Dominique Graham, went into a bookshop in Beaune in search of a book about the region.

1 Read the following book titles.

a La gastronomie alsacienne
b Randonnées pédestres dans le haut Languedoc
c Paris sous l'Occupation
d L'Aquitaine vue du ciel
e La flore et la faune des Pyrénées

Here is a list of five different people's interests. Which books would they each choose?

1 la photographie aérienne
2 la marche
3 la cuisine
4 l'histoire moderne
5 la nature et l'environnement

INFO LANGUE

• **ASKING FOR SOMETHING**

• To ask for something:

> Est-ce que vous avez un livre sur la région?
> Qu'est-ce que vous avez sur la région?

• If you're shown something that's not right:

Ce n'est pas ce que je cherche	It's not what I'm looking for
C'est tout ce que vous avez?	Is that all you have?
Vous n'avez rien d'autre?	Don't you have anything else?

• If it's too expensive:

Vous n'avez rien de moins cher?	Don't you have anything less expensive?
Ah non! il est beaucoup trop cher	Oh no, it's much too expensive
C'est un peu cher	It's a little expensive

• If it's just what you're looking for:

C'est parfait	It's perfect
Je le prends	I'll take it

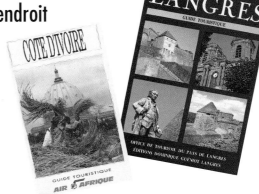

2 Now turn on your tape to practise using these and similar phrases.

3 When you've listened to Dominique's conversation with the bookseller, listen again if necessary, then tick the correct statements.

un ouvrage	*a work, a book*
une recette	*a recipe*
gourmand	*fond of good food*
le conseil	*advice*
un paquet cadeau	*gift wrapped*

1 Dominique cherche un livre sur...
　a la Dordogne　　　b la Bourgogne
2 Le premier livre offert par la libraire contient...
　a beaucoup de photos　　b peu de photos
3 *La Bourgogne vue du ciel* coûte...
　a 55 F　　　　　　b 380 F
4 Le livre de recettes traditionnelles contient...
　a beaucoup d'illustrations
　b peu d'illustrations
5 Le livre que Dominique achète...
　a contient des recettes
　b ne contient que des conseils sur les vins

4 *Jeu de rôle*

You're on holiday in Eastern France, driving through the Jura region. You're very impressed by the scenery, so you call into a bookshop to buy a book on the region. Take part in this conversation with the bookseller.

Dans une agence de voyages

1 ((o))

A woman went into a travel agent's in Quebec to enquire about booking a holiday in Guadeloupe. Listen to what happened, then choose the correct answers below.

1 La cliente désire aller en Guadeloupe...
   a pour le weekend
   b pour quinze jours
   c pour une semaine

2 En Guadeloupe en février il fait...
   a moins humide
   b plus humide
   c moins frais qu'en été

3 La formule la plus économique pour un couple et un enfant est...
   a un appartement
   b un hôtel de luxe
   c un studio avec cuisinette

4 La baignade près de Canella Beach est...
   a dangereuse pour les enfants
   b surveillée
   c assez protégée

5 La cliente décide de...
   a ne pas prendre de brochures
   b réfléchir
   c faire une réservation tout de suite

2 ((o)) Jeu de rôle

You're in a travel agent's getting some information about holidays in Guadeloupe. Take part in this conversation with the travel agent.

SÉJOUR EN GUADELOUPE AU MOULE

'Le Moule, situé à 28 km de Pointe-à-Pitre, c'est un petit paradis de lumière ventilé par la douceur des alizés, la plage de sable fin est l'une des plus belles de Guadeloupe, protégée par une barrière de corail.

VOS LOISIRS
• A la résidence : piscine découverte avec transats, sur la plage : matelas, parasols.
• Animation proposée sur la plage : parcours santé, jeux nautiques.
• A proximité et avec participation : planche à voile, plongée sous marine, 4 courts de tennis éclairés s/ réservation, pêche au gros, golf 18 trous (à 16 km), excursions, croisières îles voisines.

SERVICES & COMMERCES
• Restaurants de spécialités, bars.
• Les commerces, pharmacie, médecin à 1,5 km.
• Location de voiture, V.T.T.

RESIDENCE " TROPICAL-CLUB "   Nouveauté

Le Tropical-Club est tout récent, il est construit sous les cocotiers, en bordure du lagon et de l'une des plus belles plage de sable fin de la Guadeloupe, à 28 km de Pointe à Pitre, sur la Commune du Moule. Un paradis de lumière ventilé par la douceur des alizés.

Il se compose de 6 petits bâtiments de 2 étages regroupant 72 appartements.

Tous les appartements disposent d'une terrasse avec vue sur l'océan, climatisation, ventilateur de plafond, kitchenette équipée sur la terrasse (pl. chauf, réfrigérateur, téléphone direct, TV couleur. Salle de bains (douche), wc séparés. Mobilier tropical.

De...nes d'appartement : soit env. 29 m2 : 2/3 perso... ...ny. 35 m2, 3/4 personnes.

Profil

((o)) Listen to Frédéric Grah-Mel as he compares large towns in Africa with their European counterparts and talks about the climate in the Ivory Coast.

1

When you've listened to M. Grah-Mel, see if you can answer these questions.

1 What is the only thing you can't find in Abidjan compared with Paris?
2 What types of fruit can you find in an Abidjan supermarket?
3 What TV programme is almost the same as in Paris?
4 What are the main seasons in Abidjan?
5 How long does each one last?
6 What is the average temperature in Abidjan?

quasiment	*almost*
les boissons	*drinks*
en dehors de	*(here) apart from*
les biens de consommation	*consumer goods*
sèche (*fem. form of* sec)	*dry*
prendre le relais	*to take over from*
la température moyenne	*average temperature*
qu'il pleuve ou qu'il fasse soleil	*come rain or shine*

POINTS DE REPERE

At the end of this Unit, can you...

❑ talk about your town and its good and bad points?
❑ use the pronoun *y*?
❑ talk about the weather and understand weather forecasts?
❑ tell where to use *de* instead of *des*?
❑ use *dont*?
❑ buy a local or regional guide book?
❑ enquire about holiday information?
❑ talk about the environment?
❑ get information about a place you're visiting?

Self-Assessment Test 2

Quiz

1 Le franc CFA vaut un franc français. Vrai ou faux?
2 Trouvez l'intrus:
les impôts, le loyer, le pare-brise, les assurances
3 La langue officielle du Viêt-Nam, c'est le français. Vrai ou faux?
4 Quelle est la capitale du Viêt-Nam?
5 Aujourd'hui, le russe est enseigné plus que le français dans les écoles vietnamiennes. Vrai ou faux?
6 Qui est l'auteur du roman intitulé 'L'Amant'?
7 Quelle est la langue la plus parlée en Belgique?
8 La Belgique partage ses frontières avec quatre pays. Lesquels?
9 La Belgique est une république. Vrai ou faux?
10 Comment s'appelle le créateur belge de Tintin?

Mots cachés

Hidden in the grid are twenty French words related to the subject of money. Can you find them all?
To help you, here are their English equivalents:

bank	bill	budget
card	cheque	coin
credit	customs	dear
expenses	franc	gas
insurance	note	rate
rent	taxes	to pay
to cost	to buy	

N	A	C	H	E	T	E	R	T	B	R	N
E	T	S	A	L	U	T	E	N	I	A	L
T	A	U	S	R	E	S	Y	O	L	Z	O
F	U	R	O	U	T	E	A	P	L	O	Y
R	X	H	Q	O	R	E	P	I	E	C	E
A	C	E	P	S	Z	A	N	O	T	E	R
N	H	M	T	T	B	A	N	Q	U	E	T
C	I	L	E	I	L	Q	G	C	H	E	R
T	E	A	G	D	O	U	A	N	E	U	X
C	N	B	D	E	P	E	N	S	E	S	F
A	S	S	U	R	L	O	N	G	U	E	E
T	A	R	B	C	O	U	T	E	R	O	U

Document

Soyez acteur de l'environnement:

Chacun d'entre nous a conscience de la fragilité des ressources de notre planète, sans savoir nécessairement comment participer à la défense de l'environnement dans notre vie quotidienne.

Pour favoriser cette implication, le Comité Français pour l'Environnement souhaite aider chaque Français à participer de façon active à la protection de l'environnement en lançant la charte 'Acteur de l'Environnement'.

En signant la charte, chacun peut, de manière concrète, respecter au quotidien dix engagements simples.

L'Acteur de l'Environnement

1 Je respecte la nature et ses éléments, plantes, fleurs, animaux et tout milieu sensible (lacs, rivières, bords de mer...)

2 Je suis responsable de mes déchets, en ne les abandonnant pas, en utilisant autant que possible les poubelles appropriées (verre, huile, papier).

3 Je protège l'eau, en veillant à la préservation de l'environnement, en ne rejetant pas de produits toxiques dans les cours d'eau, en gérant ma consommation.

4 Je me déplace "futé", en utilisant prioritairement les transports en commun, en me déplaçant à pied ou en vélo.

5 J'économise l'énergie, en éteignant la lumière, en ne chauffant pas la fenêtre ouverte, en isolant ma maison.

6 Je lutte contre le bruit, en baissant mon poste de télévision, ma radio et ma chaîne hi-fi, en utilisant ma tondeuse à gazon à une heure raisonnable.

7 Je préserve ma santé en préservant l'environnement, en appliquant chacun des principes de la charte.

8 Je préserve le paysage, en respectant les règles élémentaires du bon voisinage, en laissant la nature plus propre encore que j'ai pu la trouver.

9 Je choisis des produits, et autant que possible des matériaux recyclés ou réutilisables (papier, verre etc.) dont les emballages sont recyclables et réduits au minimum.

10 J'informe et je m'informe, je m'informe auprès des associations. Je sensibilise ma famille, mes amis, mes collègues de travail à la protection et à la promotion de l'environnement.

"Soyez acteur de l'environnement"
Lisez ces extraits d'un dépliant sur les mesures à prendre pour mieux protéger l'environnement.

1 Trouvez les expressions qui signifient:
1 our everyday life
2 to take an active role in
3 rubbish
4 lawnmower
5 packaging

2 Trouvez l'intrus
Which of the following actions is not included in the list of suggestions?
1 keeping noise to a minimum;
2 using public transport rather than the car;
3 buying low-energy light bulbs;
4 recycling waste;
5 informing others of the need to be environmentally aware.

Contrôle Langue

1 Complete each of these sentences by filling the gap with *qui*, *que* or *qu'* as required:
1 La dépense _____ je déteste le plus, ce sont les impôts.
2 Vichy est une ville _____ a beaucoup à offrir aux touristes.
3 Elle a un ami _____ est très riche.
4 Je n'aime pas la chemise _____ il a achetée.
5 L'Auvergne est une région _____ j'adore.

SCORE: (1 point par bonne réponse): │ …/5 │

2 Put the words in the right order to make a complete sentence each time:
1 grand • Vichy • Paris • plus • que • est
2 régions • l' • plus • France • une • Auvergne • belles • des • est • de
3 plus • quelles • importantes • vos • sont • les • dépenses
4 cette • taux • moins • le • intérêt • élevé • d' • est • année
5 chaud • peu • il • demain • moins • fera • un

SCORE: (1 point par bonne réponse): │ …/5 │

3 Write the French for:
1 I think it's going to rain.
2 It's snowing in Italy.
3 According to the weather forecast.
4 When it's foggy, we don't go out.
5 There will be showers today.

SCORE: (1 point par bonne réponse): │ …/5 │

4 Complete this letter about your plans for the summer by putting the verb in brackets into the correct form of the future tense:

Chère Louise
Cet été, nous avons décidé de retourner en Suisse. Nous _____ (arriver) à Lausanne le 13 juillet et nous _____ (partir) le 29. Nos amis, Albert et Catherine habitent à Morzine et nous espérons qu'ils _____ (venir) nous voir pendant notre séjour. Ils n'ont pas de voiture, mais ils _____ (pouvoir) prendre le train ou bien ils _____ (prendre) le car.

Nous _____ (être) ravis de les revoir. Nous _____ (avoir) beaucoup de nouvelles à leur raconter. Si tout va bien, ils _____ (rester) deux ou trois jours à Lausanne. Pendant le reste de notre séjour, Georges _____ (faire) beaucoup d'excursions à vélo, mais moi je _____ (être) contente de rester près du lac....

SCORE: (1 point par bonne réponse): │ …/10 │

5 Complete these sentences with *de*, *des* or *d'* as appropriate:
1 Un kilo ____ pommes, s'il vous plaît.
2 Vous avez ____ enfants?
3 Il y a ____ très beaux arbres dans ce parc.
4 Elle a beaucoup ____ problèmes.
5 Son frère n'a pas ____ problèmes.
6 Nous n'avons plus ____ bananes.
7 Elle a ____ idées extraordinaires!
8 Tu a ____ nouvelles de ta nièce?
9 Non, je n'ai pas ____ ses nouvelles.
10 Elle a ____ grands yeux bleus.

SCORE: (1 point par bonne réponse): │ …/10 │

6 Choose the correct expression from this list to complete each sentence:
il fait • il faut • il est • il y a • il a
1 Mon père? _____ soixante-dix ans.
2 _____ beau aujourd'hui.
3 _____ né en 1918.
4 _____ acheter un nouveau parapluie.
5 _____ très froid en hiver.
6 _____ important d'arriver avant midi.
7 _____ acheté un nouveau parapluie.
8 _____ deux heures pour aller de Paris à Rouen.
9 _____ dix heures et quart.
10 _____ un très beau parc à Vichy.

SCORE: (1 point par bonne réponse): │ …/10 │

Contrôle Audio

7 ((ο)) Listen to Nadine Pernet talking about how she spends her money, and indicate whether each statement is true or false:

1 Les frais de voiture représentent une dépense importante pour Nadine.
2 Nadine a deux voitures.
3 Elle dépense beaucoup d'argent pour ses sorties.
4 Elle habite chez ses parents.
5 La maison où elle habite a plus de trente ans.
6 Il y a beaucoup de travail à faire pour réparer la maison.
7 Nadine ne met pas beaucoup d'argent de côté.
8 Elle ne dépense pas beaucoup pour la nourriture.

SCORE: (1 point par bonne réponse:) …/8

8 ((ο)) Listen to the mayor of Busset talking about his village near Vichy, and complete the transcript:
– Et nous sommes là à 500m _____.
Or, il y a _____ quand j'étais gamin, les _____ vichyssois envoyaient les jeunes ici pour le bon _____, ceux qui avaient des _____ pour les poumons, voilà. Je me souviens de ça.
– Donc, c'est un village sain, _____ bien pour _____?
– Oui, qui est quand même _____ visitée. Les gens de Vichy et de la proximité _____ très souvent le weekend _____ à Busset ou dans les bois de Busset. Ils viennent aux champignons et aux châtaignes _____. C'est quand même très _____ pour eux et facile.

SCORE: (1 point par bonne réponse): …/12

Contrôle Parole

9 ((ο)) You have travelled to Paris by train and have ordered a hire car for when you arrive. You go to collect it. Play your part in the conversation:
1 Hello, I've come to get the car I booked.
2 My name is Mr/Mrs ....
3 I ordered it last week.
4 Which papers do you need?
5 Here's my driving licence, but I don't have an insurance certificate.
6 How much is it?
7 For a week, that's right.
8 Can I pay by credit card?
9 Here it is.
10 Thank you. I'll see you next week.

SCORE: (2 points par bonne réponse): …/20

LANGUE:	…/45
AUDIO:	…/20
PAROLE:	…/20
TOTAL:	…/85

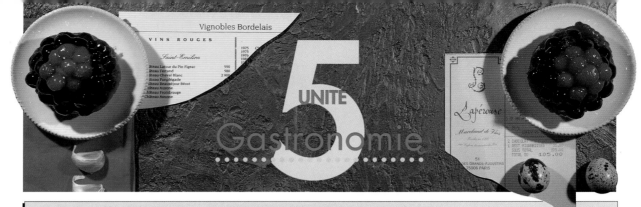

Gastronomie

In this unit you will practise:

- Locating and buying the food you need
- Talking about food and asking what is in a particular dish
- Understanding recipes, dishes and menus
- Talking about your eating habits
- Ordering a meal in a restaurant

A l'écoute

• Au supermarché, dans la cuisine et à table

INFO LANGUE

- **LOCATING PRODUCTS**

- To ask where a particular section (*le rayon*) is:

Où est le rayon	boucherie?
	crémerie?
	fruits et légumes?

- To ask if they sell particular items:

Vous vendez	du poisson frais?
	des piles pour un transistor?
	des cartes et des guides?

1 Try to match the French names of supermarket departments with their English equivalent.

1	au rayon boucherie	a	the toy department
2	à la crémerie	b	the newspapers section
3	la charcuterie	c	at the cleaning products section
4	le rayon presse	d	the food department
5	au rayon produits d'entretien	e	the delicatessen counter
6	le rayon alimentation	f	at the meat counter
7	le rayon des jouets	g	at the cheese and dairy counter

2 Here are eight products you might want in a supermarket. Which of the four *rayons* below would you be most likely to go to for each one? See how many you can do without looking up the words.

1 des mangues
2 quatre tranches de jambon cru
3 un pot de crème fraîche
4 du saucisson
5 des côtelettes d'agneau
6 un kilo de brugnons
7 250 grammes de beurre
8 des escalopes de dinde

a rayon boucherie
b rayon fruits et légumes
c rayon charcuterie
d rayon crémerie

Le supermarché is the generic term for any self-service foodshop, from the corner grocer's to the superstore (*la grande surface*) covering acres of land just outside town. *Les grandes surfaces* are France's form of one-stop shopping, where you'll find not only all your weekly food requirements and other usual supermarket items, but also clothes, toys, electrical and photographic goods, hi-fi equipment, garden furniture, a bookshop, car maintenance items, bicycles etc.

3

Look at the expressions below and work out how you would say them in English.
1 Les produits frais sont en face de la boucherie.
2 Est-ce que vous avez un rayon presse?
3 Les vins et spiritueux sont dans le coin à droite.
4 Le rayon boucherie ferme à sept heures.
5 Vous vendez des produits d'entretien?

Betting and games

The company called *La Française des Jeux* organises various lotteries, games, scratch cards, etc., available in France, under a special licence. The company is 72% state-owned and all gambling not falling under its jurisdiction is illegal. Over a quarter of the huge annual turnover goes to the state and is used principally for the development of amateur sports facilities and drug prevention amongst the young.

Le loto is a kind of national lottery with a TV draw. Coloured balls show the winning figures. *Le millionnaire and le tac-o-tac* both have a double winning system with a scratch card plus a TV draw, whilst *Banco* is a scratch card.

Interview 1

M. Pacaux runs a supermarket called Shopi in the small town of Anvin in Pas-de-Calais in the north of France. Before you listen to him, look at exercise 1.

1 ((°))

Here is a list of departments you might find in a supermarket. As you listen to M. Pacaux, tick each *rayon* he mentions.
1 un rayon brasserie
2 un rayon crémerie
3 un rayon surgelés
4 un rayon boulangerie-pâtisserie
5 un rayon boucherie
6 un rayon conserves
7 un rayon fruits et légumes
8 un rayon poissonnerie
9 un rayon vêtements
10 un rayon produits d'entretien
11 un rayon jouets
12 un rayon biscuits
13 un rayon tabac/presse
14 un rayon boissons

les ultra frais	*fresh produce*
un boîtage	*packaging in boxes*
sous vide	*vacuum packed*
surveiller	*to watch*
se servir	*to serve oneself*
peser	*to weigh*
une demi-journée par semaine	*half a day per week*
le débitant de tabac	*tobacconist*

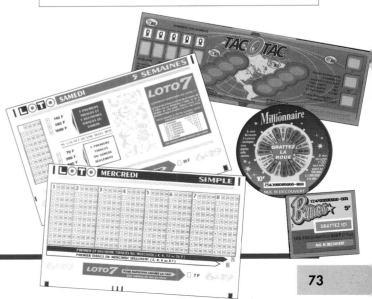

2 Could you tell me?

Est-ce que vous pourriez me dire...?

This phrase can be followed by any request for information.

Est-ce que vous pourriez me dire	comment vous faites le bœuf bourguignon?
	quels sont les différents rayons dans ce supermarché?
	d'où part le bus?
	si Georges va venir aussi?

Along the same lines as above, how would you ask the following questions in French?

1 Could you tell us what time you close?
2 Could you tell me where the delicatessen department is?
3 Could you tell me where I have to pay?
4 Could you tell me if they're open on Sundays?
5 Could you ask him if they sell Australian wines?
6 Could you tell us where we can buy a newspaper?

3 ((o))

Listen to M. Pacaux again if necessary, then decide if each of the following statements is true or false.

1 Le rayon crémerie est divisé en deux sections, la crémerie coupe et la crémerie libre service.
2 A la crémerie coupe, on coupe pour vous la quantité de fromage que vous désirez.
3 A la crémerie LS il n'y a pas de fromage en boîtage.
4 Vous trouvez de la viande et de la charcuterie sous vide au rayon boucherie traditionnelle.
5 Le rayon boucherie traditionnelle est libre service.
6 Au rayon fruits et légumes, les clients se servent et pèsent les marchandises eux-mêmes.
7 Le marchand de poissons ne vient au supermarché qu'une fois par semaine.
8 Il vend son poisson sur le parking.
9 Le rayon produits d'entretien est situé à côté du rayon poissonnerie.
10 On peut jouer aux différents jeux de *La Française des Jeux* au tabac.

INFO LANGUE

• MYSELF/YOURSELF/HIMSELF ETC.

Here are the emphatic forms for saying things like; 'I'll do it **myself**', 'She did it **herself**':

je	moi-	même
tu	toi-	
il	lui-	
elle	elle-	
on	soi-	
nous	nous-	mêmes
vous	vous-	
ils	eux-	
elles	elles-	

Je vais le faire **moi-même**	I'll do it myself
Les clients se servent **eux-mêmes**	The customers serve themselves

4 ((o)) *Jeu de rôle*

You're on holiday in France and are shopping in a supermarket. Speak to one of the assistants.

84F **Le kg**

SAUMON FARCI À LA MOUSSE PRINTANIÈRE

10F

CRÈME FRAÎCHE ÉPAISSE YOPLAIT
Pot de verre de 50cl
Soit le litre: 20F

8F**90 La pièce**

ANANAS
Origine: Côte d'Ivoire Cal.: A
Cat : 1

Interview 2

Christine Mozian is a young woman whose grandparents came to France some 50 years ago. Our interviewer asked her about some typical Armenian food. Before you listen, look at exercises 1 and 2.

1 (())

a Can you decide whether the following dishes are: 1 – une entrée; 2 – un plat principal; or 3 – un dessert?

a   un éclair au chocolat
b   une tarte aux framboises
c   des crudités
d   un poulet rôti
e   une salade de tomates à la mayonnaise
f   des concombres à la crème fraîche
g   un feuilleté à la viande
h   des radis au beurre
i   une salade d'avocat
j   les feuilletés au fromage

INFO LANGUE

- **NAMES OF DISHES**

- Names of French dishes can be quite elaborate. Try to bear the following in mind when reading menus or ordering:

- *à la/au/aux* often show you what the main flavour, ingredient or feature of a dish is:

une tarte **à la crème**/un coq **au vin**/
un café **au lait**/un sorbet **à la mangue**/
une omelette **aux fines herbes**

- *de/du/de la/des* normally indicate where something originally comes from:

des champignons **de Paris**/un poulet **des Landes**/
des rillettes **du Mans**

or what something is made of:

un fromage **de chèvre**/une côtelette **d'agneau**/
une salade **de fruits**

- *à base de* indicates that the dish is based on that ingredient:

un dessert **à base de sucre**

b When you've listened to Christine talking about the food she likes to eat, listen again and tick the foodstuffs or dishes she refers to.

en petits dés	*finely diced*
un feuilleté	*savoury pasty made with puff pastry*
le beurrex	*cheese, vegetable or meat wrapped in filo pastry and deep fried*
le fromage de chèvre	*cheese made with goat's milk*
le fromage de brebis	*cheese made with ewe's milk*
écœurant	*sickly*

2 (())

When you're familiar with what Christine says, answer these questions in French.

1   Christine fait référence à quatre crudités. Lesquelles?
2   Est-ce qu'elle prépare les tomates pour elle-même?
3   Avec combien de types de fromage fait-elle le beurrex?
4   Qu'est-ce qu'elle sert avec le beurrex?
5   La pâtisserie orientale est à base de quoi?
6   Est-ce que Christine apprécie la pâtisserie orientale?

3 (()) *Jeu de rôle*

Play the part of an English person visiting France and discussing differences in eating habits with a French woman.

5

Interviews 3 and 4

We asked Thérèse Haury from the Ivory Coast and M. Gervoise, charcutier in Hesdin in the north of France to describe some typical food.

une igname	yam
tremper	to dip
une farce	stuffing
la volaille	poultry
un saumon	salmon
un poireau	leek

1 ((o))

Listen to Interview 3 with Mme Haury, then listen again and try to identify six words or phrases beginning with the letter 'p' which mean:
1 a national dish
2 a type of large banana
3 to grind to a paste or powder
4 bread
5 chicken
6 a paste
and four words or phrases beginning with 'b' which mean:

7 a lot   9 to boil
8 banana   10 a kind of broth

2 ((o))

Before you listen to Interview 4 with M. Gervoise, read below the incomplete transcript of what he says. Then switch on the audio and fill in the gaps as you go. You may need to replay the section more than once.

– M. Gervoise, la ficelle picarde est une spécialité régionale. Qu'est-ce que c'est exactement?
– La ficelle picarde est une ...... dans laquelle on y a mis une farce à ...... de crème fraîche, de volaille et de ....
– Bien, et vos plats préparés, est-ce que c'est suivant le jour de la semaine?
– Oui, je fais un ...... préparé tous les jours en fonction de mes achats ....
– Bien, donc vous pouvez avoir un plat à base de volaille...
– ... de volaille, un ...... à base de ......, à base d'agneau, un ......, une paella...
– Et aujourd'hui, quelle est votre spécialité?
– L'escalope de ...... au ...... de poireaux.
– Ça paraît très bon.

3 ((o))

Listen to interviews 3 and 4 again if necessary, then tick the correct statement from each pair below.
1a Le foutou est le plat national en Côte d'Ivoire.
 b Le foutou est un plat peu apprécié en Côte d'Ivoire.
2a Le foutou se mange après le plat principal.
 b Le foutou accompagne le plat principal.
3a Le foutou est une sorte de pain ivoirien.
 b Le foutou remplace la viande ou le poisson.
4a La ficelle picarde est connue dans toute la France.
 b La ficelle picarde est une spécialité du nord de la France.
5a M. Gervaise a un menu de plats préparés pour la semaine.
 b Il décide en fonction de ce qu'il trouve sur le marché.
6a Le plat du jour est un plat à base de viande.
 b C'est un plat à base de poisson.

4

How would you ask the following in French?
1 Do you do any prepared dishes?
2 What is today's speciality?
3 What (ingredient) is it based on?
4 What does that mean exactly?
5 Do you have any chicken dishes?
6 Do you eat it like that?
7 What sort of cakes do you have?
8 It's a bit sickly.

5

à la... sometimes indicates a cooking style.

à la lyonnaise	Lyon style (habituellement à base d'oignons)
à la provençale	Provence style (huile d'olive, herbes de Provence, courgettes, tomates, ail, aubergines)
à la basquaise	Basque style (avec des tomates et des poivrons)

Sometimes *à la* is omitted, e.g. *poulet basquaise*.

What do you think are the main ingredients in the following dishes?
1 des œufs basquaise
2 des pommes de terre à la provençale
3 foie de veau à la lyonnaise

Interviews 5 and 6

You're going to hear two
people talking about eating out. One is
Bruno Vaivrand, a tourist guide in Beaune, the
other is Ernestine-Sophie N'Gho Motto, above,
a reporter for Radio Côte d'Ivoire.

1 ((o))

Listen once and work out which of them is
talking about:

a   a typical Sunday lunchtime meal
b   an informal restaurant where one typically
gathers for an evening meal.

INFO LANGUE

• **FAIRE CUIRE**

In cookery, you will often come across phrases
starting with *faire*.... Compare the following:

cuire	to cook (what the food does)
faire cuire	to cook (what you do to the food)
bouillir	to boil (what the water does)
faire bouillir	to boil (what you do to the water)
chauffer	to warm up/heat up (what the cooker does)
faire chauffer	to warm up/heat up (what you do to the food)

Another more unexpected example:

faire revenir	to brown (lit. to make come back)

2 ((o))

Listen again to the two interviews and find
the French for the key phrases below.

Bruno
1   highlight of the week (6 words)
2   to take your time (3 words)
3   during the week (2 words)
4   the meal lasts quite a long time (5 words)
5   to go out as a family (3 words)
6   to sit down at table (3 words)

Ernestine-Sophie
7   at home (3 words)
8   to eat out/out of doors (2 words)
9   a sort of restaurant (4 words)
10   typically African (2 words)

INFO LANGUE

• **VERBS + À OR DE + SECOND VERB**

Two verbs can be very closely related inside a
sentence (e.g. *j'adore manger*, *je vais faire* les
courses). In French, these two verbs are linked by
à, by *de* or by nothing at all. The link word to use
depends entirely on the first of the two verbs.

On aime manger au restaurant	We like eating in a restaurant
Il peut **se permettre de** manger au restaurant	He can **afford** to eat in a restaurant
On est **habitué à** manger au restaurant	We are **used to** eating in a restaurant

A fuller list of verbs followed by *à* or *de* is in the
Language Summary.

CULTUROSCOPE

Le maquis

Alongside *les restaurant traditionnels*
(*français, italiens, vietnamiens*, etc.) in
Côte d'Ivoire, you will find *les maquis*.
Sometimes described as *un aspect du
village en ville*, *le maquis* (lit.'the
bush/undergrowth') has more in common
with a traditional village gathering place
under the trees than with restaurants in
towns. It is in the open air, or open-sided
with a straw roof like a village mud hut.
Normal restaurant tables are replaced
with garden-type furniture under huge
parasols and the *cuisine* is definitely
africaine, with lots of barbecued dishes
and hot African stews.

Traditionally, *Ivoiriens* ate with their
fingers, so a particular feature of the
maquis are the handbasins placed at
strategic points around the eating area for
diners to wash their hands. Today, in
cities, cutlery is provided. The *maquis* is a
must for visitors to West Africa. It not only
conveys a flavour of the country, but it is
relaxed, informal, and much cheaper than
le restaurant traditionnel.

Découverte
• La carte des plats et des vins

Lire l'étiquette

1　a In a French supermarket, you pick up a tin of '*Asperges Pic-Nic*'. You're not sure whether the asparagus from the tin should be eaten hot or cold. Find out from reading the instructions below (*égoutter* = 'to drain').

Mode de préparation

Ouvrez la boîte, égouttez. Consommez avec la sauce de votre choix: vinaigrette, béchamel, mayonnaise, etc. Si vous les aimez chaudes, faites réchauffer pendant dix minutes, égouttez et servez avec la sauce de votre choix.

Les vins

1　Look at these different types of wine. Can you match each one to its English equivalent?

1　un vin blanc sec	**a** a sparkling rosé wine
2　un vin liquoreux	**b** a dry white wine
3　un vin blanc doux	**c** a fortified wine
4　un rosé demi-sec	**d** a medium-dry rosé
5　un vin rosé mousseux	**e** mulled wine
6　de la vinasse	**f** a sweet white wine
7　un vin chaud	**g** plonk

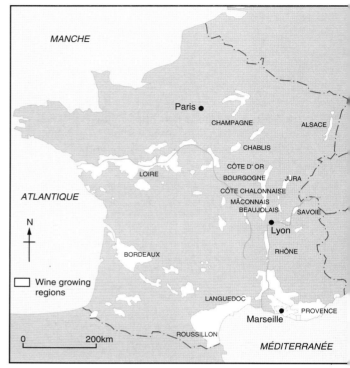

Les vins de France

France is the world's second largest producer of wine in terms of quantity (after Italy). It is, however, the world's number one producer of great wines renowned for their range and quality.

2　Do you know which of the Francophone countries below are wine-producers of any significance?

1　La Suisse	6　Le Sénégal
2　La Tunisie	7　La Belgique
3　Le Canada	8　L'Algérie
4　La Martinique	9　Le Viêt-Nam
5　Le Maroc	10　La Réunion

3

Experts have a lot to say about the best ways to serve wine. Following their advice below, can you give in English three rules for serving an old red wine?

> Pour bien servir le vin...
>
> ✔ Il faut ouvrir une bouteille de vin jeune quelques heures à l'avance.
> ✔ Les vins vieux ne doivent pas être ouverts trop tôt car ils risquent de perdre leur saveur.
> ✔ Il faut décanter les vins vieux s'ils ont un dépôt au fond de la bouteille en transvasant le vin dans une carafe.
> ✔ Il faut coucher les bouteilles pour que le bouchon ne se dessèche pas.
> ✔ Les vins blancs se servent frais alors que les vins rouges sont servis à température ambiante.

4

Match the wines in the list with the information about them below.

1 le Champagne
2 un Pinot blanc d'Alsace
3 le Bordeaux   4 le Chablis
5 un Bourgogne rouge   6 un Muscadet

a A boire avec la viande rouge, le fromage
b Ce vin se boit très frais comme apéritif; il est produit près de la frontière allemande.
c Mélangé avec du cassis, ceci donne le kir royal.
d Si vous désirez le goût frais d'un vin blanc sec pour accompagner vos fruits de mer, buvez...
e Ces vins rouges du sud-ouest de la France sont meilleurs si on les laisse vieillir quelques années avant de les consommer.
f Un vin blanc de Bourgogne très, très sec et de haute qualité

La carte

Understanding *la carte*

Menus in France and the French-speaking world come in all shapes and sizes. Generally speaking, the larger the menu, the more expensive, high quality or pretentious a restaurant is. There are, however, some features common to all. You will, for example, find some or all of the following categories on menus:

1 les hors d'œuvres   *starters*
   (*or* les entrées)
2 les poissons   *fish*
3 les fruits de mer   *seafood*
4 les volailles   *poultry*
5 les viandes   *meat*
6 le gibier   *game*
7 les légumes   *vegetables*
8 les fromages   *cheese*
9 les desserts   *sweets/desserts*

Sometimes there is no article (e.g. *poissons*), sometimes a possessive replaces it (e.g. *nos viandes*).

1

Under which of the above categories would you expect to find the following dishes?

a rôti de dinde
b choucroute garnie
c baba au rhum
d salade d'avocat et de concombres
e pigeon farci
f 6 huîtres normandes
g crème vichyssoise
h sole dieppoise
i bœuf en daube
j pommes dauphinoises
k moules marinières
l poule au pot Henri IV
m homard à la nage
n haricots verts
o navarin de mouton
p truite meunière
q St Honoré

Une recette des Antilles

MENU DU LUNDI DE PAQUES
Salade de concombre et d'avocat
Chiquetaille de morue
Matété de crabes
Sorbet au coco

Look at the traditional West Indian menu below for an Easter Monday meal, which usually takes place on the beach. Then read the recipe for preparing the first course.

chiquetaille de morue: *de la morue grillée et émiettée, imbibée d'une vinaigrette relevée*
matété de crabes: *une sorte de risotto aux crabes*

Matété de crabes

relevé	*spicy*
émietter	*to crumble*
une gousse d'ail	*a clove of garlic*

1

Look at this list of English words. The French equivalent for each one is used in the recipe for cucumber and avocado salad. Can you find them all?

1 peel
2 remove the seeds
3 grate
4 let (it) sweat
5 emulsify
6 dice
7 drain
8 sprinkle

2

An English friend would like to know how to make the cucumber and avocado salad. Write down the ingredients for him, together with the instructions.

Salade de concombre et d'avocat

Pour 4 personnes

1 beau concombre
1 gros avocat mûr
4 cuillerées à soupe d'huile
2 cuillerées à soupe de jus de citron
1 gousse d'ail
1 petit piment
sel, poivre

Préparation: 15 mn

1 Epluchez le concombre, épépinez-le et râpez-le. (Si vous êtes patient, à l'aide d'un couteau, coupez-le finement en guirlandes.)
Laissez dégorger.
2 Préparez la sauce vinaigrette: mettez dans un bol la gousse d'ail écrasée, du sel, du poivre, le piment finement haché, le jus de citron et l'huile. Emulsionnez.
3 Coupez l'avocat en tranches, enlevez la peau et coupez la chair en dés.
4 Egouttez le concombre, disposez-le dans un plat, placez les dés d'avocat au centre et arrosez de vinaigrette.

INFO LANGUE

- **GIVING (COOKING) INSTRUCTIONS**
- *Il faut* ('you have to') is very common in recipes:

Il faut	ajouter du sel et du poivre
	laisser cuire pendant deux minutes

- *Il faut* ('you need') is also used to list ingredients:

Pour faire une omelette au fromage pour deux personnes, **il faut**: six œufs, du sel, du poivre, de l'huile très, très chaude et 250 grammes de gruyère râpé.

- The ordinary command form is also common:

Battez les œufs
Prenez 200 grammes de sucre

With the command form, pronouns are added at the end:

Ajoutez-**le**	*Add it*
Fouettez-**la**	*Whip it*

For more on 'commands' see Language Summary.

4 Your French friend was very impressed with your pancakes and she wants you to give her the recipe. Write it out for her, starting with the ingredients, then going on to the cooking method, as below. Our version is with the Answers.

Les ingrédients: Il vous faut...

La méthode: Prenez…

5 Read the passage below about cooking with butter or with olive oil. Then answer the following questions in French.

1 Qu'est-ce qui divise la France du nord et celle du sud?

2 Quelle est l'origine du beurre?

3 Pourquoi les Provençaux apportaient-ils leur huile d'olive en voyage?

4 Quelle était l'attitude de l'Eglise au Moyen-Age?

La cuisine au beurre ou à l'huile?

Traditionnellement, la France est divisée en deux camps: le nord d'une part qui cuisine au beurre, et le sud d'autre part, pays des oliviers, qui cuisine à l'huile d'olive.

• Le beurre était connu en Asie 3500 ans avant Jésus-Christ. En Europe, ce sont les Celtes et les Vikings qui ont passé à leurs descendants le goût du beurre. Le beurre s'est naturellement développé dans les régions d'élevage et un tiers des recettes françaises du XVIᵉ siècle utilisaient le beurre.

• Autour de la Méditerranée, on cuisine à l'huile d'olive depuis plus de 5000 ans. Des récits de voyage de Provençaux mentionnent que les gens du sud voyageaient accompagnés de leur huile d'olive car ils craignaient que le beurre ne leur donne la lèpre.

Au Moyen-Age, les jours de jeûne, l'Eglise interdisait de manger ces deux produits. Elle s'est d'ailleurs enrichie en vendant des dispenses à cette règle. Il est intéressant de noter que ce sont les pays qui mangent du beurre qui sont devenus en majorité protestants!

une région d'élevage	a livestock farming region
les Provençaux	people from Provence
le jeûne	fasting
des dispenses	dispensations

Alongside traditional French cuisines – *la cuisine traditionelle, la cuisine de campagne, la cuisine classique*, more recent developments have been:

la nouvelle cuisine: small quantities, beautifully arranged and colourful, served on large plates, in which appearance and presentation are almost as important as taste

la cuisine minceur: low-fat, low-cholesterol cooking for the health conscious, but with a traditional insistence on taste and quality

Profil

((o)) Philippe Girard is a chef at the restaurant L'Empereur which is part of the 4-star hotel Les Célestins in Vichy. Listen as he gives a simple recipe for *la crème vichyssoise*, an internationally renowned cold soup.

un bouillon de volaille	chicken stock
avoir sous la main	to have something available
un assaisonnement	seasoning
passer au chinois	to sieve (with a fine sieve)
une astuce	a tip
fade	tasteless

1 ((o)) Listen again if you need to, then write out answers to these questions about the recipe for *crème vichyssoise*, in English.

1 What are the main ingredients?

2 What is the optional ingredient?

3 What is the seasoning?

4 What ingredient is added at the end?

5 Name the five main steps for preparing the soup.

6 Give two serving instructions.

Echange
• Du fromage et deux menus

Acheter du fromage

INFO LANGUE

• SHOPPING FOR FOOD

Shopping for food can simply be a question of finding your way around a large superstore or taking part in a dialogue at the corner grocer's.

Vous désirez?	What would you like?
Comme ça, ça va?	Is that all right for you?/ A piece like that?
Et avec ça?	Anything else?
C'est tout?	Anything else?

Je voudrais...	I'd like...
Je prends/je prendrai/ je vais prendre	I'll take
Ça va comme ça	That's fine/That piece is fine
Un petit peu plus/moins	A little more/less
C'est tout, merci	That's all, thanks

1 ((o))
Listen to our interviewer buying cheese and then put the three cheeses in the order in which she actually buys them.

le camembert   le chèvre   le gruyère

2 ((o))
Look at the following statements and say whether they are true or false.

1 La cliente achète du gruyère suisse.
2 La vendeuse lui vend un camembert.
3 La cliente préfère le chèvre en bûche ('log shaped').
4 La cliente ne paie pas directement la vendeuse.

3 ((o)) *Jeu de rôle*

You're in Paris on a Sunday morning and you want to have a picnic at lunchtime. There's an open-air market near your hotel and you decide to buy some bread, cheese and tomatoes. Here, you're buying the tomatoes.

Au restaurant

CULTUROSCOPE

Un repas de fête en France

Un repas de fête typique en France (au restaurant ou à la maison) peut prendre plusieurs heures. Voici de quoi il se compose:
- un apéritif (avec des amuse-gueule – *nibbles*)
- une ou plusieurs entrées
- un plat principal
- une salade (normalement une salade verte avec de la vinaigrette)
- du fromage (normalement au moins trois)
- un dessert
- un café
- un digestif (du cognac, des liqueurs...)

Et tout cela arrosé de vin, bien sûr, mais aussi d'eau minérale (la moitié des Français ne boivent jamais de vin). Les Français sont parmi les plus grands consommateurs de vin et d'eau minérale au monde .

1
a Look at the phrases below and tick the ones that the waiter would use. Leave blank those used by the customer.

1 On peut dîner s'il vous plaît?
2 Vous voulez des frites avec le bifteck?
3 Vous avez choisi?
4 Vous avez terminé?
5 Oui, on a réservé au nom de M. Sappula.
6 Vous prenez un fromage ou un dessert?
7 Vous désirez prendre un apéritif?
8 Deux menus à 85 francs, s'il vous plaît.
9 L'addition s'il vous plaît.
10 Ça a été, monsieur-dame?
11 Qu'est-ce que vous prenez comme dessert?

b How would you say these phrases in English?

2 You've been driving in France for a few hours and suddenly all is quiet on the roads. It's lunchtime and you decide to have a break and stop at a restaurant along the road. It offers two menus:

MENU TOURISTIQUE
à 85 francs

salade de crudités
ou
terrine du chef
ou
moules marinière

escalope de veau
ou
poulet chasseur
ou
escalope de saumon sauce béarnaise

dessert au choix

café

(Prix net. Service 10% compris)

MENU GASTRONOMIQUE
à 125 francs

huîtres (6) au vinaigre d'échalote
ou
salade de saumon fumé
ou
assiette des deux terrines au coulis de tomate

~

confit de canard
ou
faux-fillet grillé
ou
sole normande

~

plateau de fromage

~

assiette gourmande

~

café

(Prix net. Service 10% compris)

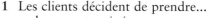

3 Match the dishes below with their definition.
1 une salade de crudités
2 une terrine
3 une sauce béarnaise
4 une huître
5 un coulis
6 un confit

a un pâté
b un animal marin que les Français aiment manger surtout à Noël.
c à base d'échalotes, d'estragon et de vinaigre
d une viande cuite mise en conserve dans sa graisse
e un concentré passé au tamis ('sieve')
f un mélange de légumes crus, carottes, céleri, concombre, radis, etc.

4 You decide to go into the restaurant. It's very busy and while you're waiting for someone to take your order, you overhear a conversation between the waiter and a couple at the table next to you. When you've listened to what happens, decide which statement in each of the following pairs is true.

1 Les clients décident de prendre...
   a le menu touristique
   b le menu gastronomique

2 En entrée, ils commandent...
   a des huîtres pour l'homme et du saumon pour la femme
   b des huîtres pour deux personnes

3 Le confit de canard est servi...
   a avec du riz
   b avec des pommes de terre

4 Comme boisson, les deux personnes préfèrent...
   a boire du vin blanc ou du vin rouge
   b boire du vin et de l'eau

5 Ils préfèrent...
   a de l'eau plate
   b de l'eau gazeuse

5 *Jeu de rôle*

You and your partner are on a touring holiday in France and want to order lunch. Take part in this conversation with the waiter.

La Terre Adélie

Les DOM-TOM
(les départements et les territoires d'outre-mer)

Avant de continuer notre voyage, arrêtons-nous un instant dans les DOM-TOM, les départements d'outre-mer et territoires d'outre-mer. Ce sont les territoires que la France a conservés dans la plupart des océans du monde et qui sont les restes de l'empire français. Créés en 1946, ils dépendent d'un ministère spécial, le ministère des DOM-TOM, et leurs habitants ont la nationalité française.

▮ Que savez-vous sur les DOM-TOM?

1 Parmi ces trois îles de l'océan Indien, l'île Maurice, les Seychelles, l'île de la Réunion, laquelle est un DOM?

2 Sur quel continent se trouve Saint-Pierre-et-Miquelon?

3 Pouvez-vous citer le nom d'une île de Polynésie française très célèbre?

4 Quel vaste pays trouve-t-on près de la Nouvelle-Calédonie?

5 Près de quelle grande île d'Afrique se trouvent les Comores?

Check your answers by reading what follows.

Quels sont les Départements d'Outre-mer?

- Dans les Caraïbes: la Guadeloupe et la Martinique
- En Amérique du Sud: la Guyane
- Dans l'océan Indien: la Réunion
- Dans l'Atlantique nord, Saint-Pierre-et-Miquelon (près de Terre-Neuve, Canada) et dans l'océan Indien, Mayotte, qui fait partie des Comores (près de Madagascar), ont un statut un peu particulier, semblable à celui des DOM.

Qu'est-ce qu'un DOM?

Un DOM a les mêmes divisions administratives que la France métropolitaine. Comme les Français de métropole, les habitants des DOM élisent des députés qui siègent à l'Assemblée Nationale à Paris.

Un DOM est pourtant différent d'un département français car il est considéré comme une région avec un seul département et son organisation est un peu adaptée aux particularités locales.

Quels sont les Territoires d'Outre-mer?

Il existe quatre territoires d'outre-mer:
- La Nouvelle-Calédonie dans le Pacifique Sud
- Wallis-et-Futuna dans le Pacifique Sud au nord-est de la Nouvelle-Calédonie
- La Polynésie française qui comprend 118 îles et atolls dispersés dans le Pacifique. Les îles sont regroupées en cinq archipels: les îles de la Société dont Tahiti est l'île la plus célèbre, les Marquises, les îles Gambier et Tuamotu.
- Les Terres australes et antarctiques françaises comprennent la Terre Adélie, qui est la partie française de l'Antarctique, et les îles Crozet, Kerguelen, Amsterdam, Saint-Paul, toutes situées près de l'Antarctique.

Lancée de la fusée Ariane

Moorea, la Polynésie française

Quelle est la différence entre les DOM et les TOM?

Les TOM font eux aussi partie de la France mais à la différence des DOM, ils ont une administration différente de celle de la France. Cette administration est plus adaptée aux coutumes locales: les îles Wallis-et-Futuna par exemple sont divisées en trois royaumes ayant chacun son propre roi.

2

Are the following statements true or false?
1 Un DOM est l'équivalent exact d'un département français.
2 Un TOM a plus d'indépendance qu'un DOM.
3 La France a des territoires dans la plupart des océans du monde.
4 Tahiti fait partie de la Polynésie française.
5 Un TOM est obligatoirement une république.

Saviez-vous que...?

• Les îles de la Réunion, Maurice et Seychelles étaient désertes avant l'arrivée des navigateurs au XVIᵉ siècle.
• C'est de la base de Kourou en Guyane française qu'est régulièrement lancée la fusée européenne Ariane.
• La France utilise des îles de la Polynésie française pour ses essais nucléaires, mais depuis 1996 elle s'est engagée à ne plus le faire.
• Le traité de l'Antarctique de 1959 réserve l'Antarctique à la recherche scientifique et en interdit l'exploitation commerciale et industrielle.
• La France est parfois en conflit avec le Canada au sujet des zones de pêche autour de Saint-Pierre-et-Miquelon.
• Les premières femmes françaises qui sont arrivées aux Antilles, étaient des orphelines, envoyées par des établissements charitables.
• Le peintre Paul Gauguin a passé de nombreuses années de sa vie à Tahiti et aux îles Marquises où il peignit certains de ses tableaux les plus originaux.

Le créole

faire concurrence	to compete
l'esclavage	slavery
un colon	a colonist/a settler
donner naissance	to give birth
revendiquer	to claim

Qu'est-ce que le créole?

La langue officielle des DOM-TOM est bien entendu le français mais une autre langue lui fait concurrence dans les îles des Caraïbes et de l'océan Indien. Il s'agit du créole.

Dans ces îles, victimes pendant des années de l'esclavage, c'est le besoin d'une langue commune entre colons et esclaves qui a donné naissance au créole.

Différent d'une île à l'autre, le créole est devenu la langue usuelle. Bien qu'on l'écrive depuis peu de temps, on lui reconnaît de plus en plus le statut de langue véritable. Il est devenu la langue officielle des Seychelles après leur indépendance et est revendiqué ailleurs comme deuxième langue officielle.

3

From each of the following pairs of statements, choose the one that is correct.
1 Dans certains DOM, le créole est...
   a la langue officielle
   b la langue commune la plus utilisée
2 Le créole à base française n'existe que...
   a dans les DOM-TOM
   b dans les anciennes colonies françaises
3 Le créole est...
   a une langue différente selon les îles
   b une langue écrite depuis longtemps

POINTS DE REPERE

At the end of this Unit, can you...
❑ locate and buy the food you need?
❑ talk about food?
❑ ask what's in a particular dish?
❑ understand recipes, dishes and menus?
❑ talk about your eating habits?
❑ order a meal in a restaurant?

In this unit you will practise:

- Saying what you do for a living
- Understanding what qualifications are needed for certain jobs
- Asking about hours of work and opening times

- Saying whether you like a job or not, and why
- Applying for a summer job
- Taking part in a job interview
- Using the conditional tense

A l'écoute

• Qu'est-ce que vous faites comme travail?

You're going to hear four very different people talking about their work, training and background, their working conditions and how they feel about their job.

They are:
Jacques Lefèvre in Vichy
Nadine Pernet in Langres
Chantal Taïba in Côte d'Ivoire
Maitre Laurence Dufour in Langres

INFO LANGUE

• WORK AND TRAINING

• To say what work you do:

Je suis	ouvrier	*manual worker*
	journaliste	*journalist*
	serveuse	*waitress*

To say what your job is, don't use *un/une* after *je suis/tu es/il est...* etc., but do use *un/une...*

1 after *c'est*:

| C'est | un acteur | *He's an actor* |
| | une dentiste | *She's a dentist* |

2 when there's an adjective:

| Je suis un professeur fatigué | *I'm a tired teacher* |

• To ask someone what job they do:

| Qu'est-ce que vous faites comme travail? |
Quelle est votre	profession?
Quel est votre	travail?
Quel	métier?

• To ask someone what their job entails:

| En quoi consiste votre travail? |

Possible answers:

| Je sers les clients |
| J'enseigne les maths |

• To ask what studies/training were needed:

| Qu'est-ce que vous avez fait comme **études**? | (*studies*) |
| Quelle **formation** avez-vous suivie pour être...? | (*training*) |

Possible answers:

J'ai suivi une formation de boulanger	*I trained as a baker*
J'ai fait des études de droit	*I did law studies*
Elle a fait une licence d'anglais	*She did an English degree*
Il a obtenu une maîtrise d'économie	*He got a master's degree in economics*

1

Now turn on your tape to practise using these and similar phrases.

un métier	*a job/profession*
une carrière	*a career*
un emploi	*a job; employment*
un boulot	*a job (slang)*
un job	*a job (slang)*
un stage	*work experience/job placement*
un cadre	*manager, executive*

2

Can you say what the following mean?
1 Il part au travail très tôt le matin.
2 Mon boulot, c'est pas très intéressant.
3 Je ne peux pas vous aider – j'ai du travail à terminer.
4 Je suis devenu traducteur après ma maîtrise de russe.
5 J'ai fait des études d'ingénieur avant de travailler dans cette usine.
6 Je suis cadre dans une entreprise à Vichy.
7 Il a fait toute sa carrière dans l'armée.
8 J'ai fait une formation de pâtissier, puis un stage dans un restaurant.

Interview 1

1 ((o))

a Listen to Jacques Lefèvre talking about his job. Then listen again and fill in his personal details below.

1 Profession:
2 Age:
3 Habite où?:
4 Situation familiale:
5 Travaille où?:

b Listen to Jacques Lefèvre again and fill in the information about the company (*la société*) where he works.

1 Nom de la société:
2 Activité de la société:
3 Nombre d'employés:
4 Chiffre d'affaires (*annual turnover*):

Interview 2

1 ((o))

a Listen to Nadine Pernet and decide whether the following statements are true or false.

1 Nadine travaille dans un magasin à Langres.
2 Dans la famille de Nadine, on travaille depuis longtemps dans l'hôtellerie.
3 Les grands-parents de Nadine étaient propriétaires d'un restaurant.

b Now make correct statements in place of the incorrect ones and write them out.

Interview 3

INFO LANGUE

- **HOW LONG**
- To say 'I've been working here for two years' (and still am):

  Ça fait deux ans **que je travaille** ici
  Je travaille ici **depuis** deux ans

- But to say: 'I worked there for two years' (then I left):

  J'ai travaillé là **pendant** deux ans

1

How would you say the following starting with *Ça fait...*?
1 J'habite ici depuis vingt ans.
2 Vous travaillez ici depuis longtemps?
3 Vous m'attendez depuis longtemps?
4 Vous travaillez comme secrétaire depuis longtemps?
5 On est mariés depuis 25 ans.
6 Je suis chanteuse depuis treize ans.

6

Chantal Taïba

2

Listen to Chantal Taïba, then answer the following questions in English.
1 Where does Chantal live?
2 How many albums has she recorded?
3 How long has she been a singer?
4 How does the singer mainly spend her time?
5 Has she ever appeared on television?
6 How did she start her career?

3

Listen to Chantal again if you need to, then put the following activities in the order in which Chantal does them when she prepares for a show.
1 Elle passe à la télé pour parler du spectacle.
2 Elle répète avec les musiciens.
3 Elle répète avec les danseurs.

INFO LANGUE

• **PASSER**

This verb has a wide variety of uses, of which the most basic are:

1 As a transitive verb (with *avoir* in the past):
'to spend (time)':

> On a passé deux semaines en Bretagne cet été

'to pass (e.g. the salt)':

> Pourriez-vous me passer le sel, s'il vous plaît?

'to sit (an exam)':

> J'ai passé mon dernier examen ce matin

2 As an intransitive verb (with *être* in the past)' to pass through' (*passer*):

> On est passés par Chartres et Orléans pour arriver à Blois

'to call'/'to come':

> Le facteur passe avant huit heures

'to drop in' (*passer voir quelqu'un*):

> Passez nous voir si vous avez le temps

3 As the reflexive verb *se passer* (with *être* in the past) 'to happen':

> Qu'est-ce qui s'est passé?

4

a You'll find *passer* used not only in the ways shown opposite, but in all sorts of other contexts. Can you match up the English and French sentences?

1 Je te passerai un coup de fil demain.
2 Qu'est-ce qui se passe?
3 J'y ai passé trois jours l'année dernière.
4 Passez nous voir si vous êtes dans la région.
5 Ce que je déteste le plus, c'est passser l'aspirateur.
6 Je vous le passe tout de suite.
7 Il passe souvent à la télé.
8 Il passe la moitié de sa vie à dormir.
9 Ça s'est passé mardi dernier.
10 La route passe par de très jolis villages.

a What I hate above all is hoovering.
b I'll give you a ring tomorrow.
c The road goes through some very pretty villages.
d I'll put you through straight away.
e It happened last Tuesday.
f I spent three days there last year.
g He spends half his life sleeping.
h He's often on television.
i What's going on?
j Drop in and see us if you're in the area.

b Now see if you can say the following in French.
1 I spent all the summer with them.
2 What happened?
3 Could you put me through to Madame Laroche please?
4 Give me a call tomorrow evening.
5 Could you pass me the water please?
6 She spends her afternoons working.
7 We went through Cahors and Toulouse.
8 The postman's already been.

Interview 4

Maître Laurence Dufour, a *notaire* in Vichy, gives a detailed description of the legal side of her job. Before listening to her, look at exercise 1.

Maître Dufour

1 **a** Listen to Me Dufour, then tick the sentences that are correct.

juridique	*legal*
rédiger	*to draft*
un acte	*a deed*

1 Un notaire intervient surtout dans la vie des entreprises.
2 En France, lorsqu'on se marie, on peut demander à un notaire de rédiger un contrat de mariage.
3 Le notaire intervient seulement pour l'achat d'une propriété.

b Write out a true statement for any sentence that was incorrect.

2 Listen to Me Dufour talking about her training and put the various stages of her training in the right order.
1 un DESS
2 une licence
3 un stage
4 un diplôme supérieur de notaire
5 une maîtrise

INFO LANGUE

- **LONG?/HOW LONG?**

When talking about time, 'long' is *longtemps*, and 'how long?' *combien de temps*?

| Vous travaillez ici depuis **longtemps**? | *Have you been working here **long**?* |
| Vous travaillez ici depuis **combien de temps**? | ***How long** have you been working here?* |

3 If you were chatting to a French woman about her life and work, how would you ask...
1 where she was born
2 what sort of work she does
3 where she works
4 how long she's been working there
5 what her work consists of exactly
6 what training she did

4 **a** Using *depuis*, how would you ask:
1 Have you been waiting long?
2 Have you been here long?
3 How long have you been waiting?
4 How long have you been here?

b Now ask the same questions using *Ça fait...*

5 *Jeu de rôle*

You're talking to the daughter of a French friend that you haven't seen for a long time. You're interested in finding out how her professional life is developing.

• Vous travaillez combien d'heures par jour?

Interview 1

((o)) Listen to Jacques Lefèvre talking about his working hours.

à peu près	roughly
une convention collective	a collective agreement
en moyenne	on average
se décaler	to make a gap
dépasser	to exceed, go over

1 Choose the correct completion of the sentences below.
1 The collective agreement in the company stipulates that people should work...
   a 39 hours
   b 37.5 hours
   c more than 39 hours
2 In practice Jacques Lefèvre works...
   a 39 hours
   b 37.5 hours
   c more than 39 hours

3 Work starts at 7.25...
   a to coincide with the starting times in schools
   b to avoid starting at the same time as schools
   c to have a five minute break before the start of the day
4 The compulsory working day...
   a is always respected
   b is not always respected
   c is often exceeded

2 ((o)) Listen again if you need to, then complete the sentences below.
1 Le matin, le travail commence à ....
2 La matinée de travail finit à ....
3 L'après-midi, le travail reprend à ....
4 La journée se termine à ....

Interview 2

Listen to Nadine Pernet talking about how her unsociable hours affect life with her partner. Then answer the following questions.

1 ((o))
1 Où est l'ami de Nadine quand elle part au travail?
2 Que fait-il quand elle rentre le soir?
3 Quand est-ce qu'ils se voient?
4 Qu'est-ce qu'il fait comme travail?
5 Où est-ce qu'il travaille exactement?
6 Selon Nadine, quel est l'avantage de cette situation?
7 Quels jours de congés a-t-elle dans la semaine?

2 ((o)) *Jeu de rôle*

You're a teacher and once again in conversation with the daughter of a French friend. This time, she's asking you about your working conditions.

• C'est un métier qui vous intéresse?

Interview 1

((o)) Listen to Laurence Dufour telling us what she'd rather do if she had the chance.

à force de	as the result of
le côté... est dépassé	I've gone beyond that aspect

INFO LANGUE

- **THE CONDITIONAL**

- To say what you **would do**, or **would like**, use the conditional:

Est-ce que vous le **feriez?**	**Would you do** it?
J'**aimerais** un métier...	**I would like** a job...

- You form the conditional by adding the imperfect ending (-ais, -ais, -ait, -ions, -iez, -aient) to the same base as is used in the future:

| j'aimer**ai** | I **will** love |
| j'aimer**ais** | I **would** love |

| nous fer**ons** | we **will** do |
| nous fer**ions** | we **would** do |

- The conditional expresses:

1 an action that is subject to a condition:

Si vous aviez la possibilité, vous le **feriez?**

2 a need or a preference:

J'**aimerais** changer de métier
Il **voudrait** trouver un autre travail

See also the Language Summary.

1 ((o)) Now turn on your tape to practise pronouncing and understanding the conditional.

2 ((o)) Listen again to Laurence then complete the following.
1 Laurence est en permanence en relation avec ....
2 Ils ont des problèmes fondamentaux, d'...... et de ....
3 Elle est plus ...... par les gens et leurs problèmes.
4 C'est plus les gens que ...... qui l'intéressent.

3 Use the following verbs in the conditional to complete the sentences below.
choisir   retourner   vouloir   travailler
aller   être   faire   s'endormir   avoir
1 Si je changeais de travail, j'...... vivre à l'étranger.
2 Je ...... un pays où il fait chaud.
3 Je ...... tôt le matin, puis je ...... la sieste.
4 Ensuite, je ...... au travail.
5 A la fin de la journée, la température ...... encore bonne et je ...... avec la fenêtre ouverte.
6 Il y ...... une bonne qualité de vie.
7 Je ne ...... jamais revenir ici!

4 How would you say the following in French?
1 I would like to have a job where I could help people.
2 I would prefer to work abroad half of the year.
3 Would you be happy with an office job?
4 You would adore it!
5 If I could leave, I would do so immediately.

Découverte
• Le travail – trois aspects différents

Angelo Tiburce, postier à la Réunion

Below is an article about a particularly exotic and arduous postal round (*une tournée*) made each week by Angelo Tiburce, a postman on La Réunion. Because of the nature of the terrain, his round in a region known as the Cirque de Mafate, has to be made on foot. Each trip covers over 50 miles and takes him three days to complete.

le bout du monde	*the end of the world*
hebdomadaire	*weekly*
les pluies diluviennes	*downpours*
le courrier	*the mail*
un gué	*ford*
une sacoche	*a sack*
une étape	*a stop*
un cari poulet	*a curried chicken*
un hameau	*a hamlet*
une case	*a hut, a cabin*

Angelo Tiburce, la tournée du bout du monde

Sa tournée hebdomadaire est une expédition de trois jours. Mafate est un lieu inaccessible aux voitures où les distances ne se comptent plus en kilomètres mais en heures de marche. Voilà bientôt vingt-six ans qu'Angelo fait ces tournées à pied. La Poste a bien pensé remplacer l'homme par un hélicoptère, mais l'expérience n'a pas duré. La tournée devenait trop coûteuse. Bravant donc les pluies diluviennes des périodes de cyclone ou la chaleur tropicale de l'été, il apporte le courrier aux 300 familles installées à Mafate.

La tournée d'Angelo commence le lundi à 8h30, au bureau de poste de la Possession. Un collègue l'accompagne en Jeep au début de cette tournée étonnante. Puis, Angelo continue seul ce passage difficile, nécessitant plusieurs passages à gué, avec sa sacoche d'une quinzaine de kilos contenant environ 350 lettres. Après deux heures de marche fatigante, Angelo atteint la première étape de sa journée: Grand-Place. Sa tante lui a préparé un cari poulet. Il lui donne les dernières informations de la ville. Puis, Angelo repart et apporte les bonnes et mauvaises nouvelles aux différents hameaux.

"*Poste*" crie-t-il en s'approchant des cases. La conversation s'engage. Parfois Angelo lit le contenu des lettres pour les vieilles personnes qui ne comprennent

que le créole.

Sa tournée se termine à Mafate où les habitants lui donnent en main propre le courrier à poster. Dans l'après-midi, il quitte ses hôtes jusqu'à la semaine suivante et redescend vers Grand-Place. Mercredi, il repart de bonne heure pour Aurère, une montée de deux heures pour les vingt familles du hameau. Sa tournée se termine, Angelo redescend sur la Possession pour amener le courrier collecté dans ses tournées. Au total, plus de 80 kilomètres par semaine.

adapté de Kaleïdom no 18
(juillet-août 1993)

1

Read the article carefully, then complete the following sentences.

1 Angelo fait la même tournée depuis ...... ans.
2 On n'utilise pas d'hélicoptère parce que c'est ....
3 Il y a ...... familles qui habitent à Mafate. Sa sacoche pèse environ ...... kilos.
4 Au départ, son sac contient .... lettres.
5 ...... familles habitent à Aurère.

2

a Read the article again and find the expressions that will help you put the sentences below into French.

1 The distances are not measured in kilometres but in hours.
2 He does his round on foot.
3 He sometimes reads the letters for people who only understand creole.
4 On Wednesday, he sets off early for Aurère.
5 Braving the heat and the rain, he brings the news to the different hamlets of Mafate.
6 In all, he covers over 80 kilometres each week.

b Write out the above sentences in French.

3

To say something happens 'every day', you can use *tous les jours* or *chaque jour*, and for 'every week', you can say *toutes les semaines* or *chaque semaine*.

Some more words for talking about events which occur regularly:

journalier	*daily*
quotidien	*daily*
hebdomadaire	*weekly*
mensuel	*monthly*
annuel	*yearly*

How would you say in French:

1 I get a monthly cheque from my father.
2 They receive a weekly visit from the postman.
3 We take our annual leave in July.

A la recherche d'un emploi

You're a student on holiday in northern Brittany for three months and you'd like to find a part-time summer job. You see a few vacancies for temporary bar staff advertised in the local paper.

1

You read the job adverts and are interested in all four. Note down in English how you're supposed to contact each advertiser.

Read this advice concerning most job applications in France.

◆ Une lettre de motivation doit toujours être écrite à la main. De nombreuses entreprises font faire des analyses d'écriture avant de prendre une décision.

◆ Il faut toujours ajouter une photo à son CV. Très souvent on vous demandera aussi de dire vos prétentions, c'est-à-dire le salaire que vous recherchez.

You decide to apply for the fourth job. First of all, you must get a simple CV together. François, a French friend, has lent you his own CV as a model. You'll find it on page 94.

CURRICULUM VITAE

Nom: GUEGUEN
Prénom: François
Date et lieu de naissance: 2 juillet 1976, à Saint-Etienne
Situation de famille: célibataire
Adresse: 13, rue Voltaire, Brest
Numéro de téléphone: 98.85.34.05
Nationalité: française

Formation: Baccalauréat obtenu en juillet 1994
Etudiant en deuxième année de droit à l'Université de Bretagne Occidentale,
Brest.

Expérience professionnelle: Travaille comme serveur dans un restaurant
pendant les vacances scolaires depuis l'âge de 16 ans.
Ai travaillé à temps partiel pendant mes études universitaires dans un bar.

Langues étrangères: Anglais: lu, parlé et écrit couramment
Espagnol: lu, parlé et écrit (niveau moyen)

Divers: Permis de conduire

2 Write your own CV in French following more or less the same format as above. You need to add that English (or whatever) is your mother tongue and that you are studying French.

3 Now write a short letter in French to accompany your CV. François has come to the rescue again with a model letter that you can use to apply for the post. Adapt his letter and add that:
- You are an Anglophone student
- You've studied French for two or three years
- You don't always understand everything immediately, but you learn quickly
- You are available straight away

Madame, Monsieur,

J'ai le plaisir de poser ma candidature pour le poste de ...... dans votre ....

Je suis disponible ....

En espérant que vous prendrez ma demande en considération, je vous prie d'agréer, Madame, Monsieur, l'expression de mes sentiments distingués.

François Guéguen

Les femmes au travail

Les femmes au travail

Taux d'activité en France (en %) (15 ans et plus)

Hommes		Femmes	
1968	1994	1968	1994
74,4%	62,7%	36,1%	47,0%

Onze millions de femmes sont actives, dont 2,7 millions à temps partiel. Les femmes actives étaient proportionnellement aussi nombreuses au début du siècle mais la notion d'activité n'était pas comparable. Après avoir atteint un maximum vers 1900, le taux d'activité des femmes avait fortement baissé jusqu'à la fin des années soixante. La proportion des femmes actives a augmenté depuis, alors que celle des hommes diminuait.

Si les femmes ont, depuis 1968, 'repris le travail', c'est en partie sous l'impulsion du grand mouvement féministe des années 70, dont l'une des revendications majeures était le droit au travail rémunéré, condition première de l'émancipation.

Dans le même temps, on constate que l'arrêt de l'activité est moins fréquent dans le cas de l'arrivée d'un second enfant: plus de deux tiers des femmes ayant deux enfants travaillent. Leurs carrières sont moins souvent interrompues que par le passé. La vie professionnelle des femmes tend à se rapprocher de celle des hommes.

(Source: Francoscopie 1995, Gérard Mermet, Larousse)

1 Read the above article, then say whether the following statements are true or false.

1 A majority of French women work full-time.
2 Around 1900, the percentage of working women was far smaller.
3 Women went massively back to work in the 1970s.
4 The feminist movement encouraged women to have paid employment.
5 French women tend to stop work when they have a second child.

La féminisation des emplois

Many of the words for jobs in French only have a masculine form. For example, Maître Dufour is un notaire even though she is a woman. The following words also only have a masculine form, but are used for both men and women.

   un architecte
   un médecin
   un ministre
   un professeur
   un sculpteur

If you want to make it clear that you're talking about a woman, you can usually say une femme ministre, une femme médecin etc.

2 Some of the jobs below have a feminine form and others do not. Can you fill in the blanks?

Profession au masculin	Profession au féminin
un notaire	un notaire
un avocat	une avocate
1 un ouvrier	....
2 un peintre	....
3 un boulanger	....
4 un danseur	....
5 un serveur	....
6 un acteur	....
7 un pharmacien	....
8 un ingénieur	....

3 Un matin, un père et son fils sont victimes d'un accident de la route. Le père est tué instantanément, mais son fils, gravement blessé, est emmené à toute vitesse vers l'hôpital le plus proche.

A la vue du garçon blessé, le chirurgien s'écrie: 'Mais c'est affreux! Cet enfant est mon propre fils!'

Comment est-ce possible?

La Guadeloupe

Nous nous rendons maintenant dans un département d'outre-mer, à la Guadeloupe, qui tout comme l'île voisine, la Martinique, fait partie du territoire français.
Que savez-vous sur la Guadeloupe?

❚

1 Quelle est la ville principale de Guadeloupe?
2 Quels sont les différents groupes ethniques qui ont peuplé la Guadeloupe?
3 Quels sont les deux produits agricoles principaux de la Guadeloupe?
4 Quelle langue utilise-t-on dans les conversations courantes en Guadeloupe?
5 Quelle est la boisson alcoolisée célèbre produite en Guadeloupe?

Check your answers by reading what follows.

le recensement	*census*
métissé	*of mixed race*
une main	*work force*
d'œuvre	

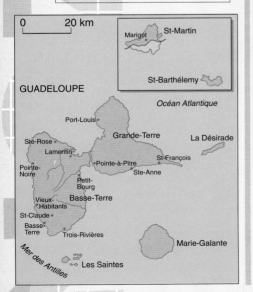

CARTE D'IDENTITE DE LA GUADELOUPE

- **Géographie** La Guadeloupe est un archipel des Caraïbes formé de neuf îles. Les deux îles principales sont Grande-Terre et Basse-Terre. Elles sont séparées par la Rivière Salée. Pointe-à-Pitre en est la ville principale.

- **Population** Il y avait 387 034 Guadeloupéens au recensement de 1990. La population guadeloupéenne est très métissée: Amérindiens d'origine, anciens esclaves africains, Indiens arrivés après la fin de l'esclavage, Blancs, descendants des colons, ou 'métropolitains' installés temporairement en Guadeloupe.

- **Densité de la population** 217,4 habitants par km^2

- **Le français en Guadeloupe** Le français est la langue officielle mais le créole est la langue la plus utilisée dans les conversations courantes.

- **Situation politique** Département français d'outre-mer depuis 1946. Il existe un mouvement pour l'indépendance de l'île qui se manifeste régulièrement depuis les années soixante.

- **Ressources principales**
  - agriculture: la canne à sucre et la banane sont les deux cultures essentielles.
  - industrie: rhum, boissons et sucreries
  - tourisme: 340 000 touristes en 1992 (dont 80% de Français). Le tourisme a créé près de 10 000 emplois et est en train de devenir l'activité principale de l'île.

Quelques dates

1493 Christophe Colomb débarque en Guadeloupe lors de son deuxième voyage. Elle est peuplée d'Indiens caraïbes.

1635 Les Français occupent la Guadeloupe et les colons s'y installent, décimant petit à petit les Indiens caraïbes en leur prenant leurs terres.

1674 La Guadeloupe est vendue à la France. La canne à sucre, introduite en 1644, est source de prospérité pour les planteurs qui l'exploitent à l'aide d'esclaves africains.

1848 L'esclavage est définitivement aboli: les esclaves noirs représentent alors 68% de la population de l'île. Les planteurs font appel à une main d'œuvre originaire de l'Inde.

2 Try to complete these sentences without looking at the text.
1 La Guadeloupe est un ...... formé de neuf îles.
2 La langue la plus utilisée est le ....
3 Les deux cultures principales sont ...... et ....
4 La boisson alcoolisée la plus fameuse est ....
5 Au XVIIe siècle, la canne à sucre était exploitée par les ...... à l'aide des ...... africains.

Simone Schwartz-Bart is a female novelist born in Guadeloupe in 1938. In *Pluie et Vent sur Télumée Miracle*, she explores the world of Caribbean women.

il n'y a guère	not long ago
soupeser	to weigh
la tristesse	sadness
rêver	to dream
jusqu'à ce que	until
la mort	death

Si on m'en donnait le pouvoir, c'est ici même, en Guadeloupe, que je choisirais de renaître, souffrir et mourir. Pourtant, il n'y a guère, mes ancêtres furent esclaves en cette île à volcans, à cyclones et moustiques, à mauvaise mentalité. Mais je ne suis pas venue sur terre pour soupeser toute la tristesse du monde. A cela, je préfère rêver, encore et encore, debout au milieu de mon jardin, comme le font toutes les vieilles de mon âge, jusqu'à ce que la mort me prenne dans mon rêve, avec toute ma joie.

(*Pluie et Vent sur Télumée Miracle, Seuil, Paris, 1972*)

3 Answer these questions in English:
1 Is Télumée a young or an old woman?
2 Is the physical environment very welcoming in Guadeloupe?
3 What did Télumée's ancestors do?
4 Given the chance to reincarnate, where would Télumée choose to live?

4 Read the item about what to do when a cyclone is forecast, then make notes in English about what you have to do.

Consignes d'urgence en Guadeloupe en cas de cyclone

• Dès le début de la saison cyclonique:
- Faites une réserve raisonnable de conserves, légumes secs, lait, eau minérale, biscuits, etc.
- Assurez-vous de la bonne marche des lampes électriques de poche, bougies, lampes à pétrole.
- Ayez une petite pharmacie (coton, alcool, gaze) et quelques petits outils.

• Alerte numéro 1:
- Consolidez les fenêtres et les portes de la maison.
- Couvrez les vitres.
- Dans les maisons non fixées au sol, placez des objets lourds sur le plancher.
• Alerte numéro 2:
- Préparez-vous à vous enfermer chez vous si vous pensez que votre maison est assez solide.
- Sinon, fermez votre maison et allez dans un abri sûr signalé par la mairie.

(*Sécurité Civile, Ministère de l'Intérieur*)

Saviez-vous que...?

• Tous les quatre ans est organisé 'La Route du Rhum', une course transatlantique de voile en solitaire (*single-handed yacht race*) qui relie Saint-Malo (Bretagne) à Pointe-à-Pitre.
• La Guadeloupe possède le volcan le plus actif de la région, la Soufrière. L'éruption de 1976-1977 causa l'évacuation de 72 000 personnes.
• Le poète Saint-John Perse, prix Nobel de littérature en 1960, est né près de Pointe-à-Pitre.
• Des cyclones tropicaux ravagent régulièrement la Guadeloupe, détruisant habitations, bananeraies et forêts.
• Le récif (*reef*) guadeloupéen est très riche en corail, poissons tropicaux et éponges colorées. C'est un milieu riche mais fragile.
• La production de bananes est presque en totalité exportée vers la métropole.

Echange
• Les conditions de travail

Vous êtes là tous les jours?

1 ((◦))

Listen to an interview with a butcher who has a stall at the *marché d'Aligre* in Paris. Then answer the following questions.

1 Qu'est-ce que le boucher vend comme variété de viande?
2 Est-ce qu'il ouvre tous les jours de la semaine?
3 Quels sont ses horaires de travail?
4 Est-ce qu'il ouvre le dimanche?
5 Ça fait longtemps qu'il travaille sur le marché?

INFO LANGUE

• OPENING TIMES

Some key questions if you want to find out more about opening times:

Vous

Vous êtes là tous les jours?	Are you here every day?
Vous êtes ouvert le dimanche matin?	Are you open on Sunday mornings?
Quelles sont vos heures d'ouverture?	What are your opening hours?
Vous fermez à quelle heure?	What time do you close?
Vous fermez à midi?	Do you close for lunch?

Vendeur/vendeuse

On est là tous les jours sauf le lundi	We're here every day except Mondays
On est ouvert le dimanche jusqu'à midi	We're open till 12 on Sundays
On est ouvert de 9h00 à 19h00 jusqu'à sept heures du soir	We're open from 9.00 a.m. to 7.00p.m till 7.00 p.m
On ferme à midi pile	We shut at 12.00 on the dot

---

2 Can you match the French words below with their English definition?

1	ravitailler	a	a fine
2	une pancarte	b	busy
3	une amende	c	beyond
4	animé	d	to flock
5	remballer	e	to pack up
6	dépasser	f	to restock
7	s'attrouper	g	a notice
8	au-delà de	h	to exceed

3 ((◦))

a Listen to an interview with a cheese seller. Then listen again if necessary and pick out the true statements below.

1 Au marché, on vend du fromage de brebis.
2 La marchande dit qu'elle vend du camembert.
3 Elle ne vend pas de petits œufs.
4 Le marché est ouvert tous les jours de la semaine.
5 Le lundi on ravitaille le marché.
6 La marchande ouvre son stand à six heures du matin.
7 Entre treize heures et treize heures trente, elle remballe son stand.
8 Il y a une pancarte qui dit qu'on ferme à treize heures précises.
9 Si on vend au-delà de treize heures, on risque une amende.
10 Samedi et dimanche sont les jours les plus animés. Le dimanche, les gens arrivent surtout avant midi et demi.

b Correct any statements that were not true, then write out the corrections.

4 ((◦))
Jeu de rôle

You've arrived in Paris late on Saturday afternoon. Speak to the assistant in the local shop to find out if you can buy food there the following day.

Un entretien pour un emploi dans un restaurant

Christopher, a student, has applied for a waiter's job in a restaurant and has been asked to come for an interview.

1 ((o))

a Listen to the interview a few times until you're familiar with it, then fill in Christopher's details on the interviewer's form.

1 Nom	_ _ _ _ _ _ _ _ _ _ _ _ _ _ _ _ _ _ _
2 Prénom	_Christopher_ _ _ _ _ _ _ _ _ _ _ _ _
3 Pays d'origine	_ _ _ _ _ _ _ _ _ _ _ _ _ _ _ _
4 Domicilié à	_ _ _ _ _ _ _ _ _ _ _ _ _ _ _ _
5 Langue maternelle	_ _ _ _ _ _ _ _ _ _ _ _ _
6 Langues étrangères	_ _ _ _ _ _ _ _ _ _ _ _
7 Disponibilité	_ _ _ _ _ _ _ _ _ _ _ _ _ _ _

b Now complete the description of the job that's on offer.

Description du poste et des conditions de travail
1 Jours de travail _ _ _ _ _ _ _ _ _ _ _ _ _ _
2 Nombre de semaines de travail _ _ _ _ _ _ _ _
3 Plein temps/ mi-temps/ temps partiel? _ _ _ _ _ _
4 Langue étrangère demandée _ _ _ _ _ _ _ _ _

2 ((o))

Listen again if necessary, then answer these questions.
1 Où Christopher apprend-il le français?
2 A-t-il des difficultés avec la langue française?
3 Peut-il commencer tout de suite?
4 Pourquoi cherche-t-il un travail à temps partiel?
5 A-t-il de l'expérience dans la restauration?
6 Aime-t-il ce genre de travail?
7 Est-il intéressé par ce poste?

3 ((o)) *Jeu de rôle*

You're one of the few French speakers in the company you work for and have been given the task of interviewing a French person who has applied for a temporary job to help create a data bank (*une banque de données*).

Profil

((o)) Listen to Toni Burgener, a press officer for the CICR, *Comité international de la Croix-Rouge* in Geneva. He's talking about the work of the Red Cross and the qualities required of the field-workers.

les blessés	*the wounded*
le siège	*the head office*
les tâches quotidiennes	*daily tasks*
un citoyen	*a citizen*

1 ((o))

As you listen to Toni again, try to complete the details of the Red Cross below.

Le CICR
1 Nombre d'employés _ _ _ _ _ _ _ _ _
2 Siège de l'organisation _ _ _ _ _ _ _ _ _ _ _
3 Nombre d'expatriés _ _ _ _ _ _ _ _ _ _ _
4 Nombre de pays où travaille la Croix-Rouge _ _ _ _
5 Nationalité des délégués _ _ _ _ _ _ _ _ _ _

2 ((o))

Listen again if you need to, then answer the following questions.
1 Quel est le rôle du CICR?
2 En quoi consiste le travail d'employé local du CICR?
3 Pourquoi faut-il être suisse pour être délégué du CICR?
4 Faites le portrait du délégué idéal.

POINTS DE REPERE

At the end of this Unit, can you...

❑ say what you do for a living?

❑ understand what qualifications are needed for certain jobs?

❑ ask about hours of work and opening times?

❑ say whether you like a job or not, and why?

❑ apply for a job?

❑ take part in a job interview?

❑ use the conditional tense?

• Self-Assessment Test 3

Quiz

Fill in the missing words:
1 Un TOM est un ....
2 La Martinique est une île située dans les ....
3 La langue usuelle des îles de l'océan Indien est le ....

4 La cuisine à la lyonnaise est à base d' ....
5 La cuisine à la basquaise est centrée sur la tomate et ....
6 Les deux cultures principales en Guadeloupe sont la banane et la ....

Documents

1 Look at the recipe below and then in English:
   a Write a list of all the basic ingredients required for the recipe.

   b Describe the five steps involved in preparing and serving this dish.

CRABE PARMENTIER

Ingrédients pour 4 personnes:
250g de chair de crabe
500g de pommes de terre
1/4 de litre de lait
150g de beurre
1 grosse cuillère à soupe de crème fraîche
1/2 boîte de tomates pelées
un œuf entier
une pincée de basilic
sel, poivre

Préparation
Faites une purée de pommes de terre en intégrant le lait, 100g de beurre et l'œuf.
Faites revenir la chair de crabe dans 30g de beurre.
Pour la sauce, faites bouillir la crème avec les tomates et le basilic pendant 2 minutes puis passez le tout au mixer.
Beurrez quatre ramequins, puis mettez un fonds de purée, la chair du crabe et une autre couche de purée.
Démoulez dans les assiettes et servez chaud accompagné de la sauce.

2 Nicole Notat is the leader of one of France's main trades unions. Here, she gives her opinion on the possibility of a 32-hour working week:

«Pour une majorité de Français, le travail reste le principal élément du statut social. Mais ce que les salariés en attendent a probablement changé. Les gens veulent une meilleure harmonie entre leur vie privée et leur vie professionnelle. La réduction du temps de travail doit permettre de créer de nouveaux emplois et de diminuer le nombre de chômeurs.

«La solution des trente-deux heures est généreuse mais pas très réaliste. Si elle convient à un très petit nombre de situations, dans la plupart des cas elle est inadaptée et inefficace. Réduire le temps de travail ne se limite pas nécessairement à diminuer les horaires de la semaine. On peut aussi concevoir cette réduction sur l'année ou sur une carrière toute entière. Certains besoins sont déjà très clairement exprimés: congés parentaux, horaires de travail liés aux rythmes scolaires, congés sabbatiques.»

Now, answer the following questions in
English:**1** Why is work so important for
a majority of French people?
2 In what ways have their expectations
changed?
3 What is the main objective of a reduction in
working time?
4 Is the 32 hour week the best way to solve
work-related problems?
5 What examples of new practices does Mme
Notat give?

3 You are typing a CV for a French friend and
trying to get the following information in
the right place:

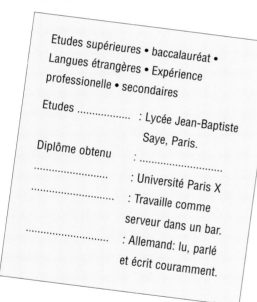

Etudes supérieures • baccalauréat •
Langues étrangères • Expérience
professionelle • secondaires

Etudes .... : Lycée Jean-Baptiste
Saye, Paris.

Diplôme obtenu .: ....

.... : Université Paris X

.... : Travaille comme
serveur dans un bar.

.... : Allemand: lu, parlé
et écrit couramment.

Mots cachés

Hidden in the grid are 25 French words
associated with food and cooking. Their
English equivalents are as follows:

cake	kitchen	pork
chef	menu	raw
chips	omelette	restaurant
coffee	onion	roast
dish	oven	salad
egg	pancake	salt
garlic	pasta	soup
ham	pepper	water
		wine

Can you find them all?

P	A	T	E	N	O	N	G	I	O
R	F	R	I	T	E	S	I	L	P
E	T	T	E	L	E	M	O	V	L
E	O	C	R	O	P	V	E	E	A
R	E	S	T	A	U	R	A	N	T
V	J	A	M	B	O	N	U	I	U
I	C	L	T	I	S	O	V	S	R
O	G	A	T	E	A	U	E	I	U
P	H	D	F	A	I	L	R	U	O
C	H	E	F	E	P	E	R	C	F

Contrôle Langue

1 Use the correct form of myself, yourself, etc.
in the following situations:
1 – Je vais peser la viande.
– Non, je vais la peser (myself)
2 – Est-ce qu'il y a un serveur?
– Non, les gens se servent (themselves)
3 – Elle a demandé l'aide de la banque?
– Non, elle a obtenu l'argent (herself)
4 – Il a fait toutes les réparations dans le
restaurant?
– Oui, il a tout fait (himself)
5 – C'est dur d'être au chômage?
– Oui, c'est dur quand on est (oneself)
dans cette situation.

SCORE: (1 point par bonne réponse): ..../5

2 Here is a list of five different foods and five verbs for things you do with those foods. Can you match each item of food to the appropriate verb?

Foods
a   fromage
b   sel
c   citron
d   œufs
e   légumes

Verbs
1   presser
2   battre
3   assaisonner
4   râper
5   éplucher

SCORE: (1 point par bonne réponse): …/5

3 Write down the French for:
1   work experience
2   a career
3   a supermarket department
4   a tablespoonful of sugar
5   the main course
6   annual leave

SCORE: (1 point par bonne réponse) …/6

4 Imagine that you have been asked what you would do if you won the lottery jackpot (*le gros lot*). Fill in the gaps:

«Si (I won) .... le gros lot, (I would buy) .... une villa dans les Caraïbes. (I would stop) .... de travailler. (I would go) .... au restaurant tous les soirs. (I would eat) .... des huîtres et (I would drink)...........
du champagne. (I would learn) .... à faire de la plongée sous-marine et (I would do) .... de la natation dans les eaux tropicales. (I would invite) .... souvent des amis à me rendre visite. (I would be) .... si heureux!»

SCORE: (1 point par bonne réponse): …/10

5 Translate these sentences into French, using the verb *passer* each time:
1   Would you pass me the wine, please?
2   Drop in and see us if you have some free time.
3   I passed through Paris on my way to Lyon.
4   He sat his first exam today.
5   How did you spend your weekend?

SCORE: (2 points par bonne réponse:) …/10

6 Use either *depuis* or *pendant* in each of the gaps:

– J'ai un emploi permanent au Crédit Lyonnais .... deux ans. Avant, je travaillais à temps partiel dans un restaurant. Je suis resté dans ce restaurant .... cinq ans en attendant de trouver un travail plus stable. Mais je continue à étudier. Je prends des cours du soir et j'aimerais me perfectionner en anglais car .... les prochaines vacances, j'ai l'intention d'aller en Australie. Je rêve d'y aller .... mon enfance.

SCORE: (1 point par bonne réponse): …/4

7 Imagine that you need to reply to an advert for a summer bar job. Write down what you want to say:
1   You are available during the summer months.
2   You are used to working in a bar.
3   English is your mother tongue.
4   You are studying for a degree in chemistry.
5   You are interested in part-time or full-time work.
6   You did a work placement in France last year.
7   You have been learning French for 4 years.
8   You would like a minimum wage of FF 50 per hour
9   You can start work straight away.
10   You are hoping to find a permanent job in France one day.

SCORE: (2 points si toute la phrase est correcte/ 1 point si la moitié de la phrase est correcte) …/20

Contrôle Audio

Interview No. 1

8 ((•)) Listen to M. Fakhry, who runs a supermarket in Abidjan.

a Among the fruit that he sells, he mentions *le corossol* ('soursop' in English) and nine other types of fruit. Can you name all nine?

SCORE: (un demi-point par bonne réponse): | .../4.5 |

b ((•)) Listen to M. Fakhry again and indicate which of the following statements are true (*vrai*) and which ones are false (*faux*):

1 Les fruits se trouvent en face du rayon boissons.
2 Le supermarché a un rayon boucherie.
3 Le supermarché vend peu de pommes.
4 Les clients sont en majorité des hommes.
5 Les clients sont principalement d'origine africaine.

SCORE: (un demi-point par bonne réponse) | .../2.5 |

Interview No. 2

9 ((•)) Listen to Eric Piderit who is a journalist in Langres. Every morning he takes his son to a child minder (*chez la nourrice*) before starting work.
List (in French) the activities that he does at certain times of the day:

1 Entre 6h 30 et 7h 00, il ....
2 Ensuite, il ....
3 Entre 7h 30 et 8h 00, il

  ....
4 Ensuite, il ....

SCORE: (1 point par bonne réponse): | .../4 |

10 Now fill in the nine missing words:

– Il a quel ...., votre fils?
– Il a ...., donc ensuite, comme la nourrice .... sur le .... de mon travail, donc je l'........... chez la ...., ensuite je vais au .... en ville et là donc la journée...............

SCORE: (1 point par bonne réponse): | .../9 |

Contrôle Parole

11 ((•)) During a camping holiday you want to find out more about the shop which is situated on the campsite. Prepare your questions. Say:

1 Are you open every day of the week?
2 Do you close for lunch?
3 At what time do you close in the evening?
4 Do you open every morning at 7 o'clock?
5 Do you get fresh bread and croissants every morning?
6 Do you serve hot dishes at meal times?
7 Is it possible to get some ice here?
8 When do you get a day off?
9 How many hours do you work per day?
10 How long have you been able to open on Sundays?

Listen to the tape to check your answers.

SCORE: (2 points par phrase correcte): | .../20 |

LANGUE:	.../60
AUDIO:	.../20
PAROLE:	.../20
TOTAL:	.../100

UNITÉ

7

Générations

In this unit you will practise:

- Talking about the family and different generations
- Talking about friendship, love and personal relationships
- Asking for advice on obtaining a bus pass

- Finding out how to locate someone on minitel
- Using the telephone system in France
- Using the imperfect tense and reflexive verbs in a range of settings

---

A l'écoute

• La famille et les relations personnelles

INFO LANGUE

- **THE FAMILY**

- To ask people if they are single or married:

  Vous êtes célibataire/marié(e)?

Possible answers:

  | Je suis divorcé(e)/ veuf/veuve | I'm divorced/ a widower/a widow |

- In an official context, you may be asked:

  | Quelle est votre situation de famille? | What's your marital/family status? |

Possible answers:

  Je suis père d'une famille de trois enfants
  Je suis divorcée avec deux enfants
  Je suis une femme seule avec un enfant
  Je suis marié et j'ai deux filles et un garçon

En Côte d'Ivoire, comme ailleurs, il y a la famille nucléaire, c'est-à-dire les parents et leurs enfants, mais il y a aussi la famille plus large qui inclut les oncles, les tantes, les cousins et les grands-parents. Le chef de cette famille plus large a des responsabilités au niveau de la santé et de l'éducation.

1
Now turn on your tape to practise these and similar phrases.

Interview 1

We interviewed Sery Bailly, a teacher at the *Université de Côte d'Ivoire* in Abidjan. He talks about his position as head of an extended family and about the role of children and women in Ivory Coast society. Before listening to him, do exercise 1.

1

Here are some phrases that Sery Bailly uses. Can you guess what they mean?
1 je suis chef de famille
2 les parents directs
3 cela implique des responsabilités
4 les gens de ma génération
5 nos moyens de production
6 l'égalité entre l'homme et la femme
7 assumer les responsabilités des jeunes garçons

le décès	*the death*
la moyenne nationale	*the national average*
sensible à	*sensitive to*
maîtriser	*to control*
autrefois	*formerly, before*
c'était une richesse	*it was a source of wealth*
un guerrier	*a warrior*
en train de (construire)	*in the middle of (constructing)*
conscient de	*conscious of*
une chance	*an opportunity*

2 ((o))

Listen to the interview with M. Bailly, then decide which of the following statements are true.
1 M. Bailly est chef d'une large famille depuis le décès de son père.
2 Aujourd'hui les enfants sont considérés comme une richesse en Côte d'Ivoire.
3 Autrefois, l'enfant était une richesse.
4 Selon M. Bailly on attache toujours plus d'importance à un garçon qu'à une fille.
5 Dans la société moderne, les gens sont de plus en plus conscients de l'égalité entre l'homme et la femme.

3 ((o))

a Listen to the conversation again and, choosing from the words below, complete the following phrases.
autrefois   sensibles   capable   guerriers
plus   cause   santé   richesse   vie
occuper   question   mieux
1 au niveau de la ......
2 ...... à cette ...... démographique
3 à ...... du coût de la ...... actuellement
4 ils ne sont plus une ...... comme ......
5 plus on avait de bras, ... c'était pour la production
6 ...... on avait d'enfants, plus on avait de ......
7 elle est ...... de s'...... de sa famille

b Now match the phrases with their English equivalent.
a she is capable of looking after her family
b as far as health is concerned
c they are not the source of wealth they used to be
d because of the current cost of living
e sensitive to this population issue
f the more children you had, the more warriors you had
g the more hands you had, the better it was for production

4   A quoi ça sert?

This common phrase means 'What's it used for?', 'What's the point?' and is based on the verb *servir à*.

M. Bailly said '*Il ne sert à rien de faire beaucoup d'enfants*' (There's no point in having lots of children).

Servir à is also used when you want to say what you use something for:

Ça sert à cuisiner	It's used for cooking

See if you can work out what these sentences mean.
1 Je lui ai écrit mais ça n'a servi à rien.
2 Cette machine te servira à gagner du temps.
3 A quoi sert cette semaine de congé s'il fait mauvais temps?
4 La vanille sert à sucrer légèrement la sauce.

Interview 2

INFO LANGUE

• **INTRODUCING A PARTNER**

• How you introduce a partner depends very much on your age and the age of your partner:

C'est	mon copain/mon petit ami	(*boyfriend*)
	ma copine/ma petite amie	(*girlfriend*)

Je vous présente mon compagnon/ ma compagne	(*'gentleman/ lady friend'*)

• For people living together aged 25–60:

C'est mon ami(e)/la personne avec qui je vis

In a legal context you can also say:

C'est mon concubin/ ma concubine	*This is my common-law husband/wife*
Je vis en concubinage	*We're living together*

((○)) Listen to the singer, Chantal Taïba, explaining how women singers are perceived in the Ivory Coast.

1
Now answer these questions in English.
1 Why were there no women singers in the Ivory Coast ten to twenty years ago?
2 What is difficult for a female singer even nowadays?
3 What are men afraid of when they marry a singer?
4 Is Chantal married, divorced or single?

2
Complete this summary of what Chantal says using an appropriate word from the list.
*chanteuse   épousée   conduisait   exposée
marier   chantait   difficile*
1 Il y a 20 ans, la femme ivoirienne ne ...... pas en public.
2 La femme ne ...... pas une voiture.
3 Même aujourd'hui il est ...... pour une femme, une artiste, ..., de se ....
4 Elle est trop ....
5 C'est peut-être pour ça qu'on ne m'a pas encore ......!

INFO LANGUE

• **THE IMPERFECT**

The imperfect tense is used to describe things that used to go on in the past, to describe the way things were or used to be or to recount what was happening.

Autrefois, l'enfant **était** une richesse
Il y a dix ans, la femme ivoirienne ne **chantait** pas
Chantal **chantait** et le public **écoutait**

The imperfect endings are:

je chant**ais**	**nous** chant**ions**
tu chant**ais**	**vous** chant**iez**
il/elle chant**ait**	**ils/elles** chant**aient**

For more on how to form the imperfect and its uses, see the Language Summary.

3
A French singer is talking about what life was like twenty years ago. Put the verb in brackets in the imperfect.
1 (avoir)   Il y a vingt ans, j' ...... plus de succès qu'aujourd'hui.
2 (être)   Le public ...... plus enthousiaste.
3 (aller)   J'...... de ville en ville pendant l'été.
4 (voir)   Je ...... mes fans avec grand plaisir.
5 (écrire)   Ils m'...... des lettres chaleureuses.
6 (connaître) Je ...... beaucoup d'autres chanteurs.
7 (sortir)   Nous ...... souvent ensemble le soir.
8 (composer)   Je ...... mes propres chansons.
9 (faire)   Je ...... un concert à Paris tous les hivers.

4 ((○))
Jeu de rôle

Play the part of a *chanteuse*. You're being interviewed about your family and your past life in the Ivory Coast.

Interview 3

INFO LANGUE

- **CHILDREN OF DIFFERENT AGES**
- You can use many different words to describe children of various ages:

un nouveau-né	*a newborn baby*
un bébé	*a baby*
un nourisson	*an infant*
une fillette	*a little girl*
un garçonnet	*a little boy*

un gamin, un môme, un gosse are all familiar words for 'kid' while *un adolescent* (often reduced to *un ado*) is 'a teenager'.

- To differentiate between the children of a family:

l'aîné	*the elder child*
le cadet	*the younger child (of two)*
le benjamin	*the youngest child in the family*

((o)) Listen to Nicole Bouvier, a nursery school teacher, talking about a day in the life of a young French child.

aller/rester	*to stay for school*
à la cantine	*meals*
les tout petits	*tiny tots*
faire la sieste	*to have an afternoon nap ('siesta')*
se comporter	*to behave*
remarquer	*to notice*
paresseux	*lazy*
c'est pas évident	*it's not that straightforward*

L'école maternelle

French children have access to the *écoles maternelles* from the age of two, if they are out of nappies. From the age of three, most children go to a free nursery school.

1 ((o)) Listen again to the interview with Nicole Bouvier if necessary, then fill in the missing times.
1 ...... : arrivée à l'école
2 ...... : fin de la matinée
3 ...... : cantine
4 ...... : début de l'après-midi
5 ...... : fin de l'après-midi

2 Nicole says that children have changed. Which of the following words does she use to describe today's children?
courageux   polis   calmes   agités
turbulents   réservés   paresseux   motivés

3 Can you guess the corresponding noun or adjective? The first two have been done for you.

	Adjectives	Nouns
	courageux	le courage
	agité	l'agitation
1	motivé	......
2	......	la paresse
3	......	la politesse
4	différent	......
5	évident	......
6	......	la difficulté

4 ((o)) Listen to Nicole again and select the correct statement in the following pairs.
1 a Beaucoup d'enfants de deux ans restent à la cantine.
  b Les tout petits ne vont généralement pas à la cantine.
2 a Les petits se reposent à la fin de la matinée.
  b Les petits font la sieste en début d'après-midi.
3 a Nicole est institutrice depuis plus de trente ans.
  b Elle est devenue institutrice récemment.
4 a Elle trouve les enfants de plus en plus difficiles.
  b Elle pense que les enfants se comportent bien à l'école.

INFO LANGUE

- **CE QUI..., C'EST...**
- Use *ce qui* to translate 'what' in the following type of sentence:

> **Ce qui** leur manque, **c'est** la notion d'effort

What (lit. *that which*) they don't have **is** the concept of effort

> **Ce qui** ne me plaît pas, **c'est** la paresse des enfants

What I don't like is the laziness of children

- Use *ce que* when these words are followed by a subject:

> **Ce que** j'aime, **c'est** l'innocence des tout petits

What (lit. *that which*) I like **is** the innocence of the little children

> **Ce que** Nicole déteste, **c'est que** les enfants manquent d'attention

What Nicole hates **is that** children don't pay attention

5 How would you say these sentences in French?
1 What is obvious is that children are much more lazy.
2 What strikes me is the great difference in their motivation.
3 Chantal used to be a singer, which was rare ten years ago.
4 What I'm saying is that the day is too long for young children.
5 What I don't understand is why they behave differently.
6 What I like is the equality between men and women today.

6 ((o)) *Jeu de rôle*

You're the parent of a four-year-old boy whom you want to place in a nursery school in France. Take part in this conversation with the school's principal.

Interview 4

Pierre-Yves Gestier and Christine Mozian are partners. In this interview, they describe how they met and started going out together.

INFO LANGUE

- **EACH OTHER**
- The idea of 'each other' is often conveyed by relexive verbs:

| Nous nous connaissons/ On se connaît | We know each other |

- To ask how long people have known each other:

| Vous vous connaissez depuis combien de temps? Ça fait longtemps que vous vous connaissez? | How long have you known each other? (more familiar) |

Possible answers:

> On se connaît depuis trois ans
> Ça fait trois ans qu'on se connaît

- The infinitive refers to the person doing the action:

| Vous allez **vous** revoir? | Are you going to see each other again? |
| Nous espérons **nous** rencontrer demain | We're hoping to meet tomorrow |

- Don't forget that all reflexive verbs use *être* to form their perfect tense:

Je **me suis** marié(e)	I got married
Nous **nous sommes** rencontrés/ On **s'est** rencontrés	We met (each other)
Vous **vous êtes** revus?	Did you see each other again?
Ils **se sont** connus	They got to know one another

1
How would you say the following in French?
1 They don't talk to each other.
2 They love each other.
3 We married (each other) in 1980.
4 We see each other every day.
5 They met (each other) at a friend's party.
6 We've known each other for years.
7 They went to Paris together but they didn't see each other all weekend.

2 ((o))
a Listen to the interview with Pierre-Yves and Christine and find out who 'made the first move' in their relationship.

b Listen again if necessary, then put the different stages of the couple's relationship in the right order.
1 Ils se sont revus pour visiter un musée.
2 Ils sont allés au réveillon chez Christophe.
3 Christine a invité Pierre-Yves à danser un slow.
4 Pierre-Yves a remarqué Christine.
5 Pierre-Yves n'a pas osé inviter Christine à danser.

3 ((o))
a Which of these statements are true?
1 Pierre-Yves et Christine se connaissent depuis trois ans.
2 Ils se sont rencontrés chez le cousin de Christine.
3 Ils ont fait connaissance juste après minuit.
4 C'est Pierre-Yves qui a invité Christine à danser.
5 C'est Christine qui a pris l'initiative pour revoir Pierre-Yves.
6 Christine est d'accord avec ce que dit Pierre-Yves sur leur rencontre.

b Now correct any untrue statements and write them out.

INFO LANGUE

- **EMPHASISING WHO DID WHAT**

According to Pierre-Yves:
...**c'est elle qui** m'a invité à danser...**c'est moi qui** ai décidé de la revoir
...**she** invited me to dance (but) **I** decided to see her again
Using c'est elle qui... and c'est moi qui... is a good way of emphasizing who is doing the action. In English you would just emphasize 'she' and 'I' with the tone of your voice.
See the Language Summary for the different forms of emphatic pronouns.

4
You're telling someone how things happened between you and your partner. Say:
1 I'm the one who invited him for lunch.
2 He's the one who accepted the invitation.
3 He telephoned me in the evening.
4 It was me who decided to see her again.

5 ((o))
Jeu de rôle

You've bumped into an old friend, Catherine, whom you haven't seen for years. You've heard that she got married recently, so use the opportunity to catch up with all her latest news.

6
Read the scenario below, then write to a French friend, telling her how you met your partner.

You met Mark/Anna on a skiing holiday in Austria almost a year ago. You were both in the beginner's class at ski school. On the second day, you fell and Mark/Anna helped you back on your feet (*se relever*). You had dinner together that evening and were inseparable for the rest of the holiday. When you came home, you phoned each other every day and saw each other every weekend. You decided not to get married, but you've been living together for the past six months.

Découverte
• Le mariage, les enfants et les relations familiales

Les enfants

1

In your opinion, are the following statements true or false?

1 Le nombre d'enfants uniques augmente dans la société.
2 Les enfants uniques deviennent souvent parents de familles nombreuses.
3 Les enfants uniques souffrent d'un désavantage scolaire.

Now read the item below to find out whether your opinion was correct.

L'enfant unique ou la famille nombreuse?

AU COURS DES ANNÉES 60, un enfant sur treize ou quatorze était unique; c'est le cas d'un sur dix aujourd'hui. Ce choix est en partie lié à un comportement d'imitation. Les enfants uniques deviennent plus fréquemment des parents d'enfants uniques. Ils ont un niveau d'études plus élevé, obtiennent des diplômes supérieurs à ceux des enfants de familles nombreuses, quel que soit le milieu social.

(Source: Francoscopie 1995)

2

Read the following passage.

La fécondité héréditaire

On constate que les familles nombreuses ont tendance à se reproduire. Plus une femme a de frères et sœurs, plus ses chances d'avoir une famille nombreuse sont élevées. Une femme issue d'une famille de cinq enfants et plus en milieu ouvrier a en moyenne un enfant de plus qu'une fille unique issue d'une catégorie moyenne. Le rang de naissance de la mère a aussi une influence sur le nombre de ses enfants: l'aînée d'une famille très nombreuse a en général plus d'enfants que ses sœurs.

(Source: Francoscopie 1993)

Which of the following would lead to an increased likelihood of a mother having many children of her own?

1 si les parents de la mère sont des ouvriers
2 si la mère est la plus jeune de sa famille
3 si la mère a quatre frères et sœurs ou plus

3

Read the opinion poll below, carried out for the French magazine *Bonne Soirée* between 11th and 17th March 1993.

La relation mère-fille

Q.1: 'Je vais vous lire une liste de phrases qui peuvent décrire les relations entre une mère et sa fille. Pour chacune de ces phrases, je souhaiterais que vous me disiez si elle correspond bien ou mal à la relation que vous avez avec votre mère/ votre fille.'

	Filles	Mères
'Ma mère/ma fille et moi ne sommes pas sur la même longueur d'ondes; nous voyons les choses très différemment.'		
Correspond bien	52%	53%
Correspond mal	48%	46%
Sans réponse	2%	1%
'Nous sommes de vraies amies, des confidentes, des complices.'		
Correspond bien	65%	89%
Correspond mal	34%	11%
Sans réponse	1%	0%

	Filles	Mères
'Ma mère/ma fille et moi partageons les mêmes valeurs.'		
Correspond bien	69%	87%
Correspond mal	31%	12%
Sans réponse	0%	1%

Q.2: 'Avez-vous le sentiment d'avoir hérité de votre mère les qualités suivantes/de les avoir transmises à votre fille?'

	Filles	Mères
L'honnêteté	95%	98%
Le respect des autres	90%	98%
Les bonnes manières	88%	92%
Le goût du travail	84%	92%
Le sens de la famille	83%	93%
Les croyances religieuses	42%	47%
L'humour	41%	72%

(Source: L'Etat de l'Opinion 1994, SOFRES)

When you've read the opinion poll, work out the French for these words and phrases.
1 to be on the same wave length
2 to share the same values
3 honesty
4 good manners
5 a liking for work
6 family values
7 religious beliefs

4 Which of these sentences are correct?
1 La relation mère-fille est une relation difficile et compliquée pour près de la moitié des filles et des mères.
2 Malgré ces difficultés, filles et mères se sentent amies dans l'ensemble.
3 Les filles ont l'impression qu'elles ont surtout hérité de leur mère leur sens de l'humour.
4 Les mères trouvent surtout difficile de transmettre leurs croyances religieuses à leurs filles.

5 Read the article opposite about young couples who live with their parents.

vif/vive	lively
désormais	from now on
tarder à (faire ...)	to take more time (doing...)
le frigidaire	the fridge
les corvées ménagères	household chores
une femme de ménage	a cleaner
se débarrasser	to get rid of

Are the following statements true or false?
1 Bérénice and Christophe are forced to live with her parents for economic reasons.
2 More and more young people stay living with their parents.
3 Many prefer their freedom to the material advantages of living at home.
4 Parents also enjoy having a young couple living under their roof.
5 Bérénice's father would like a quiet house.

On est bien chez papa-maman!

Ils ont vingt ans ou plus. Ils sont mariés ou non. Ils ont parfois des enfants. Et ils habitent chez papa-maman. Pour des raisons économiques souvent, mais aussi pratiques et affectives...

Journalistes, Bérénice, vingt-huit ans, et Christophe, trente ans, habitent depuis six ans chez les parents de cette jeune fille intelligente et vive. C'est par envie, et non par contrainte, que ce jeune couple, qui gagne désormais correctement sa vie, reste dans cette maison, agréable avec son jardin et ouverte aux amis...

Une chose est sûre: les jeunes tardent de plus en plus à quitter leurs parents. En 1990, 65% des garçons et 47% des filles de vingt à vingt-quatre ans vivaient encore chez eux, contre respectivement 60% et 38% en 1982.

Etudiants ou salariés, les jeunes trouvent dans la vie à deux chez papa-maman des avantages matériels qui leur font prendre leur mal d'émancipation en patience.

'C'est facile et très pratique, estime Delphine, étudiante à Brest. Nous n'avons pas besoin de faire les courses et le frigidaire est toujours plein.' Bérénice imagine mal déménager et assumer les corvées ménagères qui, chez eux, reviennent à une femme de ménage.

Cependant, les jeunes ne sont pas les seuls en cause. Leur parents ont leur part de responsabilité. Le papa de Bérénice a beau dire en plaisantant qu'il 'n'arrive pas à se débarrasser' du jeune couple qui occupe le dernier étage de sa villa, il ne cache pas le bonheur que lui procure une maison vivante et joyeuse.

(Source: La Vie, 22 juin 1995)

6 Read the article again and find the French phrases meaning:
1 by choice, not by force
2 earn a reasonable living
3 the household chores
4 implicated/to blame
5 says in vain

Le mariage

During your holidays you bought a magazine containing some lonely hearts ads. You are intrigued and want to decipher some of these *annonces matrimoniales*.

souhaiter	*to wish*
soigné	*well-groomed*
cadre	*executive*
sensible	*sensitive*
drôle	*good sense of humour*
informaticien	*computer scientist*

ANNONCES MATRIMONIALES

3425 – Commerçante, 44 a., div., deux enfants, moderne, féminine, douce, réservée, très bon caractère, gaie, sentimentale, spontanée, bonne éducation. Souhaite rencontrer Monsieur 45/55 ans, gentil, gai, soigné, qualité cœur, situation stable, pour douce vie à deux.

3426 – Cadre, 50 ans, veuf, non fumeur, sensible, aimant nature, voyages, cinéma. Cherche jeune femme belle, raffinée, fantaisiste, drôle, pour amour serein durable.

3427 – Informaticien, 55 ans, cél., 1m 80, bel homme, réservé, charmant, attentionné, affectueux, sérieux, sociable, cultivé. Souhaite rencontrer dame 40/50 ans, féminine, naturelle, même affinités, enfants acceptés, pour union sincère et heureuse.

1 Read the ads, then write out the following details of each one in English: sex, age, profession, marital status and attributes of each advertiser and the profile of the partner being sought.

2 You decide to place an ad in a French paper to find a partner. Describe your qualities (and faults) as accurately as possible and mention your hobbies.

Husbands, wives and weddings

To introduce your husband, you can say *'Je vous présente mon mari/mon conjoint/mon époux'* and to introduce your wife: *'Je vous présente ma femme/ma conjointe/mon épouse'.*

Epouser is 'to marry' someone and *se marier* 'to get married'.

Les noces is often used to translate 'wedding'. Here are the different steps involved before and after the actual wedding day:

la demande en mariage	the marriage proposal
se fiancer	to get engaged
les fiançailles	the engagement
une bague de fiançailles	an engagement ring
enterrer sa vie de garçon	to have a stag party
une alliance	a wedding ring
la cérémonie du mariage	the wedding ceremony
le témoin	the best man
la demoiselle d'honneur	the bridesmaid
le repas de noces	the wedding reception
les cadeaux de mariage	wedding presents
la lune de miel/le voyage de noces	the honeymoon
l'anniversaire de mariage	the wedding anniversary
les noces d'argent/ d'or	silver/golden wedding anniversary...

Saviez-vous que...?

- Il naît chaque année environ 105 garçons pour 100 filles.
- La période de plus forte natalité se situe entre mai et juillet.
- La procréation médicalement assistée est à l'origine de 25 000 naissances par fécondation in vitro depuis 1982.
- 80% des médecins souhaitent l'instauration d'une limite d'âge pour la procréation médicalement assistée.

- Dans 66% des cas, c'est la femme qui gère l'argent du couple.
- Le nombre des femmes battues est estimé à 2 millions.
- 31% des hommes ont offert un cadeau à leur amie ou compagne pour la Saint-Valentin; la moitié d'entre eux ont acheté des fleurs ou des plantes.
- Au cours des cinq dernières années, une personne âgée sur trois a donné ou prêté de l'argent à ses descendants.

(Source: Francoscopie 1995)

3 You've been a friend of Jean-Pierre Forestier for years. You receive an official invitation to his daughter's wedding (*un faire-part de mariage*).

Monsieur et Madame Michel Duroy
Monsieur Jean-Pierre Forestier

sont heureux de vous faire part du mariage de
leurs enfants

JULIEN ET SABINE

qui aura lieu le samedi 30 septembre
à 10 heures
à la mairie de Nanterre.

Une messe sera célébrée à
la cathédrale Sainte-Geneviève,
28 rue de l'Eglise, Nanterre, à 11h30.

La cérémonie sera suivie d'un déjeuner à
l'hôtel-restaurant Le Coin Tranquille,
8-10 rue du docteur Foucault, Nanterre,
à 13h30.

Vous êtes cordialement invité à vous
joindre à nous.

RSVP

Write a reply to Jean-Pierre's invitation in French and include the following points.

Mon cher Jean-Pierre,
- Thank him for the invitation.
- You are very happy for Sabine. You met Julien last year and you are certain that they will be very happy together.
- You will be very pleased to be present at the wedding. Unfortunately, you will miss the official wedding at the *mairie* at 10 o'clock. You will go straight to the church and will be very pleased to stay for the wedding reception.
- Ask about a present. Is there a wedding list (*une liste de mariage*)?

En attendant le plaisir de te revoir lors de cette heureuse occasion,

Amicalement,

You will find a model answer at the back of the book.

Profil

Mme Yvonne Tridon is 89. She remembers life as it was for women and young couples when she was in her twenties.

une religieuse	*a nun*
un(e) esclave	*a slave*
le goûter	*mid-afternoon snack*
embrasser	*to kiss*
les mœurs	*customs*
d'un côté, ...	*on one hand, ...*
de l'autre	*on the other*
tutoyer	*to address someone as 'tu'*
une petite-nièce	*great-niece*
faire sa cour	*to court*
un chaperon	*a chaperone*

1 ((o))
Listen to the interview with Mme Tridon, then listen again to the first part and complete these sentences.
1 Avant l'âge de 18 ans, les filles ne ...... pas.
2 Elles étaient ...... de leurs parents.
3 Le ......, elles allaient jouer chez des amies.
4 Si les amies avaient des frères, les filles .... avec les garçons.
5 Elles ne voyaient les garçons que pour ....
6 Il y avait un ...... spécial pour les filles et pour les garçons.
7 C'était un scandale si une fille ...... un garçon.

2 ((o))
Listen again to the second part of the interview and tick the statements which represent exactly what Mme Tridon says.
1 Elle pense que la liberté a un peu tué l'amour.
2 Yvonne tutoyait ses camarades de classe.
3 Auparavant, il y avait un mur entre les filles et les garçons.
4 Avant, quand un jeune homme faisait sa cour, il y avait toujours un chaperon.
5 Même quand on était fiancé, on avait peu d'indépendance.

Echange
• Demander des renseignments

Une carte d'abonnement pour personnes âgées

INFO LANGUE

- **ASKING FOR INFORMATION**

- To attract someone's attention:

| Excusez-moi de | vous déranger | *Sorry to* |
| Je m'excuse de | | *disturb you* |

or simply:

| Madame/Monsieur, s'il vous plaît... |

- To ask for information:

| Je voudrais un renseignement |
| Vous pouvez me renseigner sur ...? |
| Je voudrais savoir ... |
| Pouvez-vous me dire ...? |

1 ((o))

Listen to a pensioner asking at a bus station if she and her husband can get a bus pass (*une carte d'abonnement*). Listen again if necessary to find out if the different age groups below pay full fare (*plein tarif*), half fare (*demi-tarif*) or are entitled to travel free (*transport gratuit*).

1 de 0 à 6 ans
2 de 6 à 10 ans
3 de 10 à 60 ans
4 plus de 60 ans

2

Answer these questions in English.

1 How old is the lady asking for information?
2 How old is her husband?
3 Are they entitled to half fare all day?
4 What kind of document must they produce to prove their age?
5 How old is their grandson?
6 Does he get any concessions on the bus?

3 ((o)) Jeu de rôle

You need to get some information at the bus station. Speak to the employee at the information desk.

Trouver un numéro de téléphone

((o)) Caroline Moreau is planning to visit an old schoolfriend, Isabelle Morisset. She knows that Isabelle lives near Vichy, but she doesn't know her number nor the exact name of the village, so she goes to the post office to use the minitel directory enquiries service. Listen as she uses the minitel to look for Isabelle's number.

brancher	*to switch on*
la sonnerie	*telephone ringing*
envoyer	*to enter*

CULTUROSCOPE

Qu'est-ce qu'un minitel?

C'est un petit ordinateur que les Français peuvent avoir chez eux gratuitement ou que vous trouvez dans tous les bureaux de poste. Avec le minitel, vous pouvez interroger d'autres ordinateurs et obtenir toutes sortes de renseignement: horaires des trains, ventes et achats de logements, achats par correspondance, recherche d'un emploi, et même nouvelles rencontres. Le minitel est aussi utilisé comme annuaire électronique (*electronic telephone directory*).

1 ((o))

Listen again if necessary, then put the different steps involved in finding the number in the right order.

1 taper (*type*) 'correction' si on fait une erreur
2 taper le nom que l'on recherche
3 brancher le minitel
4 composer (*dial*) le 11 au téléphone
5 taper le nom de la localité
6 taper 'connexion fin'
7 taper 'envoi'
8 attendre la sonnerie

2 Now answer these questions.

1 What is Caroline looking for exactly?
2 When she's asked to type something under *activité*, why doesn't she do it?
3 Why does she go wrong at her first attempt?
4 What does she try to do at her second attempt?
5 What is Isabelle's phone number?

INFO LANGUE

- **USING THE TELEPHONE**

- Telephone numbers are usually grouped in pairs: 70.59.48.06.

- When giving your phone number, don't forget the article:

  | Mon numéro de téléphone, c'est **le** 45.80.78.44 |

- You can use both *téléphoner à* and *appeler* for 'to phone':

  | J'ai **téléphoné à** | mon père |
  | J'ai **appelé** | ma mère |

- Some useful words and expressions for using the telephone:

décrocher	to pick up the phone
raccrocher	to put the phone down
composer	to dial
la ligne est occupée	the number's engaged
ne quittez pas	hold on please
vous voulez laisser vos coordonnées?	do you want to leave your name and phone number?

3 ((o))

Listen to the phone numbers on tape. The person who wrote them down wasn't able to get all the digits. Can you do it in one attempt? When you've got all the digits, practise giving out the numbers by saying them out loud.

1 98 ...... 23 ......
2 ...... 53 07
3 19 44 .... 41 80
4 16 1 .... 91 07
5 00 33 ...... 35 42

4 ((o))

Listen to the tape to revise the alphabet. Repeat it until you're familiar with it, then spell the names of these people and places. You'll find the correct pronunciation on the tape.

| Morisset | Busset | Vichy |
| Langres | Joubert | Waterloo |

CULTUROSCOPE

Téléphoner en France

Vous êtes en France et vous voulez téléphoner. Que faites-vous?
- Si vous téléphonez dans le même département:
  – composez le numéro
- Si vous appelez un numéro à Paris ou en Ile-de-France:
  – composez le 16 – 1 puis le numéro
- Si vous êtes à Paris ou en Ile-de-France et vous voulez téléphoner en province:
  – composez le 16 – puis le numéro
- Si vous voulez téléphoner à l'étranger:
  – composez le 19 – l'indicatif du pays
  – l'indicatif local – le numéro

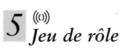

5 ((o))
Jeu de rôle

You're in a post office in France and you want to call a number in Frankfurt, but unfortunately, you've lost the number. Speak to the employee.

La Nouvelle-Calédonie

Nous nous dirigeons maintenant vers le Pacifique, plus particulièrement vers la Nouvelle-Calédonie, l'une de ces anciennes colonies devenue territoire d'outre-mer (TOM) en 1946 dont nous avons parlé dans l'Unité 5.

Que savez-vous sur la Nouvelle-Calédonie?

1 Quel est le nom du grand navigateur anglais qui fit de nombreuses expéditions dans le Pacifique au XVIIIe siècle?

2 Quel nom donne-t-on aux habitants d'origine du sud-ouest du Pacifique?

3 Quelle est la richesse principale de la Nouvelle-Calédonie?

Check your answers by reading what follows.

s'affronter	*to clash*
un accord	*an agreement*
geler	*to freeze*
l'élevage	*livestock farming*
un bagnard	*a convict*
un troupeau	*a herd*
l'argot	*slang*
une tribu	*a tribe*
un caillou	*a rock*

CARTE D'IDENTITE DE LA NOUVELLE-CALEDONIE

- **Géographie:** La Nouvelle-Calédonie comprend une île principale, Grande Terre, les îles de la Loyauté (Ouvéa, Lifou et Maré) et l'île des Pins. Elle est située à 1 500 kilomètres à l'est de l'Australie. La ville principale est Nouméa.

- **Superficie:** 18 575 km²

- **Population:** Elle était de 174 000 habitants en 1992 dont 33,6% d'origine européenne, les Caldoches, et 44,8% de Mélanésiens, les Canaques (ou Kanak). Autres groupes représentés: les Vietnamiens, Wallisiens, Indonésiens, Tahitiens...

- **Densité de la population:** 8,8 habitants par km²

- **Langues:** Le français est la langue officielle mais on parle aussi vingt-huit dialectes différents dans les tribus canaques. L'anglais, langue des premiers arrivants européens et de l'Australie assez proche, y est bien compris.

- **Situation politique:** La Nouvelle-Calédonie est un TOM. Pour combien de temps encore? Deux partis s'affrontent, le parti kanak anti-français, le FNLKS, (Front de libération nationale kanak socialiste), qui veut l'indépendance du pays, et le parti pro-français, le RPCR, (Rassemblement pour la Calédonie dans la République). A la suite d'une crise grave entre pro- et anti-indépendantistes en 1984, un accord a été signé et approuvé en 1988. Il gèle pour dix ans la demande d'indépendance mais permet d'y préparer la voie. Les habitants seront de nouveau consultés par référendum en 1998.

- **Ressources principales**
  - Agriculture: seulement 2% des ressources du pays. La terre est depuis toujours au centre du conflit entre Européens et Mélanésiens. Une réforme en cours veut restituer aux Mélanésiens des terres exploitées par les colons. L'élevage est l'activité principale des colons.
  - 3e rang mondial pour le nickel, ressource principale du pays
  - Tourisme: en progression avec 80 000 visiteurs en 1993 (Japonais, Australiens et Français).

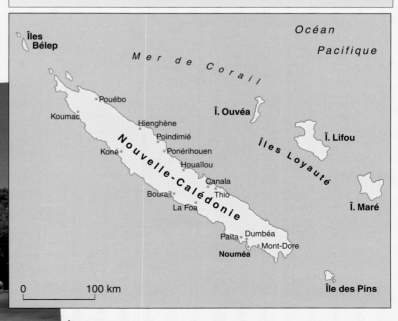

Île des Pins

Quelques dates

1774 Le capitaine Cook découvre la Grande Terre lors de son deuxième voyage dans le Pacifique. Elle est alors peuplée d'environ 50 000 Mélanésiens vivant en tribus, dont certaines pratiquent le cannibalisme.

1853 La Nouvelle-Calédonie fait officiellement partie de la France. On y découvre le nickel dix ans plus tard.

1864 La France suit l'exemple de la Grande-Bretagne en Australie et envoie des bagnards en Nouvelle-Calédonie.

1878 Insurrection mélanésienne contre l'invasion des terres par les troupeaux des colons français.

2 Tick the true statements and correct any that are false.

1 De nombreux Caldoches sont des descendants de bagnards.
2 Les Kanak pratiquent surtout l'élevage des troupeaux sur leurs terres.
3 Le nickel est une source de richesse très importante pour la Nouvelle-Calédonie.
4 Il y aura un référendum sur l'indépendance de la Nouvelle-Calédonie en 2008.
5 Le FNLKS voudrait l'indépendance de la Nouvelle-Calédonie.

Le français en Nouvelle-Calédonie

A la différence des DOM de langue créole où le nouvel arrivant a parfois des problèmes pour comprendre la langue, la Nouvelle-Calédonie a adopté un français assez classique avec quelques mots d'argot calédonien comme:

une bouteille carrée	une bouteille de whisky
s'encanaquer	se dit d'un blanc qui suit un mode de vie canaque
un Zoreille	un Français de métropole (mot qu'on retrouve aussi dans les autres îles de l'océan Pacifique et de l'océan Indien).

Du fait de la proximité de l'Australie et de l'origine du premier peuplement blanc, on y retrouve aussi beaucoup de franglais:

looker	regarder
benzine	essence
store	magasin

Les Calédoniens ne se disent pas 'au revoir' mais 'tata'.

Paradoxalement, c'est le français qui a permis une prise de conscience de l'existence d'un peuple Kanak en donnant une unité aux tribus Kanak. Elles sont en effet divisées par leurs langues et dialectes, qui sont souvent incompréhensibles d'une vallée à l'autre.

Saviez-vous que...?

- La Nouvelle-Calédonie a été surnommée 'le Caillou' par les Calédoniens: 13% des terres seulement sont cultivables.
- Le nom 'Kanak' vient d'un mot polynésien qui signifie 'homme'.
- Le nickel est un métal de couleur verte. La Nouvelle-Calédonie possède 20% des réserves de nickel de la planète.
- C'est le capitaine James Cook qui a choisi le nom Nouvelle-Calédonie, en souvenir de l'Ecosse.
- Le cricket a été introduit en Nouvelle-Calédonie par les missionnaires anglais et ce sont les femmes Kanak qui y jouent avec le plus d'enthousiasme.
- A la fin du XIXe siècle, plus de la moitié de la population blanche calédonienne était d'origine criminelle.

Une danse calédonienne

POINTS DE REPERE

At the end of this Unit, can you...

❑ talk about the family and different generations?

❑ talk about friendship, love and personal relationships?

❑ ask for advice on obtaining a bus pass?

❑ use the directory enquiry facility on minitel?

❑ use the telephone system in France?

❑ use the imperfect tense and reflexive verbs in a range of settings?

Transports et voyages

In this unit you will practise:

- Talking about different ways of travelling
- Asking about times and timetables
- Making a reservation
- Trying to change a reservation
- Asking for directions on the underground or tram system

A l'écoute

• Voyager en avion et en Eurostar

INFO LANGUE

- **TRANSPORT AND TRAVELLING**
- To refer to different means of transport:

les transports ferroviaires	*rail transport*
les transports aériens	*air transport*
les transports maritimes	*sea transport*
les transports routiers	*road transport*

- To say how you travelled:

J'ai pris le TGV/le ferry/le Shuttle/le bateau/ l'avion

- To say how you got there, use *en* or *à* + means of transport:

Je suis venu **en** voiture/taxi/bateau/ avion/train/camion/moto/Eurostar
Je suis venu **à** pied/cheval

But to say someone took a particular train or boat:

Il est parti **par** le train de 10h

1 ((o))
Now switch on your tape to practise using these and similar phrases.

2
Look at the four categories below and decide which means of transport belongs in which category.
1 transports ferroviaires
2 transports aériens
3 transports maritimes
4 transports routiers

a	le métro	b	le bus
c	le taxi	d	le TGV
e	l'avion	f	la voiture
g	le vélo	h	le train
i	l'hélicoptère	j	le bateau
k	le camion	l	le ferry
m	le poids lourd	n	le tramway
o	le bac		

INFO LANGUE

- **ON TIME/IN TIME**
- Use *à l'heure* for 'on time':

> Il est très important d'arriver **à l'heure**

and *à temps* for 'in time':

Les secours ne sont pas arrivés **à temps**	The emergency services didn't arrive **in time**
Tu es venu **juste à temps**	You got here **just in time**

- To say 'early', or 'late' in relation to an appointed time:

arriver	**en avance**	to arrive **early**
	en retard	to arrive **late**

but to say 'at a late/early hour':

arriver	**tôt**	to arrive **early**
	tard	to arrive **late**

INFO LANGUE

- **FAIRE FAIRE**
- To talk about making something happen or getting someone to do something, use *faire* followed by another verb in the infinitive:

Ça me **fait sourire**	It **makes** me **smile**
C'est la chose la plus difficile **à faire respecter**	It's the most difficult thing **to get people to understand**

Some other examples:

Je dois faire réparer ma voiture	I must get my car repaired
Est-ce que je me fais comprendre?	Do I make myself understood?
Nous avons fait construire une maison	We've had a house built
Tu vas te faire écraser	You'll get yourself run over

3

How would you say these sentences in French?
1 The fire brigade (*les pompiers*) arrived just in time.
2 The children came back late in the night.
3 I'm very sorry (*désolé*) to be late.
4 We have to get up early tomorrow morning.
5 The English are never on time.
6 Passengers who arrive late will have to wait for the next train.

4

How would you say these sentences in French?
1 It makes me laugh.
2 She can't make herself heard. (use *entendre*)
3 They made us wait.
4 He's going to get his reservation changed.
5 Have you had our luggage checked in? (use *enregistrer*)

5 ((•))
Jeu de rôle

You arrive at the Eurostar terminal in Paris at 5.45 p.m. in order to catch the 6.00 p.m. train to London. You go to the reception desk to check in and speak to the receptionist.

8

Les objets trouvés

((•)) Listen to Sylvie Mathieu talking about some of the things that passengers leave on the Eurostar trains.

oublier	*to leave behind*
le manteau	*overcoat*
la console de jeu	*video game console*
le caméscope	*camcorder*
récupérer	*to retrieve/get back*
les objets trouvés	*lost property*
forcément	*for sure/inevitably*
un cahier de rapport	*a log book*
s'adresser	*to enquire*

1 ((•))
a Look at this list of lost property and check that you know what each item means.
1 un parapluie
2 un manteau
3 un appareil photo
4 un chapeau
5 des gants
6 un caméscope
7 un carnet d'adresses
8 une radio
9 des chaussettes
10 un sac à main
11 une valise
12 un jouet
13 un roman policier
14 un portefeuille
15 un trousseau de clés
16 une machine à écrire

b Now listen to Sylvie again and tick all the items you hear her mention.

2 ((•))
a Listen again and decide which of these sentences are true.
1 Selon Sylvie Mathieu, on oublie des choses surprenantes dans l'Eurostar.
2 Parfois, les parents oublient leurs enfants.
3 On emmène toutes les choses oubliées au bureau des objets trouvés.
4 Pour récupérer les objets trouvés, il faut écrire à Sylvie Mathieu.
5 Le bureau des objets trouvés se situe au terminal Eurostar.
6 Tous les objets trouvés dans le train sont notés sur un cahier.
7 Les voyageurs anglais téléphonent souvent à Sylvie de la gare de Waterloo.

b Now correct any statements that weren't true.

INFO LANGUE

• DANS AND IN
The French *dans* is more precise than the English 'in' and usually means 'within' or 'inside' a place or time:

On oublie sa valise **dans le train**	People leave their cases **in the train**
Les passagers sont **dans la gare**	The passengers are **in the station**
Il veut partir dans **l'après-midi**	He wants to leave **in (the course of) the afternoon**
Il rentre **dans un mois**	He's coming back **in a month**

Other ways of saying 'in' include:

en France	**in** France
en avril	**in** April
à Bruxelles	**in** Brussels
pendant la nuit	**in** the night
sur le cahier de rapport	**in** the log book

3 Use the appropriate word for 'in' to complete these sentences.
1 J'ai oublié ma valise ...... le taxi.
2 ...... hiver, il fait froid.
3 Mon passeport est ...... ma valise.
4 Elle est née ...... 1969.
5 L'année prochaine, je vais travailler ...... Italie.
6 La gare du Nord est ...... Paris.
7 J'ai lu l'annonce ...... le journal.
8 Il a laissé son manteau ...... la chambre.

4 ((o)) *Jeu de rôle*

You've left your suitcase on the train, so you go back to the station lost property office (*bureau des objets trouvés*) to see if it's been handed in.

Saviez-vous que...?

- Le mot anglais *journey* dérive du français 'journée'. C'était la distance qu'on pouvait parcourir à pied en une journée.
- En 1994, les modèles diesel représentaient 23% du parc français des voitures particulières, contre 1% en 1970.
- L'aviateur et constructeur français, Louis Blériot, a réalisé la première traversée de la Manche à bord d'un monoplan en 1909.
- Le premier chantier d'un tunnel sous la Manche a commencé en 1880, mais s'est arrêté après le premier kilomètre.
- Les frères Edouard et André Michelin ont breveté le premier pneu démontable gonflé d'air en 1895.
- De 1910 à 1913, André Michelin a publié les premières cartes routières de la France, sous forme de 47 feuilles à l'échelle 1/200 000 (1 cm pour 2 km).
- Le premier TGV est entré en service en 1981 et c'est un TGV français qui détient le record mondial de vitesse sur rail – 333 km à l'heure (1994).
- La grande épreuve cycliste, le Tour de France, date de 1903. Aujourd'hui, plus de Français suivent le déroulement du Tour que tout autre événement sportif.

Profil

((o)) Jean-Pierre Alvin is in charge of the commercial side of the STIB, the integrated public transport system in Brussels. Listen to our interviewer asking him about various aspects of the system.

le sigle	*acronym/abbreviation*
la seule société exploitante	*the only company operating*
l'usager	*user*
les transports en commun	*public transport*
confondus	*taken together*
le créneau	*market*
la cible	*target*
un titre valable	*a valid ticket*
mener une politique	*to follow a policy*
la récidive	*re-offending*
un abonnement	*a season ticket*

1

When you've listened to what Jean-Pierre has to say, answer these questions:

1 How long is a bus/tram/metro ticket valid for?
2 How many journeys may you make if you buy a travel card?
3 Is the number of passengers using public transport on the increase or on the decrease?
4 Which group is singled out as making the most use of public transport in Brussels?
5 What is the attitude of the authorities to fare-dodgers?

2 ((o))

Listen to M. Alvin again. You'll hear him mentioning the following figures. What does each one refer to?

1 310 francs belges
2 650 000 personnes
3 210 millions
4 35%
5 65 à 68%
6 6 à 7%
7 2 500 francs belges
8 6 500 francs belges
9 13 000 francs belges

Découverte
• La route et le Shuttle

Les responsabilités du conducteur

If you're a foreigner driving in France, you should always carry with you a full driving licence, your vehicle registration document and evidence of insurance cover. Opposite is a description of the papers that all French drivers are required, by law, to carry with them.

1 Can you match these French words with their English equivalent?

1 le conducteur
2 à jour
3 ainsi que
4 le certificat d'assurance
5 le pare-brise
6 un reçu
7 autocollant
8 le permis de conduire
9 être en mesure de
10 lors d'un contrôle éventuel
11 une amende
12 dans un délai de 5 jours

a to be in a position to
b the windscreen
c the insurance certificate
d a fine
e the driving licence
f the driver
g within five days
h a receipt
i up-to-date
j self-adhesive
k in case you're stopped by the police
l as well as

Now read the passage.

la carte grise	*vehicle log book*
le numéro d'immatriculation	*registration number*
collé	*stuck*
la vignette	*road tax disc*
de plus	*furthermore*
les pièces manquantes	*the missing items*

LES PAPIERS DU VÉHICULE ET DU CONDUCTEUR

☞ **la carte grise** permet d'identifier le véhicule et son propriétaire. Elle doit être parfaitement à jour, notamment en ce qui concerne le numéro d'immatriculation du véhicule, ainsi que le nom et l'adresse du propriétaire.

☞ **le certificat d'assurance** prouve que le véhicule est légalement assuré. Il doit être collé sur le bord intérieur droit du pare-brise.

☞ **la vignette** se compose de deux éléments: un reçu que l'on conserve avec les autres papiers et une vignette autocollante à placer à côté du certificat d'assurance sur le pare-brise.

☞ **le permis de conduire** indique le ou les catégories de permis que possède le conducteur.

Lorsque vous circulez en voiture, vous devez être en mesure de présenter l'original de tous ces papiers (permis de conduire, carte grise, assurance, vignette) lors d'un contrôle éventuel. S'il vous manque un ou plusieurs papiers vous risquez une amende forfaitaire et de plus vous devrez présenter la ou les pièces manquantes à la gendarmerie dans un délai de 5 jours.

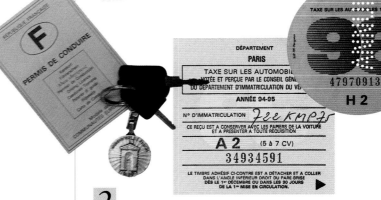

2 Can you answer these questions?

1 Qu'est-ce qui doit être complètement à jour sur la carte grise?
2 Où faut-il coller le certificat d'assurance?
3 Qu'est-ce qu'il faut mettre à côté du certificat d'assurance?
4 Qu'est-ce qui est indiqué sur le permis de conduire?
5 Si vous êtes contrôlé(e), quels papiers devez-vous être en mesure de présenter?
6 Qu'est-ce qui se passe si on vous contrôle et il vous manque un ou plusieurs de ces papiers?

When driving in France, you need to be aware of the rules governing the right of way (*la priorité*) at road junctions.

3 See if you can match these words and phrases to their nearest equivalent, then look at the road signs and read their explanation below.

1 un panneau
2 céder le passage
3 une priorité ponctuelle
4 à allure réduite
5 la chaussée est libre
6 marquer un temps d'arrêt complet
7 respecter un temps d'arrêt
8 circuler

a plus lentement
b s'arrêter complètement
c un signal
d il n'y a pas de véhicules en vue
e laisser passer avant vous
f pour la prochaine intersection seulement
g s'arrêter
h rouler

4 a When you've understood what each sign means complete these sentences with the appropriate word from the list.
1 Quand vous rencontrez ce ......, il faut laisser passer les véhicules venant de droite.
2 La route où vous circulez a la priorité et à chaque intersection, les ...... qui circulent sur les autres routes doivent s'arrêter pour vous ...... de passer avant eux.
3 Arrêtez-vous complètement avant de traverser ....
4 Ralentissez et faites attention à la prochaine intersection. S'il n'y a pas de ......, vous pouvez passer sans vous ...... complètement.
5 Vous avez ...... de passer avant les véhicules venant de droite, mais seulement à la prochaine intersection.
6 Au prochain ......, vous cessez d'avoir priorité.

arrêter   la chaussée   conducteurs
panneau   permettre   carrefour   le droit
véhicules

b Decide which of the above sentences relates to which sign.

La priorité

▶ **la priorité à droite**
Ce signal indique que vous devez céder le passage à droite. Les conducteurs circulant sur les autres routes rencontrent le même panneau, et sont soumis à la même règle.

▶ **la priorité ponctuelle**
Quand vous rencontrez ce panneau, vous bénéficiez d'une priorité ponctuelle, c'est-à-dire qui s'applique uniquement pour la prochaine intersection. Les véhicules qui arrivent à la prochaine intersection doivent vous céder le passage.

150 m

▶ **les 'cédez le passage'**
Vous devez céder le passage aux véhicules venant de gauche comme de droite. Si la chaussée est libre et ne présente aucun danger, vous pouvez traverser l'intersection à allure réduite sans marquer un temps d'arrêt complet.

▶ **le stop**
Un temps d'arrêt est obligatoire. Vous devez céder le passage à droite et à gauche. Même si aucun véhicule n'arrive sur la route abordée, vous devez respecter ce temps d'arrêt.

▶ **le caractère prioritaire**
Quand vous circulez sur une telle route, on doit vous céder le passage à chaque intersection.

▶ **la fin du caractère prioritaire**
Ce panneau annonce la fin du caractère prioritaire au prochain carrefour rencontré.

Read this news item about a lost child.

L'enfant oublié

HIER MATIN un couple de touristes alsaciens circule sur l'autoroute A36 en direction de Mulhouse. Le mari roule à bord d'une voiture, son épouse suit dans un second véhicule. Leur petit garçon de sept ans est du voyage. Arrivés à Dole dans le Jura, ils décident de faire une halte dans une station-service. Fatigué du voyage ou étaient-ils trop pressés? Quoi qu'il en soit, le couple reprend la route mais sans enfant. C'est avec stupeur et effarement que le garçon voit ses parents s'éloigner le laissant seul sur le parking.

Ne sachant pas trop quoi faire, il décide de les suivre à pied le long de l'autoroute. Un chauffeur routier, passant par là, prend l'enfant en charge et prévient aussitôt les gendarmes du peloton d'autoroute. Pendant ce temps, les parents un peu étourdis qui continuaient à rouler tranquillement, finissent par se rendre compte de l'absence de leur fils. Paniqués, ils alertent à leur tour les gendarmes. Heureux épilogue de cette histoire, c'est au péage de Besançon-Ouest que les retrouvailles ont lieu. On laisse éclater sa joie, on s'embrasse, et c'est soulagée que la famille, cette fois au grand complet, reprend la route.

5

Find the French equivalent for each of these words or expressions.
1 in a hurry
2 however it may be
3 astonishment and alarm
4 a lorry driver
5 the motorway police
6 distracted
7 the toll booth
8 the reunion
9 in its entirety

6

a Read the passage again and tick any statements that are true.
1 Les parents roulaient dans deux voitures différentes.
2 Ils ont décidé de faire une halte à Mulhouse.
3 Un chauffeur a découvert le garçon abandonné sur le parking.
4 Les gendarmes ont été alertés par les parents ainsi que par le chauffeur.
5 Le garçon a retrouvé ses parents dans une station-service près de Besançon.

b Now correct any statements that were untrue.

INFO LANGUE

• **PAST OR PRESENT?**
The story of the lost child is mostly told in the present tense. This is quite common in newspaper headlines and reports, historical descriptions etc. to add immediacy to the events.

> Louis XIV naît à St Germain-en-Laye en 1638 et meurt à Versailles en 1715.

7

How would you tell the story in the past tense? Rewrite the sentences below, putting the verb in brackets in the past. Remember to use the imperfect for descriptions or actions that were happening, and the perfect for actions that only happened once.
1 Hier matin un couple de touristes alsaciens ...... sur l'autoroute. (circuler)
2 Le mari ...... à bord d'une voiture, son épouse dans un second véhicule. (rouler/suivre)
3 Leur petit garçon ...... du voyage. (être)
4 Arrivés à Dole dans le Jura, ils ...... de faire une halte dans une station-service. (décider)
5 Fatigués ou trop pressés? Le couple ...... la route, mais sans enfant. (reprendre)
6 Effaré, le garçon ...... ses parents s'éloigner. (voir)

8

Below is a scrambled summary of events. Can you put the sentences in the right order?
1 Ils ont laissé le garçon seul sur le parking.
2 Les parents se sont rendus compte de l'absence de leur fils et eux aussi, ils ont prévenu les gendarmes.
3 La famille s'est retrouvée au péage de Besançon-Ouest.
4 Ils se sont arrêtés dans une station-service.
5 Le mari, sa femme et leur fils de sept ans circulaient sur l'autoroute. Ils étaient à bord deux voitures.
6 Stupéfait, le garçon a décidé de suivre ses parents à pied.
7 Le couple a repris la route – sans leur fils.
8 Un chauffeur routier a pris le garçon en charge et a prévenu les gendarmes.

Le tunnel sous la Manche

1

Read this extract from a leaflet about *Le Shuttle* and find the French equivalent of these words.

1 whatever the weather
2 if you wish
3 border controls
4 once and for all
5 duty free shopping
6 as easy as pie
7 all you need do is exit at junction...

la navette	shuttle
se restaurer	to take some refreshment
le réseau	network
il suffit de	you just have to

LE SHUTTLE

Avec Le Shuttle, la navette d'Eurotunnel, vous pouvez voyager en toute tranquillité quelle que soit la météo en mer, et sans aucune réservation. Vous partez quand vous le voulez!

Au péage, vous payez directement avec votre carte de crédit, en chèque ou en espèce. Ou bien vous pouvez, si vous le souhaitez, acheter votre billet à l'avance dans une agence de voyages.

Le passage des contrôles frontaliers français et britannique se fait une fois pour toutes au départ. Avant ces contrôles, vous pouvez faire un tour dans les boutiques du Terminal pour effectuer quelques achats hors taxes et vous restaurer. Puis vous embarquez votre voiture avec vos passagers. Et voilà! Simple comme bonjour, non?

COMMENT SE RENDRE AU SHUTTLE

Les terminaux Le Shuttle à Calais et Folkestone sont reliés aux réseaux autoroutiers européens. L'accès est facile et direct. En France il suffit de quitter l'A16 à la sortie 13 à proximité de Calais. En Angleterre il suffit de quitter la M20 à la sortie 11A près de Folkestone.

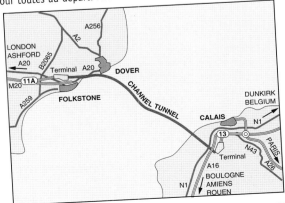

2

Below is a summary of the advantages of travelling by Shuttle. Without looking back at the text, see if you can fill in the blanks with the appropriate word.

1 On peut voyager ...... , quelle que soit la météo ...... , et sans ....
2 On peut ...... quand on veut.
3 Au ...... , on paie directement, ou si on ......, on peut ...... un billet à l'avance.
4 On passe les contrôles ...... français et britannique seulement ...... fois.
5 Avant ces contrôles on peut ...... hors taxes et prendre quelque chose ...... ou à manger.
6 Puis on ...... sa voiture avec .... C'est ...... comme bonjour.
7 L'...... au Shuttle est facile et direct ...... les terminaux à Calais et à Folkestone sont ...... aux ...... autoroutiers de l'Europe.

embarque   accès   acheter   réseaux
à boire   une   simple   partir
réservation   parce que   ses passagers
préfère   reliés   péage   en mer
tranquillement   frontaliers   faire des achats

3

Look at the instructions for parking on the Shuttle (*Consignes de stationnement*). Can you match the French instructions with their English equivalent?

Maintenez vos vitres baissées

Stoppez votre moteur

Serrez le frein à main

Engagez une vitesse

Ne gênez pas la circulation sur les trottoirs

Ne stationnez pas entre les véhicules

Ecoutez Radio le Shuttle

1 Tune in to Le Shuttle Radio.

2 Leave car in gear.

3 Keep walk-ways clear.

4 Apply handbrake.

5 Do not stand between cars.

6 Keep windows open.

7 Switch off the engine.

La Suisse

Du Pacifique, nous parcourons maintenant des milliers de kilomètres pour revenir en Europe, en Suisse plus précisément. La Suisse, officiellement la Confédération helvétique, est en effet l'un des membres les plus influents de la francophonie.

Parmi les objets suivants, lesquels associez-vous fortement avec la Suisse?
- une tablette de chocolat
- une montre
- le fromage avec des trous
- les montagnes
- les lacs
- les médicaments

En fait, tous ces objets font partie de l'image traditionnelle de la Suisse.

Que savez-vous sur la Suisse?

1 Combien de langues officielles y a-t-il en Suisse?
2 Connaissez-vous le nom d'une entreprise pharmaceutique suisse?
3 Avec quel sport associe-t-on le plus facilement la Suisse?
4 Que fait-on en Suisse quand il faut résoudre une question d'importance nationale?
5 Pour quelle activité les villes de Zurich, Bâle et Genève sont-elles célèbres?

Check your answers by reading what follows.

CARTE D'IDENTITE DE LA SUISSE

- **Géographie:** Les Alpes, au sud, couvrent 58,5% de la surface de la Suisse et le Jura au nord, 10%. Entre les deux, on trouve le plateau suisse. La capitale de la Suisse est Berne.

- **Superficie:** 41 300 km²

- **Population:** En 1992, il y avait en Suisse 6,9 millions de résidents permanents.

- **Densité de la population:** 167 habitants par km²

- **Les langues en Suisse:** Il y a quatre langues officielles en Suisse: l'allemand, le français, l'italien et le romanche. En 1990, l'allemand était parlé par 63,7% de la population, le français par 19,2%, l'italien par 7,6% et le romanche par 0,6%.

- **Situation politique:** La Suisse est une république fédérale formée de 26 cantons et demi-cantons. Chaque canton a un parlement et un gouvernement. La vie politique est donc essentiellement locale et cantonale. Le référendum est utilisé systématiquement pour régler les grandes questions d'intérêt national.

- **Ressources principales:** Sans ressources naturelles ni ouverture maritime, la Suisse est le pays le plus riche d'Europe.
  - Agriculture: un quart du pays seulement est cultivable. Elevage et production laitière permettent de fabriquer des fromages, comme le gruyère et l'emmenthal, et des chocolats célèbres. Groupes alimentaires: Nestlé, Jacobs-Suchard, Lindt etc.
  - Energie hydro-électrique, métallurgie, industrie chimique et pharmaceutique (Ceiba-Geigy, Hoffmann-La Roche, Sandoz), horlogerie (Swatch).
  - La stabilité et la neutralité de la Suisse ont entraîné l'expansion du secteur financier. Troisième centre bancaire du monde. Les principales banques sont à Zurich, Bâle et Genève.
  - Tourisme autour des lacs. Plus de six millions de visiteurs chaque année dans les stations de sports d'hiver.

2 Find the missing words to complete these sentences.

1 Ça fait ...... siècles que le quadrilinguisme existe en Suisse.
2 Les ...... groupes linguistiques ont les mêmes droits culturels.
3 A l'école, les étudiants doivent apprendre une ...... langue nationale.
4 On fait des efforts pour préserver ...... , langue celto-romaine parlée dans ....
5 Le français est la ...... langue nationale en Suisse.
6 La partie francophone de la Suisse s'appelle la Suisse ....

Quelques dates

Ve siècle: Le quadrilinguisme qui existe aujourd'hui se met en place.

1291: Fondation de la Confédération helvétique par l'alliance de trois cantons. Peu à peu, d'autres cantons les rejoignent.

1515: Après la défaite de Marignan, les Suisses cessent de prendre part à des conflits européens.

1647: La neutralité est pour la première fois officiellement déclarée dans la Constitution.

1859: Henri Dunand forme la Croix-Rouge. La Suisse commence son importante œuvre humanitaire.

La pluralité de la Suisse

Le nom officiel de la Suisse est donc Confédération helvétique et il s'agit bien en effet d'un pays n'ayant ni langue ni culture commune. On ne peut pas parler d'un peuple ou d'une nation suisse. La Suisse est une mosaïque de cantons où les quatre groupes linguistiques ont les mêmes droits culturels. Dans les écoles, l'apprentissage d'une seconde langue nationale est obligatoire.

Dans la pratique, le romanche, langue celto-romaine parlée dans les Grisons, n'est utilisé que par 50 000 personnes et est menacé de disparition malgré les efforts qui sont faits pour le préserver.

Le français est la seconde langue nationale en Suisse. Il est parlé en Suisse romande, dans l'ouest du pays, dans les cantons de Genève, du Jura, de Neuchâtel, de Vaud et dans certaines parties des cantons de Berne, de Fribourg et de Valais. A part quelques petites variations locales, on parle un français standard en Suisse.

Saviez-vous que...?

- La Suisse est souvent appelée 'le château d'eau de l'Europe' car c'est là que prennent naissance le Rhône et le Rhin.
- Il est impossible de voyager en Suisse en s'éloignant de plus de 15 kilomètres d'un lac. Il y a 1600 lacs naturels en Suisse dont le plus étendu est le lac Léman.
- Ce n'est qu'en 1971 que les femmes ont obtenu le droit de vote en Suisse dans les élections fédérales.
- En 1990, il y a eu onze référendum. Le taux de participation était assez bas (30%).
- L'histoire de Guillaume Tell date de 1307. Elle a été retirée des manuels scolaires en 1901 et classée comme légende.
- La plaque minéralogique (*number plate*) des Suisses porte les lettres CH (*Confédération helvétique*).
- On estime à un million le nombre de Suisses mercenaires morts au combat dans les différentes armées européennes. Des gardes suisses assurent toujours la protection du Vatican.
- La frontière linguistique entre la Suisse francophone et alémanique s'appelle familièrement la *Röstigraben*, la 'frontière de la galette de pommes de terre râpées'.

Echange
• Changer de réservation

((•)) Nadine Wakefield would like to catch a different Eurostar train back to London from the one on which she's booked. Listen to her asking Sylvie Mathieu if she can change her ticket.

échangeable	*exchangeable*
au plein tarif	*full fare*
bénéficier de	*to benefit from*

INFO LANGUE

• **CHANGING A BOOKING**

To ask if you can change a booking:

Est-ce que mon billet est échangeable?
Est-ce que je peux changer ma réservation?
Est-ce qu'il y a de la place dans le train précédent?

1 ((•))
When you've listened to the conversation, answer these questions.
1 Pourquoi Nadine veut-elle changer sa réservation?
2 Quelles sont les deux conditions pour pouvoir changer de réservation?
3 Est-ce qu'il y a un tarif unique à bord de l'Eurostar?
4 Pourquoi Nadine ne peut-elle pas changer sa réservation?
5 A quelle heure part son train?
6 Pourquoi est-ce que Sylvie Mathieu conseille à Nadine de ne pas se faire rembourser son billet?

2 ((•))
Jeu de rôle

You're booked on Eurostar and want to take an earlier train. Speak to the receptionist and find out if you can change your ticket.

INFO LANGUE

• **THE SUBJUNCTIVE**

• After *il faut que* ('it is necessary that') you have to use a form of the verb called the subjunctive:

Il faut qu'il y **ait** de la place	**There must be** room (on the train)
Il faut que le train **ne soit pas** complet	The train **mustn't be** full
Il faut que vous **ayez** un billet qui soit échangeable	You **must have** a ticket that can be changed

• You also need to use the subjunctive after *il semble que, il est possible que* and *j'ai l'impression que* (where there is an element of doubt about what may have happened), and after *vouloir que*:

Il **semble qu'**elle **ait oublié** son billet	**It seems that** she's **forgotten** her ticket
Il est possible que le train **soit** complet	The train **may be** full
J'ai l'impression que l'enregistrement **soit** fermé	**I've got the feeling that it's** too late to check in
Nous voulons que tu **viennes** nous voir	**We want** you **to come** and see us

For more on how to form and when to use the subjunctive, see the Language Summary.

Le métro à Bruxelles

((o)) A visitor to Brussels asks advice about using the city's public transport system. Look at the map of central Brussels and listen to the conversation.

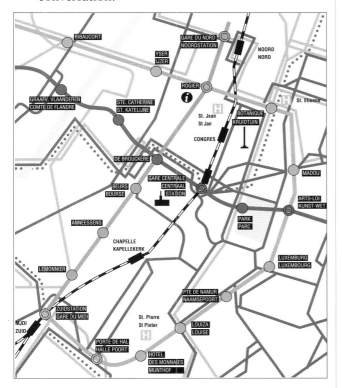

se rendre à	to get to
rejoindre	to reach/get to
valable	valid
les correspondances	connections
l'oblitération	being stamped
poinçonner	to punch

1 ((o))

a Listen again and see if you can identify the French expressions which mean:

1 How can I get to Grand-Place?
2 I advise you to take the métro.
3 How many stops is it?
4 How much is a ticket?
5 Is this ticket valid?
6 This ticket is valid for an hour after it's cancelled.
7 Do I have to punch my ticket?

2 ((o))

Listen again and tick the correct sentences.
1 La touriste veut aller...
   a de Grand-Place à Louise
   b de Louise à Grand-Place
2 On lui conseille de prendre le métro jusqu'à...
   a Simonis   b Arts-Loi
3 La Grand-Place est à quelques centaines de mètres...
   a de la Gare Centrale
   b du centre ville
4 Pour s'y rendre en bus il faut prendre...
   a le numéro 34   b le numéro 44
5 Le billet coûte...
   a 500 F   b 50 F
6 Le billet est valable...
   a pendant une heure
   b pendant un mois
7 Si l'on change de véhicule...
   a il faut acheter un deuxième billet
   b le billet reste valable

3 ((o)) *Jeu de rôle*

You're in Brussels, at the Porte de Hal, near the city centre and you want to visit the Heysel stadium to the north-west of the city. You're not sure of the best route to take, so you ask for information in the underground station.

POINTS DE REPERE

At the end of this Unit, can you...
❏ talk about different ways of travelling?
❏ ask about times and timetables?
❏ make a reservation?
❏ change a reservation?
❏ ask for directions on the underground or tram system?

• Self-Assessment Test 4

Quiz

For nos 1-10, put a V by the statements which are *vrai* (true) and an F by the ones which are *faux* (false):

1 La Nouvelle-Calédonie est un DOM.
2 Le français est la première langue parlée en Suisse.
3 La Suisse romande est la partie de la Suisse où l'on parle allemand.
4 Le métal principal que l'on exploite en Nouvelle-Calédonie est le nickel.
5 Au 19ème siècle, la France a envoyé des bagnards en Nouvelle-Calédonie.
6 Il y a 1400 lacs naturels en Suisse.
7 Le TGV français possède le record du monde de vitesse sur rail.
8 En France, on doit coller le certificat d'assurance sur le pare-brise arrière de la voiture.
9 Si vous voulez appeler Paris de la province, vous devez composer le 16-1.
10 On trouve un minitel dans tous les bureaux de poste français.
11 Give the names (in French) of the four documents you need to be able to produce if your car is stopped by the police in France:

a ....
b ....
c ....
d ....

Document

Read this item about arrangements for taking animals on various forms of transport in France then answer the questions in English:

1 How much does it cost to take a guide dog on a train?
2 What part of a train is a dog not allowed in?
3 How much does it cost to take a large dog (over 3kg) on a train?
4 What are the two possibilities for taking a large animal on a plane?
5 What do you need in order to take your pet to a different country?

Les animaux voyageurs

Tous les animaux domestiques peuvent voyager en train aux pieds de leur maître. Les animaux sont admis dans les wagons-couchettes mais pas au wagon-restaurant. Le billet de train pour un animal pesant au-moins de 3 kg coûte 26 F quelle que soit la destination; au-delà de ce poids, il faudra payer un trajet seconde classe en demi-tarif. Gratuité pour les chien guides accompagnant les non voyants et cela pour tous les types de transport.

Air-France propose des places assises à 50 F pour les animaux de moins de 5 kg. S'ils sont plus lourds, ils voyagent dans la soute à bagages dans une cage. En avion, ils peuvent aussi accompagner leur maître pour le prix d'un billet et dans la limite des places disponibles.

Sachez aussi qu'un animal ne passe pas les frontières sans son carnet de santé. La Grande-Bretagne, l'Australie et la Nouvelle-Zélande imposent une quarantaine aux animaux et peuvent les abattre s'ils sont clandestins.

Mots Croisés

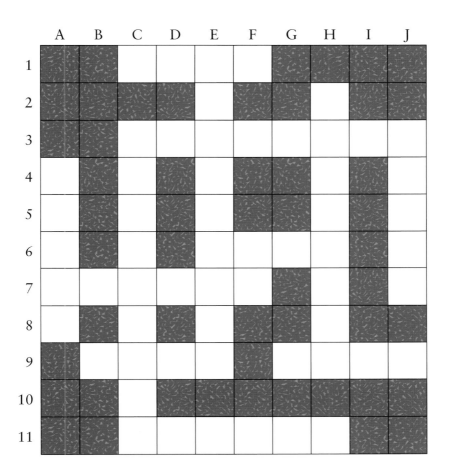

Horizontalement

1 Il vient de naître. C'est un beau ....

3 Je vous présente mon ....

6 Elle travaille et elle est .... de famille en même temps

7 Voici Jean, le fils de mon oncle. C'est mon ...... préféré

9 C'est mon premier fils, l' ....; C'est ma grand-mère, la mère de mon ....

11 La femme que j'ai épousée, c'est mon ....

Verticalement

A Voici Sylvie, la fille de mon frère. C'est ma ....

C Je vis avec un homme. Le juge m'a appelée "sa ...."

E C'est la petite dernière, la ....

F Dans

H Marianne n'est plus un bébé, c'est une .... maintenant

J C'est la femme de mon oncle, ma ....

Contrôle Langue

1 An elderly Swiss man remembers life as it was when he was twenty. Put the verbs in brackets in the imperfect:
1 (*aller*) Dans ma jeunesse, on n'................. jamais en vacances.
2 (*voyager*) Les gens .... très peu.
3 (*connaître*) Ils ne .... que leur canton.
4 (*se baigner*) Parfois, le dimanche, on .... dans le lac le   plus proche.
5 (*être*) Et pourtant, on .... très heureux.
6 (*se voir*) Les gens .... beaucoup le soir pour parler de   choses et d'autres.
7 (*finir*) Et la soirée .... en chansons!

SCORE: (1 point par bonne réponse): .../7

2 With the help of the following list of verbs, complete the story below:
me tenir debout • m'asseoir • suis arrivée • s'est levée • me suis levée   • me reposer

– J'étais très fatiguée quand je .... chez Catherine. Je voulais ...., mais elle avait invité un groupe d'amis et il n'y avait pas assez de chaises. J'ai donc dû .... pendant une demi-heure. Enfin, une personne .... et j'ai pris son siège. Cinq minutes après, je dormais. Catherine m'a proposé d'aller .... un peu pendant une heure. Quand je ...., j'étais très en forme!

SCORE: (1 point par bonne réponse): .../6

3 You are writing to a friend to let him know that you've just got married. Write:
1 We met 18 months ago. We were studying French at the same evening class.
2 We did not speak to one another for almost three months.
3 Then by chance (*par hasard*) at Christmas we saw each other at a   party.
4 After the lesson on the French subjunctive, we decided to get engaged.
5 We got married simply with two witnesses (*témoins*).
6 We hurried because we both wanted to spend our honeymoon skiing in Switzerland.

SCORE: (3 points par bonne réponse): .../18

4 Use the subjunctive form of the verb in brackets to complete these sentences:
1 Il faut que vous _____ (*acheter*) un nouveau billet.
2 Il n'est pas possible que tu _____ (*prendre*) un autre train.
3 Il faut que les passagers _____ (*comprendre*) les règlements.
4 Il semble que l'horaire _____ (*avoir changé*).
5 Il faut que votre billet _____ (*être*) échangeable.
6 Il est possible que je me _____ (*faire*) rembourser.
7 Il faut que je .... (*finir*) ce roman avant d'arriver à Paris.

SCORE: (2 points par bonne réponse): .../14

5 Translate into English:
1 Mon numéro, c'est le 57.77.51.38, et l'indicatif est le 0117.
2 Pour les renseignements, vous faites le 12.
3 Si votre ligne téléphonique ne fonctionne pas bien, composez le 13.
4 Tapez le 36 15 code météo sur votre minitel pour savoir quel temps il fera demain.
5 Vous pouvez utiliser le minitel comme annuaire électronique.
6 Vous pouvez me laisser vos coordonnées, s'il vous plaît?
7 La ligne est occupée. Veuillez patienter quelques instants.
8 Après avoir décroché, attendez la tonalité puis composez votre numéro.

SCORE: (1 point par bonne réponse:) .../8

Contrôle Audio

6 ((•)) Listen to Ernestine-Sophie from the Ivory Coast talking about respect for elderly people in her country. Now choose the right statement from each pair:

1 Ernestine-Sophie explique ce qui se passe en Côte d'Ivoire
   a dans un train
   b dans un autobus.
2 Dans la situation qu'elle décrit, il y a
   a une jeune personne debout et une personne âgée assise
   b une jeune personne assise et une personne âgée debout.
3 Elle parle de ce qui se passe
   a en ville
   b à la campagne.
4 Elle pense que les jeunes en Côte d'Ivoire
   a sont égoïstes
   b ne sont pas égoïstes.

SCORE: (1 point par bonne réponse): …/4

7 ((•)) Listen to Ernestine-Sophie again and complete the transcription:

– Dans le bus par exemple, quand vous .... le bus qu'il y a une .... qui est arrêtée et que vous, vous avez ...., vous êtes assis.
– Une personne âgée qui ....?
–La personne âgée qui est ...., et vous la jeune personne, vous ...., quand vous voyez la personne qui est plus .... que vous, vous êtes tenu de .... Et ça, on ne force personne. La vieille personne même ne demande même pas à .... C'est automatique. Dès qu'on vous voit rentrer,................, on cède la place à la personne âgée, ça c'est automatique. En ville, je parle de la........... . Ça c'est typiquement africain. Et la personne âgée ne .... pas pour prendre un bus.

SCORE: (1 point par bonne réponse:) …/13

Contrôle Parole

8 ((•)) You are asked at work to telephone a French company to get the telephone number of an interesting contact that they have promised to give you. You get their answerphone. Say:

1 Hallo, I am phoning from Bristol.
2 This is Bristol Fizzy Drinks on the line.
3 (Spell F.I.Z.Z.Y. D.R.I.N.K.S.).
4 I would like the information that you promised to send us.
5 Could you give me the address and telephone number of the Société Belon please?
6 I've asked International Directory Enquiries, but they could not help me.
7 I'll give you our fax number at the same time.
8 From France, it's 19 44 117 9293416.
9 I'm sorry to disturb you.
10 Thank you for your help.

Listen to the tape to check your answers.

SCORE: (2 points par bonne phrase): …/20

LANGUE:	…/53
AUDIO:	…/17
PAROLE:	…/20
TOTAL:	…/90

In this unit you will practise:

- Saying more about your origins and background
- Saying why you came to live in a particular place
- Saying what you like/dislike about it and what you miss about your home
- Putting forward your arguments for and against a particular issue

A l'écoute

• Deux immigrées à Paris

INFO LANGUE

- **TIME WORDS AND EXPRESSIONS**

- Use *à l'époque* ('at that time') and *autrefois* ('once') with the imperfect tense to describe a state of affairs in the past:

A l'époque,	j'étais à l'école française nous avions des professeurs français
Autrefois,	c'étaient les écoles françaises j'habitais en Algérie

- For the present, you can use *à présent* ('at present'), *jusqu'à présent* ('up until now') and *en ce moment* ('at the moment'):

En ce moment, je fais mes études
Jusqu'à présent il y a des Français dans les lycées

- For the future, use *bientôt* ('soon'):

Ça va faire deux ans bientôt	*It'll soon be two years*

1 ((○))
Now turn on the tape to practise using these and similar phrases.

Vous êtes née où?

Section 1

We interviewed Fatima Guerchou who has lived in France for fifteen years and works in a shop and Léontine Sehoué who is studying for a postgraduate degree and asked them how they'd come to live in Paris.

En ce moment je fais un DESS à la Sorbonne

136

*E*cole is a general word for 'school'. Secondary schools for pupils aged 11 to 15 are called *collèges*. Secondary schools for pupils aged between 15 and 18 are called *lycées*. Many secondary schools have both *un collège* and *un lycée*.

2
Listen to Fatima, then complete these sentences.
1 Fatima est ...... en Algérie.
2 Elle est d'origine ....
3 Elle est venue à Paris à l'âge de ...... ans.
4 Elle a fait ses études en ....
5 Ses professeurs étaient ....

3
Listen to Léontine, then number the sentences below in the order you think Léontine said them. Listen to the tape again to check.
1 En ce moment je fais un DESS à la Sorbonne.
2 Je suis arrivée en mai '92.
3 J'aurai 29 ans dans deux mois.
4 Je suis de la Côte d'Ivoire.
5 Je suis là, ça va faire deux ans.

4
Which of the following statements apply to Fatima and which to Léontine?
1 Elle est d'origine marocaine.
2 Elle est ivoirienne.
3 Elle aura bientôt 29 ans.
4 En ce moment elle fait un DESS de français langue étrangère.
5 Elle a appris le français en Algérie.

5
Can you remember how Fatima and Léontine said the following in French?
1 At the time, we had French teachers.
2 The schools were French once.
3 It will soon be two years.
4 At the moment I'm doing a post-graduate degree.

Tu t'y plais, à Paris?
Section 2

Listen to Fatima and Léontine saying whether or not they like living in Paris.

je gagne du temps	I save time
ça permet de...	it allows me to...
mon seul inconvénient	the only disadvantage
le mode de vie	the lifestyle
ça me rappelle	it reminds me of
pour ce qui concerne	with regard to

INFO LANGUE

• **SAYING WHAT YOU ENJOY/LIKE**

• To ask someone if they're enjoying themselves:

| Vous vous plaisez bien? | Are you enjoying yourself? |
| Tu te plais bien ici? | Do you like it here? |

• To say you're enjoying yourself/like something:

Je me plais bien
Ça me plaît

Je me plais is more personal than *ça me plaît*.

• To say you're not enjoying yourself:

Je ne me plais pas
Ça ne me plaît pas
Je ne m'y plais pas du tout   *I don't like it here at all*

• To say you feel at home:

Je me sens à l'aise

1
Listen to Fatima and Léontine again, then use the words below to fill the gaps.
1 Fatima ...... et elle aime ...... mais ...... est un inconvénient pour elle.
2 Ce ne sont pas tous les aspects de Paris qui ...... à Léontine. Elle aime bien ...... et ...... à Paris, mais ses rapports avec ...... ne sont pas très faciles.

les Français   la ville   plaisent   le climat
le quartier où elle habite   le mode de vie
se plaît bien à Paris

2 Which of these descriptions applies to Fatima and which to Léontine? Be careful! There is a third description that applies to neither of them.

1 Elle se plaît bien à Paris. Elle habite tout près de son travail et souvent elle rentre déjeuner à la maison. Seulement le climat ne lui plaît pas beaucoup.

2 Elle aime bien le mode de vie. Le climat lui plaît beaucoup et elle trouve tous les Parisiens charmants.

3 Elle aime la ville et le mode de vie, mais pour ce qui concerne l'aspect humain, elle ne se plaît pas du tout. Elle trouve les Français très froids.

3 ((o))
Jeu de rôle

You're at a party and you meet a French-speaking woman who looks foreign. Talk to her and find out where she's from.

C'est un quartier agréable

Section 3

((o)) Listen to Fatima talking about *le quartier* where she lives.

ce quartier même	*this district itself*
entre parenthèses	*incidentally*
vous vous sentez à l'aise?	*do you feel at home?*
les commerçants	*the shopkeepers*
des marchands	*shopkeepers*
sous la main	*nearby/at hand*
y en a de tout	*there are all kinds*
la France fait venir	*France imports*

1 ((o))
a Listen to Fatima again, then look at these statements and decide which ones are true.

1 Fatima habite le 17e arrondissement.
2 Son quartier s'appelle le quartier de la Goutte d'Or ou Barbès.
3 Quand Fatima est arrivée en France, il y avait des membres de sa famille dans ce quartier.
4 Fatima se sent à l'aise dans le quartier de la Goutte d'Or.
5 On y trouve peu de commerçants.
6 Il n'y a pas de pharmacien.
7 On trouve de toutes les nationalités.
8 On ne trouve pas de spécialités de différents pays.

b Now write out the correct version of any sentences that were not true.

Barbès

Three large cities, Paris, Lyon and Marseille, are divided into *arrondissements*. Paris has 20 *arrondissements*.

Notice the way the *arrondissements* are arranged in a sort of spiral starting at the heart of the old city of Paris (Notre-Dame) and ending with the poorer areas in the east. A process of gentrification in what is called '*Paris intra muros*' is pushing poorer people towards the more distant suburbs.

The 18th *arrondissement*, where Fatima feels *à l'aise*, has traditionally been an immigrant area, well known for its cosmopolitanism.

2 **a** Put these nationalities that Fatima mentions as living in her *quartier* in the order in which she talks about them.
les Portugais   les Tunisiens   les Algériens
les Maghrébins   les Yougoslaves
les Marocains   les Espagnols

b Write a sentence for each nationality, following the pattern: Les Français *viennent de la France*.

c Fatima also mentions these three francophone African countries. Can you work out or guess what a native of each of them is called?
1 le Congo   2 le Zaïre   3 le Sénégal

INFO LANGUE

• **PERFECT OR IMPERFECT?**

• Use the perfect tense for a one-off action:

Je suis venue à Paris pour des études

or several one-off actions in a row:

J'ai visité l'Algérie trois fois

• Use the imperfect to describe the way things were or for events that were happening or used to happen:

A l'époque, **j'allais** à l'école tous les samedis
Les professeurs **étaient** français

For more on uses of the perfect and imperfect, see the Language Summary.

3 **a** Complete this summary of what Fatima said, using the perfect or imperfect of the verb in brackets as appropriate.
1 Quand j'étais enfant, j'(habiter) en Algérie.
2 J'(avoir) des professeurs français, donc j'ai appris le français à l'école.
3 Quand je (quitter) l'école, je le (parler) couramment.
4 Un jour, j'(aller) en France.
5 Je (trouver) du travail très facilement – il y en (avoir) beaucoup à l'époque.
6 Je (choisir) le 18ᵉ arrondissement parce que des membres de ma famille (être) là.
7 Quand je (arriver), j'(être) bien accompagnée.

b Using the information above, tell a friend about Fatima. Begin '*Quand elle...*' and remember to make appropriate changes to all the verbs.

9

Une mentalité différente

Section 4

((o)) Listen to Léontine talking about other differences in lifestyle and attitudes of mind (*mentalités*) between Paris and Côte d'Ivoire.

le comportement	*behaviour*
s'embrasser	*to kiss*
conserver	*to keep*
toucher	*to affect/concern*

1 When you've listened to the interview, choose the option that best reflects what Léontine says.
1 En Côte d'Ivoire, les gens...
   a s'embrassent parfois en public.
   b s'embrassent souvent en public.
   c ne s'embrassent jamais en public.
2 Le sexe a un aspect tabou...
   a à Paris.
   b dans le reste de la France.
   c en Côte d'Ivoire.
3 En Côte d'Ivoire, les gens ne parlent pas de sexe à cause de...
   a leur éducation.
   b leur politesse.
   c la réaction de leurs enfants.

Ce qui me manque

Section 5

((o)) Listen to Fatima and Léontine saying whether they miss their country.

le pays natal	*native country*
les coutumes	*customs*
un décalage	*a huge gap*
éclaté	*exuberant*
chaleureux	*warm*
énormément de	*an enormous number of*
en vase clos	*in isolation*
être coupé du monde	*to be cut off from the outside world*
on se fréquente à peine	*we hardly ever meet*

1 ((o)) Listen to Fatima and Léontine again then complete the sentences with the appropriate word.
1 Les ...... on les a gardées.
2 Je n'ai pas trouvé de ....
3 On a des rapports assez ....
4 C'est beaucoup plus ....
5 On rencontre ...... de gens
6 J'ai ...... de vivre ....
7 On se ...... peut-être une fois par ....
8 On ...... peut-être au téléphone.

*voit   s'appelle   décalage   en vase clos
énormément   l'impression   coutumes
particuliers   mois   éclaté*

INFO LANGUE

• **ÇA ME MANQUE**
• To say you miss something, use *manquer* for what is missing or lacking, preceded by *me, te, lui, nous, vous* or *leur*.

Ça **me manque**	**I miss** it
Tu **me manques**	**I miss** you
Les coutumes **me manquent**	**I miss** the customs
La Côte d'Ivoire **lui manque**	**She misses** the Ivory Coast
Leurs fils **leur manquent**	**They miss** their sons

2 How would you say the following?
1 I miss Paris.
2 I miss French food.
3 I don't miss him at all.
4 Are you missing them a lot?
5 We're missing Algeria.

3 Which of these statements are true?
1 L'Algérie manque un peu à Fatima.
2 Ce sont les fêtes surtout qui lui manquent.
3 Fatima est bien intégrée parce qu'elle vit dans la même ambiance qu'en Algérie.
4 Fatima connaît bien son pays d'origine.
5 Léontine n'a pas de famille en France.
6 Elle voit sa famille peut-être une fois par mois.
7 Elle ne téléphone pas à sa famille.

Ça se passe bien les relations?

Section 6

((o)) Listen to Fatima talking about relations between the various communities where she lives, and to Léontine who had a bad experience looking for somewhere to live.

ça se passe bien, les relations?	*are relations good?*
il faudrait qu'il soit gentil pour recevoir sa clientèle	*he has to be nice to deal with customers*
garder... à soi-même	*keep it to yourself*
CROUS (Centre Régional des Œuvres Universitaires et Scolaires)	*accommodation service for foreign students*
mettre la puce à l'oreille	*set someone thinking*
on signe le bail	*we'll sign the lease*
la caution	*the deposit*

1 ((o))

Listen to Fatima again, then complete these sentences.

1 Ça se passe bien .... entre toutes les ...... du quartier.
2 Un commerçant doit être gentil pour recevoir sa ...... de toutes ....
3 Si on a une mauvaise ......, il faut la garder .... à soi-même.

2 ((o))

a When you've listened to Léontine, put her story below in the order in which it happened.

1 Le monsieur m'a dit: 'L'appartement est libre. Si ça vous intéresse, on signe le bail tout de suite'.

2 J'ai compris après c'est parce que j'étais noire.
3 On m'a donné une adresse.
4 Je suis allée contacter la personne.
5 Je cherchais un logement.
6 J'y suis allée, j'ai vu la maison et tout.
7 Il m'a dit: 'Non... euh... je vais vous rappeler dans deux jours.'
8 Je suis allée au CROUS.
9 Il m'a jamais rappelée.
10 J'avais mon chèque qui était prêt pour la caution.

b Why didn't Léontine get the flat?
1 Parce qu'elle était étudiante.
2 Parce qu'elle était noire.
3 Parce qu'elle n'avait pas de caution.

3

How would you say the following in French?
1 I'm looking for accommodation.
2 Is the flat free?
3 You can come round to see it.
4 I'd like to sign the lease now.
5 How much is the deposit?

4 ((o)) Jeu de rôle

During a holiday in Normandy, you've made friends with a woman of Moroccan origin. Find out how she likes living in France.

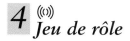

Découverte
• Vivre ensemble

Les étrangers en France

LES RAPPORTS entre les différentes communautés en France ne sont pas toujours faciles. Comme le montre le succès du Front National, un pourcentage croissant de la population française se laisse persuader par des arguments racistes du genre 'la France aux Français', 'les Français d'abord'. Arguments souvent irrationnels qui cachent un autre phénomème tout aussi important, l'énorme machine à intégrer que constitue la société française.

croissant	*growing*
se laisse persuader	*allows itself to be persuaded*
que constitue la société française	*which French society constitutes*
tout aussi important	*just as important*

1 **a** Read the article above and say which of these statements are true.
1 Le Front National a beaucoup de succès en France.
2 De plus en plus de Français sont d'accord avec les arguments racistes.
3 'La France aux étrangers' est l'un des slogans du Front National.
4 Les arguments racistes cachent quelque chose de très important.
5 Il y a quand même beaucoup d'étrangers bien intégrés dans la société française.

b Correct and write out any statements that are not true.

Saviez-vous que...?

- 18 millions de Français (plus du tiers de la population) descendent d'immigrants de la 1ère, 2ème ou 3ème génération.
- Il y avait 3,6 millions d'étrangers en France en situation régulière en 1990.
- Près de 59% des étrangers vivent dans trois régions françaises: la région parisienne (Ile-de-France), la région lyonnaise (Rhône-Alpes) et la région marseillaise (Provence-Côte d'Azur).
- Beaucoup d'étrangers sont arrivés en France dans les années soixante pour occuper des emplois dont les Français ne voulaient pas.
- En 1993, les étrangers les plus nombreux en France étaient les Portugais (25%), puis les Algériens (15%) et les Marocains (12%).
- A la différence d'autres peuples d'Europe, les Français ont très peu émigré au cours de l'histoire.
- A l'exception du Québec, les Français n'ont pas constitué de communautés importantes et durables hors de France.
- En 1993, il y avait 1,5 millions de Français vivant à l'étranger, principalement dans les pays de l'Union européenne.

Read the article opposite about the situation of foreigners in France.

Les étrangers en France

LA FRANCE est depuis long-temps un pays d'im-migration. La part des étrangers dans la population totale était de 2,7% en 1881 et de 6,6% en 1931; 3,6 millions d'étrangers vivaient en France en 1990 soit 6,4% de la population totale.

Les courants migratoires qui se sont succédés depuis les années cinquante en provenance d'Italie, d'Espagne, d'Algérie, du Portugal, du Maroc, de Yougoslavie et de Turquie se sont développés selon un schéma classique: d'abord une immigration de main d'œuvre, composée en majorité d'hommes seuls, puis une immigration de regroupement familial, composée pour l'essentiel de femmes et d'enfants, et qui a elle-même entraîné la naissance d'enfants étrangers en France.

Le développement du regroupement familial et l'allongement de la scolarité ont entraîné une augmentation du nombre d'enfants étrangers scolarisés dans les écoles. Les familles étrangères comprenant davantage d'enfants, la part des élèves étrangers (9,4% dans les collèges et 7,5% dans les lycées) est plus forte que celle des étrangers dans la population totale (6,4%).

Dans le monde du travail, le taux d'activité des hommes étrangers est plus élevé que celui des Français; à l'inverse, le taux d'activité des étrangères est plus faible que celui des Françaises. Les étrangers sont particulièrement touchés par le chômage: leur formation moins élevée, la moindre qualification des emplois qu'ils occupent et la gravité de la crise dans leurs secteurs habituels d'activité sont pour une bonne part à l'origine de cette situation.

Les comportements des étrangers diffèrent souvent de ceux des Français, parfois du fait d'habitudes culturelles liées à leur origine nationale mais aussi pour de simples raisons pratiques.

Les ménages étrangers ont des revenus plus faibles que les ménages français. En raison de leur plus grand nombre d'enfants et de leurs plus faibles ressources, ils perçoivent plus de prestations familiales que les Français. Les travailleurs étrangers transfèrent en outre une partie de leurs revenus vers leur pays d'origine. Plus de 40% des transferts sont destinés au Portugal.

La délinquance des étrangers est plus forte que celle des Français. Ceci s'explique par plusieurs facteurs: la délinquance croît à mesure que le statut socio-économique s'abaisse, et les étrangers sont plus souvent des ouvriers non-qualifiés; la population étrangère est à prédominance masculine; enfin certains délits sont propres aux étrangers: 18% des condamnations sont des infractions à la police des étrangers. Inculpés, ils sont plus souvent mis en détention car ils n'ont pas les garanties qui faciliteraient la décision de les maintenir en liberté: domicile connu, emploi, entourage familial.

2

a Which of these statements are true?

1 Les étrangers représentent plus de 10% de la population française.
2 A l'origine, ce sont surtout des hommes qui sont venus en France pour travailler.
3 Les enfants étrangers sont sous-représentés dans les écoles.
4 Le pourcentage des femmes étrangères qui travaillent est inférieur à celui des femmes françaises.
5 En moyenne, les étrangers ont des revenus inférieurs à ceux des Français.
6 Près de 20% des délits commis par des étrangers sont liés à des problèmes d'immigration.

b Correct and write out any statements that are not true.

un courant	*flow*
la main d'œuvre	*workforce*
entraîner	*to lead to*
le chômage	*unemployment*
la gravité	*seriousness*
la crise	*economic recession*
des prestations	*benefits*
une infraction	*an offence*
inculper	*to charge*

Aligre anti-raciste

This political leaflet (*un tract*) was distributed in the *Marché d'Aligre*, a popular market in Paris.

reculer	*to back down*
populaire	*working-class*
se côtoyer	*to live alongside*
la haine	*hatred*
un Juif	*a Jew*
un artisan	*a craftsman*
une tentative	*an attempt*
borgne	*blind in one eye*
la permanence	*headquarters of a movement*

ALIGRE ANTI-RACISTE

Il y a quelques semaines, le FRONT NATIONAL essayait d'intervenir sur le marché d'Aligre pour y développer sa propagande raciste et xénophobe.

Spontanément, des organisations et associations du marché se sont regroupées pour s'opposer à cette provocation. Face à notre mobilisation, le FRONT NATIONAL de Jean-Marie LE PEN a dû provisoirement reculer.

Le marché d'Aligre est un des marchés populaires de Paris où plusieurs communautés se côtoient et travaillent ensemble depuis plus de 40 ans. Face à cette réalité, l'arrivée du FRONT NATIONAL est une véritable incitation à la haine raciale. Rappelons à ceux qui ne le savent pas que le FRONT NATIONAL est un mouvement d'extrême-droite largement inspiré de l'idéologie NAZIE:

'700 000 CHÔMEURS C'EST 700 000 JUIFS EN TROP'
(Allemagne nazie des années 1930)
'3 MILLIONS DE CHÔMEURS C'EST 3 MILLIONS D'IMMIGRÉS EN TROP'
(Front National en France)

Le fascisme est devant nos portes!
Nous, commerçants, artisans, habitants et associations, protestons contre la tentative du

FRONT NATIONAL de venir développer sa propagande sur le marché d'Aligre!

Nous appelons la population à se regrouper avec nous à chaque fois que le FRONT NATIONAL tentera d'intervenir de nouveau!

HALTE AU RACISME!
ENTRE LA FRANCE BORGNE D'UN LE PEN ET LA RICHESSE PLURI-CULTURELLE D'UNE SOCIÉTÉ ANTI-RACISTE, NOUS AVONS FAIT NOTRE CHOIX!

ALIGRE ANTI-RACISTE

ALIGRE ANTI-RACISTE: COLLECTIF ANTI-RACISTE TOUS LES DIMANCHES MATIN SUR LE MARCHÉ D'ALIGRE
Habitants et commerçants de la rue de Charenton, de la rue de Prague, de la rue Crozatier, de la rue Emilio Castelar
COMITE ANTI-RACISTE 12ème
ATIAF (Association des Travailleurs Haïtiens Immigrés en France)
P.A.R. (Permanences Anti-Racistes)
TRAVAILLEURS DEMOCRATES MAROCAINS
A.R.A.C.Q./RADIO ALIGRE (92.3 FM)
RADIO SOLEIL GOUTTE D'OR (102.7 FM)

1

What do these sentences mean?
1 Il y a quelques semaines, le Front National essayait d'intervenir sur le marché d'Aligre.
2 Des associations se sont regroupées pour s'opposer à cette provocation.
3 Le Front National de Jean-Marie Le Pen a dû provisoirement reculer.

2

Without looking at the leaflet, see if you can complete the following sentences using the words below.
1 Selon le tract, le Front National est un mouvement ...... et ....
2 C'est un parti politique d'...... .
3 Il est ...... une société pluri-culturelle.
4 Aligre anti-raciste est en faveur d'une société ...... et contre la ...... raciale.
5 Le groupe veut empêcher le Front National de distribuer sa .... sur le marché d'Aligre car ce marché est un endroit de Paris où les différentes ...... ethniques se côtoient.

pluri-culturelle   propagande
extrême-droite   contre   xénophobe
haine   raciste   communautés

3 Read through the leaflet again and find the opposites of the following words.

1 avancer
2 l'amour
3 bourgeois
4 définitivement
5 s'isoler
6 approuver

4 a Make a list of the six words ending in *-tion* in the leaflet.

b What do you notice about their gender?

Profil

Christine Bergerand is a local historian in Vichy. She explains why Vichy was chosen as the place for Marshall Pétain's government during the Second World War. His regime was a dictatorship called *l'Etat français*.

Today, the Vichyssois do not like to be associated with that period of French history and there is no plaque to commemorate it.

1 ((o))

Listen to Christine, then answer the questions.

digérer	*to digest*
englober	*to include*
se replier	*to pull back*
en plein cœur	*right in the heart*
un chef de cabinet	*head of ministerial staff*
carrément	*purely and simply*
une planche	*a plank*
douloureux	*painful*
une blessure	*a wound*

1 Pendant quelle période la ville de Vichy a-t-elle été la capitale de la France?
2 Que s'est-il passé en mai-juin 1940 en France?
3 Comment la France a-t-elle été divisée?
4 Pourquoi la ville de Vichy a-t-elle été choisie comme capitale?
5 Pour quelle activité la ville de Vichy est-elle célèbre?
6 Les habitants de Vichy sont-ils fiers de leur passé?
7 Avec quoi les Français associent-ils le régime de Vichy?
8 Quel espèce de guerre civile a-t-il eu en France?

CULTUROSCOPE

La France de Vichy

- La période entre la déclaration de guerre du 3 septembre 1939 et l'invasion de la France en mai 1940 s'appelle 'la drôle de guerre'.

- L'armistice entre la France et l'Allemagne est signée dans la nuit du 16 au 17 juin 1940. Le 18 juin, le général de Gaulle lance son célèbre appel à la résistance sur les ondes de la BBC à Londres.

- La France est divisée en deux zones: la zone occupée et la zone dite 'libre'. Cette distinction disparaît en 1943 lorsque tout le pays devient zone occupée.

- Dès juillet 1940, le gouvernement de Vichy fait voter une législation antisémite.

- La devise du gouvernement de Vichy était: 'Travail, Famille, Patrie'.

- Le maréchal Pétain avait 84 ans en juin 1940. Il avait conservé sa réputation de héros de la première guerre mondiale.

- Le maréchal Pétain fut condamné à mort en août 1945. Sa peine fut commuée en détention perpétuelle à l'île d'Yeu où il mourut en 1951.

- Les crimes de Vichy sont encore jugés aujourd'hui. En 1994, Paul Touvier a été condamné à la prison à perpétuité pour complicité dans l'assassinat de sept ôtages juifs en 1944.

Echange
• A mon avis

La Basilique à Yamoussoukro

Yamoussoukro was the birthplace of the President of the Ivory Coast, Félix Houphouët-Boigny. Between 1986 and 1989, he had a huge basilica, *la Basilique Notre-Dame de la Paix*, built there in the middle of the bush and gave it to his people.

We asked three people, Agnès de Tailleur, Jean-Marc de Tailleur and Marie-Claude Dantré to tell us what struck them most about the basilica.

1 Before you listen, look at the photo of the basilica and choose a few of the adjectives below to describe your first reaction to it.
laid   beau   spécial   choquant
merveilleux   extraordinaire   exceptionnel
grandiose   magnifique   bizarre

2 Listen to the tape, then listen again to find out which of the adjectives in exercise 1 Agnès, Jean-Marc and Marie-Claude use to describe their reaction to the building.

3 Which of the opinions below matches most closely what each speaker said?
1 Agnès:
  a C'est merveilleux de voir ce que l'Europe est capable de faire.
  b Ce que l'Afrique a fait pour glorifier Dieu est merveilleux.
2 Jean-Marc:
  a Ce que l'on a fait en Afrique pour la dimension spirituelle est exceptionnel.
  b C'est par hasard que j'ai vu la grande mosquée de Casablanca – ce qui est exceptionnel.
3 Marie-Claude Dantré:
  a Ces personnes ne devraient pas se mettre à côté de la Basilique – c'est choquant.
  b C'est choquant de voir ce luxe à côté de personnes qui n'ont pas ce qu'il faut pour vivre.

INFO
LANGUE

- **REACTIONS AND OPINIONS**

- To ask someone's opinion:

Qu'en pensez-vous?	What do you think of it?
Quel est votre avis?	What's your opinion?
Vous êtes pour ou contre?	Are you for or against?

- To say you agree:

| Je suis d'accord avec... | I agree with... |
| Je suis plutôt en faveur de... | I'm broadly in favour of... |

- To say you disagree:

| Je ne suis pas d'accord (avec...) | I disagree (with...) |
| Je suis tout à fait contre | I'm completely against (it) |

- To take part in a discussion:

à mon avis	in my opinion
d'un côté... de l'autre	on the one hand ... on the other
Je trouve que c'est merveilleux	I think it's marvellous
Je crois qu'il a bien dit	I think he was right
Je pense que c'est très grave	I think it's very serious
J'accepte votre point de vue	I accept your point of view
Je le vois différemment	I see it differently
J'espère que ça sera vite réglé	I hope it will be sorted out quickly
C'est une perte d'argent complète	It's a complete waste of money

4 a Read these summaries of what five more people think of the *Basilique*. Then listen to each interview, decide which summary matches it most closely and number them in the order in which you hear them.

1 Il/elle trouve choquant que la Basilique existe quand il y a d'autres besoins plus urgents dans le pays.
2 Il/elle est en faveur de la Basilique parce qu'elle donne une grande fierté aux habitants de la Côte d'Ivoire.
3 Il/elle est tout à fait contre la Basilique et trouve que c'est une perte d'argent.
4 Il/elle est très en faveur d'une Basilique si belle.
5 Il/elle trouve que le construction d'une Basilique, c'est de la mégalomanie pure et simple.

b Which one is nearest your own opinion?

5 Now play the tape again. Stop from time to time and agree or disagree with each speaker, saying for example:

Oui, je suis d'accord
Non, je n'accepte pas votre point de vue

6 *Jeu de rôle*

A new theatre is being built in a town in south west France where you regularly spend your holidays. Some local people are very much against this use of public funds. As you drink your *apéritif* in the *Café de la Mairie*, you get involved in the discussion.

Le Sénégal

D'Europe, nous retournons en Afrique, mais en Afrique noire cette fois. C'est en effet là que l'on trouve le plus grand nombre de pays francophones. Le français y est un héritage de l'histoire, car ces pays sont d'anciennes colonies françaises qui faisaient partie de l'Afrique-Occidentale Française (AOF). Nous avons choisi de nous arrêter au Sénégal:

Que savez-vous sur le Sénégal?

1

1 Quelle est la capitale du Sénégal?
2 Comment s'appelle le pays enclavé au sud du Sénégal?
3 Connaissez-vous le nom d'une langue africaine parlée au Sénégal?
4 Quel est le nom de l'ancien président, écrivain et poète sénégalais qui a beaucoup influencé la francophonie?
5 C'est un ensemble d'îles situées à 450 kilomètres au large du Sénégal. Cette ancienne colonie portugaise est devenue indépendante en 1975. De quel état s'agit-il?

Check your answers by reading what follows.

l'arachide (f.)	groundnut
épuiser	to exhaust
le sol	the soil
la sécheresse	drought
la traite des noirs	the slave trade

CARTE D'IDENTITE DU SENEGAL

- **Géographie:** Le Sénégal est un pays de 196 722 km² situé en Afrique occidentale. Baigné par l'océan Atlantique, il a des frontières communes avec la Mauritanie, le Mali, la Guinée et la Guinée Bissao. La Gambie est enclavée au sud du Sénégal. La capitale du Sénégal est Dakar.
- **Population:** Il y avait 7,5 millions de Sénégalais en 1993.
- **Densité de la population:** 38 habitants par km²
- **Le français au Sénégal:** Le français est la langue officielle du Sénégal mais dans la vie quotidienne, on y parle 17 langues, principalement le wolof. L'enseignement se fait en français mais il est prévu d'introduire progressivement l'enseignement des langues des différentes ethnies après les avoir adaptées à la vie moderne.
- **Situation politique:** Le Sénégal est une république présidentielle très active au niveau international. La démocratie qui y existe lui donne un rôle particulièrement important en Afrique noire.
- **Ressources principales:**
  - pêche: eaux très riches en poisson
  - agriculture: la culture de l'arachide a épuisé les sols et des efforts sont faits aujourd'hui pour diversifier l'agriculture. Le grand ennemi est la sécheresse.
  - industrie: phosphates
  - tourisme: 233 512 touristes en 1991. Le Sénégal fonde de grands espoirs sur le tourisme.
  - Le Sénégal entretient des relations commerciales privilégiées avec la France.

Quelques dates

XVe siècle: Les colons portugais s'installent à Gorée, petite île en face de Dakar. Les bateaux en route vers les Indes s'y arrêtent. La traite des Noirs commence un peu plus tard. Elle continuera jusqu'à son abolition en 1848.
1814: Le Sénégal devient officiellement possession française.
1904: Dakar devient la capitale de l'AOF (Afrique-Occidentale Française).

1960: Indépendance du Sénégal. L. S. Senghor en devient le président de la République en 1963.
Pendant les trois siècles qu'a duré la traite des noirs (1550-1850), on estime que l'Afrique a perdu entre 20 et 100 millions de sa population. De plus, on pense que le taux de mortalité entre la capture et l'arrivée des esclaves à destination se situait entre 65 et 80%.

2 Find the missing words to complete these sentences.

1 Le Sénégal est devenu ...... en 1960.
2 Gorée est une île située .... Dakar.
3 Ce sont les .... qui ont développé le port de Gorée.
4 Dans le passé, l'agriculture du Sénégal était basée principalement sur ....
5 Le commerce d'esclaves noirs africains s'appelait ....

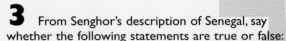

Léopold Sédar Senghor

Un homme domine l'histoire récente du Sénégal et celle de la francophonie: c'est le poète, écrivain et homme politique, Léopold Sédar Senghor.

Il célèbre dans ses écrits la grandeur de la 'négritude' et définit 'des valeurs nègres': le goût du concret, le goût de la vie et le dialogue. Il souhaite une réconciliation de toutes les races dans une civilisation mondiale pacifique. Pour établir des relations amicales avec d'autres pays, la francophonie lui semble une bonne base de départ.

Il encourage les touristes à visiter le Sénégal. Voici comment il décrit son pays:

'Allez au Sénégal, porte de l'Afrique noire, à moins de cinq heures de vol de l'Europe, 700 kilomètres de plages de sable fin. De décembre à mai, c'est la Californie de l'Afrique. Mer tiède sous l'influence du courant marin qui descend des Canaries, air frais, balayé par les alizés (*trade winds*), soleil éclatant, dans un ciel sans nuages, qui réchauffe, tonifie et donne aux peaux blanches le velours des peaux noires. Vous visiterez la plage de Kayar où débarquent des pêches miraculeuses, le parc de Niokolo-Koba, où vivent librement lions et éléphants, hippopotames et buffles.'

3 From Senghor's description of Senegal, say whether the following statements are true or false:
1 Le Sénégal est un pays très ensoleillé.
2 Les alizés sont des vents qui rafraîchissent l'atmosphère.
3 C'est un pays idéal pour voir de gros animaux.
4 La mer y est agréable pour la baignade.

Saviez-vous que...?
- L'emblème du Sénégal est le lion et le baobab.
- 'Baobab' signifie 'arbre de mille ans'. Sa circonférence peut atteindre 23 mètres mais c'est un arbre très fragile. Selon un proverbe sénégalais, 'on n'a jamais taillé une porte dans un baobab'.
- Le wolof est parlé par 80% de la population sénégalaise.
- Venue d'Amérique, l'arachide fut introduite au XIXe siècle au Sénégal.

POINTS DE REPERE
At the end of this Unit, can you...
❑ say more about your origins and background?
❑ say why you came to live in a particular place?
❑ say what you like/dislike about it?
❑ say what you miss about your home?
❑ put forward your arguments for and against a particular issue?

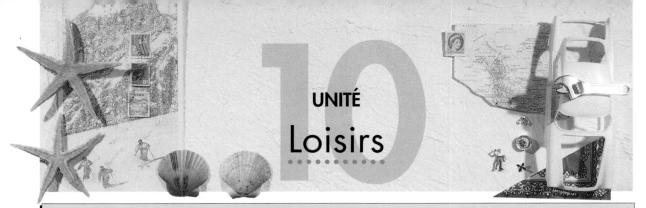

Loisirs

In this unit you will practise:

- Talking about how you spend your spare time
- Talking about holidays and leisure activities
- Talking about leave, days off from work
- Talking about your skills: what you can and can't do

- Making enquiries and hiring leisure equipment
- Talking about car breakdowns and obtaining help

A l'écoute

• Les activités du weekend et des congés

INFO LANGUE

- **LEISURE TIME**

- To ask what someone does at weekends or in their spare time:

| Comment passez-vous vos week-ends? |
| Qu'est-ce que vous faites pendant vos loisirs? |

Possible answers:

J'aime	sortir
Je préfère	lire
	voir des amis
	me reposer
	aller au cinéma/au théâtre/à l'opéra
	faire du jardinage/du bricolage/ du sport/de la musique
	pratiquer le sport/la musique
	jouer au golf/jouer du piano

- To say you play a sport, use *jouer à*:

| Je **joue au** tennis/**aux** boules |

- To say you play a musical instrument, use *jouer de*:

| Je **joue de** la flûte/**du** piano/**de l'**accordéon |

1 ((o))

Now switch on your tape to practise using these and similar phrases.

Interview 1

Isabelle Morisset, whom we met in earlier units, lives in Vichy with her husband and two children. Our interviewer asked her how she spends her weekends.

On essaie de faire beaucoup de choses avec les enfants

2

Before listening to Isabelle, look at this list of leisure activities and put them in the appropriate category (some may go in more than one).

1 Activités culturelles
2 Activités sportives
3 Activités créatrices
4 Activités de détente

a faire du bricolage
b faire du jardinage
c faire de la peinture
d faire de la lecture
e faire du ski
f faire du vélo
g faire du camping
h recevoir des amis
i aller au cinéma
j aller au théâtre
k regarder la télévision
l jouer au football
m jouer du violon
n prendre des bains de soleil
o écouter des disques

une bonne matinée	the best part of a morning
les tâches ménagères	household chores
on n'y arrive pas	we don't manage it
profiter un peu	make the most of it
une chaise longue	a deckchair
au coin du feu	by the fireside

3 ((o))

Listen to Isabelle, then check the list and tick the activities that you heard her mention.

4 ((o))

Listen to Isabelle again and find the expressions that mean:

1 to do the housework
2 to wash as many clothes as possible
3 to play a game
4 to have friends round
5 to be stretched out in a deckchair
6 reading by the fireside
7 outdoor activities

5

Now that you're familiar with Isabelle's weekend, tick the correct completion of each statement (there is sometimes more than one correct answer).

1 Isabelle fait le ménage le weekend parce que...
   a elle a des enfants
   b elle travaille pendant la semaine
   c elle aime faire les tâches ménagères
2 Pour Isabelle, le plus important le weekend c'est de...
   a voir des amis
   b faire quelque chose avec les enfants
   c faire du vélo
3 Isabelle trouve qu'elle n'a pas beaucoup de temps pour...
   a recevoir des amis
   b lire   c aller au cinéma
4 En hiver, Isabelle...
   a a plus de temps libre
   b ne lit pas   c sort moins souvent

INFO LANGUE

- **VERB + VERB IN THE INFINITIVE**

- A verb can be followed by another verb in the infinitive, although the construction is not always the same as in English:

Je **veux aller** en France	*I want to go to France*
Il **doit appeler** sa femme	*He must call his wife*
Elle **aime chanter**	*She likes singing*
Vous devez **aller voir** ce film	*You must go and see that film*

- While some verbs are followed directly by an infinitive, others also need either *de* or *à* in front of the infinitive:

Nous **essayons de sortir** tous les weekends	*We try to go out every weekend*
J'ai **décidé de vendre** la maison	*I've decided to sell the house*
Elle n'**arrive** pas **à voir** ses amis	*She doesn't manage to see her friends*
Ils **apprennent à nager**	*They're learning to swim*

6 Below is a reply to the question '*Comment est-ce que vous passez vos weekends?*' Rewrite the sentences, replacing the English words with their correct form in French.

1 Le samedi (we try to) ...... faire les tâches ménagères le plus tôt possible.
2 Normalement, on (manage to) ...... tout finir avant midi.
3 S'il fait beau l'après-midi, on (like to) ...... faire du jardinage, ou s'il fait mauvais temps, parfois on (go and see) ...... un film.
4 Le dimanche, normalement on (go and have lunch) ...... chez mes beaux-parents, ou bien on invite des amis (to dinner) ....
5 Quelquefois, en été, (we decide to) ...... jouer au tennis ou bien (to go cycling) ...... , parce qu'on aime bien, tous les deux, les activités à l'extérieur.

Interview 2

Marie-Thérèse Lapre runs a sailing club on the lac de la Liez, one of the lakes which surround Langres. Our interviewer asked her about the different activities available on the lake.

LAC DE LA LIEZ

Règlement particulier du réservoir

1 Baignade. Aucune embarcation
2 Ecole de voile
3 Toutes embarcations sauf ski nautique
4 Chenal d'accès
 * toutes embarcations
 * vitesse limitée à 10 km/h
5 Ski nautique
 * toutes embarcations en dehors des périodes de ski
6 Pêche
 * embarcations sans moteur ou moteur arrêté
7 Réserve

1 Before listening to Marie-Thérèse, look at these different water-based activities and try to match each one to its English equivalent.

1	la voile	a	water skiing
2	la planche à voile	b	fishing
3	la natation	c	windsurfing
4	la pêche	d	scuba diving
5	la baignade	e	boating
6	le ski nautique	f	swimming
7	le canotage	g	canoeing
8	le canoë-kayak	h	bathing
9	la plongée sous-marine	i	sailing

ÉCOLE DE VOILE DÉPARTEMENTALE

Centre Culturel Haut-Marnais

2

((o))

a Listen to Marie-Thérèse. What reason does she give for not practising *le ski nautique*?

un voilier	*a yacht*
s'initier à	*to start*
un dériveur	*a dinghy*
un plan d'eau	*a man-made lake*
vaseux	*muddy*

1 L'eau est trop froide.
2 Il n'y a pas de plage.
3 Elle est trop vieille.

b Tick the activities that she mentioned in the list on page 152, then listen again to check you haven't missed any.

INFO
LANGUE

- **ON PEUT**

- To ask if something is possible, you can use *on peut...?* followed by an infinitive:

Qu'est-ce qu'**on peut** faire?
On peut se baigner?/faire du ski nautique?

Possible answers:

On peut pratiquer des dériveurs/le kayak/ la planche à voile/se baigner/faire du ski nautique
On ne peut pas faire de la plongée sous-marine

3

Here are some answers to questions which all used *on peut*. Can you work out the questions?

Example: On peut faire du ski nautique toute l'année
Quand est-ce qu'on peut faire du ski nautique?

1 Non, la plongée sous-marine n'est pas recommandée.
2 On peut pratiquer le canoë sur la rivière.
3 On peut se baigner quand il fait assez chaud.
4 Oui, on peut s'initier à la voile sur le lac.
5 On ne peut pas pratiquer le ski nautique quand il fait du vent.

4

((o))

a Listen again to Marie-Thérèse and tick any of the sentences that are true.
1 La planche à voile est prévue pour les jeunes qui veulent s'initier à la voile.
2 L'Optimist est le nom d'un petit canoë.
3 Selon Marie-Thérèse, la planche à voile est moins intéressante sur un lac que sur une rivière.
4 Au lac de la Liez il y a une place pour ceux qui veulent se baigner.
5 La plongée sous-marine n'est pas recommandée parce que l'eau est trop froide.

b Now write out the correct version of any sentences that are not true.

une planche à...

You've heard Marie-Thérèse talking about *une planche à voile* ('a windsurfing board'). *Planche* is the usual word for 'board', and there are many expressions on the model *une planche à...*

5

Can you match these different types of board with their English equivalent?

une planche à...		boards	
1	découper	a	pastry board
2	dessin	b	chopping board
3	pain	c	ironing board
4	pâtisserie	d	breadboard
5	repasser	e	skateboard
6	roulettes	f	drawing-board

6

Now cover up the list of types of board and complete the gaps with the name of the *planche* you need for each activity below.
1 Quand ils vont jouer dans le parc, les enfants prennent leur planche à ....
2 Pour faire ses plans, l'architecte utilise une planche à ....
3 Le chef prépare les légumes à l'aide d'une planche à ....
4 Ne coupe pas le pain à même la table! Utilise la planche à ....
5 Le pâtissier étale la pâte sur une planche à ....
6 Où est la planche à ......? Je voudrais marquer les plis de mon pantalon.

INFO LANGUE

- **SAVOIR OR POUVOIR?**
- Use *savoir* to say 'to know how to' do something:

Il **ne sait pas** conduire	He **can't** drive (because he hasn't learned/ doesn't know how to)
Elle **ne sait pas** lire	She **can't** read (because she hasn't learned/ doesn't know how to)
La première compétence, c'est de **savoir nager**	The first requirement is **to be able to swim**

- Use *pouvoir* to say 'to be physically able' to do something:

Il **ne peut pas** conduire	He **can't** drive (e.g. because he's broken his leg)
Elle **ne peut pas** lire	She **can't** read (e.g. because the bulb's gone)

For more on the different forms of *savoir* and *pouvoir*, see the Language Summary.

7 Complete these sentences with the appropriate part of *savoir* or *pouvoir*.

1 '......-vous conduire?' 'Non, je n'ai jamais pris de leçons.'
2 Il est trop malade. Il ne ...... pas marcher.
3 Le grand voilier est pour les jeunes qui ...... déjà faire de la voile.
4 'Est-ce que tu ...... parler espagnol?' 'Oui, je l'ai appris à l'école.'
5 Vous ne ...... pas faire de la plongée sous-marine aujourd'hui; le lac est trop vaseux.

8 Look at the list; say what you can and can't do (what you do and don't know how to do).

1 jouer aux échecs
2 conduire une moto
3 faire de la planche à voile
4 jouer du saxophone
5 faire de la cuisine cordon bleu
6 programmer un magnétoscope

9 ((o))
Jeu de rôle

You're on holiday near Langres and you're interested in finding out more about the various activities available at the lac de la Liez. Ask Marie-Thérèse Labry for more information.

Interview 3

We've already met Ernestine-Sophie, a radio journalist from the Ivory Coast. Here, our interviewer asked her about her holidays.

INFO LANGUE

- **HOLIDAYS/LEAVE/TIME OFF**
- To talk about time off work/leave, use *le congé*:

Je suis en congé pour trois semaines	**I've got** three weeks **off**
Il a pris **quatre jours de congé**	He's taken **four days leave**
Ils ont congé le lundi	**They have** Mondays **off**
Elle est **en congé de maternité**	She's **on maternity leave**
Tu devrais te mettre **en congé de maladie**	You should go **on sick leave**

- You can also sometimes use *le repos* for a short period off work:

Mon **jour de repos**, c'est le mardi	Tuesday is **my day off**
Sa famille a toujours observé **le repos dominical**	His family has always treated **Sunday** as a day of rest

- Use *les vacances* for school holidays, or for holidays away from home:

les grandes vacances	*summer holidays*
les vacances scolaires	*school holidays*

1
How would you say these sentences in French?
1 During the Christmas holidays, we're going skiing in Italy.
2 She begins her maternity leave next week.
3 He's not here today. Thursday is his day off.
4 What are you doing in your summer holidays?
5 Where is Isabelle? She's on sick leave.
6 Next week, I'm going to take three days off.
7 How many weeks holiday do you have?

2
Listen to Ernestine-Sophie talking about her holidays. Which of these activities is she planning to do?
1 faire du ski nautique
2 regarder des films
3 faire du vélo

vous avez droit...?	are you allowed...?
nous ne sentons pas	we don't feel
on peut l'obtenir	we can get it
dans le cadre de	in the context of

3
Listen again to Ernestine-Sophie and see if you can find the French equivalent of the expressions below.
1 annual leave
2 an absolute right
3 up till now
4 we don't feel the need
5 on the other hand
6 as part of my work

4
When you're familiar with what Ernestine-Sophie has to say, tick the correct answer to each question. (There may be more than one correct answer.)
1 Depuis combien de temps est-ce qu'elle travaille?
   a 14 ans   b 4 ans   c 40 ans
2 Pendant ce temps, combien de congés annuels a-t-elle pris?
   a aucun   b 3 semaines par an
   c dix jours
3 Pour quelles raisons peut-on demander des congés?
   a pour des raisons de santé
   b parce qu'on est fatigué
   c on n'a pas le droit de demander des congés
4 Combien de vacances est-ce qu'elle va prendre cette année?
   a elle ne va jamais en vacances
   b 6 jours   c 10 jours
5 Pourquoi va-t-elle au festival panafricain du cinéma?
   a dans le cadre de son travail
   b pour ses vacances
   c pour présenter les films

5
Look at these different uses of *cadre*:

a	dans **le cadre** de mon travail	as **part** of/in the **context** of my work
b	le **cadre** de la porte	the door **frame**
c	c'est un **cadre** bien agréable pour un concert	it's a very pleasant **setting** for a concert
d	il est **cadre** supérieur	he's a senior **executive**
	les **cadres moyens** de l'entreprise	the company's **middle management**

What do these sentences mean?
1 Elle habite dans un cadre très joli.
2 Le cadre était vide. On avait volé la peinture.
3 Les cadres supérieurs sont allés à Paris dans le cadre du travail.

6
Jeu de rôle
Play the part of Ernestine-Sophie being interviewed about her time off work.

Découverte
• Les loisirs des Français

Femmes: du tricotage au bricolage

1 Before you read the article below about the changing leisure pursuits of women, try to predict which of the following conclusions will be made.

1 Les femmes font plus de bricolage qu'il y a cinq ans.
2 Plus de femmes que d'hommes aiment le bricolage.
3 Aujourd'hui, ce sont les hommes qui préfèrent le tricotage au bricolage.

2 Now read the article and try to find the French expressions for the following:

1 knitting
2 sewing
3 to go in for DIY
4 balls of wool
5 darning
6 the rise in the number who work

les ventes	*sales*
chuter	*to fall dramatically*
malgré	*in spite of*

INFO LANGUE

• **MORE AND MORE/LESS AND LESS**

• To say 'more and more', use *de plus en plus*:

de plus en plus souvent elles deviennent **de plus en plus** compétentes	*more and more* often they're becoming *more and more* competent/ increasingly competent

• To say 'less and less' or 'fewer and fewer', use *de moins en moins*:

Les femmes d'aujourd'hui font **de moins en moins** d'activités traditionnelles Elles passent **de moins en moins** de leur temps à la maison	*Today's women are doing **fewer and fewer** traditional things* *They're spending **less and less** of their time at home*

3 What does the last sentence of the article mean (from *De plus en plus souvent...*)?

Femmes: du tricotage au bricolage

Les femmes ne tricotent plus. Les ventes de pelotes de laine ont chuté de 57% en cinq ans. Seules 45% déclaraient tricoter au moins occasionnellement en 1992, contre 70% en 1987. Les autres activités traditionnelles comme la couture ou le reprisage sont en déclin, au profit du bricolage et de la décoration. Malgré l'accroissement de leur taux d'activité professionnelle, 75% d'entre elles trouvent le temps de s'adonner au bricolage, un taux proche de celui des hommes (85%). De plus en plus souvent, les femmes achètent elles-mêmes leur matériel; elles deviennent de plus en plus compétentes pour effectuer des travaux de plus en plus variés.

Source: Francoscopie

Le repos dominical

1

Read *Le repos dominical* and try to find the expressions that mean:
1 almost a hundred years
2 combining it with Saturday
3 this weekly break
4 an important stage in the Sunday ritual
5 sharply on the decline

dominical	to do with Sunday
le jumelage	twinning
privilégier	to favour
le gigot	leg of lamb
ne...guère	hardly
le ménage	household

Le repos dominical

Si le repos dominical est une conquête presque centenaire, son jumelage avec le samedi (ou le lundi pour les commerçants) est beaucoup plus récent. Même si certains Français n'en bénéficient pas, la plupart apprécient cette parenthèse hebdomadaire entre deux semaines de travail.

Pour la plupart, le dimanche est synonyme de fête et de famille. Neuf Français sur dix le passent en famille et il n'est pas rare que trois générations se retrouvent; les couples mariés se déplacent fréquemment chez leurs parents ou beaux-parents pour déjeuner avec eux, avec leurs propres enfants.

Le repas dominical est en effet une étape importante du rituel dominical. 60% des familles font plus de cuisine le dimanche; la plupart privilégient la cuisine traditionnelle (poulet, gigot...) et terminent le repas avec un gâteau.

Les loisirs dominicaux n'évoluent guère: la famille, les amis et la télévision y tiennent la plus grande place. Mais une autre tradition, celle de la messe, est au contraire en nette diminution; moins d'un quart des ménages se rendent à l'église le dimanche.

Source: Francoscopie

2

a Which of these statements are true?
1 Ça fait presque cent ans que les Français ont traité samedi et dimanche comme des jours de congé.
2 En général les commerçants ne travaillent pas le lundi.
3 Le repas du dimanche est moins important que dans le passé.
4 La plupart des Français vont à la messe chaque dimanche.
5 Très peu de Français passent le dimanche en famille.

b Now correct any untrue statements and write them out.

3

Apart from having the English meaning of 'net', as in *un salaire net* ('a net salary'), where the opposite is *un salaire brut* ('a gross salary'), *net* also means 'clear-cut', 'clean', or 'marked'.

L'économie a connu un ralentissement **très net**	*The economy has suffered a **marked** slowing down*
Il a été très **net** à ce sujet	*He was very **clear** on this point*

What do these sentences mean?
1 J'ai la nette impression que les femmes s'intéressent de moins en moins au tricotage.
2 Il y a une différence très nette entre le dimanche des Français et celui des Britanniques.
3 Quel est le prix net de ce matériel?
4 L'image n'est pas très nette sur cette photo.

4

Before you read *Repos et congés*, see if you can match these words with their definition or synonym.

1 hebdomadaire
2 un grand nombre de salariés
3 bénéficient
4 entreprises
5 a accordé
6 jours ouvrables
7 en outre
8 jours fériés

a jouissent
b a donné
c les jours de congé pour tout le monde
d ce qui se passe toutes les semaines
e en plus
f les jours où l'on travaille
g sociétés
h beaucoup d'employés

a été porté à	*was increased to*
à cet égard	*in this respect*
les événements familiaux	*family occasions*

Repos et congés

Le repos hebdomadaire (24 heures consécutives par semaine) a été légalement institué en juillet 1906. Aujourd'hui, un grand nombre de salariés bénéficient de deux jours de repos par semaine, et certaines entreprises appliquent la semaine de quatre jours de travail.

C'est la loi du 20 juin 1936 qui a accordé aux travailleurs le droit aux congés payés: deux semaines par an. En mars 1956, leur durée a été portée à trois semaines (18 jours ouvrables). En mai 1969, une loi a fixé les congés payés annuels à quatre semaines (24 jours ouvrables). Ils ont été portés à cinq semaines en 1982. (La France dépasse largement à cet égard tous les autres pays.)

Les salariés bénéficient en outre de congés pour événements familiaux, de congés éducation et de dix jours fériés par an.

(Source: *Le nouveau guide France*, Hachette, 1994)

5

Read the article again and explain to an English friend what happened on each of the dates below.

1 juillet 1906   2 juin 1936   3 mars 1956
4 mai 1969   5 1982

Le pass'sport

1

Before reading the extract below from a publicity leaflet about sports in Vichy, see if you can match these words and phrases with their English equivalent.

1 peu onéreux
2 un moniteur compétent
3 du matériel de qualité
4 accueille
5 s'adonnent à
6 l'escrime
7 le vélo cross
8 un mur d'escalade
9 une contrainte
10 un certificat de natation

a climbing wall
b quality equipment
c swimming certificate
d fencing (sport)
e skilled instructor
f mountain biking
g inexpensive
h restriction
i go in for
j welcomes

LE PASS'SPORT

Formule originale et peu onéreuse qui permet aux jeunes et moins jeunes de pratiquer des activités sportives dans un cadre agréable avec des moniteurs compétents et du matériel de qualité.

La ville de Vichy accueille chaque année avec cette formule plusieurs milliers de personnes qui s'adonnent à différents sports: tennis, tennis de table, escrime, vélo cross, mur d'escalade, trampoline, badminton, canoë-kayak, voile, planche à voile.

Quelques contraintes malgré tout: savoir nager 50 mètres ou présenter un certificat de natation lors de l'inscription au pass'sport.

Pour en savoir plus, écrire au:

Centre Omnisports de Vichy
'Pass'sport'
BP 2617-03206 VICHY CEDEX

2

a Which of these statements are true?
1 Seuls les jeunes ont droit de participer au pass'sport.
2 Vichy offre un grand choix d'activités sportives.
3 Même les gens qui ne savent pas nager peuvent s'inscrire au pass'sport.
4 L'inscription coûte très cher.
5 Au moment de s'inscrire, tout le monde doit nager 50 mètres.

b Correct and write out any statements that were untrue.

• Au Québec

1 Read this article about snowmobiles in Canada, and find the expressions that mean:
1 get on a snowmobile
2 has equipped itself with
3 trails   6 drivers
4 just as much ... as 7 accommodation
5 signposted   8 food and drink

grisant	heady, exhilarating
aménagé	laid out
le mordu d'inédit	adventure freak
relais chauffés	heated shelters

LA MOTONEIGE

Si vous voulez vivre en plein hiver une expérience peu commune, parcourir des kilomètres en forêt ou sur des lacs gelés, découvrir la grisante immensité d'un territoire, il n'y a qu'un seul moyen de satisfaire votre désir: enfourchez une motoneige.

Devant la popularité de la motoneige, le Québec s'est doté d'un réseau de sentiers aménagés pour satisfaire aussi bien le promeneur du dimanche que le mordu d'inédit: près de 30 000 km de pistes, incluant les 9000 km du réseau Trans-Québec, qui traversent presque toutes les régions de la province. Sur les sentiers balisés, les pilotes trouvent tous les services nécessaires: carburant, réparation et location, relais chauffés, hébergement et restauration.

2 Now answer these questions.
1 Quelle sorte de paysage est-ce qu'on peut traverser si on circule en motoneige?
2 Qui a le droit de bénéficier des équipements et des sentiers aménagés pour la motoneige au Québec?
3 Les pilotes, qu'est-ce qu'ils doivent faire pour trouver les services dont ils ont besoin?

1 Your English-speaking friend has decided to rent a snowmobile and has been given a contract to sign. Before reading the extract from it below, match these words with their English equivalent.
1 le locateur   6 le niveau d'essence
2 le locataire   7 la chaîne anti-vol
3 par rapport à   8 l'arrêt d'urgence
4 afin de   9 la marche-arrière
5 mise en garde

a in order to
b reverse gear
c security chain
d in relation to
e the person using the hired equipment
f emergency stop
g safety rules
h the person owning the hired equipment
i petrol gauge

Contrat de location

Règles de sécurité et d'utilisation de la motoneige expliquées par le locateur au locataire:
A) Par rapport au véhicule qui vous précède, circulez toujours à une distance d'au moins cinq motoneiges
B) Levez la main gauche afin d'indiquer un arrêt dans le sentier
C) Circulez le plus à droite possible dans les sentiers

Démonstration et mise en garde:
1 Utilisation du frein et de l'accélérateur
2 Lecture du niveau d'essence
3 Utilisation du cadenas anti-démarrage et de la chaîne antivol (OBLIGATOIRE)
4 Utilisation de l'arrêt d'urgence
5 Utilisation de la marche-arrière

Je comprends que je peux être tenu responsable de tous les dommages et même du vol survenus lors de ma randonnée. J'ai compris les consignes de sécurité et d'utilisation et je m'engage à les respecter.

Signature du locataire:_____

2 **a** Explain to your friend in English the three safety rules he must observe when driving the snowmobile.

b List in English the five things your friend has been shown how to deal with on the vehicle.

c In signing the hire agreement, what does your friend agree to accept responsibility for?

Le Canada

On associe la lutte la plus passionnée en faveur de la langue française avec le Québec. Pourtant, le Québec n'est pas la seule province canadienne à avoir subi une influence francophone: le Nouveau-Brunswick, ancienne Acadie française, est une province officiellement bilingue, qui participe en son propre nom aux sommets de la francophonie. Le Canada lui-même est officiellement membre à part entière du Commonwealth et de la francophonie.

Que savez-vous sur le Canada?

I

1 Comment s'appelle le navigateur italien parti de Bristol qui explora la côte est du Canada?
2 Comment appelle-t-on la communauté francophone vivant en Louisiane?
3 Dans quelle partie du Canada les habitants se sont-ils principalement installés?
4 Avec quel produit alimentaire associez-vous le petit déjeuner canadien?
5 Comment appelle-t-on un *hot dog* au Québec?

Check your answers by reading what follows.

Québec

CARTE D'IDENTITE DU CANADA

- **Géographie:** En superficie, le Canada est le second pays du monde après la Russie. Le climat nordique fait que de grands espaces sont inhabités et que la population s'est principalement installée le long de la frontière sud du pays. La capitale est Ottawa.

- **Superficie:** 9 970 610 km²

- **Population:** Il y avait 27,2 millions de Canadiens en 1991.

- **Densité de la population:** 2,7 habitants par km².

- **Le français au Canada:** L'anglais, le français et les langues indiennes sont les langues officielles du pays. Une loi de 1974 fait du français la seule langue officielle du Québec.

- **Situation politique:** Le Canada est un état fédéral, formé de dix provinces ayant chacune son Parlement.

- **Ressources naturelles:**
  - Grand producteur de blé et autres céréales
  - Les immenses forêts en font l'un des premiers producteurs mondiaux (45%) de papier et de bois.
  - Réserves de gaz, de pétrole et de charbon; riche en métaux. Deuxième pays au monde pour la production d'hydro-électricité. Industries variées.
  - Tourisme: 35 millions de visiteurs en 1992. Le Canada possède de nombreux parcs nationaux.

Quelques dates

1497: Parti de Bristol en Angleterre, Jean Cabot débarque sur la côte est du Canada.

1534: Jacques Cartier, navigateur breton, explore le Saint-Laurent et prend possession de la Nouvelle-France au nom de la France.

1713: L'Acadie devient anglaise. En 1755, le gouverneur anglais Lawrence fait déporter 14 600 Acadiens. Une communauté se fixe en Louisiane. Ce sont les Cajuns, déformation du nom Acadien. La Louisiane a aujourd'hui encore des liens étroits avec la francophonie.

1763: Toute la Nouvelle-France devient anglaise.

1774: L'Acte de Québec permet aux Français de conserver leurs institutions et leur religion. La résistance des Québécois à l'assimilation anglaise commence. Elle continue encore aujourd'hui.

Le français au Canada

En 1991, il y avait au Canada 6,5 millions de francophones. En pourcentage, la population anglophone représentait 60,5% de la population, la population francophone 23,8% et les Canadiens parlant d'autres langues 15,7%.

La lutte des Québécois en faveur de la langue française ne date pas d'aujourd'hui. Dès 1827, le français était autorisé dans les débats parlementaires et dans les tribunaux. Les timbres-poste dans les deux langues sont apparus en 1927, les billets de banque en 1936. En 1988, la loi sur les langues officielles a donné au français un statut identique à celui de l'anglais.

Le français canadien a conservé la saveur d'expressions utilisées par les premiers immigrants français aux XVI et XVIIe siècles. Ces mots d'ancien français se sont mélangés à des anglicismes et à des créations de mots spécifiques pour faire du français canadien une langue originale, presque aussi différente du français que l'anglais américain de l'anglais britannique.

français canadien	français de France
un chien chaud	un hot dog
arriérer	reculer
canceller	annuler
un bec	un baiser
un char	une voiture
magasiner	faire des courses
des rôtis	du pain grillé
un breuvage	une boisson

2 Answer these questions in French.

1 La population francophone est-elle majoritaire au Canada?
2 Quelles sont les langues officielles au Canada?
3 De quelle année date l'Acte du Québec?
4 Quelles sont les deux importantes influences qui rendent le français canadien différent du français de France?
5 Combien de provinces y a-t-il au Canada?

Saviez-vous que...?

- Le Canada est vingt fois plus étendu que la France (la province de Québec trois fois plus).
- La distance entre la côte est et la côte ouest du Canada est la même qu'entre Paris et la frontière de la Chine.
- La devise du Canada est 'D'un océan à l'autre'; celle du Québec 'Je me souviens'.
- La chanson québécoise est très appréciée depuis le succès du chanteur Félix Leclerc dans les années 50.
- Le sirop d'érable est consommé au petit déjeuner ou dans les desserts.
- Le mot 'Canada', qui signifiait 'lieu de rencontre' chez les Indiens Algonquins, existait avant l'arrivée des colons.

Echange

Louer une motoneige

While in Canada, our reporter, Louise-Hélène Riople, went to hire a snowmobile.

s'élever à	*to amount to*
assurances comprises	*including insurance*
le montant de location	*total hire charge*
en cas d'accident	*in the event of an accident*

1 ((o))
Listen to the conversation and tick the correct sentence each time.
1 a Elle veut louer deux motoneiges pour une journée.
  b Elle veut louer une motoneige pour une demi-journée.
  c Elle veut louer deux motoneiges pour une demi-journée.
2 a Elle a besoin d'un guide et de vêtements spéciaux.
  b Elle a besoin d'un guide, mais elle ne veut pas louer de vêtements.
  c Elle veut des vêtements, mais elle n'a pas besoin de guide.
3 a Il y a une caution de 500 dollars et les assurances ne sont pas comprises.
  b Il y a une caution de 50 dollars et les assurances sont comprises.
  c Il y a une caution de 500 dollars et les assurances sont comprises.

2 ((o)) *Jeu de rôle*

Play the part of Louise-Hélène as she goes to hire a snowmobile.

Une panne de voiture

Caroline and her fiancé Thomas are on their way to spend the weekend with their friend Christine. But en route their car breaks down, so Thomas phones a garage for help.

INFO LANGUE

- **BREAKDOWN**
- To say your car's broken down:

Nous sommes tombés en panne
Notre voiture est en panne

- To say where you are:

Nous sommes	sur l'autoroute A3
	en pleine campagne
	juste à l'extérieur
	de Nevers
	en face de la gare
	à Tours…

- To say what's wrong:

La voiture est	en panne d'essence	*The car's out*
	en panne sèche	*of petrol*
Nous avons	un pneu crevé	*We've got a puncture*
	un pneu à plat	*… a flat tyre*
La batterie est à plat		*The battery's flat*

1 Can you match these car problems with their English equivalent on the next page?
1 Les freins ont lâché.
2 Le moteur a calé.
3 Les phares ne marchent pas.
4 Le tuyau d'échappement a sauté.
5 La voiture refuse de démarrer.
6 Le moteur surchauffe.
7 Il y a un trou dans le radiateur.

a There's a hole in the radiator.
b The lights won't work.
c The car won't start.
d The brakes have failed.
e The exhaust has blown.
f The engine's overheating.
g The engine's stalled.

2 ((o))

Listen to the phone conversation, then listen again and decide which of the above problems apply to Thomas' car.

dépanner	*to get going (again)/ help out/repair*
redémarrer	*to start up again*
une pièce de rechange	*a spare part*
sur place	*on the spot*
la dépanneuse	*the breakdown truck*
rater	*to miss*

3 ((o))

Use the words below to complete the sentences. Then listen again to check your answers.
1 Vous pouvez ...... quelqu'un pour nous ......?
2 Le moteur a commencé à ...... et puis ...... complètement.
3 ...... est en bon état.
4 Vous n'êtes pas ...... d'essence?
5 Il reste ...... dans ......?
6 Je n'ai pas l'impression que ...... ait chauffé.
7 J'ai ...... pour les voitures françaises.
   Je vais venir avec ...... au cas où...

le moteur   il s'est arrêté   de l'eau
tout ce qu'il faut   dépanner   la dépanneuse
la batterie   le radiateur   faire venir
caler   en panne

4 ((o))
Jeu de rôle
Play the part of Thomas and phone for help when your car breaks down.

Profil

We met Fatima Guerchou in Unit 9 where she talked about her integration in France. Here she talks about the Muslim festival of Ramadan.

pratiquant	*practising (Muslim, etc.)*
un croyant	*a believer*
décaler	*to move forward*
un écart	*difference, gap*
d'après la lune	*according to the moon*
les savants	*scholars*
mettre du neuf	*to put on new clothes*
des travaux pénibles	*hard work*
récupérer	*to make up, make good*
accoucher	*to give birth*

1 ((o))

Listen to Fatima, then try to answer these questions.
1 What is the date of Ramadan this year?
2 When will it be next year?
3 Why is it not always the same date?
4 Give three ways in which Muslims celebrate the end of Ramadan.
5 During Ramadan, who is allowed to eat and drink during the day?
6 What do these people have to do after Ramadan?
7 What special arrangements are there for children during Ramadan?

POINTS DE REPERE

At the end of this Unit, can you...
❑ talk about how you spend your leisure time?
❑ talk about your leisure activities?
❑ talk about time off work?
❑ ask for more information and hire equipment?
❑ talk about what you can do?
❑ discuss your car breakdown and obtain help?

• Self-Assessment Test 5

Quiz

Answer the following questions:
1 Quelle est la capitale du Sénégal?
2 Comment s'appellent les habitants du Sénégal?
3 En France, on va au collège à partir de quel âge?
4 Combien d'arrondissements y a-t-il à Paris?
5 Il y a plus de Portugais en France que d'Algériens. Vrai ou faux?
6 Quel est le nom du président du Front National en France?
7 Quel était le nom du chef du gouvernement de Vichy pendant la deuxième guerre mondiale?
8 Le Canada est plus grand que les Etats-Unis. Vrai ou faux?
9 Dans quelle province canadienne est-ce que le français est la seule langue officielle?
10 Il y a plus de Marocains en France que d'Algériens. Vrai ou faux?

Nationalités cachées

Replace each sign in the grid with a letter to find the names of eight different nationalities:

Indice: ◆ = I

Documents

1 Read this short item about French attitudes to sport and try to match the following French expressions with their English equivalents:
1 de plus en plus
2 les effectifs
3 au cours de
4 malgré
5 un accroissement
6 inscrits dans

a in spite of
b growth
c enrolled in
d members
e during
f increasingly

La pratique du sport

Les Français sont de plus en plus nombreux à avoir une activité sportive, même occasionnelle. Les effectifs des associations sportives ont d'ailleurs beaucoup progressé au cours des dix dernières années.

Mais malgré son accroissement récent, la pratique sportive reste assez faible en France, si on la compare à celle des autres pays, en particulier du nord de la Communauté européenne. Un tiers des Néerlandais, Danois, Allemands sont inscrits dans un club sportif, contre seulement un Français sur cinq, un Italien ou un Grec sur douze, un Portugais sur cinquante.

2 Read the item again and complete each sentence with either *plus* or *moins*:
1 Il y a dix ans, il y avait ...... de Français inscrits dans un club sportif.
2 Il y a ...... de Français que d'Italiens qui pratiquent le sport.
3 Les Portugais s'intéressent ...... au sport que les Français.

Les fêtes

Les congés en France sont en grande partie commandés par les fêtes. Celles-ci comprennent les fêtes religieuses, issues de la tradition catholique (Pâques, Ascension, Pentecôte, Assomption, Toussaint, Noël) et les fêtes civiles: celles qui sont célébrées dans la plupart des pays (Jour de l'An, Premier Mai) et celles qui évoquent les grandes dates de l'histoire nationale (Fête nationale commémorant la prise de la Bastille, Fête commémorant l'armistice du 11 novembre 1918, Fête de la Victoire du 8 mai 1945).

Fêtes légales

25 décembre: Noël
1er janvier: Jour de l'An
mars ou avril: lundi de Pâques
1er mai: Fête du Travail
8 mai: Fête de la Victoire
mai (un jeudi): Ascension
mai ou juin: lundi de Pentecôte
14 juillet: Fête Nationale
15 août: Assomption
1er novembre: Toussaint
11 novembre: Fête de l'Armistice 1918

Congés scolaires

Vacances de Noël et du Nouvel An: 13 jours
Vacances d'hiver: 8 jours
Vacances de printemps: 15 jours
Vacances d'été: 68 jours (de la fin juin au début septembre)
Vacances de Toussaint: 8 jours.

(Source: Le nouveau guide France, Hachette, 1994)

1 Read the article about public holidays in France, and find the French for each of the following:
1 Christmas
2 Easter
3 Whitsun
4 All Saints' Day
5 New Year
6 Labour day
7 Whit Monday
8 New Year's Day

2 From the article, identify three public holidays commemorating important dates in France's history.

Contrôle Langue

1 In each case put the verb in brackets into the appropriate form of either the imperfect or the perfect tense:

– Je m'appelle Claudine. Je .... (*naître*) en Algérie, où mon père .... (*travailler*) comme inspecteur d'école. Je .... (*venir*) en France quand je .... (*avoir*) 18 ans, parce que je .... (*vouloir*) poursuivre mes études à l'université de Paris. Au début, le climat algérien me .... (*manquer*), mais après un certain temps, je .... (*s'habituer*) au climat français. Je .... (*obtenir*) mon diplôme et pendant quelques années, je .... (*enseigner*) dans une école à Marseille. Mais en 1994, je .... (*changer*) de travail, parce que mon fiancé .... (*travailler*) à Bordeaux, et je .... (*vouloir*) le voir plus souvent.

SCORE: (1 point par bonne réponse): .../12

2 Put the words in the correct order and make complete sentences:
1 du • le • manque • me • Midi • soleil
2 à • apprendre • de • sœur • guitare • jouer • la • ma • veut
3 caisse • cent • dans • francs • il • la • manque
4 brouillard • de • du • le • Londres • manque • me • ne • pas • tout
5 de • devenue • en • est • inquiète • mère • plus • sa • plus
6 avons • congé • de • dernière • jours • la • nous • pris • semaine • trois

SCORE: (1 point par bonne réponse): .../6

3 How would you say the following in French?
1 I like having friends round.
2 The children want to go to the cinema.
3 She can't swim!
4 She must learn to swim.
5 Do you want to play golf?
6 Can you go water-skiing in the winter?
7 Are you going to try to do some DIY?

SCORE: (2 points par bonne réponse): .../14

4 Complete each sentence by inserting *à* or *de* if necessary. (Careful: in some cases, you don't need to add anything).
1 J'ai essayé .... vendre ma maison.
2 Nous devons .... changer de train.
3 Mon cousin préfère .... sortir seul.
4 Elle apprend .... jouer au tennis.
5 Est-ce que tu aimes .... apprendre le français?
6 Est-ce que ton neveu a réussi ... réparer son vélo?
7 Je ne veux pas .... voir ce film.

SCORE: (1 point par bonne réponse): .../7

5 a Match the words from each list which have a similar meaning:

1	un arrondissement	a	un commerçant
2	conserver	b	convaincre
3	une coutume	c	un décalage
4	un écart	d	garder
5	un marchand	e	une habitude
6	persuader	f	un quartier

SCORE: (1point par paire): .../6

b Now match the words which have opposite meanings:

1	l'amour	a	avancer
2	chaleureux	b	approuver
3	l'entente	c	froid
4	le plaisir	d	la haine
5	clair	e	le malentendu
6	condamner	f	le chagrin
7	reculer	g	vaseux
8	célibataire	h	marié

SCORE: (1 point par paire): .../8

6 Write down the French for:
1 household chores
2 windsurfing
3 swimming
4 ironing board
5 school holidays
6 maternity leave

SCORE: (1 point par bonne réponse:) .../6

7 Imagine you've been to visit the basilica in Yamoussoukro. You want to tell your friend about it. To help you prepare, write down the following in French:

1 The President of the Ivory Coast was born in Yamoussoukro.
2 They built the basilica between 1986 and 1989.
3 In your view, it is an extraordinary and magnificent building.
4 On the other hand, a lot of people say it is ugly and shocking.
5 You agree that the basilica represents great luxury in the middle of a poor country.
6 But you think it is marvellous that Africa is able to praise God in this way.

SCORE: (2 points par bonne réponse): | .../12 |

Contrôle Audio

8 (((o))) Listen to Karine Sechaud talking about how she spent her weekend. Tick the four activities she mentions:

1 went to see a film
2 had dinner with a friend
3 went for a boat trip on the lake
4 went to an art exhibition
5 went for a walk by the lake
6 went out with her two sisters
7 went to see an exhibition of Japanese prints
8 had a friend to stay

SCORE: (1 point par bonne réponse): | .../4 |

9 (((o))) Listen to Marie-Thérèse Labry talking about her garden and answer the following:

1 What size is her garden?
2 How big is her vegetable garden?
3 List four vegetables she grows in her garden.
4 Name two things she mentions as her great love.
5 List four fruit trees in her garden.
6 Name three things in the garden for her children.

SCORE: (1 point par bonne réponse): | .../15 |

Contrôle Parole

10 (((o))) You are planning to go on holiday to France with your family next summer, and you've got the phone number of a riverside holiday centre in the Dordogne which looks interesting. You ring the centre to find out more. Say:

1 Hello, is that the Camping des Granges?
2 I'd like some information about your campsite.
3 Do you have a swimming pool on the site?
4 How far are you from the river?
5 Is it possible to swim in the Dordogne?
6 Can the children learn canoeing?
7 Can we hire bikes during our stay?
8 Could you please send me a brochure?
9 My address is 14 Brookside Gardens, Wilton.
10 That's spelt: B-R-O-O-K-S-I-D-E G-A-R-D-E-N-S, W-I-L-T-O-N. Goodbye.

SCORE: (2 points par bonne réponse:) | .../20 |

LANGUE:	.../71
AUDIO:	.../19
PAROLE:	.../20
TOTAL:	.../110

LANGUAGE SUMMARY

The French Experience 2 is largely a course built around people speaking, and there are a few key differences between the grammar you read in books and the way people speak even in fairly formal settings. The main features of spoken French are not necessarily slang or 'substandard' any more than 'isn't' in English is less proper than 'is not'.

The grammar summarised in this reference section is based largely on written French, but here are some of the key features of spoken French to be aware of.

ASPECTS OF SPOKEN FRENCH

There are a number of differences between formal written French and the language which is used in everyday conversation by French speakers. Some of the most common are as follows:

1 OMISSION OF NE
In spoken French, it is normal to omit the **ne** in negative sentences:
J'ai pas d'argent. (*I've got no money.*) Ils vont pas nous aider. (*They're not going to help us.*)

2 ELISION OF FINAL -E
Even when it is not followed by a vowel, it is common to omit the final **-e** of words like **je**, **de**, **me**, **le** etc.:
Où s'trouve l'bureau d'poste? J'sais pas! (*Where's the Post Office? I don't know.*)

3 WORD ORDER
You will often hear a pronoun used when it is not yet clear what is being referred to. The noun itself is then added at the end of the sentence:
Tu l'as vu, ton ami? (*Have you seen your friend?*) Il coûte combien, ce livre? (*How much is this book?*)

4 VOCABULARY
Look out too for everyday words which only belong to the spoken language, such as:

spoken	normal	spoken	normal
un copain	un ami	une copine	une amie
un bouquin	un livre	une bagnole	une voiture
un gosse	un enfant	un mec, un type	un homme
le fric	l'argent	le boulot	le travail

ARTICLES

All articles agree in number and gender with the noun they refer to.

5 THE DEFINITE ARTICLE (LE, LA, L', LES)

masculine	**le**	**le** passeport
feminine	**la**	**la** maison
masculine or feminine before vowel or mute 'h'	**l'**	**l'**homme (m) **l'**amie
plural (m & f)	**les**	**les** enfants

L'assiette est sur **la** table. (*The plate is on the table.*)
Les enfants sont dans **le** jardin. (*The children are in the garden.*)

Although its use is broadly similar to English, there are times when the definite article is used in French but not in English:

• With parts of the body:
Elle a **les** yeux bleus. (*She has blue eyes.*)
Levez **la** main! (*Raise your hand!*) Note: you don't use the possessive here.

• With countries:
J'adore **la** France. (*I love France.*)

• With languages:
J'apprends **le** français et **le** russe. (*I'm learning French and Russian.*)

• When talking about a whole category of things, or things in general:
J'aime assez **le** vin, mais je préfère **la** bière. (*I quite like wine, but I prefer beer.*)
L'essence devient de plus en plus chère. (*Petrol is becoming more and more expensive.*)

* With abstract nouns:

L'argent ne fait pas **le** bonheur. (*Money doesn't guarantee happiness.*)

6   THE INDEFINITE ARTICLE (UN, UNE, DES)

masculine   **un**   **un** homme
feminine   **une**   **une** région
plural (m & f)   **des**   **des** fleurs

J'ai acheté **un** gâteau, **une** bouteille d'eau et **des** pommes. (*I bought a cake, a bottle of water and some apples.*)

You use the indefinite article in basically the same way as you do in English, but remember to leave it out in French when you're talking about people's jobs or something that's a key part of your life:
Elle est boulangère. (*She's a baker.*)
Je suis étudiant à la Sorbonne. (*I'm a student at the Sorbonne.*)
Note that you do use the indefinite article after **c'est**.
Brigitte Bardot? C'est **une** actrice.

There are a number of situations where the French use **de** instead of **des**:
* After negatives: Je voudrais **des** timbres   **but**   Ils n'ont pas **de** timbres.

* After expressions of quantity:
des pommes   **but**   beaucoup **de** pommes
du fromage   **but**   un peu **de** fromage

The same applies to quantities in more precise amounts in expressions like these:
deux kilos de pommes   **une boîte d'**allumettes   **un mètre de** ruban   **une bouteille de** lait

* Before plural adjectives:
des maisons   **but**   **de belles** maisons
des coutumes   **but**   **de vieilles** coutumes

7   DEMONSTRATIVES (CE, CET, CETTE, CES)

Demonstratives are classed as adjectives but in fact behave like articles.

masculine noun	**ce**	**ce** billet
masculine noun starting with a vowel or ' h'	**cet**	**cet** animal, **cet** homme
feminine noun	**cette**	**cette** femme
plural	**ces**	**ces** fleurs

Remember that **ce** etc. can mean *this* or *that* and have to agree with the thing they refer to:
Tu connais **cet** homme? (*Do you know this/that man?*)

When you need to be clear about the distinction, add **-ci** to the noun to mean *this* or *these* and add **-là** to the noun to mean *that* or *those*:
Je préfère **ce** livre**-ci**. (*I prefer this book.*)
Ces femmes**-là** sont algériennes. (*Those women are Algerian.*)

8   POSSESSIVES

Again, possessives are adjectives but function in the same way as articles.
The words for *my*, *your*, etc. need to agree in number and gender with the thing possessed:

	my	*your* (**tu**)	*his/her*	*our*	*your* (**vous**)	*their*
masculine	mon	ton	son	notre	votre	leur
feminine	ma	ta	sa	notre	votre	leur
feminine singular before vowel or mute 'h'	mon	ton	son	notre	votre	leur
plural (m & f)	mes	tes	ses	nos	vos	leurs

* Remember to choose whether to use **son**, **sa** and **ses** (*his, hers*) according to the noun that follows, not according to the person doing the possessing as in English:
sa mère   (*his mother or her mother*)
ses dépenses   (*his expenses or her expenses*)

* Remember to use the masculine form, **mon**, **ton** or **son** before a word beginning with a vowel:
ma grande amie **but** **mon** amie

• Remember also to repeat the article before every noun:
Il adore **sa** femme et **ses** enfants. (*He loves his wife and children.*)

NOUNS

9 MASCULINE AND FEMININE

Nouns in French are either masculine or feminine.
Sometimes masculine and feminine versions of a particular thing are quite different words:

un homme	une femme
un oncle	une tante
un taureau	une vache

More frequently, masculine/feminine versions are closely related:

un étudiant	une étudiante
un acteur	une actrice
un chanteur	une chanteuse

And some words serve both masculine and feminine:
un/une artiste   un/une camarade   un/une enfant

• In a few cases, the word keeps the same gender regardless of whether it refers to a male or a female:
un ange (*an angel*), un témoin (*a witness*)
une connaissance (*an acquaintance*), une personne (*a person*), une vedette (*a star*), une victime (*a victim*)

• For jobs and professions, the masculine form can refer to either a man or a woman:
un auteur, un ingénieur, un médecin, un professeur

Notice the following ways of talking about women in these professions:
Madame le professeur   C'est une femme médecin   Elle est ingénieur

10 NOUNS FOR OBJECTS OR ABSTRACT IDEAS

In these cases, it is often difficult to predict whether a noun will be masculine or feminine, and you have to learn them individually.
However, there are a number of general rules which can help:

• Countries ending in **-e** are feminine (la France), except le Mexique. All others are masculine (le Portugal).

• Languages are all masculine: le français, le russe, etc.

• Days, months, seasons are all masculine: le lundi, février, le printemps

• Sometimes, word endings can give a clue as to gender:

Masculine:	**-ment**	le monu**ment**
Feminine:	**-ion**	la nat**ion**, la miss**ion**

11 PLURALS OF NOUNS

To form the plural of most nouns in French, add an '**s**' (as in English), although this does not make a difference to the way the word is pronounced:

le jardin	les jardin**s**	l'homme	les homme**s**	la banane	les banane**s**

Exceptions
• Nouns ending in **-s**, **-x** and **-z** do not change in the plural:
le bra**s** – les bra**s**   le pri**x** – les pri**x**   le ga**z** – les ga**z**

• Those ending in **-ou**, **-au**, **-eau** and **-eu** add an **-x**:
le bij**ou** (jewel) – les bij**oux**   l'**eau** – les **eaux**   le f**eu** – les f**eux**
but le pn**eu** – les pn**eus**

Those ending in **-al** change to **-aux**:
le chev**al** – les chev**aux**   le journ**al** – les journ**aux**
but le b**al** (dance) – les b**als**   le festiv**al** – les festiv**als**

• Note these special cases:
le trav**ail** – les trav**aux**   le ci**el** – les ci**eux**   l'**œil** – les **yeux**

ADJECTIVES

Adjectives agree with the noun they describe. The masculine singular form is the one shown first in a dictionary or glossary (grand: *large*)

12 FEMININE ADJECTIVES

To form the feminine of an adjective, normally you add an **-e** to the adjective, unless the masculine form already ends in **-e**:
mon père est grand   **but** la maison est grand**e**
but   un livre rouge   une pomme rouge

Exceptions:
Adjectives with the following endings have special forms in the feminine:

-eux > **-euse**	heur**eux** – heur**euse**
-if > **-ive**	act**if** – act**ive**
-er > **-ère**	ch**er** – ch**ère**
-ien > **-ienne**	ital**ien** – ital**ienne**
-el > **-elle**	cru**el** – cru**elle**

A number of common adjectives have their own special forms:

masculine	feminine
beau/bel *	belle
gros	grosse
blanc	blanche
nouveau/nouvel *	nouvelle
bon	bonne
long	longue
doux	douce
public	publique
faux	fausse
sec	sèche
frais	fraîche
vieux/vieil *	vieille

* Remember that the forms **bel**, **nouvel** and **vieil** are used before a masculine noun beginning with a vowel or a mute h (un bel enfant, le nouvel an, un vieil ami). This is for reasons of sound.

13 PLURAL OF ADJECTIVES

To form the plurals of adjectives, you normally add an **-s** to the masculine or feminine singular form, as appropriate:
il est petit   ils sont petit**s**   la maison est petite   les maisons sont petite**s**

Exceptions:
Adjectives which end in **-s** or **-x** don't change:
un passeport francais   des passeport**s** francais   un vin doux   des vin**s** dou**x**

Adjectives ending in **-eau** add an **-x**: un b**eau** château   de b**eaux** châteaux

Adjectives ending in **-al** change to **-aux**:   un traité internation**al**   des traités internation**aux**

14 POSITION OF ADJECTIVES

Normally adjectives are placed after the noun they refer to, except for some very common short ones:

autre	beau/bel/belle	bon/ne	gentil/le	grand/e	gros/se
haut/e	jeune	joli/e	long/ue	mauvais/e	
meilleur/e	petit/e	premier/ère	vieux/vieil/le	vrai/e	

un chien énorme   **but**   un gros chien
une femme charmante   **but**   une jolie femme

A few common adjectives have a different meaning depending on their position:

ancien	un **ancien** soldat	a former soldier
	un livre **ancien**	an ancient book
cher	un **cher** ami	a dear (precious) friend
	un repas **cher**	a dear (expensive) meal
dernier	le **dernier** mois	the last month (of a series) (opp. of 'premier' –'first')
	le mois **dernier**	last month (the previous one)

grand	un **grand** homme	*a great man*
	un homme **grand**	*a tall man*
pauvre	un **pauvre** enfant	*a poor child (to be pitied)*
	un enfant **pauvre**	*a poor child (destitute)*
propre	ma **propre** assiette	*my own plate*
	une assiette **propre**	*a clean plate*

15 COMPARATIVE ADJECTIVES

To say 'more' or 'less' with an adjective use *plus* or *moins*:
une **plus** grande maison (*a larger house*)
un livre **plus** intéressant (*a more interesting book*)
une chambre **moins** chère (*a less expensive room*)

Note that there are just two adjectives which have a different form:
bon (*good*)   meilleur (*better*)
mauvais (*bad*)   pire (or plus mauvais) (*worse*):

un **meilleur** vin (*a better wine*)   un **pire** ennemi (*a worse enemy*)   une **plus** mauvaise idée (*a worse idea*)

To make a comparison between two or more things, use **plus...que** (*more...than*), **aussi...que** (*as...as*) or **moins...que** (*less/fewer...than*):

Il est beaucoup **plus** âgé **que** sa femme. (*He is much older than his wife.*)
Elle est **aussi** intelligente **que** sa mère. (*She is as intelligent as her mother.*)
L'Hôtel Normandie est **moins** confortable **que** l'Hôtel d'Angleterre. (*The Hôtel Normandie is less comfortable than the Hôtel d'Angleterre.*)

16 SUPERLATIVES

The superlative (*the most.., the least...*) is formed by using the definite or possessive article before the comparative form:

le/la/les plus .... (*the most ......*)
le/la/les moins ..... (*the least ......*)

la plus belle plage (*the finest beach*)   **les moins** grands (*the smallest ones*)   **notre meilleur** vin (*our best wine*)

Note that when the adjective follows the noun, you need to repeat the article before the adjective:
Comparative: des restaurants plus élégants (*more elegant restaurants*)
Superlative: les restaurants **les** plus élégants (*the most elegant restaurants*)

Comparative: des dépenses moins onéreuses (*less costly expenses*)
Superlative: ses dépenses **les** moins onéreuses (*his least costly expenses*)

PREPOSITIONS

17 SAYING 'IN'

There are various ways of saying 'in' in French:
- use **à** with towns and cities: **à** Paris, **à** Rome (*in Paris, in Rome*)
- **en** with feminine countries and months of the year: **en** France, **en** Espagne   **en** juin, **en** décembre
- and **au/aux** with masculine countries: **au** Portugal   **aux** Etats-Unis
- use 'sur' in expressions where English would use 'in':
sur la photo (*in the photo*) **sur** son visage (*in his face*)
sur le cahier de rapport (*in the log book*)

18 SAYING 'ON'

Notice that French uses **dans** in expressions like these where English would say 'on':
dans le train (*on the train*) dans l'avion (*on the plane*)

19 SAYING 'FOR' WITH TIME

For + past time: Use **pendant** with the perfect tense:
J'ai étudié le russe **pendant** quatre ans. (*I studied Russian for four years [and then I stopped.]*)

For + continuing time: Use **depuis** with the present tense:
J'apprends le russe **depuis** quatre ans. (*I've been learning Russian for four years [and I still am.]*)

For + future time: Use **pour** with the future or immediate future tense:
Il va travailler en France **pour** trois ans. (*He is going to work in France for three years.*)

PRONOUNS

Pronouns need to agree in number and gender with the word they stand for.

20 PERSONAL PRONOUNS

Subject (I, you, he, she etc.)	Direct object (him, her, them) to/for them)	Indirect object (to/for him/her, himself, herself etc)	Reflexive (myself, yourself,
je	me	me	me
tu	te	te	te
il	le	lui	se
elle	la	lui	se
nous	nous	nous	nous
vous	vous	vous	vous
ils	les	leur	se
elles	les	leur	se

21 POSSESSIVE PRONOUNS (MINE, YOURS, HIS, HERS ETC)

The words for these agree in number and gender with the noun they stand for:
Tu n'as pas de voiture? Prends **la mienne**, alors! (*Haven't you got a car? Take mine, then!*)
Ton chien est malade? **Le mien** aussi! (*Your dog is ill? Mine too!*)
Mon appartement est plus grand que **le sien**. (*My flat is bigger than his/hers.*)

mine	yours(tu)	his, hers	our(s)	yours(vous)	theirs
le mien	le tien	le sien	le nôtre	le vôtre	le leur
la mienne	la tienne	la sienne	la nôtre	la vôtre	la leur
les miens	les tiens	les siens	les nôtres	les vôtres	les leurs
les miennes	les tiennes	les siennes	les nôtres	les vôtres	les leurs

22 STRONG PRONOUNS (MOI, TOI, LUI, SOI, ETC.)

The strong or emphatic pronouns are:
moi, toi, lui, elle, soi, nous, vous, eux, elles
These pronouns are used:
- for emphasis: **Moi**, je suis irlandaise. (*I'm Irish.*)
- after prepositions and **comme**: comme **lui** (*like him/her*)   chez **elle** (*at her home*)   avec **moi** (*with me*)
pas **lui**! (*not him!*) derrière **eux** (*behind them*) avant **vous** (*before you*)
- after **à** to express possession: Ces bijoux sont **à moi**. (*These jewels are mine.*)
- in comparisons: elle est plus grande que **lui**. (*She's bigger than him.*)
- before **aussi** and **non plus**: **toi aussi**! (*you too!*)   **moi non plus** (*me neither*)
- with **-même** for *self* or *selves*: moi-**même** (*myself*) soi-**même** (*oneself*)

23 OTHER PRONOUNS

Y, meaning *there, to it*, stands for a phrase beginning with **à, à la, à l', au,** or **aux**:
Elle aime le théâtre? Oui, elle **y** va souvent (i.e. **y** = au théâtre)
Tu te souviens de notre séjour au Mont St Michel? Oui, j'**y** pensais ce matin. (from **penser à**)

En, meaning *some, any, of it, of them*, also stands for any phrase beginning with **de, de la, de l', du** or **des**:

Je voudrais **du** lait. Nous n'**en** avons plus (i.e. **en** = du lait)
Mont St Michel? Oui, je m'**en** souviens. (from **se souvenir de**)

En can also represent *from a place*:
Ta réunion est finie? Oui, j'**en** sors. (*Is your meeting finished? Yes, I'm just coming out of it.*)

Pronouns normally go in front of the verb. Where there is more than one pronoun, their order is as follows:

me	le	lui	y	en
te	la	leur		
se	les			
nous				
vous				

Du fromage? Il n'**y en** a plus. (*Cheese? There isn't any more.*)
Tu n'as pas les billets? Mais je **te les** ai donnés. (*Don't you have the tickets? But I gave them to you.*)

24 RELATIVE PRONOUNS (QUI, QUE)
To refer back to a noun, use:
qui (*who, which, that*) for the subject of the verb which follows:
Tu connais la femme **qui** habite ici? (*Do you know the woman who lives here?*)
or **que** (*whom, which, that*) for the object of the verb:
J'ai acheté le livre **que** vous cherchez. (*I've bought the book (which) you are looking for.*)

ce qui, ce que (*which, that*)
To refer back to an idea, or a whole clause, use **ce qui** for the subject of the verb:
Il m'a téléphoné, **ce qui** m'a beaucoup surpris. (*He telephoned me, which surprised me very much.*)
or **ce que** for the object of the verb:
Ce que je déteste, c'est l'hypocrisie. (*What I hate is hypocrisy.*)

25 DONT
Dont (*whose, of which, from which*) comes first in its clause:
La maison **dont** le jardin est petit. (*The house whose garden is small.*)
Dont is also used with verbs that take **de**:
Le restaurant **dont** il nous a parlé. (*The restaurant which he spoke to us about.*)
Ce **dont** elle se souvient. (*What she remembers.*)

26 CELUI, CELLE, CEUX, CELLES
Celui, celle etc. mean *the one, the ones*. Use them when it's already clear what you're referring to:

	the one	the ones
masculine	celui	ceux
feminine	celle	celles

De toutes les langues, l'italien est **celle** que nous préférons. (*Of all the languages, Italian is the one we prefer.*)

To say *this one* or *that one*, add **-ci** or **-là** to the word:
Quel parfum est-ce que vous préférez? **Celui-ci** ou **celui-là**? (*Which perfume do you prefer, this one or that one?*)
Ces pommes-**ci** sont moins chères, mais **celles-là** sont plus douces. (*These apples are cheaper, but those are sweeter.*)

NEGATIVES
27 NEGATIVE FORMS
Normally, a negative in French is made up of two parts: **ne + pas**, **ne + rien** etc.

The main negatives are:

pas	not	Je **ne** sais **pas**. (*I don't know.*)
rien	nothing	Il **ne** comprend rien. (*He understands nothing.*)
plus	no longer, no more	Ils **n'**ont **plus** de fromage. (*They've got no more cheese.*)
jamais	never	Elle **ne** m'écrit **jamais**. (*She never writes to me.*)
personne	nobody	Je **n'**ai vu **personne**. (*I've seen nobody.*)
aucun/aucune	none	Tu **n'**as **aucune** idée. (*You have no idea.*)
guère	scarcely, hardly	Vous **ne** l'avez **guère** touché. (*You've hardly touched it.*)
ni... ni...	neither... nor...	Il **ne** sait **ni** lire **ni** écrire. (*He doesn't know how to read or write.*)
nulle part	nowhere	Nous **ne** le trouvons **nulle part**. (*We can't find it anywhere.*)
que	only	Je **n'**ai **que** dix francs. (*I only have ten francs.*)

28 POSITION OF NEGATIVES
The general rule is that **ne** always comes before the verb and before any object pronouns, while **pas** etc. comes immediately after the verb.

Exceptions:
- **que** comes just before the word it refers to, which may not always be straight after the verb:
Nous n'allons en France **que** tous les deux ans. (*We only go to France every other year.*)

- with compound tenses:
pas, plus, rien, jamais, guère come after **avoir** or **être**:
Tu **n'**as **rien** vu? (*Haven't you seen anything?*)
Ils **n'**ont **jamais** visité l'Espagne. (*They've never visited Spain.*)

- **aucun, personne** come after the past participle:
Elle **n'**a vu **personne**. (*She's seen nobody.*)
Ils **n'**ont visité **aucun** de ces pays. (*They haven't visited any of those countries.*)

- When used with an infinitive, the two parts of the negatives **pas**, **plus**, **jamais**, **rien** both come before the infinitive: Je préfère **ne rien** dire. (*I prefer to say nothing*.)

- but with **personne** and **que**, the infinitive comes between the two parts:
Elle préfère **ne** voir **personne**. (*She prefers to see nobody*.)

- You can use **rien**, **personne**, **aucun** as the subject of a verb, in which case it comes before the verb:
Personne **n'**a répondu. (*Nobody replied*.) Rien **n'**est arrivé. (*Nothing happened*.)

- You can answer a question with just the negative:
Qui a téléphoné? **Personne**. (*Who phoned? Nobody*.)
Quel est le nom de cet acteur? **Aucune** idée. (*What's the name of that actor? No idea*.)

- It is possible to use more than one negative at a time without having the English effect of a double negative. In this case, they take the following order:
plus, **guère**, **jamais**, **rien**, **personne**, **aucun**, **nulle part**

Je n'y vais **plus jamais**. (*I never go there any more*.)
Nous n'avons **rien** trouvé **nulle part**. (*We haven't found anything anywhere*.)

VERBS
There are three main groups of verbs in French. These are distinguished by the ending of their infinitive form, which is **-er**, **-ir** or **-re**. The infinitive form is the one shown in a dictionary or a glossary. Most verbs in these groups follow a regular pattern, but a number of very commonly used ones do not always conform to this pattern, and are known as irregular verbs. (See page 181 for examples of the regular verbs, and pages 181–3 for the most common irregular ones.)

29   THE PRESENT TENSE
The present tense is used to talk about the current situation, what's happening now, or what usually happens:
Elle **a** quatre chats. (*She has four cats*.)
Nous **regardons** la télé. (*We're watching TV*.)
Tous les ans, ils **passent** leurs vacances en France. (*Every year they spend their holidays in France*.)

30   THE PERFECT TENSE
The perfect tense or **passé composé** is used to talk about completed actions in the past:

Nous **avons vu** la Tour Eiffel. (*We have seen the Eiffel Tower*.)
Elle **a passé** trois semaines en Afrique. (*She has spent three weeks in Africa*.)

The perfect tense is formed by using the present tense of **avoir** or **être** with the past participle of the verb:

j'ai **mangé**

The past participle normally takes its form from the infinitive of the verb:
for **-er** verbs, the past participle ends in **-é**:
parl**er** – j'ai parl**é**
for **-ir** verbs, it ends in **-i**:
fin**ir** – j'ai fin**i**
for **-re** verbs, it ends in **-u**:
vend**re** – j'ai ven**du**

The past participle of the most common irregular verbs is shown in the table on pages 181–3. In addition, you should learn the following very common ones:

connaître	j'ai connu
croire	j'ai cru
mettre	j'ai mis
offrir	j'ai offert
ouvrir	j'ai ouvert
plaire	j'ai plu
pleuvoir	il a plu
recevoir	j'ai reçu
suivre	j'ai suivi
vivre	j'ai vécu

31   THE PERFECT WITH ÊTRE

Most verbs use **avoir** with their perfect tense, but a small group use **être** instead. These are:

| aller | venir | monter | descendre | entrer | rentrer | rester | retourner |
| tomber | naître | devenir | mourir | arriver | partir | sortir | |

Je **suis venu**. (*I have come.*)   Il **est parti**. (*He has left.*)

In addition, all reflexive verbs form their perfect tense with **être**:

Je **me suis levé**. (*I got up.*)   Il **s'est rasé**. (*He has shaved.*)

When using one of the verbs in the list with **être**, the past participle has to agree with the subject of the verb. Add an 'e' for females and an 's' for plurals:

	singular	*plural*
masculine	il est né	ils sont nés
feminine	elle est née	elles sont nées

32   AGREEMENT OF PRECEDING DIRECT OBJECTS

When you have a preceding direct object in a sentence like:

Les livres que nous avons achetés. (*The books which we bought.*)

the object of the sentence (**les livres**) has to agree with the past participle because it precedes the verb: hence **achetés**. This is true for verbs taking **avoir** and for reflexive verbs: Elle **s'est lavée**.The presence of a relative pronoun (**que**) or a direct object pronoun (**le, la, les**) helps you to recognise these sentences:

Les pays **que** nous avons **visités**. (*The countries which we have visited.*)

Tu connais mes sœurs? Non, je ne **les** ai jamais rencontr**ées**. (*Do you know my sisters? No, I've never met them.*)

33   THE IMPERFECT TENSE

The imperfect tense is formed from the stem of the **nous** form of the present tense, with the imperfect endings:

devoir: nous dev/ons

je devais, tu devais, il/elle devait, nous devions, vous deviez, ils/elles devaient

The only exception to this rule is the verb **être**, whose imperfect is: **j'étais**, etc.

Use the imperfect to talk about:

• what things were like in the past:

Elle **avait** des cheveux longs quand elle **était** petite. (*She had long hair when she was young.*)

• what was going on when something else happened:

Il **dormait** quand nous sommes arrivés. (*He was asleep when we arrived.*)

• what used to happen regularly or repeatedly:

Elle **allait** au cinéma tous les samedis. (*She used to go to the cinema every Saturday.*)

34   THE FUTURE TENSE

The future is normally formed from the infinitive (without the final **e** if it has one), plus the future endings:

-ai	-ons
-as	-ez
-a	-ont

finir: je finirai   **parler:**   je parlerai   **vendre:**   je vendrai

je finir**ai**	nous finir**ons**
tu finir**as**	vous finir**ez**
il/elle finir**a**	ils/elles finir**ont**

The main exceptions to this rule are listed in the irregular verb table, on pages 181–3.

Use the future to talk about what will happen tomorrow, next year etc:

Elle **viendra** demain. (*She will come tomorrow.*)

Use the future after **quand** when the main verb is in the future:

Je serai là **quand** elle **arrivera**. (*I'll be there when she arrives.*)

For future events that you're sure about, it is better to use the present tense of the verb **aller** with the infinitive of the verb:

Nous **allons téléphoner** ce soir. (*We are going to phone this evening.*)

35 THE CONDITIONAL

The conditional corresponds to the English 'would'. or 'should'.You form the conditional with the future stem plus the imperfect endings (and there are no exceptions!)

être	je serais
vouloir	elles voudraient
avoir	il aura

Use the conditional in sentences with **si**, where a wish or a condition is expressed, to say what someone would do if their wish were fulfilled. In these cases, the verb after **si** must be in the imperfect:
Si je gagnais la loterie, **j'achèterais** une nouvelle maison. (*If I won the lottery, I'd buy a new house.*)

Use the conditional form of the verb **vouloir** for politeness:
Je **voudrais** deux kilos de prunes. (*I'd like two kilos of plums.*)

36 THE SUBJUNCTIVE

The subjunctive is much more commonly used in French than in English, although in practice only the present and perfect tenses are now in everyday use.

37 FORMING THE SUBJUNCTIVE

For the singular and **ils/elles** forms, most verbs use the stem of the **ils** form of their normal present tense and add the following endings:

je : -e
tu : -es
il/elle/on : -e
ils/elles : -ent

parler : ils parl/ent > je parle
finir : ils finiss/ent > je finisse
vendre : ils vend/ent > je vende

The **nous** and **vous** forms of the subjunctive end in **-ions** and **-iez** and are nearly always the same as the imperfect:
vendre : nous vend**ions**, vous vend**iez**
finir : nous finiss**ions**, vous finiss**iez**

The main exceptions are:

aller – j'aille
avoir – j'aie
être – je sois
faire – je fasse
pouvoir – je puisse
savoir – je sache
vouloir – je veuille
For a fuller list, see the irregular verb tables on pages 181–3.

38 USING THE SUBJUNCTIVE

It is used in a number of common situations:
• after certain expressions with **que** such as: il faut que, il semble que, il est possible que
Il faut **que** tu la **prennes**. (*You must take it.*)
Il est possible **que** tu **aies** raison. (*It's possible you're right.*)

• after verbs of emotion or feeling:
Je veux **que** tu la **prennes**. (*I want you to take it.*)
Je regrette **que** tu ne **sois** pas arrivé hier. (*I'm sorry you didn't arrive yesterday*.)

• after verbs expressing doubt or uncertainty:
Je ne crois pas **qu'**elle **soit** malade. (*I don't believe she's ill.*)

The French themselves don't use the subjunctive unless they really have to. For example, if the subject of both verbs is the same, you can avoid it by using an infinitive instead:
Il faut la prendre. (*You must take it.*) Je veux la prendre. (*I want to take it.*)

VERB CONSTRUCTIONS

When one verb follows another, the second and following verbs are in the infinitive. Some verbs are followed by the infinitive alone, others require **à** or **de** before the infinitive.

39   VERBS WITH DE + INFINITIVE

This is the most common group, and includes:

cesser de	décider de	défendre de (*to forbid*)	essayer de
éviter de	finir de	oublier de	refuser de

Elle refuse de partir. (*She refuses to leave.*)
Il est défendu de fumer. (*It is forbidden to smoke.*)

40   VERBS WITH À + INFINITIVE

This group includes:

aider à	apprendre à	commencer à	consister à
s'intéresser à	passer son temps à	préparer à	réussir à

Il a réussi à réparer notre voiture. (*He has managed to repair our car.*)

41   VERBS FOLLOWED DIRECTLY BY AN INFINITIVE

The most common of these are:

désirer	devoir	écouter	entendre	espérer	pouvoir
regarder	savoir	sembler	voir	vouloir	

Elle le regarde dormir. (*She is watching him sleep.*)
Nous espérons arriver avant sept heures. (*We hope to arrive before seven.*)

42   VERBS FOLLOWED BY OTHER PREPOSITIONS

Note the way prepositions are used in these examples:
Il étudie **pour** devenir professeur. (*He's studying in order to become a teacher.*)
Elle agit **sans** réfléchir. (*She acts without thinking.*)
Nous allons déjeuner **avant de** sortir. (*We're going to eat before going out.*)
Ils sont sortis **après avoir** déjeuné. (*They went out after eating.*)

43   VERBS TAKING A DIRECT OBJECT

Most verbs in French can take a noun or pronoun:
Elle lit le journal .(*She's reading the paper.*)   Elle le lit. (*She's reading it [i.e. the paper].*)

Verbs like the ones in this list take a direct object in French where they need an extra preposition in English. Note the differences between the French verbs and their English equivalents here:

attendre (*to wait for*), **chercher** (*to look for*), **demander** (*to ask for*), **écouter** (*to listen to*), **payer** (*to pay for*), **regarder** (*to look at*)

Ils attendent le train. (*They're waiting for the train.*)

44   VERBS TAKING AN INDIRECT OBJECT

Verbs which have a preposition attached must take an indirect object:

The indirect object can be either a noun: Elle parle à **son père**. (*She's talking to her father.*)
or a pronoun: Elle **lui** parle. (*She's talking to him [i.e. to her father]*)

Some French verbs take an indirect object where their English equivalents take a direct object.

Some take the preposition **à**:
plaire à (*to please*), **répondre à** (*to answer*), **ressembler à** (*to look like*), **téléphoner à** (*to phone*)

Je n'ai pas répondu à sa lettre. (*I haven't answered his letter.*)

In other cases, the verb requires **de**:
s'approcher de (*to approach*), **changer de** (*to change*), **se souvenir de** (*to remember*)

Nous devons changer de train. (*We must change trains.*)

There are a small group of verbs which take a different preposition, depending on the meaning:

jouer à	*to play a sport*:	il **joue au** tennis
jouer de	*to play a musical instrument*:	il **joue du** piano

servir à – *to be useful for*: Cela ne **sert à** rien. (*That's of no use.*)
servir de – *to serve as*: La table nous **sert de** bureau. (*We use the table as a desk.*)

45 IMPERSONAL VERBS

An impersonal verb is one which always has **il** as its subject. These are:

- Weather verbs: **il pleut**, **il fait beau**, **il neige** etc.

- Expressions of time: **il est** minuit, **il est** deux heures et quart etc.

but for dates, use c'est: c'est le 4 avril, etc.

- Others

il faut (*it is necessary*): Il faut payer à la caisse. (*You must pay at the cash desk.*)
il s'agit de (*it's a question of*): Il s'agit d'une erreur. (*There's been a mistake.*)
il vaut mieux (*it's better*): Il vaut mieux ne rien dire. (*It's best to say nothing.*)

46 C'EST AND IL EST

As a general rule, use **c'est/ce sont** in front of a noun or pronoun:
C'est Henri. (*It's Henri.*)
Ce sont mes enfants. (*They are my children.*)
C'est un brave homme. (*He's a fine man.*)
Qui est là? C'est moi. (*Who's there? It's me.*)

Use **il est/elle est** etc. when it is followed by an adjective:
Voici notre maison. Elle est grande. (*Here is our house. It's big.*)
Notre village? Il est difficile à trouver. (*Our village? It's hard to find.*)

Exceptions:
To talk about jobs or something that's a key part of your life, use **il est/elle est**:
Voici mon mari. Il est médecin. (*This is my husband. He's a doctor.*)
Mme Guyot est veuve. (*Mme Guyot is a widow.*)

If it is followed by an adjective on its own, and it refers back to an idea, use **c'est**:
Il viendra demain? C'est possible. (*Will he come tomorrow? It's possible.*)

47 USES OF AVOIR

A number of French expressions use the verb **avoir**, where in English, you would say to be:

j'ai soif	(*I'm thirsty*)	j'ai raison	(*I'm right*)	j'ai honte	(*I'm ashamed*)
j'ai faim	(*I'm hungry*)	j'ai tort	(*I'm wrong*)	j'ai sommeil	(*I'm sleepy*)
j'ai froid	(*I'm cold*)	j'ai peur	(*I'm afraid*)	j'ai vingt ans	(*I'm twenty*)
j'ai chaud	(*I'm hot*)				

QUESTIONS

48 ASKING QUESTIONS

There are three main ways of asking simple questions requiring a yes/no answer:
1 By intonation – raising the tone of your voice at the end of the question:
Vous êtes né en France? (*Were you born in France?*)

[Note: Where you expect yes as an answer, you can add n'est-ce pas to the end of your question:
Vous connaissez cet homme, **n'est-ce pas**? (*You know this man, don't you?*)]

2 By starting the question with **est-ce que**:
Est-ce que vous habitez près d'ici? (*Do you live near here?*)

3 When the subject is a pronoun, by inverting the verb and subject:
Pouvez-vous m'indiquer le chemin de la gare? (*Can you show me the way to the station?*)

[Note that if the verb ends with a vowel and the subject is **il** or **elle**, you need to insert a **-t-** between them, for the sake of the way it sounds:
Y **a-t-il** un musée dans ce quartier? (*Is there a museum in this part of town?*)]

- For reasons of sound, inversion with **je** is to be avoided, except for a few very common cases:
suis-je (*am I*), vais-je (*am I going*), puis-je [*instead of* peux-je] (*can I*)

- When the subject of the verb is a noun, a special form is used, which is normally reserved for written French:
Ton père parle-t-il français? (*Does your father speak French?*)

- When speaking, you would ask:
Ton père parle français? *or* Est-ce que ton père parle français? *or* Il parle français, ton père?

49   QUESTION WORDS
Pourquoi? (*why*), **Où?** (*where*), **Quand?** (*when*), **Comment?** (*how*), **Combien?** (*how many*)

Questions beginning with these words can be asked using each of the three forms above:
Comment ça va? (*How are you?*)
Quand est-ce que vous partez? (*When are you leaving?*)
Où sont-ils? (*Where are they?*)

• In spoken French, there are two other common question forms. You can
leave the question word to the end. This also emphasises the question word:
Ça coûte combien? (*How much does that cost?*)
Tu pars quand? (*When are you leaving?*)

Or you can invert the sentence with a noun as the subject:
Où va ton père? (*Where's your father going?*)
Combien coûtent ces pêches? (*How much do those peaches cost?*)

50   ASKING WHO, WHOM, WHAT?
To ask *who* or *whom*, use: **qui?** or **qui est-ce qui?** at the start of a sentence:
Qui est cet homme? (*Who is that man?*) Qui est-ce qui a appelé un taxi? (*Who called a taxi?*)

To ask *what*, use:
Que or **Qu'est-ce que?** again at the start of the sentence:
Que voulez-vous? (*What do you want?*) Qu'est-ce qu'elle sait faire? (*What does she know how to do?*)

The verb and its subject need to be inverted when **qui** or **que** are used by themselves:
Qui a-t-elle choisi? (*Whom has she chosen?*)
Que veux-tu? (*What do you want?*)

• Note that in spoken French, you can also ask *what?* by using **quoi** at the end of a sentence:
Tu cherches quoi? (What are you looking for?)

• **Qui** and **quoi** can also be used with prepositions like **à**, **avec**, **en** etc. and they can then be either at the begining or the end of the sentence:
Avec qui est-ce que tu sors? **or** Tu sors avec qui? (*Who are you going out with?*)

A quoi ça sert? **or** Ça sert à quoi? (*What's that for?*)

51   ASKING WHICH? QUESTIONS
The word for *which* is an adjective, and so it has to agree with the word it refers to:

	singular	plural
masculine	**quel**	**quels**
feminine	**quelle**	**quelles**

Its position can be either at the start or at the end of a sentence:
Quelles langues parlez-vous? (*Which languages do you speak?*)
Tu as visité quels pays? (*Which countries have you visited?*)

ADVERBS

52   FORMATION OF ADVERBS
In most cases, add **-ment** to the feminine form of the adjective: **heureux – heureuse – heureusement**

• if the adjective ends in a vowel, add **-ment** to the masculine form: jol**i** – joli**ment**

• if the adjective ends in **-nt**, change this to **-m** and then add **-ment**: fréque**nt** – fréqu**emment**

• exceptions: **énorme – énormément**; **profond – profondément**

There are a lot of common adverbs which are not based on an adjective, and which don't end in **-ment**:

assez, beaucoup, bien, bientôt, déjà, loin, souvent, trop, vite

53   POSITION OF ADVERBS
The normal place for an adverb is straight after the verb:
Elle va régulièrement à la messe. (*She regularly goes to Mass.*)
For emphasis, you can start a sentence with an adverb:
Heureusement, il en est sorti indemne. (*Fortunately, he came out of it unscathed.*)

VERB TABLES

REGULAR VERBS

-ER VERBS   PARLER (past participle: **parlé**)

	Present	Imperfect	Future	Conditional	Pres. Subj
je	parle	parlais	parlerai	parlerais	parle
tu	parles	parlais	parleras	parlerais	parles
il/elle	parle	parlait	parlera	parlerait	parle
nous	parlons	parlions	parlerons	parlerions	parlions
vous	parlez	parliez	parlerez	parleriez	parliez
ils/elles	parlent	parlaient	parleront	parleraient	parlent

-IR VERBS   FINIR (past participle: **fini**)

je	finis	finissais	finirai	finirais	finisse
tu	finis	finissais	finiras	finirais	finisses
il/elle	finit	finissait	finira	finirait	finisse
nous	finissons	finissions	finirons	finirions	finissions
vous	finissez	finissiez	finirez	finiriez	finissiez
ils/elles	finissent	finissaient	finiront	finiraient	finissent

-RE VERBS   VENDRE (past participle: **vendu**)

je	vends	vendais	vendrai	vendrais	vende
tu	vends	vendais	vendras	vendrais	vendes
il/elle	vend	vendait	vendra	vendrait	vende
nous	vendons	vendions	vendrons	vendrions	vendions
vous	vendez	vendiez	vendrez	vendriez	vendiez
ils/elles	vendent	vendaient	vendront	vendraient	vendent

COMMON IRREGULAR VERBS

The following are the most common irregular verbs in French.

A number of others whose only irregularity is the form of their past participle are listed in the Reference Section p 175.

N.B. The form of the conditional is not shown, since there are no exceptions to the rule (see page 177).

	present	imperfect	future	subjunctive			present	imperfect	future	subjunctive
	avoir (to have)	(pp: eu)					**être** (to be)	(pp: été)		
je	ai	avais	aurai	aie		je	suis	étais	serai	sois
tu	as	avais	auras	aies		tu	es	étais	seras	sois
il/elle	a	avait	aura	ait		il/elle	est	était	sera	soit
nous	avons	avions	aurons	ayons		nous	sommes	étions	serons	soyons
vous	avez	aviez	aurez	ayez		vous	êtes	étiez	serez	soyez
ils/elles	ont	avaient	auront	aient		ils/elles	sont	étaient	seront	soient
	aller (to go)	(pp: allé)					**boire** (to drink)	(pp: bu)		
je	vais	allais	irai	aille		je	bois	buvais	boirai	boive
tu	vas	allais	iras	ailles		tu	bois	buvais	boiras	boives
il/elle	va	allait	ira	aille		il/elle	boit	buvait	boira	boive
nous	allons	allions	irons	allions		nous	buvons	buvions	boirons	buvions
vous	allez	alliez	irez	alliez		vous	buvez	buviez	boirez	buviez
ils/elles	vont	allaient	iront	aillent		ils/elles	boivent	buvaient	boiront	boivent

devoir (*to have to, to be obliged to*) (*pp*: dû)

je	dois	devais	devrai	doive
tu	dois	devais	devras	doives
il/elle	doit	devait	devra	doive
nous	devons	devions	devrons	devions
vous	devez	deviez	devrez	deviez
ils/elles	doivent	devaient	devront	doivent

écrire (*to write*) (*pp*: écrit)

je	écris	écrivais	écrirai	écrive
tu	écris	écrivais	écriras	écrive
il/elle	écrit	écrivait	écrira	écrive
nous	écrivons	écrivions	écrirons	écrivions
vous	écrivez	écriviez	écrirez	écriviez
ils/elles	écrivent	écrivaient	écriront	écrivent

lire (*to read*) (*pp*: lu)

je	lis	lisais	lirai	lise
tu	lis	lisais	liras	lises
il/elle	lit	lisait	lira	lise
nous	lisons	lisions	lirons	lisions
vous	lisez	lisiez	lirez	lisiez
ils/elles	lisent	lisaient	liront	lisent

partir (*to leave*) (*pp*: parti)

je	pars	partais	partirai	parte
tu	pars	partais	partiras	partes
il/elle	part	partait	partira	parte
nous	partons	partions	partirons	partions
vous	partez	partiez	partirez	partiez
ils/elles	partent	partaient	partiront	partent

prendre (*to take*) (*pp*: pris)

je	prends	prenais	prendrai	prenne
tu	prends	prenais	prendras	prennes
il/elle	prend	prenait	prendra	prenne
nous	prenons	prenions	prendrons	prenions
vous	prenez	preniez	prendrez	preniez
ils/elles	prennent	prenaient	prendront	prennent

sortir (*to go out*) (*pp*: sorti)

je	sors	sortais	sortirai	sorte
tu	sors	sortais	sortiras	sortes
il/elle	sort	sortait	sortira	sorte
nous	sortons	sortions	sortirons	sortions
vous	sortez	sortiez	sortirez	sortiez
ils/elles	sortent	sortaient	sortiront	sortent

vouloir (*to want, to wish*) (*pp*: voulu)

je	veux	voulais	voudrai	veuille
tu	veux	voulais	voudras	veuilles
il/elle	veut	voulait	voudra	veuille
nous	voulons	voulions	voudrons	voulions
vous	voulez	vouliez	voudrez	vouliez
ils/elles	veulent	voulaient	voudront	veuillent

dire (*to say, to tell*) (*pp*: dit)

je	dis	disais	dirai	dise
tu	dis	disais	diras	dises
il/elle	dit	disait	dira	dise
nous	disons	disions	dirons	disions
vous	dites	disiez	direz	disiez
ils/elles	disent	disaient	diront	disent

faire (*to do, to make*) (*pp*: fait)

je	fais	faisais	ferai	fasse
tu	fais	faisais	feras	fasses
il/elle	fait	faisait	fera	fasse
nous	faisons	faisions	ferons	fassions
vous	faites	faisiez	ferez	fassiez
ils/elles	font	faisaient	feront	fassent

mourir (*to die*) (*pp*: mort)

je	meurs	mourais	mourrai	meure
tu	meurs	mourais	mourras	meures
il/elle	meurt	mourait	mourra	meure
nous	mourons	mourions	mourrons	mourions
vous	mourez	mouriez	mourrez	mouriez
ils/elles	meurent	mouraient	mourront	meurent

pouvoir (*to be able*) (*pp*: pu)

je	peux/puis	pouvais	pourrai	puisse
tu	peux	pouvais	pourras	puisses
il/elle	peut	pouvait	pourra	puisse
nous	pouvons	pouvions	pourrons	puissions
vous	pouvez	pouviez	pourrez	puissiez
ils/elles	peuvent	pouvaient	pourront	puissent

savoir (*to know*) (*pp*: su)

je	sais	savais	saurai	sache
tu	sais	savais	saurais	saches
il/elle	sait	savait	saura	sache
nous	savons	savions	saurons	sachions
vous	savez	saviez	saurez	sachiez
ils/elles	savent	savaient	sauront	sachent

venir (*to come*) (*pp*: venu)

je	viens	venais	viendrai	vienne
tu	viens	venais	viendras	viennes
il/elle	vient	venait	viendra	vienne
nous	venons	venions	viendrons	venions
vous	venez	veniez	viendrez	veniez
ils/elles	viennent	venaient	viendront	viennent

COUNTRIES AND NATIONALITIES

	Pays/Région / Continent	Habitants
Europe	l'Europe (f)	Européen
France	la France	Français
Alsace	l'Alsace (f)	Alsacien
Auvergne	l'Auvergne (f)	Auvergnat
Brittany	la Bretagne	Breton
Burgundy	la Bourgogne	Bourguignon
Corsica	la Corse	Corse
Normandy	la Normandie	Normand
Provence	la Provence	Provençal
Great Britain	la Grande-Bretagne	Britannique
England	l'Angleterre (f)	Anglais
Ireland	l'Irelande (f)	Irlandais
Scotland	l'Ecosse (f)	Ecossais
Wales	le pays de Galles (m)	Gallois
Austria	l'Autriche (f)	Autrichien
Belgium	la Belgique	Belge
Denmark	le Danemark	Danois
Finland	la Finlande	Finlandais
Germany	l'Allemagne (f)	Allemand
Greece	la Grèce	Grec
Holland	les Pays-Bas (m)	Néerlandais
Israel	l'Israël (m)	Israélien
Italy	l'Italie (f)	Italien
Lebanon	le Liban	Libanaise
Luxembourg	le Luxembourg	Luxembourgeois
Norway	la Norvège	Norvégien
Poland	la Pologne	Polonais
Portugal	le Portugal	Portugais
Russia	la Russie	Russe
Spain	l'Espagne (f)	Espagnol
Sweden	la Suède	Suédois
Switzerland	la Suisse	Suisse
Turkey	la Turquie	Turc

Africa	l'Afrique (f)	Africain
Algeria	l'Algérie (f)	Algérien
Egypt	l'Egypte (f)	Egyptien
Ivory Coast	la Côte-d'Ivoire	Ivoirien
Morocco	le Maroc	Marocain
Senegal	le Sénégal	Sénégalais
South Africa	l'Afrique du Sud (f)	Sud-Africain
Tunisia	la Tunisie	Tunisien
Asia	l'Asie (f)	Asiatique
China	la Chine	Chinois
India	l'Inde (f)	Indien
Japan	le Japon	Japonais
Pakistan	le Pakistan	Pakistanais
Vietnam	le Viêt-nam	Vietnamien
America	l'Amérique (f)	Américain
Argentina	l'Argentine (f)	Argentin
Brazil	le Brésil	Brésilien
Canada	le Canada	Canadien
Chile	le Chili	Chilien
Mexico	le Mexique	Mexicain
Peru	le Pérou	Péruvien
United States	les Etats-Unis (m)	Américain
West Indies	les Antilles (f)	Antillais
Australia	l'Australie (f)	Australien
New Zealand	la Nouvelle-Zélande	Néo-zélandais

ANSWERS

UNITÉ 1: LANGUES ET PAYS
A l'écoute
Quelles langues parlez-vous?
2 (p 8) 1d 2f 3g 4h 5a 6c 7e 8b 9j 10i
3 (p 8) 1 She speaks Flemish very well and she gets by in French. 2 Do you speak any other languages apart from French? 3 Which language do you speak best? - German. 4 My friend Yves speaks a little English, but his mother tongue is French. 5 We speak German at home. 6 My children are learning Spanish and German at school.
Interview 1
1 (p 9) Domicile: Abidjan; Nationalite: ivoirien; Langue maternelle: adioukrou; Autres langues: français, un peu d'anglais
2 (p 9) a b e g j
3 (p 9) se comprendre, commune, utiliser, maternelle, communication, coloniale
4 (p 9) 1 maternelle 2 nationale 3 étrangères 4 officielles 5 française 6 commune 7 internationale 8 coloniale
5 1b 2c 3c 4c 5a
6 (p 10) 1 J'ai appris le français... 2 à l'école 3 au Canada 4 en Belgique 5 en Bretagne 6 à Paris 7 Quelle est la capitale...? 8 de l'Italie 9 du Canada 10 de la Suisse 11 de la Belgique 12 de la Côte d'Ivoire 13 des Pays-Bas 14 du Portugal 15 des Etats-Unis 16 La capitale de l'Italie c'est Rome. 17 La capitale du Canada c'est Ottawa. 18 La capitale de la Suisse c'est Berne. 19 La capitale de la Belgique c'est Bruxelles. 20 La capitale de la Côte d'Ivoire c'est Abidjan. 21 La capitale des Pay-Bas c'est La Haye. 22 La capitale du Portugal c'est Lisbonne. 23 La capitale des Etats-Unis c'est Washington.
7 (p 10) 1 en 2 l' 3 au 4 le, à l' 5 des 6 la, la, le, l' 7 en, en 8 du
Interview 2
1 (p 11) 1a 2b 3a 4c 5b
3 (p 11) 1 hispanophone 2 arabophone 3 francophone 4 germanophones 5 anglophobe 6 francophile
Interview 3
1 (p 12) l'allemand, le français, le romanche, l'italien
2 (p 12) 1b 2b 3b 4a 5b 6a
3 (p 12) Angleterre - bien - ne parle pas - apprend - école - d'anglais - français - communiquer - débrouille - italienne - italien - l'Angleterre
4 (p 13) 1 Un tiers de la classe parle une langue étrangère. 2 Trois quarts de la population parle la langue officielle. 3 Il parle une vingtaine de langues! 4 J'apprends le français depuis une quarantaine d'années. 5 J'ai une centaine de livres. 6 ça coûte des centaines de francs.
6 (p 13) 1 Vous habitez toujours à Abidjan? 2 Vous parlez français? 3 Vous apprenez des langues à l'école? 4 Ils ont quitté la Belgique? 5 Vous allez bien? 6 Vous connaissez la Suisse? 7 Vous apprenez le français depuis longtemps? 8 Vous êtes d'ici?
Découverte
La langue française
1 (p 15) 1k 2g 3c 4i 5j 6h 7b 8f 9e 10a 11d
La défense de la langue française
1a (p 16) 1, 2
1b 3 Pour beaucoup de jeunes il (l'anglais) est la langue de la culture...
4 Dans les pays du monde où l'on enseigne une seule langue vivante, l'anglais domine largement...
5 En France, de nos jours, les publications scientifiques se font très souvent en anglais.
6 En 1990, 45% des congrès internationaux organisés en France avaient lieu en anglais.
2 (p 16) 1 la langue diplomatique 2 la langue du commerce 3 une langue vivante 4 la publicité 5 mots étrangers
4 (p 17) 1 l'enseignement du français 2 utiliser 3 les médias 4 A qui faites vous le plus confiance? 5 A propos de 6 sans opinion 7 utile 8 gênant 9 choquant 10 Estimez-vous...?
5 (p 17) 1 faux 2 vrai 3 faux 4 vrai 5 vrai
Echange
Au téléphone
1 (p 18) 1 Can you tell him that we're arriving on Monday evening? 2 Could I speak to you in French, please? 3 Could you help me, please? 4 Could we change our appointment, please? 5 Could you call me at home after ten this evening? 6 What can I do for you? 7 Can I call you back tomorrow? 8 I can't see you today but I could meet you tomorrow.
2 (p 18) 1c 2a 3a 4b 5c 6b 7b
3 (p 19) consultations - vendredi - samedi - urgence - adresse - heure
4 (p 19) 1 Je m'appelle Linda Robbins. 2 J'aimerais voir le médecin. 3 Ce n'est pas très urgent mais j'aimerais le voir demain. 4 Pourriez-je venir avant 11 heures? 5 Ou bien après seize heures. 6 Pourriez-vous me rappeler? 7 Mon numéro est le 24 45 33 72. 8 Si je ne suis pas ici 9 vous pouvez laisser un message sur mon répondeur. 10 Il est juste dix-neuf heures 11 mercredi soir. 12 Je vous remercie. 13 A demain, j'espère.
Profil (p 19) 1 120 - 125 million 2 150 - 180 million 3 200 million 4 Europe, North America and Africa 5 half 6 10 - 15 %
Horizon
1 (p 20) 1 le Québec 2 Louisiane 3 le Maroc, la Tunisie, la Lybie 4 Guadeloupe, Martinique 5 le Nigéria
2 (p 20) 1b 2c 3b 4b 5c

UNITÉ 2: ORIGINES ET LOGEMENTS
A l'écoute
Je suis d'origine lyonnaise
2 (p 22) 1 I grew up in a small village in the Doubs *département*. 2 My son studied in Canada. 3 For several years I lived in the Auvergne, not very far from Vichy. 4 I went to school in Cannes-la-Bocca, a suburb of Cannes on the *Côte d'Azur*. 5 My eldest daughter was born on 4th May, 1941, at Le Mans.
3a (p 22) 2 4 5
b 1 Elle est née dans un petit village du Lot en 1933. 3 Elle est restée à Lalbenque jusqu'à l'âge de seize ans. 6 Après son mariage, elle est allée vivre à Paris avec son mari. 7 Elle a vécu à Paris. 8 Elle adore le village de son enfance.
Interview 1
1 (p 23) Ghislaine Langres Haute-Marne Lyon
2 (p 23) 1 née - lyonnaise 2 restée - âge - Midi - à - de - Toulon 3 quitté - habite - dans
3 (p 24) 1 La Rochelle 2 Lille 3 Metz 4 Rennes 5 Brest 6 Vannes 7 Limoges 8 Aix
4 (p 24) 1 belge 2 londonienne 3 marseillais 4 espagnole 5 canadien 6 québécois 7 italienne

Interview 2
1b (p 25) 1 primary education 2 secondary education 3 higher education
2 (p 25) 1b 2b 3a 4a
3 (p 25) 1 Elle est née 2 Elle a grandi 3 Elle a étudié 4 elle est allée 5 Elle est restée 6 elle est rentrée/retournée
4 (p 25) 1 Je suis né(e) à ... 2 J'ai grandi à ... 3 Je suis resté(e) là pendant ... mois/ans 4 Je suis parti(e) à l'âge de ... ans. 5 J'ai fait mes études à ...
Interview 3
1 (p 26) 1d 2a 3b 4c
3 (p 26) 1 J'ai passé mon enfance 2 à 150 kilomètres au sud de Paris 3 on y retourne chaque année 4 notre famille est là-bas 5 Tu es attachée à cette région? 6 en dehors de
4a (p 26) 1 7
4b (p 26) 2 Elle a quitté le Nord à l'âge de six mois. 3 Le Loiret est à 150 kilomètres de Paris. 4 Isabelle est venue à Busset uniquement pour raisons professionnelles. 5 Les parents d'Isabelle habitent dans Le Loiret. 6 Ses parents retournent dans le Nord chaque année.
5 (p 27) Mon, ma, Leurs, notre, nos, nos, leurs, mes, Leurs, ma, son
6 (p 27) 1 Vous êtes nés ici? 2 Vous y avez passé aussi votre enfance? 3 Vous êtes partis à cause du travail/pour des raisons professionnelles? 4 Et vos parents? Ils habitent toujours là? 5 Et le reste de votre famille?
Découverte
L'intérieur d'une maison
1 (p 28) 1c 2f 3e 4g 5j 6h 7a 8d 9b 10i
2 (p 28) la cuisine, le salon, la salle de bains, la chambre à coucher
3a (p 28) 1 vrai 2 vrai 3 faux 4 faux
3b (p 28) 3 Les Français reçoivent leurs amis dans la cuisine. 4 Les Français veulent des toilettes autonomes.
Un logement sans problèmes
1 (p 29) 1 Est-ce qu'il y a le téléphone? 2 Et la cuisine, est-ce qu'il y a une cuisinière, un réfrigérateur et un congélateur? 3 Il y a beaucoup de terrain? Y a-t-il un jardin? 4 Il y a une douche ou une baignoire dans la salle de bains?
2 (p 29) 1c 2d 3h 4b 5g 6e 7a 8f
3 (p 30) mardi/ M. Toutbon/ Frédéric/ cheminée
mercredi/ M. Charrière/ Georges/ fenêtre
jeudi/ M. Dubois/ Alain/ carelage
vendredi/ Mme Delacave/ Thierry/ robinets
lundi/ Mme Laporte/ Jacques/ porte d'entrée
4 (p 30) village près centre château problèmes bloquée était guêpes jardin ordre
formidable Amitiés
Immobilier - petites annonces
1 (p 31) Argelès: 7 / 270 m²/ 800 m²/ detached/ garage/ 1,600,000 Francs
Thuir: 3 / 160 m²/ 600 m²/ semi-detached/ garage/ 580,000 Francs
Sainte-Sève: 4 / -/ approx. 1,000 m²/ - / -
2 (p 31) 1 à cinq cents mètres environ de la gare 2 à trois minutes de la mer 3 à quinze kilomètres de Bordeaux 4 cent cinquante mètres carrés 5 sept cent quatre-vingts mètres carrés
3 (p 31) Near Brest, semi-detached, 3 bedrooms. Excellent condition, gas central heating, approx. 700 square metres of

garden, garage, fitted kitchen. **12** kilometres from the beaches. Near shops. Not to be missed.
Profil (p 31) 1 origine 2 France
3 francophiles 4 arménien 5 arméniennes
6 française 7 Arménie 8 églises
Horizon
1 (p 32) 1a 2a 3a 4b
2 (p 32) 1 l'arabe 2 protectorat 3 plus de trois millions 4 l'école primaire 5 des liens
Echange
1 (p 34) 1 une chambre de libre pour ce soir 2 je suis désolée 3 je peux vous conseiller... 4 pas trop bruyants? 5 un hôtel calme 6 Est-ce que je pourrais vous demander...? 7 vous pouvez vous en servir 8 pour réserver à l'avance 9 Je vous en prie, madame.
Une visite dans une agence immobilière
1 (p 34) 1g 2a 3f 4e 5c 6d 7b
2 (p 35) 1b 2a 3b 4b
3 (p 35) 1 acheter une maison 2 nos annonces 3 quel genre de 4 ancienne, de style breton 5 l'ordinateur, campagne, manger, à une demi-heure de, terrain

SELF-ASSESSMENT TEST 1
Quiz (p 36) 1 F 2 V 3 F 4 V 5 F 6 V 7 F 8 V 9 F 10 F
Pays cachés (p 36) 1 TCHAD 2 MAROC 3 HAITI 4 GUYANE 5 FRANCE 6 SUISSE 7 GUINEE 8 CANADA
Document (p 37) 1 It should be practical, and should evoke the past with the use of decorative objects. 2 Cold laboratories and a return to nature. 3 Make sure there is enough space for two or three people to do the cooking, to sit at the table and read the newspaper. 4 Folding chairs and a table that can be extended. 5 Have the dishwasher near the sink, and if possible close to the cupboards. 6 Granite and marble. 7 In glass-fronted cupboards. 8 Copper pans. 9 White.
Contrôle langue
1 (p 38) 1 Vous pouvez téléphoner à l'avance pour réserver. 2 Je peux vous conseiller d'autres hôtels. 3 Je vous ai appelé hier soir. 4 Il rentre du travail vers quelle heure? 5 Il n'y a pas de numéro.
2 (p 38) 1 les Danois – le danois 2 les Suédois – le suédois 3 les Américains – l'anglais 4 les Tunisiens – l'arabe 5 les Néerlandais – le néerlandais
3 (p 38) 1 ma langue maternelle 2 une langue étrangère 3 la langue principale 4 la langue officielle 5 la langue commune
4 (p 38) Mes; leur; Mon; son; leurs; ma; mon; nos; Mes; leur
5 (p 38) 1 J'en ai besoin pour ce soir. 2 Il y en a beaucoup cette année? 3 Vous pouvez vous en servir si vous voulez. 4 Vous en avez parlé avec lui? 5 Vous n'en avez pas sur vous?
6 (p 38) Elle est née à Bruxelles en 1903 dans une famille française. Elle a habité en Belgique pendant son enfance. Elle a étudié le grec et le latin. Elle a beaucoup voyagé en Suisse et en Italie. Elle a commencé à écrire en 1929, et elle a passé quelques années aux Etats-Unis. En 1947 elle est devenue Américaine. Elle a écrit plusieurs romans bien-connus. Elle était la première femme élue à l'Académie Française en 1980. Elle est

morte en 1987.
Contrôle Audio
7 (p 39) 1a 2a 3b 4b 5a
8 (p 39) – Pas en France. – prochaines – choisir – politiques – grand temps – s'ouvre – en retard – certain nombre – la nation – langue française

UNITÉ 3: ARGENT
A l'écoute
Comment dépensez-vous votre argent?
2 (p 40) 1 Life's expensive in France. 2 Gas is dear. 3 This dress costs 380 francs. 4 My main outgoings are the car and the house. 5 The telephone costs me 400 francs a month. 6 Have you got two 5 franc coins please? 7 How much do you spend in the supermarket as a rule? 8 How much is a litre of petrol where you live? 9 Table wine isn't expensive in France. 10 I've got no money left. I've spent everything.
Interview 1
1 (p 41) le loyer l'electricité le gaz le téléphone les assurances la voiture les loisirs les impôts les weekends les vêtements les restaurants
2 (p 41) 1 les dépenses 2 le reste 3 réserver 4 les achats 5 coûter 6 produire
Interview 2
1 (p 41) 9 times
2 (p 42) 1 On dépense beaucoup pour le téléphone. 2 On part souvent au bord de la mer et ça coûte cher. 3 On a une petite maison à la campagne. 4 On a deux enfants. 5 On habite dans un petit village près d'une grande ville. 6 On n'arrive pas à mettre de l'argent de côté.
3 (p 42) 1c 2f 3e 4a 5d 6g 7b
4 (p 42) 1a 2a 3b 4b 5a
5 (p 43) 1 que 2 que 3 où 4 qui 5 qu' 6 où
6 (p 43) 1 les villes que je préfère 2 le jour où je me suis marié(e) 3 les sites qu'elle visite 4 les gens qui paient leurs contraventions 5 des écoles qui ne possèdent pas de parking
Interview 3
1 (p 43) 1a 2b 3a 4b
2 (p 44) 1 buying a house 2 buying a car 3 going on holiday 4 buying shoes 5 buying clothes 6 going to the cinema 7 paying the insurances 8 paying the rent 9 having dinner in a restaurant 10 paying the gas bill 11 paying taxes
3 (p 44) 1 2 3 4 5 6 9 11
4 (p 44) 1 L'électricité est plus chère que le gaz. 2 L'éducation est de plus en plus importante. 3 J'ai moins de dépenses cette année. 4 Il gagne moins d'argent que sa femme. 5 Elle achète plus de vêtements que sa fille.
5 (p 44) 1 She gives herself a treat by going to the cinema. 2 He spends a lot on going out to dinner at the restaurant. 3 I had an accident as I was parking my car. 4 I relax by listening to music. 5 Will you have a coffee while you're waiting?
6 (p 44) 1 alimentation 2 prêt 3 voiture 4 plaisir 5 arrive 6 bavarde 7 plus, plus 8 moins, caddy
Interview 4
1 (p 45) 1g 2e 3f 4b 5a 6c 7d
2a (p 45) les voitures le beurre le riz les

vêtements le fromage les cigarettes
b importés douane élevés développés importer étranger énormément
3 (p 45) 2 3
4 (p 45) 1 birth rate 2 death rate 3 rate of inflation 4 exchange rate 5 interest rate 6 crime rate
Découverte
1 (p 46) 1b 2d 3a 4e 5c
2 (p 46) 1c 2b 3d 4e 5a 6f
3 (p 46) 1 plus que 2 moins 3 la plus 4 coûtent 5 dépenses beaucoup 6 diminuer le taux
Six bonnes raisons pour payer par carte
1 (p 47) 1 achats/ investissements 2 payer/ réglez 3 le panonceau 4 en quelques secondes 5 à toute heure 6 le plein d'essence 7 pas de problème 8 la station-service 9 du carburant 10 un code personnel
2 (p 47) 1c 2h 3f 4a 5i 6j 7b 8g 9d 10e
3 (p 47) 1 Lille est une ville très importante. 2 Le Président a annoncé une baisse importante des impôts. 3 Elle a fait un effort important. 4 50 000 francs est une somme importante.
4 (p 47) 1 On peut tout payer. 2 On peut payer très simplement. 3 On gagne du temps. 4 On évite les tracasseries. 5 On peut payer à toute heure. 6 On a beaucoup de sécurité.
Argent et culture
2a (p 48) 1e 2g 3a 4b 5c 6h 7f 8d
3 (p 48) 1 A gentleman was traditionally supposed to view money with suspicion and as 'a good servant and bad master'. 2 An individualistic and materialist society has placed money at its centre. 3 The three legitimate ways of getting money are earning it, through gambling or inheritance. 4 The recession has made money more desirable to those whose spending power has been reduced. 5 Reasons for a return to a more moralistic attitude to money are: religious and cultural traditions that continue to weigh heavy on the image of money; the return of inequality in income; the growth of corruption; the growing rôle of money in sport, in art or in some of the professions. There is a pressing need for humanism, solidarity and ethics. 6 Earning money is no longer shameful. 7 Earning too much money, too easily, has become suspect.
Echange
Des problèmes imprévus
Le distributeur a refusé ma carte
1 (p 49) 1i 2h 3c 4e 5d 6b 7c 8g 9f 10a
2 (p 49) 1b 2b 3c 4b 5b 6c 7a 8b 9c 10b
3 (p 49) 1 a refusé sa carte. 2 bande/ cartes à puce 3 frais supplémentaires 4 carte/ compte 5 à la caisse
Location de voiture
1 (p 50) 1b 2a/b 3b 4c 5a 6b
2 (p 50) 1h 2c 3a 4f 5g 6d 7b 8e
Profil
1 (p 51) 1 transport, education, rents, health 2 food, clothing 3 whoever in the family is working 4 a shirt every month, perfume, travel
2 (p 51) 1 four 2 450,000 CFA 3 He has no confidence in state education. She can only be guaranteed a future if she attends a

ANSWERS

private school. 4 Private schools are expensive.

Horizon
1 (p 52) 1 Le riz est le produit alimentaire que l'on associe principalement avec le Viêt-Nam. 2 En 1954 il y a eu la défaite française à Diên Biên Phû. 3 Les *boat people* étaient des Vietnamiens qui ont quitté le Viêt-Nam après la réunification du Nord et du Sud. 4 La guerre du Viêt-Nam s'est terminée en 1975. 5 Actuellement la ville de Saigon s'appelle Hô Chi Minh-Ville. 6 La mer située à l'est du Viêt-Nam s'appelle la mer de Chine.
2 (p 53) Statements 2, 3, 4 and 5 are true. 1 Le français est la troisième langue étrangère au Viêt-Nam, après le russe et l'anglais.
3 (p 53) 1 The ferry is crossing a branch of the Mekong river and is travelling between Vinhlong and Sadec. 2 There is a large plain of mud and rice. 3 The girl's mother tells her that she will never again in her life see such beautiful and wild rivers as the Mekong and its branches.

UNITÉ 4: ENVIRONNEMENTS
A l'écoute
Je suis très bien à Vichy
2 (p 54) 1 There are some very interesting monuments in this town. 2 The mountains are very close. We can ski in winter. 3 We're four hours by train from Paris. 4 We haven't got enough green spaces. 5 I prefer the sea to the mountains. 6 In Paris there are lots of problems with parking. 7 I wouldn't like to live far from the town where I was born.
Interview 1
1 (p 55) 1 The quality of life is excellent. 2 There are no traffic problems. 3 The climate is magnificent. 4 The architecture is very interesting. 5 There are lots of parks and green spaces. 6 There are lots of sports facilities. 7 The sea is close by. 8 There are lots of cinemas and theatres. 9 The mountains are not far away. 10 It's a very pleasant town.
Françoise mentions 1, 2, 5, 6 and 9.
2a (p 55) 1, 2, 5
b (p 55) 3 On est très proche de la montagne à Vichy. 4 Françoise préfère la montagne à la mer.
Interview 2
1a (p 55) 1c, 2h, 3g 4i, 5b, 6d, 7j, 8e, 9f, 10a **b** 1, 2, 3, 4, 5, 8, 9, 10 **c** 6, 7
2 (p 56) 1 Nous habitons à 200 km de Vichy. 2 Notre maison est à cinq minutes de la mer. 3 Il faut combien de temps pour aller à Dijon? 4 Le train met trois heures. 5 Birmingham est à 160 km de Londres.
4 (p 56) 1 Paris? Oui, j'y habite depuis deux ans et je l'adore. 2 Je ne connais pas Vichy. Je n'y suis jamais allé. 3 Elle est née à Grand-Bassam et elle y a toujours habité. 4 Ma sœur habite en Guadeloupe. Moi aussi, j'aimerais y habiter. 5 J'ai passé trois semaines sur la Côte d'Azur. Il y fait très chaud au mois d'août. 6 Mes parents habitaient en face de la gare mais ils n'y habitent plus.
Interview 3
1a (p 57) its 14th-century cathedral; its musuem of modern art; its luxury hotels; its architecture; its casino; its historic monuments; its golf course; its thermal

baths; its parks; its swimming pools; its sports facilities
1b (p 57) son architecture, son casino, son établissement thermal, ses parcs, ses équipements sportifs
2 (p 57) D'abord parcs d'espaces. Deuxièmement intéressant. monuments. style équipements golf centre. problèmes qualité.
4 (p 58) 1 des 2 de 3 des 4 de 5 d' 6 des 7 d' 8 de 9 d' 10 de
5 (p 58) 1 une ville extrêmement agréable 2 un repas italien très cher 3 un petit village très intéressant 4 un petit hôtel très désagréable 5 une ville d'eau très connue
La météo
2 (p 59) 1d 2f 3e 4b 5c 6g 7a
3a (p 59) beaucoup de soleil - la Méditerrannée
un ciel chargé - les Pyrénées
températures de 23 à 25 degrés - de la Bretagne à l'Aquitaine
une tendance orageuse - au sud des Alpes et en Corse
un après-midi ensoleillé - sur tout le pays de la chaleur - la Méditerranée
une lente amélioration - l'est de la France
un temps doux, humide - l'est de la France
du vent du nord-est - sur tout le pays
quelques ondées - les Pyrénées
b worse
Découverte
L'environnement
1b (p 60) 1 la beauté des paysages 2 l'air que l'on respire 3 la qualité des produits alimentaires 4 la forêt amazonienne 5 l'eau des rivières
2b (p 61) 1 Some people are saying that driving cars should be banned on the days when pollution levels in large towns are high. 2 The Minister for the Environment is putting down a bill in parliament on air quality as quickly as possible. 3 The Paris authorities have taken measures to increase public awareness, to intensify checks on cars and to reroute through traffic.
3a (p61) 1 la liberté 2 l'évasion 3 le voyage 4 l'échange 5 les embouteillages 6 le stress 7 la pollution 8 le bruit
b (p 61) 1 l'économie d'énergie 2 les transports en commun 3 les particuliers
4 (p 62) 1g 2f 3c 4i 5e 6j 7a 8d 9b 10h
5 (p 62) 1 Des exemples du coût, en termes humains, des niveaux de bruit excessifs sont: des accidents du travail, des internements psychiatriques, la consommation de somnifères et de tranquillisants, des journées de travail perdues. 2 Les gens se plaignent le plus du bruit de la circulation routière. 3 Le bruit des poids lourds est comparable à celui des chutes de Niagara. 4 Les ruraux souffrent souvent du bruit si une route nationale traverse leur village. 5 Les voisins se plaignent: de la télévision des voisins; de la perceuse du bricoleur d'à côté; de la tondeuse à gazon du samedi matin; du chien qui aboie tout le weekend parce qu'il est enfermé dans l'appartement des voisins partis pour la campagne.
6 (p 62) 1 Je souffre de plus en plus du bruit dans mon jardin le weekend. 2 L'accusé numéro un est la circulation routière qui ne cesse jamais de croître. 3 Puis il y a le chien du voisin qui aboie tout le weekend. 4 Je ne

veux pas supprimer tous les bruits, seulement les bruits désagréables. 5 Il y a des bruits qui rassurent et qui améliorent la qualité de l'environnement.
L'industrie nucléaire en France
1 (p 62) 1 Nuclear energy is important for France because France has no oil. 2 Most French people tolerate nuclear energy as a necessary evil.
Les essais nucléaires
1a (p 63) 1 The tests will provide France with a feasible and secure deterrent. 2 They will put France on the path to simulation. 3 Carrying out the tests is compatible with France's international obligations. 4 The tests will not jeopardise the final stages of the treaty, at the end of 1996, banning nuclear testing completely. 5 Scientific missions will be set up that will be able to go on location on order to satisfy themselves of the complete harmlessness of the tests, both for the peoples of the region and the environment.
b (p 63) 1 pas du tout; explications 2 infirmaient 3 à long terme; fissurer; récif 4 la reprise
Horizon
1 (p 64) 1 Le flamand est la langue la plus parlée en Belgique. 2 Le roi des Belges s'appelle Albert II. 3 Bruxelles est dans une position exceptionnelle en Belgique parce que c'est une ville francophone en territoire flamand. 4 Le commerce a enrichi les villes comme Bruges à partir du Moyen-Age. 5 On associe les produits agricoles suivants avec la Belgique: céréales, betteraves, pommes de terre, lin, houblon, tabac, légumes, fleurs.
2 (p 65) 2 4 5
Echange
Acheter un guide de la région
1 (p 66) 1d 2b 3a 4c 5e
3 (p 66) 1b 2a 3b 4b 5b
Dans une agence de voyages
1 (p 67) 1c 2a 3c 4c 5b
Profil
1 (p 67) 1 The only thing you can't find in Paris compared with Abidjan is the underground. 2 In an Abidjan supermarket you can find all tropical fruits as well as fruit from temperate climates. 3 The TV news is almost the same as in Paris. 4 The main seasons in Abidjan are the dry season and the rainy season. 5 The dry season runs from January to May/June and the rainy season from May/June to December/January. 6 The average temperature in Abidjan is 30 degrees Centigrade, all year round.

SELF-ASSESSMENT TEST 2
Quiz (p 68) 1 Faux 2 le pare-brise 3 Faux 4 Hanoï 5 Vrai 6 Marguerite Duras 7 le flamand 8 les Pays Bas, l'Allemagne, le Luxembourg, la France 9 Faux 10 Hergé
Mots cachés (p 68) banque; carte; crédit; dépenses; assurance; loyer; coûter; note; chèque; douane; franc; billet; impôts; acheter; budget; pièce; cher; gaz; taux; payer
Document
1 (p 69) 1 notre vie quotidienne 2 participer de façon active 3 les déchets 4 la tondeuse à gazon 5 les emballages
2 (p 69) 3
Contrôle langue

1 (p 70) 1 que 2 qui 3 qui 4 qu' 5 que
2 (p 70) 1 Paris est plus grand que Vichy.
2 L'Auvergne est une des plus belles régions de France. 3 Quelles sont vos dépenses les plus importantes? 4 Le taux d'intérêt est moins élevé cette année. 5 Il fera un peu moins chaud demain.
3 (p 70) 1 Je pense qu'il va pleuvoir. 2 Il neige en Italie. 3 D'après la météo/Selon la météo. 4 Quand il fait du brouillard, nous ne sortons pas. 5 Il y aura des averses aujourd'hui.
4 (p 70) arriverons; partirons; viendront; pourront; prendront; serons; aurons; resteront; fera; serai
5 (p 70) 1 de 2 des 3 de 4 de 5 de 6 de 7 des 8 des 9 de 10 de
6 (p 70) 1 Il a 2 Il fait 3 Il est 4 Il faut 5 Il fait 6 Il est 7 Il a 8 Il faut 9 Il est 10 Il y a
Contrôle audio
7 (p 71) 1 true 2 true 3 false 4 false 5 false 6 false 7 true 8 false
8 (p 71) d'altitude; quelques années; médecins; air; une région; la santé; pas mal; viennent; se promener; à l'automne; agréable

UNITÉ 5: GASTRONOMIE
A l'écoute
1 (p 72) 1f 2g 3e 4b 5c 6d 7a
2 (p 72) 1b 2c 3d 4c 5a 6b 7d 8a
3 (p 73) 1 The fresh produce is opposite the meat counter. 2 Have you got a newspaper section? 3 Wines and spirits are in the corner on the right. 4 The meat counter closes at 7 o'clock. 5 Do you sell cleaning products?
Interiew 1
1 (p 73) 1, 2, 5, 7, 8, 10, 13
2 (p 74) 1 Est-ce que vous pourriez me dire à quelle heure vous fermez? 2 Est-ce que vous pourriez me dire où se trouve le rayon charcuterie? 3 Est-ce que vous pourriez me dire où je dois payer? 4 Est-ce que vous pourriez me dire s'ils sont ouverts dimanche? 5 Est-ce que vous pourriez lui demander s'ils vendent des vins australiens? 6 Est-ce que vous pourriez nous dire où nous pouvons acheter un journal?
3 (p 74) 1 true 2 true 3 false 4 true 5 false 6 true 7 true 8 true 9 false 10 true
Interview 2
1a (p 75) 1 c, e, f, h, i; 2 d, g, j; 3 a, b
1b (p 75) I, h, f, e, j, a, b
2 (p 75) 1 Elle fait référence aux radis, aux concombres et aux tomates. 2 Non, elle les prépare pour la personne qui l'accompagne. 3 Elle le fait avec quatre sortes de fromage. 4 Elle sert des fruits. 5 C'est à base de sucre. 6 Oui, elle apprécie beaucoup.
Interviews 3 & 4
1 (p 76) 1 le plat national 2 une banane plantin 3 piler en pâte 4 le pain 5 le poulet 6 la pâte 7 beaucoup 8 une banane 9 bouillir 10 la bouillie
2 (p 76) crêpe; base; champignons; plat; sur les marchés; plat; bœuf; couscous; saumon; beurre
3 (p 76) 1a 2b 3a 4b 5b 6b
4 (p 76) 1 Est-ce que vous faites des plats préparés? 2 Quelle est votre spécialité aujourd'hui? 3 C'est à base de quoi? 4 Qu'est-ce que c'est exactement? 5 Est-ce que vous avez des plats à base de volaille?

6 Vous le mangez comme ça? 7 Qu'est-ce que vous avez comme gâteaux? 8 C'est un peu écœurant.
5 (p 76) 1 eggs 2 potatoes 3 calf's liver
Interviews 5 & 6
1 (p 77) a Bruno b Ernestine-Sophie
2 (p 77) 1 le grand moment de la semaine 2 prendre le temps 3 en semaine 4 l repas dure assez longtemps 5 sortir en famille 6 passer à table 7 à la maison 8 manger dehors 9 un genre de restaurant 10 typiquement africain
Découverte
Lire l'étiquette
1a (p 78) Eat it hot or cold
Les vins
1 (p 78) 1b 2c 3f 4d 5a 6g 7e
2 (p 78) 1, 2, 5, 8
3 (p 79) Don't open old wines too early; Decant old red wines if they have a deposit at the bottom of the bottle; Serve at room termperature
4 (p 79) 1c 2b 3e 4f 5a 6d
La carte
1 (p 79) a1 b7 c9 d1 e6 f3 g1 h2 i5 j7 k3 l4 m3 n7 o5 p2 q9
Une recette des Antilles
1 (p 80) 1 éplucher 2 épépiner 3 râper 4 laisser dégorger 5 émulsionner 6 couper en dés 7 égoutter 8 arroser
2 (p 80) For 4 people. Ingredients: 1 good-sized cucumber, 1 large ripe avocado, 4 tablespoons of oil, 2 tablespoons of lemon juice, 1 clove of garlic, a small chili, salt, pepper.
Preparation time: 15 minutes.
1 Peel the cucumber, remove the seeds and grate it. (If you have the patience, using a knife cut it into thin circles.) Let it sweat.
2 Prepare the vinaigrette: into a bowl put the crushed garlic, some salt, pepper, the finely chopped chili, lemon juice and oil. Emulsify.
3 Slice the avocado, remove the skin and dice the flesh. 4 Drain the cucumber, arrange it in a dish, put the diced avocado in the centre and sprinkle with vinaigrette.
5 (p 81) 1 Le nord cuisine au beurre, et le sud cuisine à l'huile d'olive. 2 Le beurre s'est développé dans les régions d'élevage. 3 Ils craignaient que le beurre ne leur donne la lèpre. 4 L'Eglise interdisait de manger les deux produits. Elle s'est enrichie en vendant des dispenses à cette règle.
Profil
1 (p 81) 1 Leeks and potatoes 2 Chicken stock or water 3 Salt and pepper 4 Crème fraîche 5 a) Cut potatoes and leeks into small pieces b) Put them into a pan with chicken stock or water c) Cook, with seasoning added d) When it's cooked, liquidise e) When it's cold, add crème fraîche and serve cold 6 a) Serve ice cold b) Add extra spice
Echange
Acheter du fromage
1 (p 82) gruyère; camembert; chèvre
2 (p 82) 1 false 2 false 3 true 4 true
Au restaurant
1a (p 82) 2, 3, 4, 6, 7, 10, 11
b 1 Can we dine, please? 2 Do you want chips with the steak? 3 Have you decided? 4 Have you finished? 5 Yes, we made a reservation in the name of Mr Sappula. 6 Would you like cheese or a dessert? 7 Would you like an aperitif? 8 Two 85-

franc menus, please. 9 Can we have the bill, please? 10 Was everything alright? 11 Which dessert will you have?
3 (p 83) 1f 2a 3b 4b 5e 6d
4 (p 83) 1b 2a 3b 4b 5b
Horizon
1 (p 84) 1 La Réunion 2 L'Amérique du Nord 3 Tahiti 4 l'Australie 5 Madagascar
2 (p 85) 1 false 2 true 3 true 4 true 5 false
3 (p 85) 1b 2b 3a

UNITÉ 6: MÉTIERS
A l'écoute
Qu'est-ce que vous faites comme travail?
2 (p 87) 1 He leaves for work very early in the morning. 2 My job isn't very interesting. 3 I can't help you – I've got some work to finish. 4 I became a translator after my Russian Masters. 5 I studied engineering before working in this factory. 6 I'm a manager in a company in Vichy. 7 He spent his whole working life in the army. 8 I trained as a baker, then I had a job placement in a restaurant.
Interview 1
1a (p 87) 1 cadre technique 2 48 ans 3 Saint Yorre 4 Marié 5 Société commerciale d'eaux minérales du bassin de Vichy.
1b (p 87) 1 Société commerciale d'eaux minérales du bassin de Vichy. 2 Embouteille l'eau de Saint Yorre et l'eau de Vichy. 3 350 environ 4 500 millions de francs
Interview 2
1a (p 87) 1 false 2 true 3 true
b (p 87) Nadine travaille dans un restaurant à Langres.
Interview 3
1 (p 87) 1 Ça fait vingt ans que j'habite ici. 2 Ça fait longtemps que vous travaillez ici? 3 Ça fait longtemps que vous m'attendez? 4 Ça fait longtemps que vous travaillez comme secrétaire? 5 Ça fait longtemps qu'on est mariés. 6 Ça fait longtemps que je suis chanteuse.
2 (p 88) 1 Ivory Coast 2 5 3 13 years 4 rehearsing 5 very often 6 as a chorus member in the television orchestra
3 (p 88) 2, 3, 1
4a (p 88) 1b 2i 3f 4j 5a 6d 7h 8g 9e 10c
4b (p 88) 1 J'ai passé tout l'été avec eux. 2 Qu'est-ce qui s'est passé? 3 Est-ce que vous pourriez me passer Mme Laroche, s'il vous plaît? 4 Passe-moi un coup de fil demain soir. 5 Pourriez-vous passer l'eau, s'il vous plaît? 6 Elle passe ses après-midi à travailler. 7 On est passés par Cahors et Toulouse. 8 Le facteur est déjà passé.
Interview 4
1a (p 89) 2
1b 1 Un notaire intervient surtout dans la vie des individus – pour le mariage et l'achat ou la vente d'une propriété. 3 Le notaire intervient pour l'achat et la vente d'une propriété.
2 (p 89) 2, 5, 1, 4, 3
3 (p 89) 1 Où êtes-vous née? 2 Qu'est-ce que vous faites comme travail? 3 Où travaillez-vous? 4 Vous y travaillez depuis longtemps? 5 En quoi consiste votre travail? 6 Quelle formation avez-vous suivie?
4a (p 89) 1 Vous attendez depuis

ANSWERS

longtemps? 2 Vous êtes ici depuis
longtemps? 3 Vous attendez depuis combien
de temps? 4 Vous êtes ici depuis combien de
temps?
b 1 Ça fait longtemps que vous attendez?
2 Ça fait longtemps que vous êtes ici? 3 Ça
fait combien de temps que vous attendez?
4 Ça fait combien de temps que vous êtes ici?
Vous travaillez combien d'heures par jour?
Interview 1
1 (p 90) 1b 2c 3b 4c
2 (p 90) 1 7 heures 25 2 midi moins cinq
3 une heure et demi 4 théoriquement 16
heures 30
Interview 2
1 (p 90) 1 Il est déjà parti. 2 Il est couché.
3 Ils se voient un peu le samedi et le
dimanche, et de temps en temps le soir. 4 Il
est journaliste de radio. 5 Il travaille à la
radio locale de Langres. 6 L'avantage c'est
qu'on n'est pas toujours l'un sur l'autre et on
a un peu de liberté. 7 Ses jours de congé
sont le mardi soir et le mercredi.
C'est un métier qui vous intéresse?
Interview 1
2 (p 91) 1 les gens 2 argent; famille
3 intéressée 4 le droit
3 (p 91) 1 irais 2 choisirais 3 travaillerais;
ferais 4 retournerais 5 serait; m'endormirais
6 aurait 7 voudrai
4 (p 91) 1 J'aimerais un travail où je puisse
aider les gens. 2 Je préférerais travailler à
l'étranger pendant la moitié de l'année.
3 Seriez-vous satisfait de travailler dans un
bureau? 4 Vous l'adoreriez! 5 Si je pouvais
partir, je le ferais tout de suite.
Découverte
Angelo Tiburce, postier à la Réunion
1 (p 93) 1 26 2 trop coûteuse 3 300; 15
4 environ 350 5 20
2a (p 93) 1 Les distances ne se comptent
plus en kilomètres mais en heures de marche.
2 Il fait ses tournées à pied. 3 Parfois il lit le
contenu des lettres pour les vieilles personnes
qui ne comprennent que le créole. 4
Mercredi, il repart de bonne heure pour
Aurère. 5 Bravant la chaleur et les pluies, il
apporte les nouvelles aux différents hameaux
de Mafate. 6 Au total, il couvre plus de 80
kilomètres chaque semaine.
3 (p 93) 1 Je reçois un chèque mensuel de
mon père. 2 Ils reçoivent une visite
hebdomadaire du facteur. 3 Nous prenons
notre congé annuel en juillet.
A la recherche d'un emploi
1 (p 93) 1 Telephone 2 Write with
references and a photo 3 Telephone for a
meeting 4 Send a CV and photo
3 (p 94) 1 Madame, Monsieur,
J'ai le plaisir de poser ma candidature pour
le poste de serveur/serveuse dans votre
crêperie.
Je suis étudiant(e) anglophone. J'étudie le
français depuis deux ans. Je ne comprends
pas tout, mais j'apprends très vite. Je suis
disponible tout de suite.
En espérant que vous prendrez ma demande
en considération, je vous prie d'agréer,
Madame, Monsieur, l'expression de mes
sentiments distingués.
Les femmes au travail
1 (p 95) 1 true 2 false 3 true 4 true
5 false
2 (p 95) 1 une ouvrière 2 une peintre

3 une boulangère 4 une danseuse 5 une
serveuse 6 une actrice 7 une pharmacienne
8 un ingénieur
3 (p 95) Le chirurgien est la mère du garçon.
Horizon
1 (p 96) 1 Point-à-Pitre 2 Amerindiens,
anciens esclaves africains, Indiens, Blancs
3 la canne à sucre et la banane 4 le créole
5 le rhum
2 (p 97) 1 archipel 2 créole 3 la canne à
sucre et la banane 4 le rhum 5 planteurs;
esclaves
3 (p 97) 1 An old woman 2 No – it's
volcanoes, cyclones, mosquitoes. 3 They
were slaves. 4 Here
4 (p 97) - Put aside a reasonable stock of
tinned food, dried vegetables, milk, mineral
water, biscuits, etc. - Make sure torches,
candles, oil lamps are in working order. -
Keep a small first aid box (cotton wool,
alcohol, gauze) and a few small tools. -
Secure all windows and doors. - Cover
windows - In houses not fixed to the
ground, put heavy objects on the floor - Be
prepared to lock yourself inside if you think
your house is solid enough - Otherwise, lock
you your house and go to a safe shelter
designated by the town hall.
Echange
Vous êtes là tous les jours?
1 (p 98) Il vend du bœuf, du veau, de
l'agneau et du porc. 2 Tous les jours sauf le
lundi. 3 De six heures à treize heures et de
seize heures à dix-neuf heures trente. 4 Le
dimanche matin uniquement. 5 Ça fait dix-
sept ans.
2 (p 98) 1f 2g 3a 4b 5e 6h 7d 8c
3a (p 98) 1, 5, 7, 8, 9
b (p 98) 2 Elle dit qu'elle vend du fromage
de chèvre, de vache, de brebis et du gruyère.
3 Elle vend des petits œufs. 4 Le marché est
fermé le lundi. 6 Elle ouvre son stand à six
heures trente. 10 Le dimanche, les gens
arrivent souvent à partir de midi et demi.
Un entretien pour un emploi dans un restaurant
1a (p 99) 1 Wilson 3 Ecosse 4 Londres
5 anglais 6 français 7 Pour commencer
immédiatement
1b (p 99) 1 Du jeudi soir au mardi matin.
2 Six semaines 3 Temps partiel 4 anglais
2 (p 99) 1 Il l'apprend à des cours du soir.
2 Il ne comprend pas tou, mais il apprend
vite. 3 Oui 4 Il veut profiter un peu de la
plage. 5 Oui, il a travaillé dans un bar et
dans un restaurant.
Profil
1 (p 99) 1 10 000 2 Genève 3 800 4 60
5 suisse
2 (p 99) 1 Le rôle du CICR est d'assister et
protéger les blessés, les prisonniers et la
population civile. 2 Les employés locaux
sont des experts des pays qui expliquent la
situation et qui assistent le CICR dans leurs
tâches quotidiennes. 3 Il faut être suisse
pour être délégué, parce que la Suisse est
neutre et le CICR tient à sa neutralité et son
indépendance. 4 Le délégué idéal devrait
avoir entre 30 et 35 ans; devrait être
célibataire, très disponible et très flexible, et
devrait savoir s'adapter à toutes situations. Il
doit être stable et avoir le sens de la
responsabilité et surtout le sens de la
neutralité et pas prendre position dans des
situations de guerre.

SELF-ASSESSMENT TEST 3
Quiz (p 100) 1 territoire d'outre mer
2 Caraïbes 3 créole 4 oignons 5 les
poivrons 6 canne à sucre
Documents
1a (p 100) 250g of crab meat; 500g of
potatoes; a quarter of a litre of milk; 150g
of butter; a large tablespoon of crème
fraîche; half a tin of peeled tomatoes; one
whole egg; a pinch of basil; salt and pepper
1b (p 100) 1 Mash the potatoes by mixing
in the milk, 100g of butter and the egg. 2
Brown the crab meat in 30g of butter. 3 To
make the sauce, bring the cream to the boil
with the tomatoes and basil for two minutes,
then liquidize. 4 Butter four ramekins, put
in a first layer of mashed potato, then the
crab meat and then another layer of mashed
potato. 5 Turn out onto plates and serve
hot with the sauce.
2 (p 100–101) 1 It is the main element in
gaining social status. 2 People a better
balance between their private life and their
work life. 3 To create new jobs and reduce
unemployment. 4 No – in most cases it is
ineffective. 5 Holidays for parents;
working hours that are linked to the school
timetable; sabbaticals
3 (p 101) secondaires; baccalauréat
Etudes supérieures; Expérience
professionelle; Langues étrangères
Mots cachés (p 101) gateau; chef;
frites; café; plat; œuf; ail; jambon;
cuisine; menu; omelette; oignon; four;
crêpe; poivre; porc; cru; restaurant;
rôti; salade; sel; soupe; eau; vin
Contrôle langue
1 (p 101) 1 moi-même 2 eux-mêmes
3 elle-même 4 lui-même 5 soi-même
2 (p 102) a4 b 3 c1 d2 e5
3 (p 102) 1 un stage 2 une carrière 3 un
rayon 4 une cuillère à soupe de sucre 5 le
plat principal 6 le congé annuel
4 (p 102) gagnais; j'achèterais; j'arrêterais;
j'irais; Je mangerais; boirais;
J'apprendrais; je ferais; J'inviterais; Je
serais
5 (p 102) 1 Pourriez-vous me passer le vin,
s'il vous plaît? 2 Passez nous voir si vous
avez du temps libre. 3 Je suis passé(e) par
Paris en route pour Lyons. 4 Il a passé son
premier examen aujourd'hui.
6 (p 102) depuis; pendant; pendant;
depuis
7 (p 102) 1 Je suis disponible pendant les
mois d'été. 2 J'ai l'habitude de travailler
dans un bar. 3 Ma langue maternelle c'est
l'anglais. 4 Je fais une licence de chimie.
5 C'est un travail à mi-temps ou à plein
temps qui m'intéresse. 6 J'ai fait un stage en
France l'année dernière. 7 J'apprends le
français depuis quatre ans. 8 Je voudrais
gagner au moins cinquante francs par heure.
9 Je peux commencer à travailler tout de
suite. 10 Un jour j'espère trouver un travail
permanent en France.
Contrôle audio
8a (p 103) 1 les pommes; l'ananas; la
papaye; la mangue; l'orange; les
pamplemousses; la banane; les mandarines;
des fruits de la passion
8b (p 103) 1 vrai 2 vrai 3 faux 4 faux
5 faux
9 (p 103) 1 se lève 2 prépare le petit
déjeuner 3 emmène son fils chez la nourrice

4 va au bureau
10 (p 103) âge; onze mois; habite; chemin; emmène; nourrice; bureau; commence

UNITÉ 7: GÉNÉRATIONS
A l'écoute
1 (p 105) 1 I'm the head of the family
2 immediate family   3 that involves responsibilities   4 my own generation
5 our means of production   6 equality of the sexes   7 to take on the responsibilities of the young boys
2 (p 105) 1, 3, 4, 5
3a (p 105) 1 santé   2 sensibles; question
3 cause; vie   4 richesse; autrefois   5 mieux
6 plus; guerriers   7 capable; occuper
3b (p 105) 1b 2e 3d 4c 5g 6f 7a
4 (p 105) 1 I wrote to him, but it did no good.   2 This machine will help you gain time.   3 What's the point of this week's holiday if the weather's not good.   4 Vanilla is used to delicately sweeten the sauce.
1 (p 106) 1 Because everybody watched women singers – it wasn't considered right.
2 To get married.   3 They are afraid that their wife is in fact everybody's wife because her job is so public.   4 Single
2 (p 106) 1 chantait   2 conduisait
3 difficile; chanteuse   4 exposée   5 épousée
3 (p 106) 1 avais   2 était   3 allais
4 voyais   5 écrivaient   6 connaissais
7 sortions   8 composais   9 faisais
1 (p 107) 1 8h30   2 11h30   3 midi
4 13h30   5 16h30
2 (p 107) turbulents;   agités;   paresseux
3 (p 107) 1 la motivation   2 paresseux
3 poli   4 la différence   5 l'évidence
6 difficile
4 (p 107)   1b 2b 3a 4a
5 (p 108) 1 Ce qui est évident, c'est que les enfants sont de plus en plus paresseux.   2 Ce qui me frappe, c'est la grande différence dans la motivation.   3 Chantal était chanteuse, ce qui était rare il y a dix ans.   4 Ce que je dis, c'est que la journée est trop longue pour les petits enfants.   5 Ce que je ne comprends pas, c'est pourquoi ils se comportent différemment.   6 Ce que j'aime c'est l'égalité entre les hommes et les femmes aujourd'hui.
1 (p 109) 1 Ils ne se parlent pas.   2 Ils s'aiment.   3 On s'est mariés en 1980.   4 On se voit tous les jours.   5 Ils se sont rencontrés à la fête d'un ami.   6 On se connaît depuis des années.   7 Ils sont allés à Paris ensemble, mais ils ne se sont pas vus tout le weekend.
2a (p 109) Christine.
2b 2, 4, 5, 3, 1
3a (p 109) 2, 6
3b 1 Ils se connaissent depuis trois mois.
3 Ils ont fait connaissance juste avant minuit.
4 C'est Christine qui a invité Pierre-Yves à danser.   5 C'est Pierre-Yves qui a pris l'initiative pour revoir Christine.
4 (p 109) 1 C'est moi qui l'ai invité à manger.   2 C'est lui qui a accepté l'invitation.   3 C'est lui qui m'a téléphoné le soir.   4 C'est moi qui ai décidé de le revoir.
Découverte
Les enfants
1 (p 110) 1 true   2 false   3 false
2 (p 110) 1, 3
3 (p 110) 1 être sur la même longeur d'ondes   2 partager les mêmes valeurs
3 l'honnêteté   4 les bonnes manières   5 le

goût du travail   6 le sens de la famille   7 les croyances religieuses
4 (p 111) 1, 2, 4
5 (p 111) 1 false   2 true   3 false   4 true
5 false
6 (p 111) 1 par envie et non par contrainte
2 gagnent correctement sa vie   3 les corvées ménagères   4 en cause   5 a beau dire
1 (p 112) 3425 – female; 44; saleswoman; divorced; modern, feminine, gentle, reserved, very good character, happy, sentimental, spontaneous, good education; 45-55, kind, happy, well groomed, heart in the right place, stable background.   3426 – male; 50; executive; widow; non-smoker, sensitive, likes nature, travelling, cinema; beautiful young woman, refined, whimsical, funny.
3427 – male; 55; single; 1m80, good looking man, reserved, charming, attentive, affectionate, serious, sociable, cultured; 40-50-year old woman who is feminine, natural, with the same affinities.
3 (p 113) Mon cher Jean-Pierre, Merci beaucoup pour l'invitation au mariage de Julien et Sabine. Je suis très heureux/se pour Sabine. J'ai rencontré Julien l'année dernière et je suis certain(e) qu'ils seront très heureux ensemble.
Je serai très heureux/se d'assister au mariage. Malheureusement je vais rater le mariage officiel à la mairie à dix heures. Mais j'irai directement à l'église et je serai très heureux/se de rester pour le déjeuner.
Qu'est-ce que je peux offrir comme cadeau? Est-ce qu'il y a une liste de mariage?
En attendant le plaisir de te revoir lors de cette heureuse occasion.
Amicalement,
Profil
1 (p 113) 1 sortaient   2 accompagnées
3 jeudi   4 ne jouaient pas   5 le goûter
6 catéchisme   7 embrassait
2 (p 113) 1, 4, 5
Echange
1 (p 114) 1 gratuit   2 demi-tarif   3 plein tarif   4 demi-tarif
2 (p 114) 1 62   2 71   3 No, not between 7h30 and 9h or between 17h30 and 19h.
4 Passport or driving licence   5 5   6 He travels free of charge
1 (p 115) 4, 3, 8, 6, 2, 5, 7, 1
2 (p 115) 1 Her friend's phone number and address.   2 That's only for businesses.   3 She types in Vichy and her friend doesn't live in Vichy.   4 She's only going to key in the departement.   5 70.59.48.06
3 (p 115) 1. 34; 77   2. 79; 08   3. 171; 435
4. 34; 92   5. 73; 48
Horizon
1 (p 116) 1 James Cook   2 les Canaques
3 le nickel
2 (p 117) True: 1, 3, 5
2 L'élevage est l'activité principale des colons.
4 Il y aura un référendum en 1998.

UNITÉ 8: TRANSPORTS ET VOYAGES
A l'écoute
2 (p118) 1 a, d, h, n   2 e, i   3 j, l, o   4 b, c, f, g, k, m
1 (p 119) 1 Lyon et Paris.   2 Mercredi   3 en début d'après-midi.   4 14h55   5 17h05
6 Orly   7 Jean-Pierre Durand
2a (p 119) 1 Pourriez-vous me préciser quelles sont les horaires des avions…?   2 Il n'y en a pas un autre…?   3 Il arrive à quelle

heure?   4 Vous pourriez me faire une réservation?
2b 1 Vous désirez partir quel jour?   2 Sinon, plus tard à 17h05.   3 Je vous prépare ça.
3 (p 119) 1 Mon avion arrive à Charles de Gaulle samedi matin à dix heures trente.
2 Mon bateau part de Marseille demain à dix-neuf heures.   3 Mon avion arrive à l'aéroport d'Abidjan vendredi le quatorze à midi.   4 Nous arrivons en voiture dimanche soir vers sept heures.   5 Le Shuttle part de la Gare du Nord ce soir à dix-huit heures vingt.
6 Mon train arrive à Lausanne mercredi après-midi à quatorze heures vingt-deux.
7 L'avion de Moscou arrive à Bruxelles lundi à seize heures quarante-cinq.   8 Le bus arrive devant le théâtre cet après-midi à quinze heures cinquante-cinq.
1 (p 120) 1a 2a 3b 4b 5a
2 (p 120) 1 une heure   2 vingt minutes
3 réservation obligatoire   4 cinq minutes
5 d'enfants seuls
3 (p 121) 1 Les pompiers sont arrivés juste à temps.   2 Les enfants sont revenus tard dans la nuit.   3 Je suis vraiment désolé d'être en retard.   4 Nous devons nous lever tôt demain matin.   5 Les Anglais ne sont jamais à l'heure.   6 Les passagers qui arrivent en retard devront attendre le prochain train.
4 (p 121) 1 Ça ma fait rire.   2 Elle ne peut pas se faire entendre.   3 Ils nous ont fait attendre.   4 Il va faire changer sa réservation.   5 Est-ce que tu a fait enregistrer nos bagages?
1a (p 122) 1 umbrella   2 coat   3 camera
4 hat   5 gloves   6 video camera   7 address book   8 radio   9 socks   10 handbag
11 suitcase   12 toy   13 detective novel
14 wallet   15 set of keys   16 typewriter
1b 1, 2, 3, 4, 6, 11, 12
2a (p 122) 1, 3, 6,
2b 2 Parfois les enfants oublient leurs jouets.
4 Pour récupérer les objets trouvés il faut écrire ou téléphoner au bureau des objets trouvés.   5 Le bureau des objets trouvés se situe à la Gare du Nord.   7 La gare de Waterloo téléphone pour un client qui s'adresse chez eux.
3 (p 122) 1 dans   2 En   3 dans   4 en
5 en   6 à   7 sur   8 dans
Profil
1 (p 123) 1 One hour   2 Ten   3 On the increase   4 Students   5 Very strict with a series of fines
2 (p 123) 1 travel card   2 number of people travelling each day on public transport in Brussels   3 number of passengers travelling in a year on the STIB   4 the percentage of the population in Brussels using public transport   5 the percentage of students using public transpsort   6 the percentage of passengers travelling without a ticket   7 the fine you pay when you're caught without a ticket for the first time   8 the fine you pay when you're caught for a second time   9 the fine you pay when you're caught a third time; also the cost of an annual season ticket
Découverte
1 (p 124) 1f 2i 3l 4c 5b 6h 7j 8e
9a 10k 11d 12g
2 (p 124) 1 Le numéro d'immatriculation du véhicule, ainsi que le nom et l'adresse du propriétaire.   2 Sur le bord intérieur droit du pare-brise.   3 La vignette   4 Le ou les catégories de permis que possède le

conducteur. 5 Le permis de conduire, la carte grise, l'assurance, la vignette. 6 Vous risquez une amende forfaitaire et vous devrez présenter la ou les pièces manquantes à la gendarmerie dans un délai de cinq jours.

3 (p 125) 1c 2e 3f 4a 5d 6b 7g 8h

4a (p 125) 1 panneau 2 conducteurs; permettre 3 la chaussée 4 véhicules; arrêter 5 le droit 6 carrefour

4b 1 la priorité à droite 2 le caractère prioritaire 3 le stop 4 le cédez le passage 5 la priorité ponctuelle 6 la fin du caractère prioritaire

5 (p 126) 1 pressés 2 quoi qu'il en soit 3 stupeur et effarement 4 un chauffeur routier 5 les gendarmes du peloton d'autoroute 6 étourdis 7 le péage 8 les retrouvailles 9 au grand complet

6a (p 126) 1, 4,

6b 2 Ils ont décidé de faire une halte à Dole, dans le Jura. 3 Un chauffeur a découvert le garçon sur l'autoroute. 5 Le garçon a retrouvé ses parents au péage de Besançon-Ouest.

7 (p 126) 1 circulaient 2 roulait; suivait 3 était 4 ont décidé 5 a repris 6 a vu

8 (p 126) 5, 4, 7, 1, 6, 8, 2, 3

1 (p 127) 1 quelle que soit la météo 2 si vous le souhaitez 3 les contrôles frontaliers 4 une fois pour toutes 5 les achats hors taxes 6 simple comme bonjour 7 il suffit de quitter … a la sortie…

2 (p 127) 1 tranquillement; en mer; réservation 2 partir 3 péage; préfère; acheter 4 frontaliers; une 5 faire des achats; à boire 6 embarque; ses passagers; simple 7 accès; parce que; reliés; réseaux

3 (p 127) 1 Ecoutez Radio le Shuttle 2 Engagez une vitesse 3 Ne gênez pas la circulation sur les trottoirs 4 Serrez le frein à main 5 Ne stationnez pas entre les véhicules 6 Maintenez vos vitres baissées 7 Stoppez votre moteur

Horizon

1 (p 128) 1 Four 2 Ceiba-Geigy, Hoffmann-La Roche, Sandoz 3 le ski 4 le référendum 5 la finance, les banques

2 (p 129) 1 quinze 2 quatre 3 seconde 4 le romanche 5 seconde 6 romande

Echange

1 (p 130) 1 Elle est arrivée un petit peu à l'avance. 2 Il faut qu'il y ait de la place dans le train précédent, et il faut avoir un billet qui soit échangeable. 3 Il y a plusieurs tarifs à bord de l'Eurostar. 4 Son billet n'est pas échangeable. 5 A dix-sept heures zéro neuf. Elle perdra cinquante pour cent de sa valeur et elle serait obligée d'acheter un autre billet au plein tarif.

1 (p 131) 1 Comment puis-je me rendre à la Grand-Place? 2 Je vous conseille de prendre le métro. 3 Ça fait combien de stations? 4 Quel est le prix d'un billet? 5 Ce billet est-il valable? 6 Ce billet est valable pendant une heure a partir de l'oblitération. 7 Dois-je poinçonner mon billet?

2 (p 131) 1b 2b 3a 4a 5b 6a 7b

SELF-ASSESSMENT TEST 4

Quiz (p 132) 1F 2F 3F 4V 5V 6F 7V 8F 9V 10V 11 le permis de conduire 12 la carte grise 13 le certificat d'assurance 14 la vignette

Document (p 132) 1 Free 2 Restaurant car 3 The cost of a half-price second class ticket for the journey 4 In a cage in the baggage hold; beside their owner in the plane for the cost of normal ticket, depending on availability 5 A 'Carnet de santé' to give the animal's medical history.

Mots croisés (p 133)

1 BEBE 3 CONJOINT 6 MERE 7 COUSIN 9 AINE; PERE 11 EPOUSE A. NIECE C. CONCUBINE E. BENJAMIN F. EN H. FILLETTE J. TANTE

Contrôle langue

1 (p 134) 1 allait 2 voyageaient 3 connaissaient 4 se baignait 5 était 6 se voyaient 7 finissait

2 (p 134) 1 suis arrivée; m'asseoir; me tenir debout; s'est levée; me reposer; me suis levée

3 (p 134) 1 On s'est rencontrés il y a dix-huit mois. On étudiait le français au même cours du soir. 2 On ne s'est pas parlé pendant presque trois mois. 3 Puis par hasard à Noël on s'est vus dans une fête. 4 Après le cours sur le subjonctif français, on a décidé de se fiancer. 5 On s'est marié tout simplement avec deux témoins. 6 On s'est dépêché parce qu'on voulait passer la lune de miel à faire du ski en Suisse.

4 (p 134) 1 achetiez 2 prennes 3 comprennent 4 ait changé 5 soit 6 fasse 7 finisse

5 (p 134) 1 My number is 57 77 51 38, and the code is 0117. 2 Dial 12 for directory enquiries. 3 If your telephone line isn't working properly, dial 13. 4 Type in '35 15 code météo' on your minitel to find out what the weather will be like tomorrow. 5 You can use the minitel as an electronic phone book. 6 Could you leave me your details, please? 7 The line is busy. Please wait for a few moments. 8 After you have picked up the receiver, wait for the tone then dial your number.

Contrôle audio

6 (p 135) 1b 2b 3a 4b

7 (p 135) 1 montez dans; personne âgée siège; est debout; est debout; êtes assise âgée; vous lever; s'asseoir; on se lève; ville; se fatigue

UNITÉ 9: SOCIÉTÉS

A l'écoute

Section 1

2 (p 137) 1 née 2 marocaine 3 vingt-quatre 4 Algérie 5 français

3 (p 137) 4, 3, 5, 2, 1

4 (p 137) Fatima: 1, 5; Léontine: 2, 3, 4

5 (p 137) 1 A l'époque nous avions des professeurs français. 2 C'étaient des écoles françaises autrefois. 3 Ça va faire deux ans bientôt. 4 En ce moment je fais un DSS.

Section 2

1 (p 137) 1 se plaît bien à Paris; le quartier où elle habite; le climat 2 plaisent; la ville; le mode de vie; les Français

2 (p 138) 1 Fatima 3 Léontine

Section 3

1a (p 138) 2, 3, 4, 7

1b 1 Fatima habite le dix-huitième arrondissement. 5 On y trouve beaucoup de commerçants. 6 Il y a un pharmacien. 8 On trouve des commerçants de toutes origines.

3a (p 139) 1 habitais 2 avais 3 ai quitté; parlais 4 je suis allée 5 j'ai trouvé; avait 6 j'ai choisi; étaient 7 suis; étais

3b 1 Quand elle était enfant, elle habitait en Algérie. 2 Elle avait des professeurs français donc elle a appris le français à l'école. 3 Quand elle a quitté l'école elle le parlait couramment. 4 Un jour elle est allée en France. 5 Elle a trouvé du travail très facilement – il y en avait beaucoup à l'époque. 6 Elle a choisi le 18e arrondissement parce que des membres de sa famille étaient là. 7 Quand elle est arrivée, elle était bien accompagnée.

Section 4

1 (p 140) 1c 2c 3a

Section 5

1 (p 140) 1 coutumes 2 décalage 3 particuliers 4 éclaté 5 énormément 6 l'impression; en vase clos 7 voit; mois 8 s'appelle

2 (p 140) 1 Paris me manque. 2 La cuisine française me manque. 3 Il ne me manque pas du tout. 4 Ils te manquent beaucoup? 5 L'Algérie nous manque.

3 (p 140) 2, 3, 6

Section 6

1 (p 141) 1 les relations; nationalités 2 clientèle; origines 3 idée; dans sa tête

2a (p 141) 5, 8, 3, 4, 1, 6, 10, 7, 9, 2

2b 2

3 (p 141) 1 Je cherche un logement. 2 Est-ce que l'appartement est libre? 3 Vous pouvez passer le voir. 4 Je voudrais signer le bail maintenant. 5 C'est combien la caution?

Découverte

1a (p 142) 1, 2, 4, 5

b 2 'La France aux Français' est l'un des slogans du Front National.

2a (p 143) 2, 4, 5, 6

2b (p 143) 1 Les étrangers représentent moins de dix pour cent de la population française. 3 La part des élèves étrangers est plus forte que celle des étrangers dans population totale.

1 (p 144) 1 A few weeks ago the National Front tried to intervene on the Marché d'Aligre. 2 Some associations grouped together to oppose this provocation. 3 Jean-Marie le Pen's National Front party had to withdraw temporarily.

2 (p 144) 1 raciste; xénophobe 2 extrême-droite 3 contre 4 pluri-culturelle; haine 5 propagande; communautés

3 (p 145) 1 reculer 2 la haine 3 populaire 4 provisoirement 5 se grouper 6 protester contre

4a (p 145) organisation, association, provocation, mobilisation, incitation, population

4b They are all feminine

Profil

1 (p 145) 1 Pendant la Seconde Guerre Mondiale de 1940 à 1944. 2 L'invasion allemande. 3 Elle a été coupée en deux, une zone nord englobant Paris qui était sous administration allemande, et une zone sud qui était libre. 4 Vichy se trouvait en plein cœur de la France. 5 C'est une grande ville thermale. 6 Pas du tout. 7 Ils l'associent avec la collaboration. 8 Entre les résistants et les collaborateurs.

Echange

2 (p 146) merveilleux, exceptionnel, choquant

3 (p 146) 1b 2a 3b

4a (p 147) 4, 2, 1, 3, 5

Horizon
1 (p 148) 1 Dakar 2 la Gambie 3 le wolof 4 L. S. Senghor
2 (p 149) 1 indépendant 2 en face de 3 colons portugais 4 l'arachide 5 la traite des Noirs
3 (p 149) 1 true 2 true 3 true 4 true

UNITE 10: LOISIRS
A l'écoute
2 (p 151) 1 i, j 2 e, f, l 3 b, c, m 4 a, b, c, d, g, h, i, j, k, m, n, o
3 (p 151) f, d, h, b, n
4 (p 151) 1 faire le ménage 2 laver le plus possible de linge 3 faire un jeu 4 recevoir des amis 5 être allongé dans une chaise longue 6 la lecture au coin du feu 7 les activités à l'extérieur
5 (p 151) 1a, b 2b 3a, c 4c
6 (p 152) 1 nous essayons de 2 arrive à 3 aime; va voir 4 va manger; à manger 5 nous décidons de; de faire du vélo.
1 (p 152) 1i 2c 3f 4b 5h 6a 7e 8g 9d
2a (p 152) 3
2b (p 153) 1, 2, 8, 5, 6
3 (p 153) 1 Est-ce qu'on peut faire de la plongée sous-marine? 2 Où est-ce qu'on peut pratiquer le canoë? 3 Quand est-ce qu'on peut se baigner? 4 Est-ce qu'on peut s'initier à la voile sur le lac? 5 Quand est-ce qu'on ne peut pas pratiquer le ski nautique?
4a (p 153) 4,
4b (p 153) 1 L'Optimist est prévu pour les jeunes qui veulent s'initier à la voile. 2 L'Optimist est un petit voilier. 3 Selon Marie-Thérèse le canoë est moins intéressant sur un lac que sur une rivière. 5 La plongée sous-marine n'est pas recommandée parce que les fonds sont trop vaseux.
5 (p 153) 1b 2f 3d 4a 5c 6e
6 (p 153) 1 roulettes 2 dessin 3 découper 4 pain 5 pâtisserie 6 repasser
7 (p 154) 1 savez 2 peut 3 savent 4 sais 5 pouvez
1 (p 155) 1 Pendant les vacances de Noël nous allons faire du ski en Italie. 2 Elle commence son congé de maternité la semaine prochaine. 3 Il n'est pas là aujourd'hui. Jeudi, c'est son jour de repos. 4 Qu'est-ce que tu vas faire pendant les grandes vacances/les vacances d'été? 5 Où est Isabelle? Elle est en congé de maladie. 6 La semaine prochaine je vais prendre trois jours de congé. 7 Vous avec combien de semaines de congé?
2 (p 155) 2
3 (p 155) 1 le congé annuel 2 un droit absolu 3 jusque là 4 nous ne sentons pas la nécessité 5 par contre 6 dans le cadre du travail
4 (p 155) 1b 2a 3a, b 4c 5b
5 (p 155) 1 She lives in a very pretty setting. 2 The frame was empty. The painting had been stolen. 3 The senior management went to Paris as part of their work.
Découverte
2 (p 156) 1 le tricotage 2 la couture 3 s'adonner au bricolage 4 les pelotes de laine 5 le reprisage 6 l'accroissement de leur taux d'activité professionnelle
3 (p 156) More and more often women buy their own equipment; they are becoming more and more competent at doing work that is more and more varied.

1 (p 157) 1 presque centenaire 2 sone jumelage avec le samedi 3 cette parenthèse hebdomadaire 4 une étape importante du rituel dominical 5 en nette diminution
2a (p 157) 2
2b 1 Ça fait presque cent ans que les Français ont traité le dimanche comme jour de congé. Son jumelage avec le samedi est beaucoup plus récent. 3 Le repas du dimanche est aussi important que dans le passé. 4 Moins d'un quart des ménages se rendent à l'église le dimanche. 5 Neuf Français sur dix passent le dimanche en famille.
3 (p 157) 1 I have the distinct impression that women are less and less interested in knitting. 2 There is a very marked difference between a French Sunday and a British Sunday. 3 What is the net cost of this equipment? 4 The picture on this photo isn't very clear.
4 (p 158) 1d 2h 3a 4g 5b 6f 7e 8c
5 (p 158) 1 A weekly rest day became law. 2 Paid holidays became law – two weeks a year. 3 Paid holidays were increased to three weeks a year. 4 Paid holidays were further increased to four weeks a year. 5 Increased to five weeks a year.
1 (p 158) 1g 2e 3b 4j 5i 6d 7f 8a 9h 10c
2a (p 158) 2
2b (p 158) 1 Les jeunes et les moins jeunes ont droit de participer au pass'sport. 3 Seuls les gens qui savent nager peuvent s'inscrire. 4 L'inscription est peu onéreuse. 5 Au moment de s'inscrire, tout le monde doit savoir nager cinquante mètres.
1 (p 159) 1 enfourchez une motoneige 2 s'est doté de 3 des sentiers 4 aussi bien... que 5 balisé 6 les pilotes 7 hébergement 8 restauration
2 (p 159) 1 On peut traverser des forêts, des lacs gelés. 2 Les promeneurs de dimanche et les mordus d'inédit. 3 Ils doivent suivre les sentiers balisés
1 (p 159) 1e 2h 3d 4a 5g 6i 7c 8f 9b
2a (p 159) Always keep a distance of at least five snowmobiles between you and the snowmobile in front. Raise your left hand to show that you're stopping on the route. Drive as much to the right as possible.
2b 1 brake and accelerator 2 petrol gauge 3 padlock and security chain 4 emergency stop 5 reverse gear
2c All damage to the vehicle and even its theft
Horizon
1 (p 160) 1 Jean Cabot 2 les Cajuns 3 Ils se sont installés surtout le long de la frontière sud du pays. 4 le sirop d'érable 5 un chien chaud
2 (p 161) 1 Non, la population anglophone est majoritaire. 2 Les langues officielles sont l'anglais, le français et les langues indiennes. 3 L'Acte du Québec date de mille sept cent soixante-quatorze. 4 L'ancien français et l'anglais. 5 Il y a dix provinces au Canada.
Echange
1 (p 162) 1c 2a 3c
1 (p 162) 1d 2g 3b 4e 5c 6f 7a
2 (p 163) 2, 5
3 (p 163) 1 faire venir; dépanner 2 caler; il s'est arrêté 3 la batterie 4 en panne 5 de l'eau; le radiateur 6 le moteur

7 tout ce qu'il faut; la dépanneuse
Profil
1 (p 163) 1 31 January 2 20 January 3 There is always a difference of eleven days 4 They make up with their enemies; They dress the children up in new clothes; Children receive money from neighbours and family. 5 People who are ill and pregnant women. 6 They have to make up the fasting of the days they missed. 7 Children who are 7 or 8 years old only have to fast for one or two days; from ten years old they fast for two or three days; from twelve years old that goes up to about ten days; from 13 or 14 it's about a fortnight, and from 15 they go the whole month.

SELF-ASSESSMENT TEST 5
Quiz (p 164) 1 Dakar 2 les Sénégalais 3 11 ans 4 20 5 Vrai 6 Jean-Marie le Pen 7 Pétain 8 Vrai 9 le Québec 10 Faux
Nationalités cachées (p 164)
a PORTUGAIS b TUNISIEN c ESPAGNOL d IVOIRIEN e MAROCAIN f CONGOLAIS g ALGERIEN h ITALIEN
Documents
1 (p 164) 1f 2d 3e 4a 5b 6c
2 (p 164) 1 moins 2 plus 3 moins
1 (p 165) 1 Noël 2 Pâques 3 la Pentecôte 4 Toussaint 5 le Nouvel an 6 Fête du travail 7 lundi de Pentecôte 8 Jour de l'an
2 (p 165) Bastille day, Armistice day, VE day
Contrôle langue
1 (p 166) suis née; travaillait; suis venue; avais; voulais; manquait; me suis habitué; ai obtenu; ai enseigné; ai changé; travaillait; voulais
2 (p 166) 1 Le soleil du Midi me manque. 2 Ma sœur veut apprendre à jouer de la guitare. 3 Il manque cent francs dans la caisse. 4 Le brouillard de Londres ne me manque pas du tout. 5 Ma mère est devenue de plus en plus inquiète. 6 Nous avons pris trois jours de congé la semaine dernière.
3 (p 166) 1 de 2 – 3 – 4 à 5 – 6 à 7 –
4 (p 166) 1 J'aime bien avoir des amis à la maison. 2 Les enfants veulent aller au cinéma. 3 Elle ne sait pas nager! 4 Elle doit apprendre à nager. 5 Est-ce que vous voulez jouer au golf? 6 Est-ce qu'on peut faire du ski nautique en hiver? 7 Est-ce que tu vas essayer de faire du bricolage?
5a (p 166) 1f 2d 3e 4c 5a 6b
b 1d 2c 3e 4f 5g 6b 7a 8h
6 (p 166) 1 les tâches ménagères 2 la planche à voile 3 la nage 4 une planche à repasser 5 les vacances scolaires 6 le congé maternité
7 (p 166) 1 Le président de la Côte d'Ivoire est né à Yamoussoukro. 2 Ils ont construit la basilique entre 1986 et 1989. 3 A mon avis, c'est un édifice extraordinaire et magnifique. 4 De l'autre côté, beaucoup de gens disent que c'est laid et choquant. 5 Je suis d'accord que la basilique représente un grand luxe au milieu d'un pays pauvre. 6 Mais je crois que c'est merveilleux que l'Afrique puisse glorifier Dieu de cette façon.
Contrôle audio
8 (p 167) 1, 4, 5, 7
9 (p 167) 1 Quite big 2 Small 3 tomatoes, leeks, potatoes, green beans 4 Flowers and trees 5 apple, cherry, pear, plum 6 swing/see saw, rings, play house

SCRIPTS

UNITÉ 1: LANGUES ET PAYS
A l'écoute
Interview 1
1 (p 8)
- Je parle français, anglais et un peu d'espagnol
- Je parle français, anglais et un peu d'italien
- Je parle un tout petit peu français
- Je parle assez bien français
- Je parle bien français
- Je parle très bien français
- Je parle couramment français
- J'apprends le russe
- Moi, j'aimerais apprendre le japonais
- En Côte d'Ivoire la langue officielle c'est le français
- Ma langue maternelle c'est l'anglais
- L'arabe et le français sont les deux langues les plus parlées en Tunisie
- Le chinois est la langue la plus parlée au monde

1 (p 9)
- Alors bonjour, comment vous appelez-vous?
- Je m'appelle Frédéric Grah-Mel.
- Et où habitez-vous?
- J'habite Abidjan.
- Et quelle est votre nationalité?
- Je suis de nationalité ivoirienne.
- Et quelle est votre langue maternelle? C'est le français?
- Ma langue maternelle, c'est la langue 'adioukrou'. Le français est la langue que j'ai apprise à l'école et que je parle tous les jours en Côte d'Ivoire. C'est la langue nationale.
- Alors et quelles sont les autres langues que vous parlez, vous?
- Alors je parle ma langue maternelle, adioukrou, la langue française et un tout petit peu d'anglais.

3 & 5 (pp 9-10)
- Pourquoi parle-t-on le français en Côte d'Ivoire?
- Parce que... il y a environ soixante langues en Côte d'Ivoire pour aujourd'hui douze millions d'habitants et que... il est impossible de se comprendre si on n'impose pas une langue commune à tout le monde. Donc le français a été choisi. Voilà pourquoi je parle cette langue.
- Alors, et maintenant vous parlez le français partout où vous passez? Partout dans le monde?
- Oui. En tout cas partout où on parle le français.
- Et donc c'est la langue que vous utilisez le plus dans votre vie quotidienne?
- Certainement.
- Alors. Pourquoi pas votre langue maternelle?
- Mais les gens qui parlent ma langue maternelle sont très peu nombreux. Dans tous les cas, j'en rencontre très peu dans ma vie quotidienne.
- Est-ce qu'il y a d'autres pays africains dans lesquels on parle aussi le français?
- Dans tous les pays francophones, dans tous les pays d'Afrique francophones, je crois qu'il y en a quatorze. Après la colonisation pour faciliter la communication entre des communautés qui en général parlent beaucoup de langues pour de petits groupes humains, eh bien la langue coloniale a été maintenue. C'était une décision politique à prendre. Aujourd'hui elle est contestée, mais la réalité est que... on peut difficilement faire autrement.

8 (p 10)
- M Grah-Mel, pouvez-vous vous présenter à nos auditeurs, s'il vous plaît?
- Je m'appelle Frédéric Grah-Mel, je suis ivoirien et je suis né en Afrique, en Côte d'Ivoire.
- Quelle est votre profession?
- Je suis journaliste et écrivain.
- Quelle est votre langue maternelle?
- Ma langue maternelle est l'adioukrou, mais je parle aussi le français.
- Où avez-vous appris le français?
- Je l'ai appris à l'école.
- Est-ce que vous utilisez votre langue maternelle tous les jours?
- Non, parce qu'il n'y a pas beaucoup de gens qui la parlent.
- Alors merci beaucoup M Grah-Mel.
- Mais je vous en prie.

Interview 2
2 (p 11)
FGM Ma femme ne parle pas ma langue, elle parle une autre langue. Si elle veut parler à nos enfants par sa langue maternelle, que je veux parler ma langue maternelle à nos enfants aussi, il y aura une petite cacophonie dans la maison. Donc, nous communiquons par le français.

TB ... Dans ma famille même, en ce moment, moi je suis marié avec une femme tessinoise, elle est aussi suisse, mais elle est de la partie italienne de la Suisse, et puis à la maison moi je parle à mon enfant, Fabbio, en allemand, dans mon patois valaisan, ma femme lui parle en italien, dans son italien, et puis lui il nous répond en français, ça veut dire on a trois langues dans le même ménage tous les jours.

2 (p 11)
- Quelle langue est-ce que vous utilisez pour parler à votre enfant?
- Je parle allemand à mon fils
- Et quelle est la nationalité de votre femme?
- Elle est suisse, du canton du Tessin.
- Et votre femme parle allemand aussi?
- Oui, mais sa langue maternelle est l'italien.
- Quelle est donc la langue que votre fils utilise à la maison?
- Il parle français à la maison
- Alors, au total combien de langues parlez-vous à la maison?
- Ma femme parle italien, français et un peu l'allemand.
- Oui? Très bien.
- Mon fils parle allemand et français. Ah, il apprend l'anglais à l'école.
- Mais vous êtes tous polyglotes! Chez nous il y a mon mari qui est de Barcelone et qui parle catalan et espagnol, j'ai mes enfants qui apprennent l'allemand et l'anglais à l'école...

Interview 3
1 & 2 (p 12)
- La majorité linguistique c'est la majorité alémanique, allemande qui constitue je crois à peu près deux tiers de la Suisse et puis il y a une minorité romande, c'est-à-dire qui parle français, et il y a une minorité italienne dans le sud de la Suisse, et il y a également une quatrième langue, une quatrième minorité qui est la minorité romanche, dans les Grisons, qui a sa langue propre et qui est peut-être la plus suisse si on veut des minorités.
- Et quelle est la langue principale, la plus importante?
- Les deux langues principales sont donc l'allemand et le français, mais c'est bien sûr l'allemand qui est la langue fédérale dans la mesure où c'est la langue qu'on parle à Berne, qui est la ville fédérale et c'est la langue qu'on parle à Zurich qui est vraiment un des tout grands centres en Suisse, qui est la ville la plus importante peut-être sur le plan économique et de relations avec l'extérieur.

5 (p 13)
- M Grah-Mel est ivoirien.
- M Grah-Mel est ivoirien?
- Il habite à Abidjan.
- Il habite à Abidjan?
- Il parle français à la maison avec sa famille.
- Il parle français à la maison avec sa famille?
- Sa langue maternelle n'est pas le français.
- Sa langue maternelle n'est pas le français?
- On parle allemand et français en Suisse.
- Est-ce qu'on parle allemand et français en Suisse?
- Vous connaissez la Côte d'Ivoire.
- Est-ce que vous connaissez la Côte d'Ivoire?
- Sa mère est d'origine italienne.
- Est-ce que sa mère est d'origine italienne?

6 (p 13)
- 1. Vous habitez toujours à Abijan? 2. Vous parlez français? 3. Vous apprenez des langues à l'école? 4. Ils ont quitté la Belgique?
- 5. Vous allez bien? 6. Vous connaissez la Suisse? 7. Vous apprenez le français depuis longtemps? 8. Vous êtes d'ici?

7 (p 13)
- Bonsoir madame. Vous avez passé une bonne journée?
- Bonsoir. Très bonne, merci. Ah! mais vous parlez français, je vois.
- Un peu, pas très bien.
- Mais non. Vous avez un très bon accent. Félicitations!
- Mais vous, vous parlez beaucoup de langues, n'est-ce pas?
- Oh, quelques-unes, oui. Nous avons beaucoup de clients qui ne parlent pas français.
- Quelle est votre langue maternelle?
- Ma langue maternelle, c'est le français.
- Mais vous parlez d'autres langues à votre travail?
- Oui, et à la maison aussi. Ma mère est italienne et mon père est né à Zurich. Donc je parle assez bien l'italien et l'allemand.
- Et l'anglais aussi, bien sûr.
- Oui, j'ai appris l'anglais à l'école comme tout le monde... et je me débrouille en espagnol.
- Le japonais? l'arabe?, le chinois?
- Non, non, non, non! Je ne parle que des langues européennes, malheureusement.
- Quelle langue utilisez-vous le plus?
- Ici à l'hôtel?
- Oui, au travail
- Alors, deux tiers de nos clients sont des Français ou des Suisses francophones. Donc, c'est le français.
- Et votre anglais est excellent aussi.
- Oh merci. Il ne faut pas exagérer. Mais l'anglais, c'est la langue internationale, il est indispensable dans le tourisme. Mais votre français est vraiment superbe! Pas d'accent! Excusez-moi un instant s'il vous plaît. Buona sera signor Andreoli. Ha passato una buona giornata? E la signora?

Echange

2 (p 18)

- Allô?, allô? Allô, je pourrais parler à Madame Douang? .... Ah, bonjour, c'est ... oui, c'est Nadine Wakefield à l'appareil. Je vous ai appelé hier soir et j'ai parlé à ... à votre mari, oui? C'est pour ... c'est donc pour lui laisser un message et pour lui ... si vous pourriez lui dire que ... qu'on pourrait venir peut-être à six heures ce soir? Oui, à six heures. Il rentre du travail à quelle heure? Vers les six heures. D'accord. Donc on ... on arrive juste après six heures? Oui, et ... je pourrais avoir votre adresse, s'il vous plaît? Pardon. C'est la route ... une maison avec une ... une véranda, oui. Ah, d'accord. Donc c'est quel ... c'est quel numéro? Puy de Sonbouillon, c'est la deuxième maison quand on entre dans le village. D'accord. Il n'y a pas de numéro? Non. C'est le numéro 107 mais c'est ... c'est pas marqué. Bon, d'accord. C'est la ... donc la deuxième maison. Donc c'est à l'entrée du village. Oui. Bon, alors ça sera ... j'arriverai juste après ... juste après six heures. Si, si je lui ai parlé ... il m'a dit ... il m'a dit qu'il rentrerait peut-être vers euh ... cinq heures trente. D'accord. Bon, alors, à ce soir. Oui? Au revoir, madame.

3 (p 19)

- Bonjour. Ici le cabinet du docteur Roger Thouvay. Nos horaires de consultations sont de 9h à 12h15 et de 14h30 à 18h 00, du lundi au vendredi et de 10h00 à midi le samedi. En dehors de ces heures, vous pouvez appeler, en cas d'urgence, le 24 45 11 87. Je répète le 24 45 11 87. Si votre appel n'est pas urgent, vous pouvez laisser votre message, avec votre nom, adresse ou numéro de téléphone, et l'heure de votre appel, après le bip sonore'.

4 (p 19)

- Je m'appelle Linda Robbins
- J'aimerais voir le médecin
- Ce n'est pas très urgent mais j'aimerais le voir demain.
- Pourrais-je venir avant 11 heures?
- Ou bien après seize heures
- Pourriez-vous me rappeler?
- Mon numéro est le 24 45 33 72
- Si je ne suis pas ici
- Vous pouvez laisser un message sur mon répondeur.
- Il est juste dix-neuf heures
- Mercredi soir
- Je vous remercie
- A demain, j'espère.

5 (p 19)

- Allo?
- Bonsoir. C'est Mme Desnoyer à l'appareil?
- Non, je suis sa fille Virginie.
- Est-ce que je pourrais parler à Mme Desnoyer s'il vous plaît?
- Ah, elle n'est pas là, elle est sortie voir une amie. C'est de la part de qui, s'il vous plaît?
- C'est Mme Bruno, de York, en Angleterre.
- Ah Madame Bruno. Vous êtes la mère d'Antonio, qui est venu chez nous l'année dernière?
- Oui, c'est ça.
- Et vous appelez de York?
- Non. Je suis ici, à Vannes.
- Moi je suis Virginie la sœur de Georges. Mais malheureusement maman n'est pas là en ce moment.
- Est-ce que je pourrais laisser un message?

- Oui, bien sûr.
- Pourriez-vous dire à Mme Desnoyer que nous sommes à Vannes?
- Très bien. Attendez Madame Bruno, vous êtes où exactement?
- Nous sommes à l'hôtel du Lion d'Or.
- Mais c'est juste à côté de chez nous. A deux cents mètres. J'espère que vous viendrez nous voir. Antonio est avec vous?
- Non, il est à la maison, mais je suis à Vannes avec mon mari.
- Très bien Mme Bruno. Mais vous parlez très très bien français. Mieux qu'Antonio l'année dernière. Vous savez, moi je me débrouille un tout petit peu en anglais, mais l'année dernière Georges, Antonio et moi, nous avons parlé moitié anglais, moitié français. Il va bien Antonio? Oh! j'entends quelqu'un à la porte...

Profil (p 19)

- Bonjour. Je m'appelle Stélio Farandjis. C'est un nom d'origine grecque. Je suis Secrétaire Général du Haut Conseil de la Francophonie, qui est présidé par le Président de la République et qui est un organisme français mais majoritairement composé de non-Français.
- Et pourriez-vous nous dire combien de francophones y a-t-il dans le monde?
- C'est une question qui est importante, mais la réponse n'est pas facile, n'est pas simple, parce que .. en fait il y a plusieurs degrés de francophonie. Il y a des gens qui parlent le français couramment ... habituellement, dans la journée, en toute occasion. Alors pour ceux-là, on peut dire qu'il y en a cent vingt ou cent vingt-cinq millions, en gros.
- Oui
- Si on ajoute ceux qui ont le français comme langue officielle, langue administrative, langue de la justice, langue de l'enseignement et pas seulement langue enseignée mais langue dans laquelle on enseigne, alors là on arrive à cent cinquante ou cent quatre-vingts millions. Si on ajoute ceux qui, euh ... connaissent le français comme langue étrangère et à qui il arrive de le parler dans une conférence diplomatique ou en d'autres circonstances, euh ... scientifiques ou culturelles, on peut arriver à deux cents millions.
- Et de quel pays euh ... sont ces différents francophones en fait?
- Alors, vous avez deux noyaux qui sont les berceaux .. c'est-à-dire, France, Belgique, Suisse, euh .. Luxembourg, Monaco, pour l'Europe, où le français est parlé comme langue maternelle, même si tout le monde n'est pas descendant de ... de Français, loin de là. Le deuxième noyau-berceau, ce sont les francophones en Amérique du Nord .. c'est-à-dire les Canadiens francophones .. et les Louisianais. Et puis vous avez le troisième grand morceau qui est composé à la fois des Maghrébains francophones et des Africains francophones qui eux parlent de plus en plus le français même si ce n'est pas leur langue maternelle. Au Maghreb on peut considérer que ... une bonne moitié de la population peut s'exprimer en français ... c'est énorme! Ceci a été renforcé par l'enseignement systématique du français et par les média. En Afrique Noire, la proportion varie beaucoup d'un pays à l'autre. Disons qu'aujourd'hui les gens qui, dans les pays francophones

africains là où le français est langue officielle, peuvent s'exprimer en français, la proportion doit varier entre dix et quinze pourcents de la population. Les pays africains francophones même où la population ne parle le français qu'à proportion de dix ou quinze pourcents - la proportion est plus forte chez les jeunes bien sûr, ce sont des pays où l'enseignement se fait en français: les mathématiques, les sciences euh ... toutes les disciplines sont enseignées en français et souvent dès les premières années, même si certains pays africains ont depuis quelques années établi un enseignement bilingue. Y compris dans le primaire.

UNITÉ 2: ORIGINES ET LOGEMENTS

A l'écoute

1 (p 22)

- Je suis français.
- Je suis italienne.
- Je suis d'origine française.
- Mon père est d'origine écossaise.
- Ma mère est d'origine américaine.
- Je suis née en France.
- Je suis né à Bruxelles.
- J'ai grandi à Paris.
- J'ai grandi aux Etats-Unis.
- Je suis restée en France jusqu'à l'âge de vingt ans.
- Je suis resté au Canada jusqu'en 1990. J'ai quitté la Tunisie en 1992.
- J'ai quitté Paris à l'âge de dix ans.

3 (p 22)

- Je m'appelle Christine Duberos. Je suis née dans un petit village du Lot en 1933. Le village s'appelle Lalbenque. J'y ai grandi et j'y suis restée jusqu'à l'âge de 16 ans. Puis, avec ma famille, je suis allée vivre à Toulouse, où je suis restée jusqu'à mon mariage quatre ans plus tard, quand je suis allée vivre à Paris avec mon mari. Paris, c'est une très belle ville, mais j'adore toujours le village de mon enfance et j'y retourne le plus souvent possible.

Interview 1

1 & 2 (p 23)

- Vous vous appelez comment?
- Madame Caron Ghislaine.
- Et Ghislaine, c'est votre prénom?
- C'est mon prénom, oui.
- Et vous habitez où?
- Nous habitons à Langres.
- A Langres. Et vous avez toujours vécu à Langres?
- Non, je suis d'origine lyonnaise, donc...
- Vous êtes née à Lyon?
- Je suis née à Lyon. Donc, j'ai vécu à Lyon, j'ai vécu dans le midi et maintenant dans la Haute-Marne, à Langres.
- Et combien de temps vous êtes restée à Lyon?
- Je suis restée jusqu'à l'âge de 35 ans, alors.. donc... j'ai fait un bon parcours lyonnais.
- Et pourquoi avez-vous quitté Lyon?
- J'ai quitté Lyon du fait que mon mari était installé dans le midi.
- Dans le midi?
- Dans le midi.
- Où exactement?
- A Bandol, à côté de Toulon.
- Lyon, c'est la capitale gastronomique?
- Capitale gastronomique, capitale des Gaules. C'est une ville magnifique, très grande ville avec beaucoup d'histoire.

SCRIPTS

- Ça vous manque?
- Oui, malgré tout.

5 (p 24)
- Vous êtes née où?
- Je suis née à Lyon, je suis lyonnaise d'origine.
- Vous avez toujours habité à Lyon?
- Ah, non, non, non. J'ai quitté Lyon à l'âge de cinq ans. Ma famille est venue habiter à Paris.
- Vous habitez toujours à Paris?
- Non! J'habite à Londres depuis mon mariage.
- Ah bon et où à Londres?
- Enfin, pas exactement au centre de Londres, mais pas loin. Dans un quartier qui s'appelle Wimbledon.
- Wimbledon! Mais j'habite tout près! A Putney!
- Ah oui. J'y passe souvent. C'est joli, Putney. Vous avez la Tamise et tout. Et vous? Vous êtes anglais, bien sûr?
- Enfin, je suis de nationalité britannique, mais je suis né à Bombay.
- En Inde? Vraiment?
- Mais après j'ai vécu au Kenya
- Oh la, la, ça doit être joli là-bas.
- Et je suis arrivé à Londres en 1965
- Ah! Voilà mon mari. John! Tu sais Monsieur parle français…

Interview 2
2 (p 25)
- Est-ce que vous avez toujours vécu à Abidjan?
- J'ai vécu quelque temps, j'ai fait mes études en France, ensuite, comme mon mari est diplomate de carrière, j'ai beaucoup voyagé et je suis rentrée pour m'installer définitivement à Abidjan depuis 1983. Je suis née à Grand-Bassam. J'ai grandi un peu à Grand-Bassam, j'ai fait mes études primaires ici et après, je suis allée en France pour mes études secondaires et supérieures. Donc, comme je vous dis, Abidjan, bon c'est la ville de tout le monde.
- Mais, vous la considérez comme votre ville?
- Comme ma capitale, oui, mais pas comme quand on me demande, moi, je suis de Bassam.
- Bon d'accord.
- Voilà. […]
- Quels sont donc les avantages pour vous de vivre à Abidjan?
- Mais, vous savez, c'est comme toute autre grande ville, hein, toute autre grande capitale du monde, bon en particulier ici en Afrique, la capitale, bon, c'est là où il y a un peu de tout, il y a du monde qui passe, parce que c'est la capitale, que il y a des courants, il y a des échanges, il y a beaucoup de brassages de races, il y a une interaction entre les communautés qui y vivent, les étrangers, les autochtones.
- Mais vous êtes fière de votre ville?
- Je suis fière de ma ville bien entendu, je suis fière d'y vivre parce que bon je la considère comme une belle ville.
- Et vous êtes fière d'être ivoirienne?
- Absolument, absolument, je suis fière d'être ivoirienne.

Interview 3
3 & 4 (p 26)
- Est-ce que tu es de cette région?
- Non, je suis venue ici pour travailler. Je suis née dans le Nord de la France et j'ai émigré

avec mes parents quand j'avais six mois et j'ai passé mon enfance dans le Loiret à 150 kilomètres au sud de Paris.
- Très bien, donc tu es venue dans la région uniquement pour raisons professionnelles?
- Tout à fait, oui.
- Et tes parents habitent où exactement?
- Dans le Loiret, donc, mais ils sont également attachés évidemment à la région du Nord de la France parce qu'on y retourne chaque année, parce que notre famille est là-bas.
- Et tu es attachée à cette région?
- J'y suis attachée oui, parce que j'ai encore toute ma famille là-bas en dehors de mes parents, les grands-parents, oncles et tantes, cousins, habitent pratiquement tous encore dans le Nord, oui.

7 (p 27)
- On se vouvoie?
- On se vouvoie pour cet exercice.
- Bon Dominique, où est-ce que vous êtes née?
- Je suis née à Londres
- Vous êtes donc anglaise?
- Non, je suis franco-anglaise
- Vos parents sont anglais aussi?
- Non, mon père est d'origine anglaise et ma mère est d'origine française
- Où avez-vous grandi?
- J'ai grandi à Londres
- Et vous êtes restée à Londres jusqu'à quand?
- Je suis resté à Londres jusqu'à l'âge de seize ans
- Et vous avez fait des études?
- Oui, j'ai fait des études de droit
- Où avez-vous fait vos études?
- J'ai fait mes études à l'université de Durham.

8 (p 27)
- Vous avez toujours habité dans ce village?
- Oh non! ça fait trois ans seulement. On a acheté la maison parce que c'est tranquille et mon mari est à la retraite, donc on a décidé …
- Alors vous n'êtes pas née ici?
- Ah, non, non, non. Je suis née à Bruxelles. Mais mes parents sont français, et moi j'ai la nationalité française. Vous connaissez Bruxelles?
- Oui, je suis allée à Bruxelles avec mon mari il y a trois ans. C'est une très jolie ville.
- Oui, c'est une très belle ville. Très internationale aussi. Vous êtes restés longtemps à Bruxelles?
- Nous y sommes restés une semaine. Nous avons des amis anglais qui habitent à Bruxelles.
- Ah! Mais c'est bien ça. Mais vous, vous habitez Manchester, n'est-ce pas? Quand j'ai reçu votre lettre j'ai vu …
- Près de Manchester, dans un petit village. Mais je suis d'origine irlandaise.
- Irlandaise! On a eu une famille irlandaise dans le gîte l'année dernière, de Dublin, je crois. Et vous retournez souvent en Irlande?
- Oh, oui! Mes parents habitent à Dublin, et je suis fière d'être irlandaise!
- Alors, moi, vous savez, mon mari, bon, on est marié depuis plus de 30 ans maintenant on s'est connu en Belgique, mais lui, il est né à la Martinique, d'un père suédois et d'une mère française, et quand il avait sept ans il…, excusez-moi, voilà le facteur…

- A ce soir!
- A ce soir!

Echange
1 (p 34)
- Bonsoir madame…
- Bonsoir madame.
- Est-ce que vous avez une chambre de libre pour ce soir, pour une personne?
- Non, je suis désolée nous sommes complets.
- Oh, non. Vous n'auriez pas d'autres hôtels que vous pourriez me conseiller?
- Si, bien sûr, bien sûr je peux vous conseiller d'autres hôtels, pas très loin
- …et pas trop bruyants.
- Non, c'est un hôtel calme.
- Le nom de…
- Hôtel 'Belle Epoque'.
- Hôtel 'Belle Epoque'. Est-ce que je pourrais vous demander si je peux utiliser le téléphone?
- Bien sûr
- Pour réserver
- Bien sûr vous avez le téléphone qui est ici vous pouvez vous en servir.
- Parfait, comme il est tard je préfère téléphoner pour réserver à l'avance. Merci.
- Je vous en prie, madame.

2 (p 34)
- Bonjour madame
- Bonjour monsieur
- Vous avez une chambre de libre pour ce soir?
- Attendez, je vais voir . C'est seulement pour ce soir?
- Oui, c'est juste pour une nuit.
- Et pour une seule personne, n'est-ce pas?
- Oui, c'est ça.
- Oui, j'ai une chambre … mais avec douche seulement.
- Avec douche, c'est très bien. Quel est le prix de la chambre?
- Une chambre individuelle avec douche, ça vous fait … 320 francs.
- C'est une chambre calme?
- Oh oui! Là aucun problème. Beaune est très calme la nuit.
- Merci. Alors je la prends.

1, 2 & 3 (pp 34-35)
- Bonjour, monsieur. Nous voudrions acheter une maison dans la région.
- Vous avez vu quelque chose qui vous intéresse dans nos annonces?
- Pas vraiment.
- Alors, d'abord, dites-moi, quelle genre de maison cherchez-vous?
- Nous cherchons une maison ancienne, genre ferme de style breton.
- D'accord. Alors, je consulte l'ordinateur .. Et bien, j'ai une ferme ancienne de style breton, en pleine campagne, avec dépendances, un hall magnifique, un grand séjour, une salle à manger, deux chambres, à une demi-heure de la mer, 300 000 francs, intérieur à rénover, un demi-hectare de terrain. Ça vous intéresse?
- Euh, ça dépend, vous avez dit à quel prix?
- 300 000 francs.
- C'est un peu cher pour nous. Vous avez autre chose plutôt dans les 200 000 francs?
- Je regrette, non, pas pour le moment. J'ai des maisons plus chères ou moins chères, mais rien autour de 200 000 francs.
- Bon, et bien, tant pis. Est-ce qu'on pourrait quand même visiter cette ferme?

- Bien sûr! Cet après-midi cela vous convient?
- Oui, aucun problème.

4 (p 35)
- Bonjour, vous désirez?
- Nous voudrions acheter une maison dans la région.
- Bien, vous avez vu quelque chose qui vous intéresse?
- Non, pas vraiment.
- Quelle sorte de maison cherchez-vous?
- Nous cherchons une maison à la campagne avec un grand terrain
- Très bien
- Et pas trop loin de la mer
- D'accord. Quel prix avez-vous en tête?
- A peu près 400.000 francs.
- Est-ce que vous aimeriez une maison ancienne?
- Oui, j'aimerais bien une maison à rénover.
- Eh bien, on va voir.. Oui. Nous avons plusieurs propriétés qui correspondent…

Profil (p 31)
- Bonjour je suis Christine Mozian.
- Mozian c' est un nom de quelle origine?
- Mozian c'est un nom d'origine arménienne. Donc tous les noms qui se terminent par i, a, n sont de cette origine et donc mon père, mon père et ses parents, mon père est né en France et voilà moi aussi.
- Donc ton père est né en France mais de parents arméniens.
- Voilà de parents arméniens donc son père et sa mère.
- Et son père et sa mère sont venus en France?
- Oui à Paris oui oui, et en banlieue parisienne aussi?
- Ton père donc, il parlait arménien avec ses parents?
- Tout-à-fait oui oui.
- Et tes grands parents ont appris le français?
- Ils ont oui, mon grand-père oui, il parlait très bien le français. Ma grand'mère un peu moins bien.
- Et donc toi est-ce que ton père t'a appris l'arménien?
- Non, non, je comprends je comprends un petit peu quoi, je comprends quelques mots et ça me permet de comprendre une situation.
- Et donc du côté de la mère. Ta mère était française?
- Ma mère française oui, donc son père breton et alsacien enfin surtout breton en fait et sa maman du côté des Pyrénées voilà.
- Et donc toi donc avec une mère française et un père arménien bon, même s'il est né en France et s'il a vécu en France, il vit en France, est-ce que tu te sens attachée à tes origines arméniennes? Est-ce que tu te sens vraiment complètement française?
- Eh bien je me sens complètement française, mais très attachée à mes origines arméniennes, j'ai gardé pas mal de traditions, je vais aussi à l'église, à la cathédrale donc à Paris, de temps en temps.
- C'est-à-dire c'est l'église orthodoxe?
- Oui, oui grégorienne.
- Est-ce que tu es déjà allée en Arménie?
- Non, non jamais, mais j'aimerais bien faire ce voyage et notamment pour voir tous les, toutes les églises qui sont actuellement dans un très très mauvais état.

SELF-ASSESSMENT TEST 1
Contrôle audio
7 (p 39)
- [SF] Les pays africains francophones, même où la population ne parle le français qu'à proportion de dix ou quinze pour cent - la proportion est plus forte chez les jeunes, bien sûr - ce sont des pays où l'enseignement se fait en français. Les mathématiques, les sciences, toutes les disciplines sont enseignées en français et souvent dès les premières années, même si certains pays africains ont depuis quelques années établi un enseignement bilingue. Y compris dans le primaire.

8 (p 39)
- Où va se jouer l'avenir du français? Pas en France. En Afrique. C'est en Afrique que dans les années prochaines, on va choisir … le choix du français ou de l'anglais. Ça dépendra des accords, ça dépendra des politiques économiques. Il est grand temps que la francophonie s'ouvre.
- Vous dites que la France est en dehors mais en fait ne pensez-vous pas … le fond de votre pensée … qu'elle est en retard par rapport à l'évolution de la langue?
- Je crois qu'un certain nombre de Français ont des attitudes très conservatrices par rapport à la langue mais cela s'explique très bien encore une fois. Pour eux, il y a une sorte d'assimilation profonde entre le français et la nation. Toucher au français, à la langue française, c'est toucher à la France.

Contrôle parole
9 (p 39)
No 1. Allô, c'est Monsieur Blanchard à l'appareil.
No 2. Est-ce que je pourrais parler à Monsieur Laurent, s'il vous plaît?
No 3. Monsieur Laurent, je suis désolé mais nous avons des problèmes sérieux avec la maison.
No 4. Les toilettes ne fonctionnent pas très bien et la douche est cassée.
No 5. Pourriez-vous venir à la maison aujourd'hui?
No 6. Ce soir vers six heures.
No 7. Je suis désolé mais ça ne nous convient pas du tout.
No 8. Demain soir après sept heures.
No 9. D'accord.
No 10. Merci Monsieur, à demain j'espère.

UNITÉ 3: L'ARGENT
A l'écoute
1 (p 40)
- C'est cher le téléphone?
- C'est cher, l'électricité?
- C'est cher les loyers?
- C'est cher les loisirs?
- C'est cher l'électricité en France?
- C'est cher le téléphone en Côte d'Ivoire?
- C'est cher les loyers à Paris?
- Les dépenses.
- Quelles sont vos dépenses principales?
- Comment dépensez-vous votre argent?
- Mes dépenses principales sont: la maison.
- Les enfants et les loisirs.
- La nourriture et la voiture.
- Les vacances et les sorties.
- Un billet de cent francs.
- Une pièce de cinq francs. Un timbre à 5 francs.
- Une glace à dix francs.

- Cent francs CFA vaut 1 un franc français.
- Un dollar américain vaut mille cinq cent lire italiennes.

2 (p 40)
1. C'est très cher, la vie en France.
2. Ça coûte cher le gaz.
3. Cette robe coûte trois cent quatre vingts francs.
4. Mes dépenses principales sont la voiture et la maison.
5. Le téléphone me coûte quatre cents francs par mois.
6. Avez-vous deux pièces de cinq francs s'il vous plaît?
7. Combien dépensez-vous au supermarché normalement?
8 Ça coûte combien, un litre d'essence chez vous?
9. En France le vin de table n'est pas très cher.
10. Je n'ai plus d'argent. J'ai tout dépensé.

Interview 1
1 (p 41)
- Comment dépensez-vous votre argent? Quelles sont vos dépenses principales?
- Aïe, y a les frais fixes d'abord, donc le loyer, l'électricité, le gaz, le téléphone, les assurances, la voiture, donc les frais fixes, obligatoires. Ensuite, y a les loisirs.
- Oui. Donc la plus grande partie de votre argent part dans les frais fixes en fait? Et les impôts?
- Et les impôts, oui. Et puis le reste, c'est les loisirs. Ça peut être les week-ends ailleurs, les sorties, les vêtements. […]
- Les restaurants.
- Oui, bien sûr. […]
- Quelles sont les dépenses que vous détestez?
- Les impôts évidemment.
- Les impôts. Très bien. Est-ce qu'il vous arrive de mettre de l'argent de côté?
- Oui, ça m'arrive, oui, je mets un petit peu d'argent de côté. Parce qu'on ne sait jamais hein ce qui peut se passer.

3 (p 41)
- Quelles sont vos dépenses principales?
- Alors il y a le loyer, le téléphone, les assurances
- Et la voiture?
- Bien sûr je dois assurer la voiture, c'est cher également.
- Quelles sont les dépenses que vous détestez le plus?
- Les impôts, évidemment.
- Et est-ce qu'il y a des dépenses que vous aimez faire?
- Oui, j'aime bien sortir de temps en temps.
- Est-ce qu'il vous arrive de mettre de l'argent de côté?
- Ça m'arrive, mais pas très souvent.
- Je peux vous demander votre âge s'il vous plaît?
- Alors là certainement pas jeune homme. Ce n'est pas une question que l'on pose à une dame de mon âge. Ah vraiment je n'ai jamais entendu une chose pareille!
- Oh! Excusez-moi, madame, je ne voulais pas…

Interview 2
1 (p 41)
- Quelles sont tes dépenses principales?
- Eh bien, mes dépenses principales en ce moment ce sont essentiellement des voyages…
- Oui?

- Euh, donc des petits weekends que l'on se fait avec mon amie
- Oui.
- Ici présente. Et...
- C'est-à-dire vous partez très loin?
- En Bretagne, on part en Bretagne pour des weekends prolongés. Enfin, on est partis deux fois?
- Trois.
- Trois fois en Bretagne, et voilà, donc c'est essentiellement ça.
- Qu'est-ce que vous faites exactement en Bretagne?
- Eh bien, on visite les sites, euh donc essentiellement, oui, chaque fois qu'il y a une belle église, une belle cathédrale, on s'y arrête.
- Oui.
- On visite les villes. On a beaucoup aimé Vannes en particulier, et Rennes.
- Oui.
- Et puis on fait des promenades aussi au bord de la mer, on passe beaucoup de bon temps, quoi.

4 (p 42)
- Et donc en dehors de ces dépenses de plaisir est-ce que tu as d'autres dépenses disons importantes, qui sont obligatoires?
- Qui sont obligatoires oui, bien sûr, j'ai comment dire des dépenses relatives à mon habitation
- Le loyer, la voiture,
- Le loyer, la voiture,
- La nourriture
- La nourriture etc…
- Les vêtements, aussi?
- Pas en ce moment, non. Les vêtements c'est relativement "soft".
- Est-ce qu'il y a des dépenses que tu détestes?
- Je déteste payer les contraventions.
- Oui. Et tu en as souvent?
- Et j'en ai beaucoup, oui parce que le lycée où je travaille ne possède pas de parking pour les voitures. Et donc, je suis obligé de me garer dans la rue sur des places payantes. Et quand je viens le soir, j'ai une magnifique contravention sur mon pare-brise.
- Et tu les paies?
- Et je ne les paie pas.
- Ah d'accord.
- J'attends l'amnistie.
- Ah oui!
- A l'élection présidentielle de 95.
- Les dépenses qui me surpennent sont toujours la voiture et le prix de l'essence.
- Quelles sont les dépenses que tu détestes le plus?
- Les dépenses que je déteste le plus, c'est les impôts

7 (p 43)
- Alors c'est la première fois que vous venez en Bretagne?
- Oui, c'est la première fois.
- Et pourquoi avez-vous choisi la Bretagne?
- Principalement pour les enfants, nous n'habitons pas près de la mer en Angleterre.
- Non? Vous habitez où exactement?
- A Ashby-de-la -Zouch.
- Ah bon. Achbé de la Zouche! C'est en Angleterre ça?
- Oui
- C'est une ville que je ne connais pas. Et vous trouvez que la vie est chère en France?
- Pas vraiment. L'essence est chère mais le vin

est bon marché.
- Le vin de table, d'accord, mais il y a des vins très très chers aussi.
- Oui, je sais, mais en vacances mon mari et moi buvons du vin ordinaire.
- Quelles sont donc les dépenses principales pour vous? Le vin?
- Non, non , pas du tout.
- Mais les vêtements sont très chers, surtout pour les enfants.
- Comme ici. Et l'alimentation?
- La semaine dernière, j'ai dépensé 800F au supermarché et on est quatre à la maison.
- Ah oui, mais c'est la même chose ici. Nous, on est mon mari, moi et nos trois enfants, et je dépense régulièrement mille francs par semaine au supermarché. Et quand je regarde dans mon caddy il n'y a presque rien.
- L'eau aussi est très chère.
- L'eau! Ah l'eau minérale?
- Non, non,pas du tout, je veux dire l'eau du robinet. Nous payons £250 par an!

Interview 3
3 & 6 (p 44)
- Donc comment est-ce que tu dépenses ton argent?
- Comment je le dépense? Je crois que le poste principal dans mon budget c'est l'alimentation et puis en second rembourser le prêt que j'ai contracté pour acheter la maison, essayer de mettre un petit peu d'argent pour acheter une voiture. On essaie de mettre un petit peu d'argent aussi pour partir en vacances et puis on dépense je crois pas mal d'argent style acheter des chaussures pour les enfants, se faire plaisir en achetant un joli vêtement, en allant au cinéma, en allant dîner au restaurant de temps en temps. Je ne sais pas comment j'arrive à dépenser tout mon argent finalement. Le téléphone ça coûte très cher, surtout pour moi qui suis bavarde, l'EDF et puis j'ai fait le tour là,… les impôts.
- Donc la dépense la plus importante c'est la nourriture? C'est important de bien manger?
- Euh, c'est pas une question de bien manger. C'est important de manger frais et équilibré et bon bien, il faut acheter des choses, y a pas de mystère et ça coûte cher, ça coûte de plus en plus cher, oui. Plus les années passent, plus je me rends compte que je dépense plus d'argent avec la même chose dans mon caddie quand je vais au supermarché.

Interview 4
2 & 3 (p 45)
- Vous disiez tantôt que Abidjan est quand même cher. Est-ce que vous pouvez nous donner quelques exemples de produits que vous trouvez assez chers à Abidjan?
- Oui, je songe d'abord aux voitures. Les voitures sont importées, donc, les taux de douane sont élevés. La Côte-d'Ivoire est un des pays où les taux de douane sont les plus élevés du monde et donc les voitures reviennent très très cher en Côte-d'Ivoire. Bon, il y a d'autres produits. Tout produit qui suppose une importation, je songe par exemple au beurre, même le riz est cher. Nous cultivons le riz, mais il y a une grande part qui est importée et le riz est cher en Côte-d'Ivoire. Les habits, les vêtements, il y a des habits bien sûr qu'on confectionne en Côte-d'Ivoire mais il y a beaucoup d'habits qui sont importés et c'est cher parce que la Côte-d'Ivoire, comme beaucoup de pays

sous-développés, est obligée d'importer de l'étranger et malheureusement beaucoup de ces produits reviennent cher. Evidemment il y a des produits que l'Ivoirien moyen ne consomme pas, donc ça ne gêne pas dans l'ensemble. Je pense par exemple au fromage et autres. Je pense aux cigarettes, aux biens importés, aux habits et autres, c'est cher, c'est cher.

5 (p 45)
- Quelles sont vos dépenses principales?
- Alors, il y a le loyer, bien sûr, et tous les autres frais fixes: l'électricité, le gaz ...
- Bon, et votre loyer est cher?
- Nous payons dans les 5000F par mois
- Oui, c'est assez cher.
- Bien sûr. Et c'est pour un appartement qui n'est pas très grand. Et on n'habite pas dans un quartier très chic, vous savez! Et vous?
- Oh il y a le téléphone, et le gaz ...la voiture.
- ... oui, l'électricité, les assurances.et cætera etcætera.
- Et vos impôts?
- Ah oui! Il ne faut pas oublier les impôts directs. Les impôts indirects, la TVA ... j'ai calculé que, je paie à peu près 45 pour cent d'impôts!
- Oh, oui, moi aussi! Au minimum! Et avec quatre enfants tout est cher.
- C'est vrai. On est allé à Eurodisney l'autre jour. Ma femme et moi, nos deux enfants, et la fille d'un ami. Vous savez combien on a dépensé au total?
- Non, combien?
- Avec l'entrée pour deux adultes et trois enfants, les glaces, les sandwichs, les boissons, plus de mille francs!
- Aïe!! Mais vous avez un bon emploi, n'est-ce pas?
- Oui, j'ai un bon travail. Je suis assez bien payé, mais je trouve que plus on gagne d'argent ...
- ... plus on dépense
- Exactement! Plus on gagne, plus on dépense!

Echange
2 & 3 (p 49)
- Bonjour madame. Je peux changer de l'argent?
- Oui, nous faisons certaines opérations dans cette agence. Sinon il faut aller dans notre agence principale au centre ville. Ici vous pouvez encaisser des chèques de voyages ou changer des devises étrangères. Si vous avez une carte de crédit, une carte Visa ou Mastercard, vous pouvez retirer de l'argent au distributeur automatique.
- Oui, je viens d'essayer mais le distributeur a refusé ma carte.
- Qu'est-ce que vous avez comme carte?
- J'ai une carte Visa. La voilà.
- Ah, voilà. Les cartes anglaises utilisent une bande magnétique pour enregistrer tous les détails. Tandis que nos cartes sont maintenant équipées d'une puce. Il n'y a que quelques distributeurs qui reconnaissent les deux sortes.
- L'ennui, c'est que je dois régler ma note d'hôtel en liquide. Je me suis rendu compte ce matin que l'hôtel n'accepte pas les cartes de crédit. C'est incroyable, de nos jours! Et mon avion part dans trois heures. Je suis vraiment embêté.
- Vous n'avez pas d'autres moyens de

paiement?

- Eh bien, écoutez, j'ai des eurochèques mais l'hôtel ne les accepte pas non plus.
- C'est vrai. Les commerçants français n'aiment pas beaucoup les eurochèques. Je crois que c'est parce qu'ils ont des frais supplémentaires pour encaisser le chèque. Mais moi, par contre, je peux vous donner des espèces contre un eurochèque. Quelle somme d'argent voulez-vous retirer?
- 2000 francs, ça me suffira, je pense
- Dans ce cas, aucun problème. Un instant, s'il vous plaît. Vous avez une pièce d'identité?
- Oui, j'ai un passeport. Voilà.
- Est-ce que vous avez votre carte de garantie eurochèque avec le numéro de votre carte et celui de votre compte?
- Attendez, je la cherche dans mon portefeuille. La voilà.
- Donc, vous m'avez dit 2000 francs. Voilà. Vous signez ici et vous passez à la caisse là-bas.
- Eh bien, je vous remercie. Vous êtes bien aimable. Au revoir madame.

4 (p 49)
- Bonjour Monsieur. Je voudrais changer de l'argent s'il vous plaît.
- Oui bien sûr ça dépend de ce que vous voulez. Si vous avez une carte de crédit, vous pouvez retirer de l'argent au distributeur automatique.
- J'ai essayé mais la machine a refusé ma carte.
- Ah oui, mais ce n'est pas une carte à puce et c'est pour ça que le distributeur l'a refusée.
- Je dois payer ma note d'hôtel en argent liquide, qu'est-ce que vous me conseillez de faire?.
- Est-ce que vous avez d'autres moyens de paiement?
- J'ai des eurochèques mais l'hôtel ne les accepte pas non plus.
- Aucun problème. Moi, je peux vous donner du liquide contre un eurochèque. Combien d'argent voulez-vous?
- 3000 francs, c'est possible?
- Oui. Bien sûr. Vous avez une pièce d'identité, s'il vous plaît?
- Oui, mon passeport, ça va?
- Oui, alors, vous signez ici et vous passez à la caisse.
- Merci beaucoup Monsieur, vous êtes bien aimable.
- Mais je vous en prie, madame.

1 (p 50)
- Allo, oui, j'ai fait une réservation pour une voiture de location et je suis arrivée à Paris Nord et votre agence était fermée. C'est écrit sur la porte que ça fermait le dimanche après-midi à partir d'une heure, à partir de 13 heures. Alors bon, moi j'ai tout...
- Oui, d'accord, mais on aurait pu nous prévenir quand on a fait la réservation.
- Oui, oui j'ai pris mes bagages, et puis alors qu'est-ce que je fais maintenant?
- Et vous êtes où?
- A Montparnasse, oui, mais ça se trouve où?
- Et c'est à combien de temps de Paris Nord jusqu'à, jusqu'à Montparnasse?
- Une demi-heure!
- Un taxi! Ça va me coûter les yeux de la tête!
- Vous me remboursez le taxi?
- Votre adresse s'il vous plaît?
- Rue Maine? Bon d'accord je vais essayer de

prendre un taxi. Et vous avez une voiture? Prête?
- Vous voulez mon... vous voulez mon numéro de réservation?
- Non, bon d'accord, alors je prends un taxi et donc j'arrive... on verra
- Oui.
- Bon, au revoir.

3 (p 51)
- Allô
- Allô. Bonjour monsieur, je suis à la Gare du Nord à Paris.
- Oui, madame
- J'ai loué une voiture, mais vos bureaux sont fermés.
- Mais oui. C'est dimanche. Notre agence de la Gare du Nord ferme tous les dimanches après midi
- Mais quand j'ai fait la réservation
- j'ai bien dit que j'arriverais un dimanche après-midi.
- Alors, je regrette. On aurait dû vous prévenir.
- Alors maintenant qu'est-ce que je fais?
- Si vous voulez venir jusqu'ici, nous avons une voiture pour vous.
- Où êtes-vous?
- Nous sommes situés juste en face de la sortie de la Gare Montparnasse.
- Montparnasse? Ça se trouve où?
- Vous ne connaissez pas Paris?
- Non, je viens d'Ecosse
- Alors, je vous conseille de prendre un taxi.
- Prendre un taxi! Mais c'est très cher!
- Ne vous inquiétez pas, Madame. Nous vous rembourserons.
- Ah bon. Est-ce que vous êtes loin de la Gare du Nord?
- A une demi-heure, s'il n'y a pas trop de circulation.
- Bon je prendrai un taxi. Et vous avez bien une voiture pour moi, n'est-ce pas?
- Bien sûr.
- Bon alors j'arrive. Au revoir
- A tout à l'heure madame.

Profil (p 51)
1 (p 51)
- ... Tout coûte cher en Côte-d'Ivoire, le transport, le bus coûte cher, le loyer est cher. Pour manger par contre, c'est pas mal. On peut bien manger en Côte-d'Ivoire. L'habillement, si on est malin on peut trouver, on peut trouver à s'habiller moins cher. Par contre l'éducation est chère ici. La santé est chère, pour se soigner, c'est cher ici.
- Parce que les hôpitaux ne sont pas gratuits, les soins ne sont pas gratuits?
- Ah, il faut pas rêver, il faut pas rêver. Partout y a les frais de santé.
- Alors, au-delà de la santé, qu'est-ce qui donc absorbe une grande partie du budget de l'Ivoirien?
- L'éducation. L'éducation parce que...
- Combien d'enfants en âge d'aller à l'école y a-t-il dans une famille ivoirienne?
- C'est la famille africaine. Il n'y a pas seulement ses enfants qu'on envoie à l'école ici en Côte d'Ivoire. Il y a l'enfant du cousin, y a l'enfant de la tante, y a l'enfant du frère, de la soeur, donc tout ça vous qui travaillez, vous seul qui travaillez, vous êtes tenu par la tradition de mettre tous ces enfants qui vous entourent à l'école. Donc, ça peut être quatre enfants si c'est pour vous-même, plus les

quatre autres de la cousine, les deux du petit frère, peut-être parce que c'est deux, maintenant lui ne travaille pas encore ou alors il est au village, et puis ça augmente. Du coup, vous vous retrouvez vous avec votre salaire, vous ne pouvez pas vous acheter une chemise tous les mois. Ça peut pas. Vous ne pouvez pas vous permettre de vous mettre du parfum ou bien de vous offrir des voyages. Non, parce que y a toutes ces bouches, non seulement à nourrir, mais à envoyer à l'école et à s'en occuper. sûr.

2 (p 51)
- Est-ce qu'il est facile d'élever des enfants à Abidjan, par exemple?
- Il est coûteux d'élever des enfants ici.
- Ça coûte cher?
- Ça coûte extraordinairement cher, oui.
- Pourquoi?
- Parce que nous avons un système scolaire qui a beaucoup de défauts. Pour être concret, ma fille qui a maintenant quatre ans, à l'école maternelle et sa scolarité me coûte 450.000 francs CFA. Je pense que, en France ou ailleurs, il aurait eu dans une école publique la même formation pour rien. Alors qu'ici, inscrire son enfant dans une école publique c'est l'inscrire à la catastrophe. On ne peut lui garantir une vie et une éducation que si on l'inscrit dans une école privée et elles sont coûteuses.

UNITÉ 4: ENVIRONNEMENTS
A l'écoute
1 (p 54)
- Et comme toujours on va commencer avec des phrases-clé. Dites-les avec nous.
- D'abord, décrivez votre ville. Par exemple c'est une ville agréable.
- C'est une ville calme.
- C'est une ville désagréable.
- Il y a trop de circulation.
- C'est une ville très polluée.
- Il y a des problèmes pour stationner.
- Il y a beaucoup de parcs et d'espaces verts.
- Il y a beaucoup de monuments historiques.
- On peut faire beaucoup de sports.
- La qualité de la vie y est excellente.
- C'est à une heure de la mer
- C'est à cinquante kilomètres de la montagne
- C'est à deux heures de train de Montréal.

2 (p 54)
1. Dans cette ville il y a des monuments très intéressants.
2. La montagne est tout près. En hiver nous pouvons faire du ski.
3. Nous sommes à quatre heures de train de Paris.
4. Chez nous il n'y a pas assez d'espaces verts.
5. Je préfère la mer à la montagne.
6. A Paris on a beaucoup de problèmes pour stationner.
7. Je n'aimerais pas vivre dans ma ville natale.

Interview 1
1 (p 55)
- Vous avez toujours habité Vichy?
- Oui, je suis toujours restée à Vichy. J'aime beaucoup, beaucoup Vichy.
- Vous pourriez nous dire pourquoi?
- Je pense qu'on a dans cette ville une qualité de vie extraordinaire. C'est une petite ville de

province, donc nous n'avons pas de problèmes de circulation, de problèmes pour stationner. Il y a beaucoup de parcs, beaucoup d'espaces verts. Les enfants y sont très heureux et on peut faire beaucoup de sports.
- Et par exemple, si vous voulez aller à la mer ou si vous voulez aller à Paris, vous ne trouvez pas que c'est un peu loin?
- Non. Paris, nous sommes à trois heures de train de Paris, la mer il faut cinq heures et nous sommes très proches de la montagne.
- Vous préférez la montagne à la mer?
- Oui, oui, je préfère la montagne aussi bien l'été que l'hiver.
- Très bien, donc vous n'aimeriez pas vivre ailleurs?
- Non, je n'envisage pas de vivre ailleurs qu'à Vichy.

Interview 2
1 (p 55)
CM Est-ce que vous pourriez nous décrire un peu la ville de Vichy?
DL Avec plaisir. Je ne connaissais pas Vichy avant de venir y travailler ... ici. Je suis originaire de la région Auvergne, mais je n'avais jamais vécu ici, à Vichy. C'est une ville très, très agréable. On dit souvent que Vichy est une ville à la campagne, parce qu'il y a beaucoup de parcs et jardins au sein même de la ville, environ la moitié de la superficie. Le style architectural de Vichy est aussi très, très intéressant. Il y a beaucoup de styles présents ici et ce qui est aussi très agréable à Vichy c'est les très nombreuses infrastructures sportives: un golf, un hippodrome, où on accueille près de quarante réunions par an de trot et de galop, un grand centre omnisports où on peut pratiquer vingt-cinq disciplines sportives, donc, c'est une ville très, très agréable
CM Donc si vous aviez le choix d'aller vivre ailleurs vous iriez ailleurs?
DL Ecoutez, je suis très bien à Vichy, pour l'instant je n'ai pas envie de quitter Vichy, mais il y a bien sûr d'autres villes ou d'autres régions très agréables en France. J'aime beaucoup Paris, j'y ai vécu quatre ans, la Côte d'Azur à cause du soleil, et aussi le Périgord, qui est une très belle région et puis aussi la Haute-Savoie que j'aime beaucoup.
3 (p 56)
- Vous avez toujours habité à Vichy?
- Oui, je suis né(e) à Vichy et j'y ai toujours vécu.
- Et est-ce que vous aimez cette ville?
- Oui, c'est une ville très agréable.
- Vous pouvez nous dire pourquoi vous aimez Vichy?
- Oui, c'est une petite ville de province, alors il n'y a pas trop de circulation.
- Mais si vous voulez aller à Paris, c'est quand même assez loin?
- Non, pas vraiment, nous sommes à trois heures de Paris en train.
- Mais vous êtes très loin de la mer, n'est-ce pas?
- Oui, on est à cinq heures de la mer. Mais moi,je préfère la montagne et elle est tout près.
- Si vous aviez le choix, est-ce que vous aimeriez vivre ailleurs?
- Non, j'adore Vichy et je n'ai envie d'aller vivre nulle part ailleurs. En plus il y a les établissements thermaux, l'opéra, il y a des

salons de thé partout de belles promenades ...
- Merci, madame.
- Mais je vous remercie. Au revoir.
Interview 3
1 & 2 (p 57)
- Qu'y a-t-il à Vichy pour le visiteur?
- Vous voulez dire qu'est-ce que la ville offre? Le visiteur qui vient à Vichy va se trouver devant une ville nous l'avons dit très fleurie, très fleurie et très verte. Donc, il y a d'abord de très beaux parcs, grands, espacés, très fleuris, très entretenus qui sont l'opéra et le casino. Et puis il y a l'établissement thermal dans un style byzantin, assez curieux mais qui était à la mode à la fin du siècle dernier où c'était l'époque où l'on découvrait un peu les autres civilisations et puis il y a troisièmement les équipements sportifs extrêmement importants.
6 (p 58)
- Bonjour messieurs-dames. Je peux vous aider?
- Oui, vous avez un plan de la ville s'il vous plaît?
- Un plan de la ville. Oui, voilà. Là vous avez le plan des rues principales, une liste des monuments les plus intéressants. Est-ce que vous êtes déjà venus à Vichy?
- Non, c'est la première fois
- Bien. Et vous pensez y rester quelques jours?
- Oui, je vais passer quelques jours ici.
- Très bien. A Vichy même?
- Non, on est chez des amis à une demi-heure de Vichy.
- Alors, Vichy a beaucoup à offrir au visiteur. Ici (elle déplie le plan) vous avez les différents établissements thermaux, ici.... le casino, voici le centre-ville avec les principaux restaurants...et puis il y a l'opéra.
- Là vous voyez, d'ici vous pouvez y aller à pied, c'est à deux pas. Vichy est une petite ville, vous savez? Vous aimez l'opéra?
- Ah oui, j'adore
- Alors dimanche soir nous avons la première d'Aïda de Verdi.
- Ah, où est-ce que je peux acheter des billets?
- Ah, malheureusement toutes les places sont vendues, c'est complet.
- Et avez-vous des dépliants sur la région?
- Oui, bien sûr, voici Promenades en Auvergne, La route des Volcans, La Promenade des Puys, Les Sports en Auvergne, L'Artisanat Traditionnel en Auvergne, Le Musée des Volcans... Ensuite vous avez un dépliant sur la gastronomie de la région, un autre sur les randonnées...
La météo
1 (p 59)
- Alors, voici mes projets. Répétez-les avec moi.
Dans une heure j'irai à l'école chercher mon fils
Puis j'irai au supermarché
et j'achèterai du poisson pour le repas de ce soir
Ensuite je rentrerai à la maison

Et je préparerai le repas
On a des amis qui viendront manger à la maison vers huit heures
Et vous, Tony, qu'est-ce que vous ferez cette fin de semaine?
- Tout dépend du temps qu'il fera
S'il fait beau je sortirai avec des amis
Et on ira faire une longue promenade à la campagne
- Et s'il fait mauvais?
- S'il fait mauvais, euh...je resterai à la maison!
- Moi aussi
2 (p 59)
Le temps cet après-midi sera ensoleillé, avec du vent du nord-est et des températures estivales sur tout le pays. De la Bretagne à l'Aquitaine, les températures atteindront facilement 23 à 25 degrés. Sur la Normandie, l'Ile-de-France, la Champagne, la Lorraine, il y aura un peu de vent et le ciel sera partagé entre éclaircies et l'apparition de quelques cumulus . Sur les bords de la Méditerrannée, il y aura beaucoup de soleil, un peu de mistral et de la chaleur. Les températures dépasseront localement les trente degrés. Sur la partie sud du pays, le temps sera doux et humide. Une lente amélioration se dessinera cet après-midi. Le ciel restera chargé sur les Pyrénées avec quelques ondées et une tendance orageuse se développera en fin de journée au sud des Alpes et en Corse. La journée de jeudi sera dans l'ensemble ensoleillée, chaude et agréable, excepté sur la façade est du pays où le ciel deviendra de plus en plus nuageux l'après-midi.
Echange
3 (p 66)
- Bonjour, madame, est-ce que vous avez un livre de la région?
- Un livre sur la région de Bourgogne?
- Oui
- De quel point de vue? Un livre touristique? un guide? ou bien un livre avec des photos? Qu'est-ce que vous désirez?
- Peut être un livre avec des photos.
- Un livre avec des photos? Je vais vous montrer.
- Merci
- Donc, nous avons des choses comme par exemple 'Toute la Bourgogne' aux éditions *Bonne Equipe* qui est un livre assez simple mais qui a l'avantage d'avoir énormément de reproductions photographiques ..., voilà. Qui a l'avantage aussi de ne pas être trop trop cher, il fait 55F.
- Parfait
- Sinon, nous avons des ouvrages, je vais vous montrer de l'autre côté. 'La Bourgogne vue du ciel', celui-ci avec des photographies de Yanne Arthus Bertrand, qui est un livre absolument fantastique mais qui est une façon un petit peu différente de voir la Bourgogne.
- Il est plus cher.
- Et il est beaucoup plus cher, il fait 380F.
- Ah oui, effectivement
- Vous n'auriez pas des livres sur la gastronomie régionale?
- Si, bien sûr, je vais vous montrer. Voilà. Donc nous avons des ouvrages assez simples comme celui-ci un exemple où vous allez retrouver toutes les recettes traditionnelles de la Bourgogne donc que ce soit le coq au vin, *la poche chouze !!!* etc ... et puis, et celui-ci

est donc d'un prix relativement raisonable, il fait 130 F. Mais il est assez peu illustré. Il est assez simple.
- D'accord
- ...au niveau des recettes
- Et des livres sur le vin peut-être?
- C'est encore autre chose Vins et gastronomie ensemble? Pas vraiment.
- Pas vraiment
- Nous avons un ouvrage qui s'appelle 'Bourgogne Gourmande', qui a été fait par deux anglais qui vivent en France et c'est une promenade à travers la Bourgogne avec à la fois de bonnes adresses pour acheter des produits, des recettes, quelques conseils justement au niveau des vins, de très belles photos. Alors celui-ci donc fait 220F
- 220F parfait ... si vous pouvez me faire un paquet cadeau?
- Un paquet cadeau y a pas de problème.
- C'est parfait, je le prends.
- Très bien. Merci.

4 (p 66)
- Bonjour, Monsieur, est-ce que vous avez un livre sur la région du Jura?
- Oui, nous avons une grande sélection. Est-ce que vous préférez un livre sur l'histoire de la région ou est-ce un guide touristique que vous cherchez?
- Je cherche un guide touristique, mais avec des photos.
- Alors, je vais vous montrer. Voilà, nous avons cet ouvrage magnifique qui contient beaucoup de photographies fantastiques de la région.
- Il est énorme! Est-ce qu'il est cher aussi?
- Euh, oui, en fait, il est assez cher, il coûte 420F.
- Non, il est un peu trop cher, vous n'avez rien d'autre?
- Nous avons un ouvrage qui s'appelle 'Découvrez le Jura', qui a été fait par un spécialiste de la région.
- Je peux le voir?
- Oui, bien sûr. Alors, c'est un guide touristique, qui contient une liste des sites à visiter, des monuments, et aussi avec des adresses pour acheter des spécialités.
- Est-ce qu'il y a des photos?
- Oui regardez. Il y a énormément de photos, et des plans détaillés pour vous aider à retrouver les sites.
- Oui, il est très beau. Combien coûte-t-il?
- Alors, celui-ci fait 180F.
- C'est parfait, je le prends!
- Je vous fais un paquet cadeau?
- Non, merci, c'est pour moi. Je suis en vacances et je ne connais pas du tout le Jura.
- Vous allez trouver que c'est une région magnifique, avec des montagnes, des forêts, des rivières et des lacs extraordinaires. C'est une des plus belles régions de France. Voilà votre livre. Vous allez voir, c'est une région splendide. Et, bonnes vacances! Et bon séjour dans le Jura!
- Merci beaucoup, Monsieur, et au revoir.
- Au revoir, Madame

1 (p 67)
- Bonjour je pense aller en Guadeloupe pour une semaine, quelle est la meilleure période pour partir?
- Pour la Guadeloupe vous pouvez y aller même en été mais en janvier, février il fait moins humide, plus frais. Qu'est-ce que vous avez à peu près comme budget?

- Ah, ça dépend, c'est pour un couple avec un enfant de huit ans. Quelle est la formule la plus économique?
- Nous faisons des forfaits avec l'avion en vol direct, l'hôtel et le transfert compris. La formule la moins chère c'est le studio avec cuisinette, là par exemple le Canella Beach est très très bien, en dehors de la ville, au bord de la plage.
- Est-ce que la baignade est dangereuse pour les enfants?
- Ah, la plage n'est pas surveillée mais c'est assez protégée, avec du sable fin et il y a des animations pour les enfants.
- Très bien je vais réfléchir. Je peux prendre les brochures!
- Bien sûr, je vous donne ma carte.
- Merci

2 (p 67)
- Bonjour, vous désirez?
- Bonjour, je voudrais aller en Guadeloupe, est-ce que vous avez des brochures s'il vous plaît?
- Oui, bien sûr. Quand est-ce que vous pensez partir?
- Je ne sais pas, quel temps fait-il en janvier?
- Eh bien, en janvier il fait moins humide qu'en été. La température moyenne est de 25 degrés. Vous êtes combien?
- Nous sommes quatre, mon ami(e) et deux enfants.
- Et c'est pour combien de temps?
- Pour quinze jours, mais ça dépend. Vous pouvez me donner une idée des prix?
- Eh bien, la formule la plus économique pour un couple et deux enfants, c'est un appartement avec coin cuisine. Nous en avons un à deux cents mètres de la plage. Voilà.
- Oh, c'est très beau!
- N'est-ce pas, Madame. Et la plage est assez protégée. Il n'y a pas de danger pour les enfants.
- C'est exactement ce que je cherche. Je peux emporter la brochure, s'il vous plaît?
- Bien sûr, Madame. Comme ça vous pouvez réfléchir avant de vous décider. Et puis voici ma carte.
- Merci, au revoir.
- Au revoir, Madame.

Profil (p 67)
- Alors est-ce que vous pouvez nous décrire un peu la caractéristique de la ville d'Abidjan où nous nous trouvons?
- On a déjà tout ce qu'on peut trouver ou quasiment tout ce qu'on peut trouver dans une ville européenne. Qu'est-ce qu'il manque à Abidjan aujourd'hui? Peut-être uniquement le métro. En dehors du métro on a tout ce qu'on peut avoir à Londres ou à Paris. On entre dans un supermarché si on a un peu d'argent en poche on peut avoir tous les fruits tropicaux et des pays tempérés. On peut avoir toutes les boîtes de conserve, toutes les boissons, le vin, le whisky, tout ce qu'on peut trouver dans un supermarché à Londres ou à Paris. Quand on ouvre la télévision on voit quasiment le journal parlé qu'on peut voir à Paris ou à Londres donc, il y a tout ici à Abidjan ,donc les magasins, les loisirs, les sports, les biens de consommation. Il y a tout ce qu'on peut trouver à Londres ou à Paris.
- Quel est le climat, quelles sont les saisons qu'on connaît ici à Abidjan?

- Il y a deux grandes saisons, donc très peu de variété de ce point de vue-là. Une grande saison sèche et une grande saison des pluies. La première allant de janvier à mai/juin, et la deuxième prenant le relais de mai/juin jusqu'à décembre/janvier.
- Quelle est la température moyenne ici, à Abidjan?
- 30 degrés centigrade.
- Toute l'année?
- Malheureusement,oui. Qu'il pleuve ou qu'il fasse soleil.

SELF-ASSESSMENT TEST 2
7 (p 71)
- Quelles sont vos dépenses principales?
- Les dépenses principales, eh ben je dirais l'essence...
- L'essence, oui
- L'essence, les frais de voiture, parce qu'on est obligés d'avoir deux voitures. Donc, tout ce qui est assurances, et ... et puis la nourriture. A part ça, je ne peux pas dire que je dépense beaucoup d'argent pour mes sorties, puisque... on en fait une de temps en temps mais pas énormément..
- Et le loyer?
- Euh, on loge chez la famille, un avantage, c'est la maison aux grands-parents, donc on est logés par la famille. La seule chose qu'il faut faire, c'est une maison qui a plus de vingt ans, qu'il faut refaire les intérieurs, donc on participe aux frais de papier, de carrelage et tout ce qui s'ensuit, pour refaire un habitat convenable.
- Et vous mettez de l'argent de côté, vous économisez?
- Non, pas tellement, quand même, non. Parce qu'on est partis d'un principe c'est qu'on est deux bons mangeurs, on aime bien vivre, donc on dépense pas mal d'argent pour la nourriture, ça va vite à ce niveau-là, et puis les deux frais de voiture c'est ... ça dépense énormément.

8 (p 71)
- Tout autour de Busset pas trop aujourd'hui mais nous avons une vue exceptionnelle sur les monts de la Madeleine. Et nous sommes là à 500m d'altitude. Or, il y a quelques années quand j'étais gamin, les médecins vichyssois envoyaient les jeunes ici pour le bon air, ceux qui avaient des difficultés pour les poumons, voilà. Je me souviens de ça.
- Donc, c'est un village sain, une région bien pour la santé?
- Oui, qui est quand même pas mal visitée. Les gens de Vichy et de la proximité viennent très souvent le weekend se promener à Busset ou dans les bois de Busset. Ils viennent aux champignons et aux châtaignes à l'automne. C'est quand même très agréable pour eux et facile.

Contrôle parole
9 (p 71)
1. Bonjour je suis venue pour la voiture que j'ai réservée.
2. Je m'appelle Madame Lagrange
3. Je l'ai réservée il y a une semaine.
4. De quel papier avez-vous besoin?
5. Voici mon permis de conduire mais je n'ai pas de certificat d'assurance.
6. C'est combien?
7. Pour une semaine. Oui, c'est ça.
8. Est-ce que je peux payer avec carte de crédit?

SCRIPTS

9. La voici.
10. Merci. A la semaine prochaine.

UNITÉ 5: GASTRONOMIE
A l'écoute
- Le rayon boucherie
- Le rayon poissonnerie
- Le rayon boulangerie
- Le rayon pâtisserie
- Le rayon fruits et légumes
- Le rayon crèmerie
- Le rayon boissons
- Et caetera, et caetera. Pour trouver le rayon que vous cherchez, vous demandez bien sûr: pardon monsieur, où est le rayon poissonnerie?
- Pardon madame, où est le rayon fruits et légumes?
- Pardon madame, est-ce que vous vendez du poisson frais?
- Pardon monsieur, est-ce que vous vendez des journaux?

Interview 1
1 (p 73)
- Monsieur Pacaux vous êtes directeur du supermarché Shopi à Anvin? Est-ce que vous pouvez me dire quels sont les différents rayons dans votre supermarché?
- On peut faire le tour du magasin. Donc, nous commençons par un rayon brasserie, nous avons un rayon crèmerie, crèmerie LS et crèmerie coupe.
- Qu'est-ce que c'est la crèmerie LS?
- LS, c'est libre service.
- Ah, d'accord, oui.
- Ça comporte les ultras frais et les fromages en boîtage divers quoi et en fait nous avons un rayon boucherie LS, libre service également. Vous trouvez de la viande sous vide, toute la charcuterie sous vide. Nous avons un rayon boucherie traditionnelle avec deux bouchers. Ensuite nous avons un rayon fruits-légumes qui est en libre service. C'est une personne qui s'en occupe le matin, elle surveille dans la journée mais les clients se servent eux-mêmes, pèsent eux-mêmes.
- Est-ce que vous vendez du poisson aussi?
- Non, nous avons un marchand de poissons qui vient une demi-journée par semaine sur le parking.
- Et est-ce que vous faites les produits d'entretien aussi pour la maison?
- Nous faisons les produits d'entretien tout à fait c'est ... pour toute la maison.
- C'est à peu près tout, alors cela couvre à peu près tous les rayons?
- Oui, mais en plus nous, on a un supplément c'est le tabac qui est à côté.
- Et qu'est-ce qu'on y trouve?
- Débitant de tabac donc, et puis la presse.
- Donc là aussi je peux acheter un journal, un magazine.
- Un journal, un magazine et puis vous pouvez même jouer aux différents jeux.
- Oui comme.
- Le Loto, le Millionnaire, Tac-au-tac, Banco, enfin tous les jeux de la Française des Jeux quoi ...
- Et tout cela fait partie du Supermarché?
(p 74)
- Est-ce que vous pourriez me dire où se trouve le rayon fruits et légumes?
- Est-ce que vous pourriez me dire à quelle heure vous fermez?
- Est-ce que vous pourriez me dire si vous

êtes ouvert le dimanche matin?
4 (p 74)
- Où est le rayon crèmerie s'il vous plaît?
- Le rayon crèmerie est au fond du magasin, Madame. C'est en libre-service
- Et le rayon fruits et légumes?
- Juste là, en face de vous. Vous vous servez vous-même. Vous avez une grande sélection de fruits et de légumes locaux. Je peux vous recommander les cerises, qui sont superbes en ce moment.
- Vraiment? Et vous avez du poisson frais?
- Bien sûr. Le rayon poissonnerie est juste en face de la charcuterie. Cette semaine il y a un prix spécial sur les fruits de mer.
- Merci beaucoup. Je vais aller voir.

Interview 2
1 & 2 (p 75)
- Tu pourrais nous décrire un dîner typique, disons pour toi.
- Typique, donc il y aurait une entrée constituée de vert, donc mettons avec de l'avocat, ensuite un plat principal. Je devrais dire dans les entrées j'aime bien en fait varier les entrées donc les radis, des concombres, éventuellement des tomates, enfin j'en mange pas mais pour la personne qui m'accompagne, et puis du fromage aussi et je prépare tout ça en petits dés et donc voilà pour les entrées. Ensuite un plat principal j'aime beaucoup les feuilletés
- Oui
- Par exemple les feuilletés au fromage, donc le *beurrex* c'est un feuilleté au fromage arménien avec quatre sortes, quatre ou plusieurs sortes de fromage , donc, de chèvre, de brebis, tous les types en fait de fromages que l'on a sous la main et que l'on veut bien mélanger avec de la crème fraîche et puis .. crème fraîche .. qu'est-ce qu'il y a d'autre? ... et des œufs. Voilà
- Ça c'est un plat arménien?
- C'est un plat arménien, oui. Et puis ensuite des fruits, pour le dessert, des gâteaux, j'aime beaucoup les gâteaux.
- Quel genre de gâteaux?
- Les éclairs au chocolat, les tartes aux framboises, aux fraises ..
- Est-ce que tu manges des gâteaux arméniens aussi?
- Ah oui, j'aime beaucoup! C'est un peu écœurant en fait, c'est à base beaucoup de sucre c'est, ce sont des gâteaux orientaux donc ils sont très bons ...
3 (p 75)
- Et vous? Est-ce que vous mangez beaucoup à midi?
- Non, non, je mange très peu à midi.
- Le repas principal c'est le repas du soir.
- Ah bon. Qu'est-ce que vous mangez donc à midi?
- Mon mari mange au travail, et mon fils mange à l'école.
- Et moi je mange un sandwich et une pomme.
- C'est tout? Alors... vous faites la cuisine le soir, je suppose?
- Oui un peu. D'habitude on mange de la viande ou du poisson.
- avec des pommes de terre, des légumes verts et puis un dessert.
- Mais mon fils ne mange pas de viande.
- Ah, il est végétarien? Ça c'est assez rare en France. Vous ne mangez pas beaucoup de rosbif, alors? Ici, en France, on pense que

c'est le plat préféré des Britanniques. En fait, il y a des gens qui vous appellent 'les rosbifs'. Moi non, bien sûr!
- Quelquefois nous mangeons un rôti le dimanche
- Ça c'est le repas traditionnel du dimanche.
- Au restaurant?
- Non à la maison. Et pendant la semaine on mange aussi de la cuisine britannique traditionnelle.
- Oui? Quoi, par exemple?
- Alors, des pizzas, des hamburgers, des curries, des pâtes..
- Je vois. Alors moi, j'adore les desserts anglais. La crème anglaise. La 'custard' n'est-ce pas. Ah oui. Moi j'adore ça.
- Et vous savez la préparer vous-même?
- La préparer? Oh non. Je la trouve au supermarché! Et on adore d'autres desserts anglais. La tarte à la rhubarbe, le poly-roly........

Interviews 3 & 4
1 (p 76)
- Qu'est-ce qu'on mange beaucoup en Côte d'Ivoire?
- Ah, le plat beaucoup national aimé c'est le foutou, le foutou banane et le foutou igname
- Qu'est ce que ça veut dire foutou?
- Alors foutou, vous prenez de la banane, des grosses bananes plantin que l'on fait bouillir et que l'on pile après en pâte hein, ça fait donc une bouillie assez épaisse et cette bouillie sert un peu de pain dans les villages et on le trempe dans le plat avec les sauces et ça nous sert de pain on le trempe dans la sauce et on le mange comme ça.
2 (p 76)
- Monsieur Gervoise la ficelle picarde est une spécialité régionale, qu'est-ce que c'est exactement?
- La ficelle picarde c'est une crêpe dans laquelle on a mis une farce à base de crème fraîche, de volaille et de champignons.
- Bien et vos plats préparés est-ce que c'est suivant le jour de la semaine?
- Oui, je fais un plat préparé tous les jours en fonction de mes achats sur les marchés.
- Bien donc vous pouvez avoir un plat à base de ..
- De volaille
- De volaille, de porc ...
- Je peux le lendemain avoir un plat à base de bœuf, à base d'agneau, un couscous, une paella ...
- Et aujourd'hui quelle est votre spécialité?
- L'escalope de saumon au beurre de poireau
- Ça paraît très bon.
Interviews 5 & 6
1 (p 77)
- Et il y a quand même la tradition familiale du déjeuner français le dimanche - Le dimanche après la messe bien sûr, pour les gens qui vont encore à l'église et puis le déjeuner familial qui est effectivement le grand moment de la semaine où on peut prendre le temps de déjeuner et puis de rester tous ensemble à table pendant un temps assez long. On déjeune souvent plus tard le dimanche qu'en semaine et le repas dure assez longtemps.
- Et est-ce que les enfants sont invités au restaurant
- Oui , oui oui bien sûr, les français sont des gens qui aiment beaucoup sortir en famille et qui aiment beaucoup que leurs enfants soient

avec eux pour pouvoir profiter un peu de ces moments privilégiés. Les enfants sont habitués très tôt en France à passer à table, à rester à table et à manger comme des adultes.
- Est-ce qu'on fait la cuisine à la maison en Côte d'Ivoire ou on va manger toujours manger dehors, dans les restaurants, dans les maquis?
- On mange beaucoup dans les maquis, ici en Côte d'Ivoire, les maquis ce sont des genres, c'est un genre de restaurant mais qui n'est pas vraiment restaurant, c'est un peu comment on peut appeler ça ... traditionnel, c'est vraiment africain, c'est typiquement africain et puis particulièrement ivoirien, je pense, hein, donc c'est des genres de restaurants et avec des tables qui ne ressemblent pas à des tables de restaurants, vraiment à l'aise. On vient on mange, on discute et tout mais les gens mangent quand même en famille mais la plupart du temps ..
- Quand est-ce qu'on mange en famille?
- On mange en famille les midis, les soirs on peut se permettre d'aller au maquis

Echange
1 (p 82)
- Bonjour, madame
- Bonjour
- Je voudrais un morceau de gruyère, s'il vous plaît?
- Du gruyère français?
- Oui
- Comme ça?
- Un petit peu plus s'il vous plaît
- Voilà, comme ça?
- Très bien
- Voilà, voilà, avec ça?
- Un gruy, un camembert, pardon, pas trop fait.
- Le camembert est en libre service
- Ah bon, alors je le prendrais plus tard. Qu'est-ce que vous avez comme chèvre?
- J'ai du chèvre frais ou du chèvre en bûche
- Je vais prendre du chèvre en bûche s'il vous plaît?
- Voilà. Comme ça?
- Oui c'est bien, c'est bien.
- Alors et avec ça?
- C'est tout merci, ça fait combien?
- Vous payez à la caisse, madame
- Ah, d'accord. Et le camembert, c'est où s'il vous plaît?
- C'est juste là en face, en libre service.
- Ah d'accord. Merci beaucoup, au revoir madame
- Au revoir, madame.
3 (p 82)
- Bonjour, monsieur, vous désirez?
- Bonjour, madame, je voudrais des tomates, s'il vous plaît.
- Des tomates, nous en avons de trois sortes, de belles tomates françaises, des tomates italiennes et des tomates cerise.
- Qu'est-ce que c'est les 'tomates cerise'?
- Ce sont les toutes petites, là. Elles ressemblent à des cerises, vous voyez!
- Ah oui, je vois.
- Non, je voudrais des tomates françaises, s'il vous plaît.
- Un kilo?
- Non, une livre, s'il vous plaît.
- Voilà. C'est un petit peu plus, 700 grammes, ça vous va?
- Un peu moins, s'il vous plaît
- Très bien. Voilà. 550 grammes?

- C'est très bien.
- Et avec ça?
- C'est tout, merci. Je vous dois combien?
- Ça fait 8,50 francs. Merci, monsieur, bonne journée!
- Merci. Au revoir madame.
4 (p 83)
- Est-ce que vous êtes prêts à commander, monsieur-dame?
- Oui, oui, nous avons choisi
- Qu'est-ce que vous désirez?
- Alors, deux menus gastronomique s'il vous plaît.
- Bien. Désirez-vous un apéritif?
- Non, merci.
- Deux menus gastronomiques, alors. Bien. En entrée, qu'est-ce que vous prenez?
- Six huîtres pour moi, et la salade de saumon pour mon épouse.
- Et ensuite?
- Le confit de canard, il est servi avec quoi?
- Avec des petites pommes de terre sautées, et des légumes verts.
- Et le faux-filet?
- Avec des frites et des haricots verts.
- Vous avez autre chose à la place des frites?
- Oui, bien sûr. Des pommes sautées, des pommes vapeur, du riz?
- Bien. Un confit-frites-haricots, un confit-riz.
- …un confit-riz. Bien. Et comme boisson?
- Vous avez des demi-bouteilles?
- Bien sûr.
- Alors, une demi-bouteille de Muscadet, et une demi Côte-du-Rhône. Et de l'eau minérale s'il vous plaît.
- De l'eau gazeuse ou de l'eau plate?
- Gazeuse s'il vous plaît. Une demi-bouteille de Badoît. Ce sera tout pour le moment.
- Très bien. Bon appétit, monsieur dame.
5 (p 83)
- Bonjour, messieurs-dames. Vous avez choisi?
- Oui, le menu touristique à 85 francs pour deux personnes, s'il vous plaît.
- Très bien. Voulez-vous un apéritif pour commencer?
- Non, merci, je conduis.
- D'accord, alors, qu'est-ce que vous prenez comme entrée?
- Qu'est-ce que c'est les 'crudités maison'?
- C'est une assiette de carottes rapées, de céleri, de betteraves rouges, de salsifis et de melon, …et d'oeuf dur
- Non, je prendrai les "moules marinières"
- et mon mari prendra "la terrine du chef". C'est bien un pâté, n'est-ce-pas?
- Oui, c'est ça. C'est un pâté de campagne - c'est une specialité de la maison.
- C'est très bien.
- Et ensuite?
- Un poulet à la crème
- et un saumon au beurre.
- … un poulet à la crème et un saumon au beurre. Très bien. Et comme boisson? Un petit rosé peut-être? La réserve du patron est très appréciée.
- D'accord, une demi-bouteille de rosé et de l'eau minérale.
- Un demi-patron. Voilà. De l'eau gazeuse? Une grande bouteille?
- Oui, oui très bien.
- Bien, je vous apporte l'eau et le vin tout de suite. Bon appétit, messieurs-dames.
Profil (p 81)
- Donc la crème vichyssoise est un plat très

simple que l'on peut faire à la maison, est-ce que vous pourriez nous donner la recette donc de ce plat mais simple.
- Oui comme on peut le faire chez soi
- Voilà.
- Alors c'est en effet très facile à réaliser et très peu cher parce que la crème vichyssoise il suffit de prendre autant de poireaux que de pommes de terre, vous les coupez en petits morceaux, vous les mettez dans une casserole avec soit du bouillon de volaille si vous en avez un bien sûr sous la main ou à défaut, de l'eau. Vous les faites cuire, avec de l'assaisonnement bien sûr, sel et poivre, quand ce potage est cuit, sous le mixez et quand votre potage, votre crème vichyssoise donc est froide vous rajouter de la crème fraîche et vous la servez glacée. Un petit conseil, une astuce, si vous voulez la servir glacée il faut toujours l'épicée un petit peu plus, c'est meilleur un potage froid un peu plus épicé.
- Parce que sinon il a moins de goût
- Sinon c'est quand même fade

UNITÉ 6: MÉTIERS
A l'écoute
Qu'est-ce que vous faites comme travail?
1 (p 87)
- Votre travail.
- Votre boulot. Qu'est-ce que vous faites comme travail?
- Quel est votre métier?
- Quelle est votre profession
- En quoi consiste votre travail
- Qu'est-ce que vous avez fait comme études?
- Quelle formation avez-vous suivie pour être notaire?
- Quelle formation avez-vous suivie pour être plombier?
- J'ai fait des études de droit
- J'ai suivi une formation de boulanger.
Interview 1
1 (p 87)
- Bonsoir, je vais vous demander de vous présenter tout d'abord.
- Et bien je m'appelle Jacques Lefèvre, j'ai 48 ans, marié sans enfants.
- Et vous habitez où?
- J'habite à Saint Yorre dans l'Allier.
- Et quelle est votre profession?
- Je suis cadre technique à la société commerciale d'eaux minérales du bassin de Vichy, à Saint Yorre.
- Très bien donc. Oui, qu'est-ce que vous faites exactement?
- C'est une usine qui embouteille l'eau de Saint Yorre et l'eau de Vichy Célestin qui sont deux grandes marques d'eaux minérales naturelles gazeuses, en France, et dans le monde on peut dire, et je m'occupe d'achats et d'emballages.
- Et c'est une usine qui est importante?
- C'est une usine qui compte, dans laquelle travaillent 350 personnes environ et qui réalise, qui fait un chiffre d'affaire de 500 millions de francs.
Interview 2
1 (p 87)
- Qu'est-ce que vous faites comme travail?
- Je suis serveuse, employée de restaurant au Cheval Blanc à Langres.
- Et pourquoi vous avez choisi cette carrière, ce métier?

- C'est un peu par famille, je peux dire. Mes grands-parents tenaient un restaurant, mon père travaillait dans l'hôtellerie, ma mère aussi, voilà j'ai suivi le chemin de mes parents.

Interview 3
2 & 3 (p 88)

- Bonjour, je m'appelle Chantal Taïba, je suis chanteuse ivoirienne, je vis en Côte d'Ivoire et j'ai fait cinq albums, ça fait 13 ans que je suis chanteuse.
- Alors comment se passe la vie d'une chanteuse en Côte d'Ivoire?
- Oh, la vie d'une chanteuse c'est le matin, aller aux répétitions quand on prépare un spectacle, aller aux répétitions avec les musiciens, et aller aux répétitions avec les danseurs, passer à la radio pour parler du spectacle, passer à la télé, dans les journaux, les différents média.
- Est-ce que vous passez souvent à la télévision?
- Oui, très souvent parce que j'ai commencé comme choriste au sein de l'orchestre de la télévision ivoirienne, donc j'ai travaillé là-bas pendant cinq ans avant d'évoluer en solo.

Interview 4
1 (p 89)

- Bonjour, donc je vais vous demander de vous présenter tout d'abord.
- Oui, je m'appelle Laurence Dufour, j'ai 34 ans, je suis notaire à Vichy.
- Vous êtes à Vichy depuis combien de temps?
- Et bien ça fait une dizaine d'années que je suis à Vichy.
- Et en quoi consiste le métier de notaire?
- Alors, donc là c'est un vaste sujet par exemple lorsque les gens veulent se marier on fait leur contrat de mariage, on les conseille, on rédige le contrat, lorsque les gens veulent acheter une propriété on fait l'acte d'acquisition de cette propriété, ou la vente.
- Et quelle formation avez-vous suivie pour être notaire?
- Alors, donc ce sont des études de droit. Personnellement j'ai fait mes études de droit à Clermont Ferrand. Donc, on suit, ça dure à peu près une dizaine d'années au total si vous voulez.
- Les études
- Oui, il faut faire une licence en droit, une maîtrise de droit, un DESS et ensuite une formation pour avoir le diplôme supérieur de notaire avec un stage de deux ans et demi, une dizaine d'années.

5 (p 89)

- Ah, bonjour ma petite Michelle.
- Ah, bonjour madame
- Qu'est-ce que tu fais comme travail maintenant?
- Oh, je fais de la recherche dans une grande entreprise de Clermont-Ferrand. Vous connaissez peut-être. Il s'agit de Michelin.
- Bien sûr, et en quoi consiste ton travail exactement?
- Oh, je ne peux pas vous donner des détails très précis, je travaille sur un nouveau produit vous savez.
- C'est intéressant! Et qu'est-ce que tu as fait comme études pour ça?
- Oh, après le bac, j'ai fait une licence de chimie, puis un DESS.
- Très bien! Après tes études as-tu facilement trouvé un emploi?

- Oh après mes études, j'ai fait un stage d'un an dans un laboratoire spécialisé dans l'industrie automobile.
- A Clermont?
- Non, non, non dans le nord et puis je suis allée à Clermont il y a quelques semaines seulement.
- Et ... tu aimes ce travail?
- Oui, beaucoup et puis c'est bien de vivre à Clermont Ferrand, surtout pour moi qui adore le ski.
- Et ça fait combien de temps que tu y travailles?
- Ça fait six mois. J'espère que je pourrai rester à la fin de mon contrat qui finit fin mars. C'est dur de trouver un emploi permanent aujourd'hui!
- C'est vrai ça, c'est dur pour les jeunes aujourd'hui. De mon temps c'était beaucoup plus facile .....

Vous travaillez combien d'heures par jour?
Interview 1
(p 90)

- Et vous travaillez combien d'heures par jour à peu près?
- L'horaire légal en France est de 39 heures les conventions collectives de la société font que nous travaillons théoriquement 37 heures et demi ça correspond à sept heures et demi par jour mais je travaille souvent plus que ça, beaucoup plus ça m'arrive, mais souvent, plus huit, huit heures et demi en moyenne disons.
- Donc vos horaires de travail.
- Et bien je prends le travail à 7 heures 25 le matin et je finis à midi moins cinq ... les cinq minutes c'est pour se décaler par rapport à la sortie des écoles. Pour que la sortie de l'usine ne coincide pas intégralement avec la sortie des écoles.
Je reprends le travail l'après midi à une heure et demie jusqu'à théoriquement 16 heures trente. C'est l'horaire obligatoire, je disais tout à l'heure que...il est souvent dépassé.

Interview 2
1 (p 90)

- Et vous travaillez, vous travaillez le week-end?
- Oui oui, tout le samedi et le dimanche.
- Samedi et dimanche, c'est le travail?
- C'est le travail oui.
- Donc votre jour de congé c'est quand?
- C'est le mardi soir et le mercredi.
- Et votre partenaire qu'est-ce qu'il fait?
- Il est journaliste de radio à la radio locale de Langres voilà.
- Et lui ses horaires sont ...
- Tout à fait opposés aux miens.
- Je pars au travail, il est déjà parti, je rentre, il est couché. On se croise toute la journée.
- C'est difficile.
- On s'y habitue très bien, on se voit un peu le samedi et le dimanche, de temps en temps le soir. On s'y habitue. C'est une vie un peu spéciale mais ça a des avantages aussi. On n'est pas toujours l'un sur l'autre. On a un peu de liberté. on est deux célibataires vivant en couple.

2 (p 90)

- Combien d'heures travaillez-vous par jour dans votre école?
- Je commence à huit heures trente et je finis à quinze heures trente.
- Ça fait 7 heures par jour, tous les jours?

- Ça fait en moyenne 7 heures par jour mais je travaille beaucoup plus
- Et comment se passe une de vos journées types?
- Je me lève généralement à 7 heures, et je prépare le petit déjeuner
- et je sors de la maison à vers 8 heures.
- Et j'arrive à l'école à 8 heures et quart.
- Et en fin de journée?
- Je reste à l'école jusqu'à 4 heures et demie, puis je rentre à la maison.
- Et vos enfants? Vous en avez deux n'est-ce pas?
- Oui, deux garçons, ils reviennent à la maison en autobus.
- Ici c'est dur pour les professeurs, vous savez? Est-ce que vous aussi vous devez travailler dans la soirée?
- Le soir d'habitude, je prépare mes leçons.
- Ah exactement comme ici
- Quand les enfants vont au lit, alors je me mets au travail.
- On n'a jamais le temps pour quoi que ce soit. C'est vrai!
- Je ne me couche jamais avant minuit.
- C'est une longue journée mais au moins on a beaucoup de congés
- On a sept semaines de vacances en été
- Et j'en ai bien besoin.
- Oh bien je vous crois moi c'est pareil parce que quand ...

C'est un métier qui vous intéresse?
1 (p 91)

- Et c'est un métier qui vous intéresse?
- Oui, parce que si vous voulez on est en permanence en relation avec les gens avec tous leurs problèmes, leurs problèmes fondamentaux, d'argent, de famille, donc ça c'est le côté très intéressant, oui.
- Et si vous aviez la possibilité de changer de métier est-ce que vous le feriez?
- Oui, je crois que justement à force de voir les gens, c'est moins le côté juridique. Le côté juridique va, est un peu dépassé maintenant, et je suis plus intéressée par les gens et leurs problèmes et si je devais changer de métier j'aimerais un métier où on aide davantage les gens ... peut être
- C'est à dire sur le plan social
- plus psychologique je crois, c'est plus les gens que le droit moi qui m'intéressent.

Echange
1 (p 98)

- Bonjour monsieur
- Bonjour madame, je vois que vous êtes boucher.
- Oui, c'est exact.
- Oui, qu'est-ce que vous vendez comme variétés de viandes?
- Du bœuf, du veau, de l'agneau et du porc.
- Bien vous êtes là tous les jours sur le marché?
- Tous les jours sauf le lundi.
- Et quels sont vos horaires de travail?
- Six heures, treize heures, seize heures, dix-neuf heures trente.
- Même le dimanche?
- Le dimanche matin uniquement.
- Uniquement le matin.
- Six heures, treize heures trente.
- Et ça fait longtemps que vous êtes ici?
- Dix-sept ans.
- Donc vous.. ça vous plaît d'être ici?
- Bien sûr.

3 (p 98)

- Qu'est-ce que vous vendez exactement?
- Y a toutes sortes de fromages, il peut y avoir du fromage de chèvre, de vache de brebis, du gruyère, toutes sortes donc voilà, des œufs, des œufs blancs, des petits œufs, des gros œufs, des moyens, ça dépend voilà.
- Vous êtes là tous les jours?
- On est là tous les jours de la semaine sauf le lundi c'est le jour où généralement on ravitaille notre marché. Donc il n'y a pas de marché le lundi. Nous,on n'est pas là le lundi.
- Et quelles sont vos heures de travail en général?
- Donc les heures de travail c'est six heures et demi le matin et la vente s'arrête à treize heures. Nous avons jusqu'à treize heures trente pour remballer notre stand.
- Je vois que vous avez une petite pancarte là qui dit treize heures précises pour la fermeture, pourquoi?
- oui, parce que si on dépasse cet horaire nous avons droit à une amende.
- Très bien
- C'est une loi qui est régie par le marché.
- Voilà, donc on ne peut pas vendre au delà de treize heures
- Et le dimanche matin est probablement un des jours qui est le plus animé?
- Le week end c'est un des jours qui sont, le samedi et le dimanche c'est très animé, particulièrement le dimanche et souvent à partir de midi et demi une heure moins le quart, on voit les gens là ça s'attroupe
- Au dernier moment.
- Au dernier moment souvent.

4 (p 98)
- Bonjour, madame. Vous désirez?
- Bonjour, j'aimerais quelques renseignements, s'il vous plaît.
- On va fermer dans quelques instants, madame. Que voulez-vous savoir?
- Vous ouvrez le dimanche?
- Le dimanche matin seulement, madame.
- Et quelles sont vos heures d'ouverture?
- On est ouvert de 7h30 à 13h00, 13h00 pile, hein. Le dimanche.
- Quels jours de la semaine fermez-vous?
- Nous sommes fermés le lundi toute la journée, madame.
- D'accord et quelles sont vos heures d'ouverture pendant la semaine?
- On ouvre à 7h00. On ferme à 19h00. Le magasin est fermé entre midi et deux heures. C'est une longue journée, vous savez! Excusez-moi, mais je vais fermer la porte madame.
- Merci beaucoup. A demain matin.
- Bonsoir messieurs-dames. Quelle chance! Vous êtes encore ouverts.
- Mais non, madame. Il est 7h05. On ferme à 7h pile. Je suis déolée, mais juste à côté…

1 (p 99)
- Bonjour, monsieur. Vous vous appelez comment?
- Je m'appelle Christopher Wilson
- Vous êtes anglais, je vois.
- Je suis d'origine écossaise mais j'habite à Londres depuis dix ans.
- Et vous parlez bien le français?
- J'apprends le français depuis huit ans. Je vais à des cours du soir.
- Huit ans! Vous comprenez bien la langue?
- Je ne comprends pas tout mais j'apprends

vite.
- Bon, nous voulons quelqu'un qui parle bien anglais. Nous avons beaucoup de clients anglais et le personnel ne parle pas un mot d'anglais.
- Est-ce que vous pourriez commencer tout de suite.
- Je suis disponible pour commencer immédiatement.
- Bien vous comprenez qu'il faut travailler surtout le week-end? Du jeudi soir au mardi matin? C'est un travail à temps partiel pour une durée de six semaines. Est-ce que ça vous convient?
- Oui, je cherche un travail à temps partiel. Je suis en vacances et je veux profiter aussi un peu de la plage.
- Alors la plage là vous n'aurez pas beaucoup de temps je vous assure, jeune homme surtout pas pendant le week-end au moins.
- Vous avez une certaine expérience comme serveur je crois
- Oui, j'ai travaillé dans un bar quand j'étais étudiant l'année dernière je travaillais aussi à temps partiel dans un restaurant à Londres près du lycée français à Kensington…

3 (p 99)
- Vous êtes français?
- J'ai passé toute ma vie en France, mais je suis d'origine suisse.
- Et pourquoi voulez-vous travailler en Grande Bretagne?
- J'habite en Grande Bretagne depuis un mois. Je voudrais perfectionner mon anglais avant de retourner en France.
- Et vous avez déjà travaillé en Grande Bretagne?
- Oui, mais…….quand j'avais 18 ans j'ai travaillé dans un restaurant à Bournemouth.
- Bournemouth, pourquoi Bournemouth?
- Parce que je faisais un cours d'anglais dans une école de langues. Il y avait énormément d'étrangers qui étaient là pour apprendre l'anglais. Des Français, des Allemands, des Grecs, des Turcs, des Espagnols, deux Colombiens, plusieurs Japonaises, des…
- Oui, oui, oui. Mais votre anglais, vous le parlez bien?
- Eh bien…je crois, hein. Assez bien de toutes façons. J'ai fait ma licence d'anglais à l'Université de Lausanne, je continue à l'apprendre ici à l'université de Londres.
- Et vous utilisez des ordinateurs?
- Pas de problème. j'ai fait un cours d'informatique à Lausanne et un autre à Grenoble.
- Parce que nous avons besoin d'aide pour créer une banque des données.
- Le salaire sera de 5 livres de l'heure. Ça vous va?
- Et combien d'heures par semaine?
- A peu près 25 heures par semaine.
- Ça c'est parfait pour moi. Comme ça je peux étudier…et payer mon loyer. Les loyers sont très chers à Londres, n'est-ce pas
- Oui, assez. Quand est-ce que vous pouvez commencer?
- Commencer? Mais, tout de suite si vous voulez.
- Bon, alors venez demain à neuf heures. Demandez Madame Drabble… qui sera là pour vous accueillir et vous installer …

Profil (p 99)
- Quelles sont les activités principales au CICR?

- D'abord il faut savoir que le CICR, le Comité International de la Croix Rouge ne travaille que dans des situations de conflit et puis dans des situations de conflit vous avez trois catégories de personnes qui sont les plus vulnérables, c'est d'un côté les bléssés, de l'autre côté les prisonniers et puis troisièmement la population civile, le CICR est là pour assister et protéger ces trois catégories de personnes.
- Combien de personnes travaillent au CICR?
- Au CICR travaillent à peu près dix mille personnes il y a 640 personnes qui sont au siège principal à Genève et puis après on a à près 800 personnes, que nous on appelle des expatriées qui sont envoyées depuis la Suisse dans les 60 pays où nous on travaille et puis on collabore surtout avec à peu près 8000 personnes que nous on appelle des employés locaux ce sont des spécialistes, des experts du pays même qui nous expliquent la situation et qui nous assistent dans nos tâches quotidiennes.
- Faut-il être suisse pour être engagé au CICR?
- Il faut voir qu'il y a le terme de 'délégué' du CICR, pour devenir 'délégué' du CICR il faut être suisse ça fait avec la neutralité suisse parce que le CICR tient absolument à sa neutralité et à son indépendance et puis pour garantir cette neutralité surtout quand on fait des visites aux prisonniers, c'est extrêmement important des citoyens suisses.
- Quelles sont les caractéristiques du délégué idéal du CICR?
- Le délégué idéal du CICR devrait avoir entre 30 et 35 ans, il devrait être célibataire, très disponible, très flexible, il doit savoir s'adapter à toutes situations, il doit être très stable, surtout pas un aventurier et puis il doit avoir le sens de la responsabilité et puis surtout aussi le sens de la neutralité et pas prendre position dans ces situations de guerre.

SELF-ASSESSMENT TEST 3
8 (p 103)
- Alors à l'entrée du magasin le rayon boissons fait face au rayon fruits et légumes . Vous avez à côté du rayon fruits et légumes un rayon poissonnerie en prolongement du rayon fruits et légumes vous avez la crèmerie ensuite la charcuterie et le rayon boucherie.
- Quels sont les produits alimentaires les plus vendus?
- On va commencer d'abord par le rayon fruits et légumes. Au rayon fruits et légumes les, la plus grosse, je dirais vente et la plus grosse consommation ici que les ivoiriens achètent ce sont les pommes en général et ensuite bien entendu je dirais les fruits et les légumes locaux qui sont de notre pays.
- Par exemple.
- Alors par exemple vous avez dans les fruits locaux vous avez toute une variété de fruits comme l'ananas, la papaye, vous avez la mangue, vous avez l'orange, vous avez les pamplemousses, vous avez la banane vous avez les mandarines, vous avez des corossols vous avez des fruits de la passion et vous avez également, je crois que c'est tout.
- Et quels sont les clients habituels qui visitent votre établissement?
- Je dirais 60% de femmes et 40% d'hommes, en général

- Des ivoriens, des étrangers, des européens?
- Notre clientèle est panachée de toutes origines nous avons tous les africains, en général, pas simplement les ivoiriens, nous avons également les étrangers de toutes nationalités qui viennent chez nous et je dirais que notre clientèle est divisée en deux, je dirais 50% africaine et 50% européenne.

9 (p 103)
- Une journée typique pour vous qu'est-ce que c'est? Ça commence à quelle heure par exemple?
- Alors une journée de travail donc en général ça se passe en semaine, quoiqu'il m'arrive parfois de travailler le week-end, donc en fin de semaine. Donc je me lève entre six heures et demi et sept heures, je prépare le petit déjeuner et ensuite j'emmène mon fils chez la nourrice donc vers sept heures et demi, huit heures moins le quart.
- Il a quel âge votre fils?
- Il a 11 mois, donc ensuite, comme la nourrice habite sur le chemin de mon travail donc je l'emmène donc chez la nourrice ensuite je vais au bureau, en ville, et là donc la journée commence ..
a) Vous êtes ouverts tous les jours de la semaine?
b) Vous fermez à midi? Vous fermez à l'heure du déjeuner? Vous fermez pour le déjeuner?
c) A quelle heure fermez-vous le soir?
d) Vous ouvrez tous les matins à sept heures?
e) Vous avez du pain et des croissants frais tous les matins?
f) Vous servez des plats chauds à l'heure des repas?
g) Il est possible d'acheter de la glace ici?
h) Quand est-ce que vous avez une journée de repos?
i) Combien d'heures travaillez-vous par jour?
j) Depuis combien de temps pouvez-vous rester ouvert le dimanche? Depuis combien de temps vous est-il permis de rester ouvert le dimanche?

UNITÉ 7: GÉNÉRATIONS
A l'écoute
Interview 1
2 & 3 (p 105)
- Je suis marié. J'ai trois enfants, si on pense à la famille donc nucléaire ... Mais je suis aussi chef d'une famille plus large depuis le décès de mon père et donc cela inclut les parents directs, la mère, cela implique aussi des oncles, des tantes, des cousins. Cela implique des responsabilités au niveau de la santé, au niveau de l'éducation.
- Vous avez dit que vous êtes père d'une famille de trois enfants. Est-ce que trois enfants c'est la moyenne nationale en Côte d'Ivoire?
- Disons que les gens de ma génération sont sensibles à cette question démographique et pensent qu'il faut avoir un nombre d'enfants qu'on peut maîtriser, ne serait-ce qu'à cause du coût de la vie actuellement, des problèmes d'éducation, des problèmes de santé. Il ne sert à rien de faire beaucoup d'enfants, parce qu'aujourd'hui ils ne sont plus une richesse comme autrefois.
- Parce qu'autrefois l'enfant était une richesse?
- Oui, autrefois l'enfant était une richesse et c'était un rapport avec nos moyens de production. La force principale c'était le

travail de l'homme et naturellement plus on avait de bras, mieux c'était pour la production. Et n'oubliez pas aussi que il n'y avait pas mal de guerres entre les communautés, et plus on avait d'enfants, ou d'enfants mâles, plus on avait de guerriers aussi. Donc c'était véritablement une richesse, ce qui n'est pas le cas aujourd'hui.
- Est-ce que en Côte d'Ivoire on attache beaucoup plus d'importance à un enfant garçon qu'à un enfant fille?
- Oui. Mais dans la société moderne que nous sommes en train de construire, je pense que les gens sont de plus en plus conscients de l'égalité entre l'homme et la femme et sont conscients que, si on donne les mêmes chances à une fille, elle est capable de s'occuper de sa famille, d'assumer les responsabilités des jeunes garçons.

Interview 2
1 (p 106)
- Il y a dix ans, vingt ans déjà, la femme Ivoirienne ne chantait pas déjà. C'était terrible de voir une femme devant les hommes en train de chanter. Tout le monde la regarde .. C' était .. ça n'existait pratiquement pas. Et puis la femme, conduire une voiture, tout ça, c'était c'était très rare. Et même jusqu'à nos jours il est difficile pour une femme artiste, chanteuse, comédienne, tout ça de se marier. Parce que ce n'est pas encore dans les moeurs des gens. Ils se disent: une femme qui chante comme ça c'est la femme de tout le monde et personne ne veut vraiment s'engager. On se dit non, si tu l'as comme épouse elle ne sera pas ta femme à toi seul parce qu'elle a un métier trop public, donc elle est trop exposée.
- Est-ce la raison pour laquelle vous êtes célibataire?
- Ben! je sais pas. Je sais pas. C'est peut-être pour ça qu'on ne m'a pas encore épousée!

4 (p 106)
- Alors, vous êtes une famille nombreuse. Vous avez combien de frères et de sœurs?
- J'ai trois soeurs et quatre frères
- Et moi, je suis la plus jeune.
- Et du point de vue économique, euh..vous considérez que votre famille était riche, aisée, pauvre?
- Pas du tout. On n'était certainement pas riche
- Mon père était agriculteur et ma mère restait à la maison avec nous
- Vous m'avez dit tout à l'heure que vous aviez étudié à Paris et à Lyon. Qui a payé vos études en Europe?
- C'était mon oncle.
- Il voulait aider les enfants de son frère
- Il était chanteur et assez aisé
- C'est bien d'avoir des oncles comme ça. Vous avez eu de la chance!
- Oui, ben c'est la tradition en Côte d'Ivoire
- Les familles sont importantes.
- Oui, je vois. Et comment est-ce que vous, vous êtes devenue chanteuse?
- C'était difficile au début
- parce qu'à l'époque les Ivoiriennes ne chantaient pas en public
- Et pourquoi pas?
- Parce que les hommes n'aimaient pas ça
- C'est un métier trop public, trop engagé...?
- Oui, mais aujourd'hui c'est différent
- Ici en Côte d'Ivoire?
- Oui, dans tous les pays, je crois

- Eh bien, je l'espère de toutes façons
- Mademoiselle Lechasseur, merci de nous avoir accordé cette interview, et bonne chance pour votre prochain concert. C'est à Ougadougou, je crois.
- Non, non, non. Ougadougou c'est au mois d'avril. C'est à Paris le prochain.
- A Paris!!!

Interview 3
1 (p 107)
- Et à quelle heure ils arrivent le matin, les petits?
- Alors le matin les enfants arrivent à 8h30 et repartent à 11h30, l'après midi ils arrivent à 13h30 et repartent à 16h30
- A 16h30, oui. Et à midi ils peuvent rester manger à l'école?
- Alors à midi, ils peuvent aller à la cantine.
- C'est une longue journée.
- Oui, c'est une journée très longue, surtout pour les tout petits mais il y a très peu d'enfants de deux ans qui restent à la cantine, très peu.
- Et ils peuvent se reposer les enfants? les tout petits?
- Oui, les enfants peuvent se reposer. Ils font la , les enfants font la sieste l'après midi.
- Est-ce que vous trouver que les enfants se comportent différemment maintenant parce que ça fait longtemps que vous êtes institutrice maintenant?
- Oui, oui oui, ça fait maintenant 35 ans 36 ans que je suis institutrice ..
- Et vous avez remarqué des différences?
- Oui oui, de grosses différences, les enfants sont beaucoup plus turbulents, agités et n'ont plus beaucoup la notion d'effort. Ce qui leur manque c'est la notion d'effort.
- L'effort,l'effort pour faire quoi?
- Bien, pour travailler
- Pour travailler
- L'effort il leur manque l'effort pour travailler.
- Ils sont paresseux
- Ils sont paresseux, voilà
- Oui ils sont paresseux
- Et la politesse?
- La politesse, bon on leur apprend, mais c'est pas toujours, c'est pas toujours évident, c'est pas toujours facile.

6 (p 108)
- A quelle heure les petits arrivent-ils le matin?
- A 8h30, et ils repartent à 11h30.
- Et l'après-midi?
- Eh bien, ils arrivent à 13h30 et restent jusqu'à 16h30.
- C'est une longue journée pour les plus petits, n'est-ce pas?
- Oui, mais les enfants peuvent se reposer?
- Alors ils font la sieste l'après-midi?
- Oui, s'ils en ont besoin.
- Et pour le déjeuner?
- Oh...ils peuvent aller à la cantine, vous savez, mais en effet il y a très peu d'enfants de 3 ans qui restent.
- Merci, monsieur, je réfléchirai.

Interview 4
2 (p 109)
- Donc depuis combien de temps vous connaissez-vous?
- Bien on se connaît depuis 3 mois
- Et vous vous êtes rencontrés à quelle occasion?
- Nous nous sommes rencontrés donc pour le

Premier de l'An à une soirée, donnée par mon cousin
- Qui est aussi mon meilleur ami, Christophe et qui nous avait invités donc chez lui pour le Nouvel An, le Réveillon et c'est là où j'ai remarqué Christine.
- Juste un peu avant minuit, cinq minutes avant en fait.
- Et donc j'ai décidé de la revoir par la suite
- Donc vous vous êtes revus pour aller visiter un musée. C'est ça mais qui a fait les premières approches en fait, comment ça s'est passé?
- Ça s'est passé en deux étapes essentiellement c'est que lors de la soirée du Premier de l'An, j'avais remarqué Christine, mais comme je suis assez timide, quand une femme me plaît, je n'osais pas trop l'inviter donc à danser et c'est elle qui tout d'un coup m'a invité à danser un slow. Et voilà donc pour la soirée et par la suite par contre c'est moi qui ai donc décidé de la revoir et qui ai pris l'initiative.
- C'est vrai ce qu'il dit?
- Oui, oui, absolument, oui, oui ça s'est bien passé comme ça.

5 (p 109)
- Alors, dis-moi, Catherine, il est comment ton mari? Je suis tellement curieuse
- Il est grand et blond.
- Mmm. Tu n'as pas de photo de lui?
- Si, je crois que j'en ai une ici…dans mon sac. Le voilà. Gérard!
- Oh là là ben dis donc…qu'est-ce qu'il est beau!
- Vous vous connaissez depuis combien de temps?
- On se connaît depuis un an et deux mois. Exactement. C'était le 4 juillet!
- Et où est-ce que vous vous êtes connus?
- On était en vacances en Italie dans le même hôtel. On s'est vus plusieurs fois dans des musées, dans des restaurants, le soir quand on dînait à l'hôtel. Et voilà. C'est comme ça qu'on s'est rencontrés!
- Et la première fois que tu l'as vu….?
- La première fois…pour moi, c'était le coup de foudre.
- Alors vous vous êtes revus après les vacances?
- Oui, Gérard m'a appelée un soir. C'est lui qui a pris l'initiative. Je lui avais laissé mon numéro de téléphone…tu sais, j'attendais son coup de téléphone depuis deux semaines. J'avais commencé à croire qu'il m'avait oubliée….et puis un soir…
- Et qu'est-ce qui s'est passé ensuite?
- Eh bien, il m'a invitée à aller au restaurant dans un quartier près de chez lui. J'y suis allée et on a passé une très bonne soirée.
- Et alors le mariage?
- Vous avez décidé quand de vous marier?
- On s'est décidé il y a trois mois. C'est moi qui ai fait la demande en mariage à Gérard. Il était très heureux.
- Et il y a eu beaucoup d'invités?
- Beaucoup? Ah! On était six cent cinquante personnes, pour le lunch. Tu connais ma mère?
- Alors moi, j'espère que vous serez très heureux ensemble.
- Merci ma chérie.
- Je dois m'en aller. Je rencontre Pierre-Yves à la gare.
- Bon bien au revoir Mireille , on se rappelle!

- Allez au revoir Catherine.
- Eh! Et ma photo!!

Echange
1 (p 114)
- Excusez-moi de vous déranger. Je voudrais un renseignement s'il vous plaît.
- Oui, madame. C'est à quel sujet?
- Je suis en vacances ici pour trois semaines. Mon mari et moi sommes retraités, et nous sommes venus ici en avion. Nous n'avons pas de voiture…
- Oui madame, et alors?
- Je voudrais savoir si vous faites des réductions pour les personnes âgées dans les bus.
- Je peux vous demander votre âge madame?
- Soixante-deux ans.
- Et votre mari?
- Soixante-et-onze
- Alors, voici les détails que vous cherchez. Voilà. 'Les personnes âgées de plus de soixante ans ont le droit de voyager à demi tarif toute la journée sauf entre 7h30 et 9h et entre 17h30 et 19h'.
Alors, si vous voyagez à ce moment là, vous devez payer le plein tarif, madame.
- Oui, je vois
- Je vais vous demander de remplir un formulaire. Voilà.
- Merci
- Alors, vous voyez, vous devez remplir votre nom, votre adresse…ici.
- D'accord
- Il me faut aussi un document qui montre votre date de naissance, et celle de votre mari. Un passeport, une carte d'identité, un permis de conduire.
- Bon. Aucun problème. Mais je n'ai pas ces documents sur moi en ce moment.
- Repassez demain madame. Prenez le formulaire pour le moment…voilà…je vous le donne….et vous pourrez le remplir avant de revenir. Et quand vous me le rendrez je vous ferai une carte d'abonnement pour un mois.
- Merci monsieur. En plus, nous sommes ici avec notre petit-fils, qui a cinq ans. Il y a des réductions pour lui aussi?
- Pour les enfants de 5 ans, les transports sont gratuits. Les enfants commencent à payer demi-tarif entre 6 et 10 ans. Après 10 ans ils paient le plein tarif.
- Et je dois remplir un formulaire pour lui aussi?
- Pour trois semaines? Non, ce n'est pas la peine. Si vous êtes contrôlé, le contrôleur verra bien que c'est un enfant de moins de 6 ans. Vous n'aurez aucun problème.
- Eh bien, merci beaucoup, monsieur. Vous êtes bien aimable.
- Mais je vous en prie, madame. Et bon séjour.

3 (p 114)
- Excusez-moi, s'il vous plaît
- Oui, madame, c'est à quel sujet?
- Vous pourriez me dire si les enfants voyagent gratuitement dans le bus?
- Il s'agit d'un enfant de quel âge?
- C'est un enfant de 6 ans
- Ce petit a déjà six ans?
- Oui, il a eu six ans il y a quelques jours
- Dans ce cas, il doit payer demi-tarif.
- Ah quel dommage!
- Et est-ce que vous organisez des excursions aussi?

- Bien sûr.
- Voici notre dépliant pour cet été. Vous pouvez réserver vos billets ici ou dans une des agences de voyage de la ville.
- Merci beaucoup, monsieur. Je reviendrai demain
- Mais je vous en prie, madame. Six ans? Mais il est petit pour son âge, ce petit garçon. Moi j'aurais dit cinq ans au maximum, ou même quatre. Mmmm.

1 (p 115)
- Donc maintenant que je sais que je vais partir pour Vichy, j'ai une amie qui habite à côté de Vichy dans un petit village, elle s'appelle Isabelle Morisset, je vais essayer de chercher son numéro de téléphone et son adresse. Donc en fait j'utilise l'annuaire téléphonique donc je fais le '11' sur le téléphone, je branche le Minitel et une fois que j'ai la sonnerie je mets connexion fin. Voilà, donc on me demande le nom, donc le nom c'est Morisset, voilà M O R I S S E T. L'activité donc il n'y en a pas, ça c'est pour les métiers, localité, je vais mettre Vichy parce que je ne suis pas sure de l'endroit où elle habite exactement et donc 03, le département de l'Allier. Voilà. J'envoie. Et donc apparemment il n'y a pas de Morisset à Vichy donc ça je le savais déjà. Je vais mettre correction et en fait je vais faire la recherche sur le département. Donc j'ai demandé Morisset dans l'Allier et tout de suite le Minitel a trouvé le seul Morisset c'est à Busset. Donc à côté de Vichy. Voilà, Morisset Jean Noël, c'est le nom du mari d'Isabelle. 70 59 48 06. le Bourg, à Busset. Voilà. Donc je vais pouvoir lui téléphoner.

3 (p 115)
- Oui, voici mon numéro. C'est le 98 34 23 77.
- Je vous le donne tout de suite. Vous avez un stylo? Bon. C'est le 79.53.08.07
- Oui, oui, oui, pas de problème. Le voici. C'est le 19 44 pour la Grande Bretagne, et ensuite le 171. 435. 41 80
- Bon, d'abord vous faites le 16 1? Ensuite c'est le 34 92 91 07
- Oui, alors de chez vous, vous faites d'abord le 00 pour avoir une ligne internationale, ensuite le 33 pour la France, et ensuite mon numéro – le 73. 35 48 42

4 (p 115)
- A, B C, D E
- F, G, H, I, J,
- K, L, M, N, O,
- P, Q, R, S, T,
- U, V, W, X, Y, et Z
- M, O, R, I S, S, E, T
- L, A, N, G, R, E, S
- B, U, S, S, E, T
- J, O, U, B, E, R, T
- V, I, C, H, Y
- W, A, T, E, R, L, O, O
- Comme toujours, on vous dira en anglais ce qu'il faut dire en français

5 (p 115)
- Je pourrais téléphoner s'il vous plaît?
- Oui, bien sûr. C'est pour la France?
- Non, c'est pour l'étranger
- Vous voulez appeler où?
- Je voudrais téléphoner en Allemagne, à Francfort
- Et vous avez le numéro, mademoiselle?
- Euh….non, malheureusement pas
- Je peux me servir du Minitel?

SCRIPTS

- Non, le Minitel n'est utile que pour les numéros en France. Essayez les renseignements.
- Quel est le numéro des renseignements s'il vous plaît?
- Alors, vous faites le 12 et l'accès aux renseignements est gratuit. Et pour votre appel, vous utilisez une télécarte ou bien vous payez quand vous avez fini.
- Vous vendez des télécartes?
- Oui, si vous appelez à l'étranger, il vaut mieux que vous preniez la carte à 100 francs.
- Bien, une télécarte à cent francs, s'il vous plaît
- Vous savez comment ça marche, n'est-ce pas?
- Oui, je crois
- Vous introduisez la carte dans la machine et vous attendez que l'on vous dise de composer votre numéro. C'est très simple.
- Merci, madame. Vous êtes très aimable
- Je vous en prie, mademoiselle.

Profil (p 113)
- Est-ce que vous avez vu...le rôle de la femme changer au cours des années.
- Oh beaucoup,beaucoup beaucoup
- Qu'est-ce que vous avez remarqué
- Mais d'abord peut-être un petit peu trop de liberté.je vais vous dire que je n'apprécie pas toujours moi justement cette liberté qu'ont pris les femmes, non pas que je voulais en faire des religieuses et des esclaves mais dans notre temps, dans mon temps pour parler correctement de ma jeunesse, nous ne sortions pas avant d'avoir 18 ans, et nous sortions accompagnées de nosparents. Nous avions, nous c'était le jeudi, c'était pas le mercredi c'était le jeudi, nous allions jouer chez des amis le jeudi ou nous en recevions mais si les enfants avaient des frères moi , je n'avais que des sœurs on nejouait même pas avec les garçons, nous nous rencontrions pour le goûter mais après les garçons allaient de leur côté et puis les filles de l'autre. Je suis catholique pratiquante mais il y avait un catéchisme pour les filles et un catéchisme pour les garçons. Oh là, et les filles mon dieu mais c'était un scandale quand une jeune fille se permettait d'embrasser un jeune homme avant 18 ans. Mon dieu!
- Surtout dans notre milieu
- Donc leur mœurs
- Les mœurs étaient très strictes, très très strictes.
- Et cela a changé
- Oui, Je vais vous dire heureusement d'un côté et malheureusement de l'autre parce que je trouve vous savez que cette liberté qu'ont pris certaines femmes ça a un peu tué l'amour si vous voulez, parce que je vois, je dis maintenant on se tutoie alors que nous ne tutoyons personne, même pas nos camarades de classe, et pour passer de vous au tu avec un jeune homme il n'y en avait pour deux ans. Maintenant, moi je sors avec mes petites nièces on dit facilement comment tu t'appelle, du bien: vous ne les connaissez pas, vous les tutoyez Voyez et puis il n'y a plus cette distance nous il y avait vraiment un mur entre les garçons et les filles.
- Et si vous voulez vous marier comment ça se passait?
- Oh c'était vraiment, le mariage c'était la présentation c'était les fiançailles quand on appelait un jeune homme qui allait soi-disant

faire sa cour il y avait toujours on appelait un chaperon. Un chaperon ça voulait dire une personne étrangère qui était assise là qui regardait nos contacts si on peut dire
- Bien sûr
- Oh mon dieu c'était très très stricte et puis après il y avait les fiançailles officielles alors quand on était fiancée on sortait un peu plus facilement seule enfin si on peut dire seule, il y avait encore le chaperon à cinq mètres derrière et puis après on se mariait. La plupart du temps , vous voyez ce que je veux dire
- Oui
- On se mariait, c'était vraiment un mariage.

UNITÉ 8: TRANSPORTS ET VOYAGES
A l'écoute
Interview 1
1 (p 119)
- Bonjour madame
- Bonjour monsieur
- Pourriez-vous me préciser quelles sont les horaires des avions entre Lyon et Paris
- Oui, vous désirez partir quel jour et vers quelle heure?
- Mercredi, dans l'après midi, en début d'après midi
- Dans l'après midi départ 14h55 de Lyon par exemple
- - Il n'y en a pas un autre, un petit peu ...?
- Sinon plus tard 17h05
- Ah c'est trop tard, ... 14h45
- Oui, vous voulez une réser.....?
- Il arrive, il arrive à quelle heure?
- Il met une heure, 15h55 arrivée sur Orly, Orly West
- Ah bien, c'est ce qui me conviendrait. Vous pourriez me faire une réservation?
- Oui bien sûr, combien de places?
- Une place.
- D'accord, c'est à quel nom?
- Durand
- D'accord entendu,
- Jean Pierre
- Je vous prépare ça.
4 (p 119)
- Bonjour, madame.
- Bonjour, monsieur.
- Pourriez-vous me donner les horaires des avions de Paris à Milan s'il vous plaît?
- Oui. Vous désirez partir quel jour?
- Je voudrais partir demain, mardi
- Et vers quelle heure est-ce que vous voulez partir?
- Dans l'après midi, je dois être à Milan demain soir
- Mardi, dans l'après-midi.. Un petit instant s'il vous plaît. Voyons voir. Ah, dans l'après midi il n'y a rien vers Milan. Il y a un vol à 9h 10 demain matin, ou bien un autre à 19h 45.
- 19h45 c'est trop tard pour moi.
- J'aimerais arriver à Milan avant 6h.
- Je vérifie. Ah, non, malheureusement, il n'y a pas d'autres vols demain. Par contre, si vous preniez l'avion pour Turin...
- Mais je ne veux pas aller àTurin!
- Oui, je sais mais il y a un avion à destination de Turin demain à 13h 50, et vous pouvez ensuite prendre le train de Turin à Milan.
- A quelle heure l'avion arrive-t-il à Turin?
- Il arrive à Turin... , patientez un instant s'il vous plaît à 15h 20, et il y a des bus directs

pour aller à la gare de Turin. Vous pouvez être à la gare de Turin à 16h30 au plus tard, si le vol est à l'heure, bien sûr!
- Et vous avez les horaires des trains de Turin à Milan?
- Aucun problème. Il y a un train tous les quarts d'heure entre Turin et Milan et il met à peu près une heure.
- Bien je prendrai le vol pour Turin.
- Pouvez-vous me réserver une place?
- Je vais voir s'il reste des places...
- Voilà! Pas de problème. Il en reste beaucoup. C'est pour une seule personne?
- Oui, une seule personne s'il vous plaît
- Oui, comment est-ce que vous voulez régler?
- Vous acceptez les cartes de crédit?
- Mais bien sûr. Votre nom s'il vous plaît.
- Blanchard, B, L, A, N, C, H, A, R, D.
- N, C, H, A, R, T?
- Non, non, c'est un D
- Oh, excusez moi, Monsieur Blanchard, alors D.
1 (p 120)
- Il est très important d'arriver à l'heure aussi?
- Il est aussi très important d'arriver à l'heure. On ouvre l'enregistrement du train une heure avant le départ du train et on ferme l'entreregistrement 20 minutes avant le départ du train et c'est la chose la plus difficile à faire respecter, surtout aux voyageurs anglais.
- Pourquoi?
- Et bien les voyageurs anglais ne sont peut être pas habitués comme les voyageurs français à la réservation obligatoire, à l'utilisation du TGV et ils ont toujours de très bonnes excuses pour essayer de nous convaincre de les accepter à bord du train cinq minutes avant le départ du train alors et c'est souvent la même excuse qui revient et moi ça me fait toujours sourire, c'est que j'ai souvent entendu dire, des gens qui me disent 'mais il faut m'accepter à bord du train parce que j'ai laissé mes enfants à la maison à Londres, seuls et je ne peux pas, il faut absolument les accepter parce qu'ils sont restés à la maison et c'est étonnant le nombre d'enfants seuls à la maison en Angleterre au moment du départ du train. Moi ça me fait toujours beaucoup sourire .....
5 (p 121)
- Bonjour, madame.
- Bonjour madame. Vous avez une réservation?
- Oui, j'ai un billet aller-retour pour Londres.
- Et votre réservation, c'est pour quand?
- C'est pour le train de 6h ce soir.
- Le train de 6h! Je suis désolée mais le train de 18 heures part dans dix minutes. Vous êtes en retard!
- Mais je ne comprends pas il n'est que 6h moins 10
- C'est la première fois que vous voyagez en Eurostar, madame?
- Oui
- Je vois que vous n'êtes pas habituée au système d'enregistrement. C'est comme pour l'avion. Nous fermons l'enregistrement vingt minutes avant le départ du train.
- Mais, c'est ridicule, j'ai un billet pour le train de 6h et je suis à l'heure!
- Je suis désolée, madame mais malheureusement, vous n'êtes pas arrivée à

l'heure pour l'enregistrement. Vous auriez dû être là à 17h40 au plus tard.
- Il faut absolument que je prenne le train de 6h!
- Mes enfants m'attendent à la maison à Londres
- Je suis vraiment désolée, mais quelle que soit votre excuse, je n'ai pas le droit de vous accepter à bord du train après la fermeture de l'enregistrement.
- Alors qu'est-ce que je peux faire?
- Ecoutez. Le prochain train part à 20 heures. Je vais voir s'il reste de la place dans ce train-là.
- Ah voilà. Vous avez de la chance le train de 20 heures n'est pas complet.
- Vous voulez que je vous réserve une place dans celui-là?
- Oui, s'il vous plaît, et je suis désolée mais je ne savais pas
- Ce n'est pas grave madame. Je peux voir votre billet s'il vous plaît?
- Le voilà
- Bien et n'oubliez pas de vous présenter à l'enregistrement à partir de 19 heures et avant 19h40.
- Je ne l'oublierai pas, au revoir madame
- Au revoir.

1 (p 122)
- On oublie beaucoup de choses dans l'Eurostar.
- Oui?
- On oublie vraiment beaucoup de choses dans l'Eurostar et des choses, moi qui me semblent toujours très surprenantes quand il fait très très froid, ça me surprend toujours qu'on oublie son manteau par exemple, on oublie sa valise aussi, sa valise dans, en gare ou dans le train. On oublie, bon, les enfants oublient beaucoup leurs jouets
- Oui
- Leurs consoles de jeux. Les gens oublient leurs appareils photos, des caméscopes, le chapeau ou parapluies bien sûr ça énormément de parapluies enfin beaucoup, beaucoup de choses.
- C'est facile à récupérer?
- Pas toujours non? Pas toujours si on le retrouve on le garde et on l'emmène au bureau des objets trouvés mais on ne le retrouve pas forcément.
- Alors qu'est-ce qu'ils font les voyageurs? Ils vous téléphonent , ou, ils vous écrivent?
- Ils téléphonent surtout , ils téléphonent, bon quand ils ont notre numéro de téléphone, ils téléphonent directement donc en gare sur le terminal Eurostar nous ne gardons pas les objets trouvés, nous sur le terminal Eurostar nous les renvoyons au bureau des objets trouvés de la garde du nord donc quand un client nous appelle pour savoir si on a trouvé quelque chose on le renvoie sur le bureau des objets trouvés si nous, on a trouvé quelque chose que le train bien c'est noté quand même sur un cahier de rapports et on peut leur dire si on a trouvé quelque chose. On a aussi beaucoup de coups de téléphone de la gare de Londres-Waterloo qui nous demande si on n'a pas retrouvé quelque chose pour un client qui s'adresse chez eux.

4 (p 123)
- Bonjour monsieur
- Bonjour madame.
- Je crois que j'ai laissé ma valise dans le

train ce matin
- Nous avons des dizaines de valises que les passagers ont oubliées. Voulez-vous me décrire la vôtre?
- Alors, elle est assez grande et noire.
- Et, est-ce que votre nom est marqué dessus?
- Euh, non malheureusement pas.
- Vous vous rappelez la marque de la valise?
- Je crois que c'était "Excelsior" ou peut être "Exclusive"
- Attendez, je vais voir...
- Alors, nous avons quatre valises noires qui correspondent à votre description. - La vôtre était-elle fermée à clé?
- Non, j'ai perdu la clef
- Bon, ben il y en a deux qui ne sont pas fermées à clé. Les voilà.
- Où?
- Là-bas, vous voyez? Est-ce que vous reconnaissez la vôtre?
- Oh, formidable, c'est celle-là, la deuxième.
- Je dois vérifiez que c'est celle-là. Est-ce que vous pouvez me décrire un peu le contenu?
- Eh bien il y a des robes, une paire de chaussures rouges et ....eu
- Et, ah oui, un roman de George Simenon
- Ah oui, le voilà. Celui-là je ne l'ai pas lu. Très bien, ça ira c'est bien votre valise. Mais, vous savez, nous devons toujours vérifier. Sinon, n'importe qui pourrait bien se présenter pour réclamer les objets trouvés. Voici votre valise.
- Je comprends merci beaucoup monsieur.
- Mais je vous en prie. Au revoir, madame et bonne journée.

Echange
1 (p 130)
- Bon ben moi je suis arrivée un petit peu à l'avance est-ce que je peux prendre le train qui part avant mon train? Est-ce que je peux changer ma réservation?
- Oui bien sûr il y a plusieurs conditions pour cela il faut d'abord qu'il y ait de la place dans le train précédent, il faut que le train ne soit pas complet, il faut aussi que vous ayez un billet qui soit échangeable c'est à dire un tarif échangeable il y a plusieurs tarifs à bord de l'Eurostar et il y a des tarifs qui ne sont pas échangeables
- Ce sont des tarifs, selon, par exemple sur mon ticket c'est quel tarif?
- Le ticket là que vous avez en main c'est 'discovery special' donc ce billet n'est pas échangeable
- Ah voilà, c'est dommage. Bon alors je dois attendre mon train à 5h09, à 17h09?
- Oui, c'est ce que je vous conseillerais, parce que on peut rembourser le billet mais vous perdez 50% de sa valeur et si vous en rachetez un deuxième, il sera au plein tarif, alors que là vous bénéficiez d'un tarif, négocié, peu cher.
- Bon d'accord, bon ben merci quand même ....

2 (p 130)
- Bonjour madame, je suis un peu en avance ...
- Je peux voir votre réservation s'il vous plaît? Ah oui, effectivement, votre train part à16h. Vous avez presque deux heures d'attente.
- Je peux changer ma réservation?
- Vous voulez un train qui part plus tôt
- Oui, si c'est possible

- Oui, bien sûr. Mais il y a plusieurs conditions pour que ce soit possible.
- Et quelles sont donc les conditions?
- Il faut d'abord que le train précédent ne soit pas complet, ensuite il faut que votre billet soit à tarif échangeable
- Alors il y a plusieurs tarifs sur l'Eurostar?
- Ah oui bien sûr. Il y a plusieurs tarifs à bord de l'Eurostar, et certains des tarifs ne sont pas échangeables. Voyons ... votre billet ... ah, c'est un tarif spécial donc ce billet n'est malheureusement pas échangeable, je suis désolée madame.
- Est-ce que je peux payer un supplément?
- Oui mais vous allez perdre 50% de la valeur de votre billet et si vous en rachetez un autre, il sera au tarif plein, alors que là vous bénéficiez d'un tarif réduit.
- Alors qu'est-ce que je peux faire?
- Si vous ne voulez pas payer la différence entre le prix des deux billets, je vous conseille d'attendre le train pour lequel vous avez une réservation. Ça fait deux heures seulement.
- Très bien, merci beaucoup mademoiselle.
- ... Ah, est-ce qu'il y a un café près d'ici où je pourrais prendre un café?
- Bien sûr. Il y a un bar à la gare même qui sert à manger et à boire à toute heure de la journée sinon juste en face de la Gare du Nord en sortant, là vous avez plusieurs petits cafés, des brasseries enfin un très grand choix, vous pouvez profiter de vos deux dernières heures à Paris.
- C'est vrai à tout à l'heure alors ..

1 (p 131)
- Bonjour monsieur, un petit renseignement s'il vous plaît. Comment puis-je me rendre à la Grand-Place?
- Bonjour madame, pour vous rendre à la Grand-Place à partir de la station Louise où nous nous trouvons, je vous conseille de prendre le métro, ligne numéro deux jusqu'à, direction Simonis, jusqu'à la station Arlois
- Ça fait combien de stations?
- Ça fait quatre stations
- Oui
- Là vous descendez et vous changez avec la ligne numéro un, direction centre ville et il vous faut deux stations et vous descendez à la station Gare Centrale et de là vous pouvez rejoindre la Grand-Place à pied, quelques centaines de mètres
- Est-il possible également d'aller à la Grand-Place en bus? ou en tram?
- Oui si, à la station il est possible, donc vous sortez de la station il est possible de prendre le bus numéro 34 qui vous conduit à la Bourse. La Bourse est également à proximité immédiate de la Grand-Place.
- Et quel est le prix d'un billet?
- Le prix d'un billet est de 50 F
- Ce billet est-il valable pour les correspondances que je dois prendre?
- Ce billet est valable pendant une heure à partir de l'oblitération, donc une heure, correspondances comprises.
- Et dois-je poinçonner mon billet à chaque fois que je change de moyen de transport?
- Effectivement vous devez poinçonner chaque fois pour donc valider votre présence à bord du véhicule.
- C'est à dire que si je prends le métro et si je prends ensuite une correspondance par un bus ou par un tram je dois poinçonner mon billet une deuxième fois.

- Une deuxième fois ou une troisième fois si vous changez encore, c'est bien exact.
- D'accord, combien de temps durera le trajet de Louise à la grand-Place, à peu près?
- Environ 15 minutes.
- Merci beaucoup, alors donnez-moi un billet s'il vous plaît.
- Je vous en prie c'est cinquante francs.
- Voilà, cinquante.
- Merci, et vous n'oubliez pas de l'oblitérer.
- Oui.
- Voilà comme ceci c'est en ordre.
- Je vous remercie beaucoup, monsieur.
- Je vous en prie.
- Au revoir.

3 (p 131)
- Bonjour madame, je voudrais des renseignements s'il vous plaît.
- Bonjour monsieur. Et qu'est-ce que vous désirez savoir?
- J'aimerais aller au stade du Heysel.
- Pour vous y rendre à partir de la Porte de Hal, voyons ... le plus simple c'est de prendre le métro direction Clémenceau jusqu'à la gare du Midi.
- C'est à combien de stations d'ici?
- C'est la prochaine station en fait.
- Et ensuite qu'est-ce que je fais?
- Vous descendez à la gare du Midi et là vous prenez le tram numéro 81 qui vous amènera directement au Heysel.
- Et combien coûte le billet?
- Le prix d'un billet est de cinquante francs Et je descends où?
- Est-ce que je dois acheter un autre ticket pour le tram?
- Ah non! Le billet vous donne accés à tout le réseau - métro, tram et bus. Et il reste valable pendant une heure, à partir de l'oblitération.
- Bon d'accord et le trajet de la Porte de Hal au Heysel dure combien de temps à peu près?
- C'est assez long. Ça fait environ 40 minutes.
- Merci bien, pouvez-vous me donner un billet aller-retour, s'il vous plaît?
- Il n'y a pas de billets aller-retour sur notre réseau. Vous devez acheter un deuxième billet pour le retour.
- Et de là comment est-ce que je vais à la Gare Centrale?
- Alors pour revenir, vous prenez le tram numéro 81 à partir du Heysel, et vous descendez à de Brouckerre.
- Très bien alors deux billets s'il vous plaît.
- Alors, ça fait cent francs
- Voici cent francs
- Merci, et n'oubliez pas de les oblitérer.
- Merci beaucoup madame
Je vous en prie. Au revoir
- Au revoir, madame.

Profil (p 123)
- Alors quelle est la signification exacte du sigle S, T, I, B?
- Alors le sigle S, T, I, B signifie Société des Transports Intercommunaux de Bruxelles en fait à Bruxelles nous avons un réseau de transports multi-modes, donc bus-tram-métro qui sont complémentaires les uns par rapport aux autres.
- Et le billet que vous payez, le billet que vous achetez est alors aussi bien valable pour le métro que pour les autres correspondances?

- Absolument comme la STIB est vraiment la seule société exploitante, du moins au centre de Bruxelles, parce que nous avons deux autres sociétés qui viennent du nord et du sud du pays, nous avons un billet unique qui est valable à la fois sur le métro, sur le tram et le bus pendant une durée d'une heure, où on peut faire à peu près ce qu'on veut pendant une heure aller et retour éventuellement pour faire un achat en ville.
- Quel est le prix de ce billet?
- Alors si l'on utilise une carte de dix voyages qui est une des offres les plus intéressantes que nous avons, la carte coûte trois cent dix francs belges ce qui revient donc à 31 francs belges le voyage.
- Quel est le nombre d'usagers des transports en commun à Bruxelles?
- Alors nous transportons chaque jour environ 650 mille personnes ce qui au bout d'une année représente 210 millions de voyageurs tous modes, métro-tram et bus confondus.
- Est-ce que cela signifie que les Bruxellois préfèrent les transports en commun ou bien leur voiture personnelle? Quelle est la signification de ce chiffre?
- Alors la signification de ce chiffre de 210 millions par rapport aux années précédentes c'est d'une part que c'est encore en augmentation et ça c'est un bon résultat parce que la voiture aussi est en augmentation donc le transport public se bat honnêtement mais si on se réfère aux statistiques et aux sondages que nous faisons vis-à-vis de la clientèle il n'y a malheureusement encore maintenant que 35% de la population de Bruxelles qui utilisent les transports en commun. Nous sommes extrêmement forts dans des créneaux, dans des cibles comme les étudiants qui vont à l'école où là nous avons jusqu'à 65% à 68% de personnes qui font confiance aux transports en commun car Bruxelles n'est pas une ville où les jeunes se déplacent en vélo ou en moto.
- Est-ce qu'il y a beaucoup de fraude?
- Il n'y a pas vraiment beaucoup de fraude si l'on compare encore une fois à ce qui se passe dans d'autres réseaux de pays avec qui nous avons des contacts, mais même quelques pour cents de fraude c'est encore beaucoup trop, nous avons en chiffres six à sept pour cents de clients qui sont considérés comme fraudeurs, c'est à dire qui sont contrôlés et n'ont pas de titre valable.
- Et que se passe-t-il si on attrape quelqu'un qui n'a pas payé son billet?
- Alors effectivement nous avons une politique estrêmement ferme avec des équipes qui se promènent si l'on peut dire dans tout le réseau, métro et en surface et les amendes vont de 2 500 francs belges lorsqu'on est pris la première fois jusqu'à 13 mille francs belges si on est repris la troisième fois, parce que nous avons introduit une notion de récidive, deuxième fois c'est 6500 Francs belges et si on est pris une troisième fois pendant la même année c'est 13 mille francs belges ce qui est le prix d'un abonnement annuel.

SELF-ASSESSMENT TEST 4
Contrôle audio
6 & 7 (p 135)
- Dans le bus par exemple. Quand vous

montez dans le bus qu'il y a une personne âgée qui est arrêtée et que vous vous avez le siège vous êtes assis, vous êtes tenu
- La personne âgée qui est debout...
- La personne âgée qui est debout et vous la jeune personne vous êtes assise quand vous voyez la personne qui est plus âgée que vous, vous êtes tenue de vous lever et ça on ne force personne, la vieille personne même ne demande même pas à s'asseoir, c'est automatique dès qu'on vous voit rentrer on se lève, on cède la place à la personne âgée et vous, vous vous tenez debout c'est courant, ça c'est automatique en ville, je parle de la ville. Ça c'est typiquement africain et la personne la jeune ne se fatigue pas pour prendre un bus, la personne âgée sait que quand elle va monter dans un bus elle aura de la place donc inutile d'aller prendre le taxi et ça se fait .....

Contrôle parole
8 (p 135)
a) Allô, je vous téléphone de Bristol
b) Bristol Fizzy drinks à l'appareil
c) Fizzydrinks
d) J'aimerais recevoir les renseignements que vous avez promis de nous envoyer
e) Pourriez-vous me donner l'adresse et le numéro de téléphone de la société Belon s'il vous plaît
f) J'ai demandé aux renseignements internationaux mais ils n'ont pas pu m'aider
g) Je vous donne notre numéro de fax en même temps
h) Depuis la France c'est le 19 44 117 92 93 416
i) Je suis désolée de vous déranger
j) Merci de votre aide.

UNITÉ 9: SOCIÉTÉS
A l'écoute
Section 1
2 (p 137)
- Vous êtes née où?
- Je suis née en Algérie d'origine marocaine
- Et vous êtes venue en France à quel âge?
- 24 ans, j'étais quand même assez vieille hein? J'ai fait mes études en Algérie, à l'époque nous avions des instituteurs, des professeurs français hein, d'ailleurs jusquà présent y en a des français qui donnent des cours à l'école, dans des lycées, dans des collèges tout ça.
- Donc vous avez appris le français en Algérie?
- Oui, oui, j'étais à l'école française, c'étaient des écoles françaises autrefois.

3 (p 137)
- Bonjour est-ce que tu peux nous dire comment tu t'appelles?
- Alors, je m'appelle Séhoué Léontine
- Oui et d'où est-ce que tu viens?
- Je suis de la Côte d'Ivoire, donc je suis ivoirienne
- Oui, et quel âge as-tu?
- J'ai 29 ans, j'aurai 29 and dans deux mois
- Alors pour quelles raisons est-ce que tu es venue à Paris?
- Je suis venue à Paris pour des études
- Oui, tu es venue quand?
- Je suis là ça va faire deux ans. Je suis arrivée en mai 92 et ça va faire deux ans bientôt.
- Et alors plus précisément qu'est-ce que tu fais là à Paris, en ce moment?

- En ce moment je fais un DSS à la Sorbonne, un DSS de Français langue étrangère à la Sorbonne.

Section 2
1 (p 137)

- J'habite le même quartier depuis 15 ans, je me plais bien . La chance d'avoir d'habiter dans le quartier c'est parce que je suis tout près de mon lieu de travail je gagne du temps, du repos, ça me permet de déjeuner chez moi le midi...de rentrer
- Vous vous plaisez bien en France?
- Oui, je me plais bien, j'ai pas d'inconvénient moi. Mon seul inconvénient c'est le climat, le climat, ça ne me plais pas beaucoup, point de vue climat, sinon ça va.
- Et dis-moi, est-ce que tu t'y plais alors à Paris? Et pourquoi?
- C'est assez difficile à dire parce que c'est pas tous les aspects de Paris qui me plaisent enfin j'aime bien la ville, j'aime bien le mode de vie parce que c'est ça me rappelle un peu Abidjan mais en, pour ce qui concerne l'aspect humain je devrais dire c'est pas trop ça ça ne me plaît pas du tout parce que je trouve que les Parisiens et les Français en général sont très froids et mes rapports avec eux ne sont pas faciles.

3 (p 138)
- Bonsoir mademoiselle. Vous êtes seule?
- Non, non. Je suis avec mon ami. Il est allé chercher des boissons.
- Vous habitez à Paris?
- Non, je viens de Saint-Barthélémy, une petit île des Antilles, près de la Guadeloupe. Vous connaissez peut-être?
- Non, mais je vais au Cuba bientôt.
- Mais vous êtes de nationalité française, n'est-ce pas?
- Oui, comme tous les habitants des DOM-TOM. Mais ma famille est d'origine indienne.
- Est-ce que votre famille habite aux Antilles?
- Ah oui!....... et ils ont de la chance, il fait très beau en ce moment. J'ai parlé à ma mère hier soir et il fait 32 degrés.
- Depuis combien de temps êtes-vous à Paris?
- Depuis six mois. J'étais assistante dans une école jusqu'à présent mais à partir du mois prochain, j'irai dans deux écoles différentes.
- Vous avez fait toutes vos études à la Guadeloupe?
- Non, j'ai fait mes études secondaires là-bas et puis je suis venue à Paris pour faire une licence d'anglais.
- Votre vie doit être très différente maintenant!
- Ah oui, ça oui.
- Ça vous plaît ici?
- Oui, ça me plaît. Les gens sont très sympas. J'aimerais bien y rester plus longtemps, en fait.
- Mais je suis sure que le climat ne vous plaît pas trop!
- Le soleil des Antilles me manque, bien sûr, mais je retournerai en Guadeloupe pour Noël. Ça me permettra de faire des réserves de soleil! Ah, voici Pierre-Yves. Pierre-Yves, viens que je te présente madame....

Section 3
1 (p 138)
- Est-ce que vous pouvez nous parler du quartier où vous habitez, est-ce que vous l'avez choisi et quel est ce quartier?
- Ici c'est le XVIIIe arrondissement de Paris,

c'est un quartier agréable ici si vous voulez ce quartier même s'appelle le quartier de la Goutte d'Or
- Oui
- Voilà. Barbès si vous voulez, entre parenthèses. Je l'ai vraiment pas choisi parce qu'il y avait auparavant des membres de ma famille qui étaient là et quand je suis arrivée j'étais bien accompagnée.
- Et c'est un quartier qui vous plaît? Vous vous sentez à l'aise dans ce quartier?
- Oui, oui je me sens à l'aise. Point de vue commerçants on est bien servi, à toutes heures y a des marchands qui restent ouverts très tard, des boulangeries, des pâtissiers, des commerçants de toutes origines et puis on a tout sous la main, le médecin, le pharmacien, le ..., on est très bien servi.

Section 4
1 (p 140)
- Et est-ce que tu vois d'autres différences entre le mode de vie, les mentalités française, parisienne et ivoirienne.
- Oui il y en a énormément.
- Est-ce que tu peux nous donner peut être quelques exemples supplémentaires?
- Oui, au niveau du comportement par exemple des individus, je veux dire les rapports affectifs dans un couple je veux dire, c'est des choses qui chez moi ne s'exposent pas en public on ne verrait pas deux ivoiriens s'embrasser dans la rue comme ça se fait ici en France.
- Ah bon!
- Comme ça se fait à Paris, non c'est vraiment quelque chose de très de très secret je dirais parce que le sexe il a toujours conservé son aspect tabou. Chez moi enfin dans ma société, l'éducation qu'on a reçue nous empêche de parler de sexe et d'exposer tout ce qui touche au sexe en public.

Section 5
1 (p 140)
- Donc est-ce que votre pays natal, donc c'est l'Algérie est-ce que ça vous manque?
- Ça me manque énormément, la nostalgie, les coutumes, bon les coutumes on les a gardées mais par exemple la fêtes, par exemple les cérémonies les mariages, les circoncisions musulmanes.
- Est-ce que vous vous sentez bien intégrée en France? Est-ce que votre arrivée en France a été difficile, est-ce que vous avez trouvé un décalage entre le ..
- Non, non, je n'ai pas trouvé de décalage pour la raison que j'y avait mes ..., mes sœurs et frères alors je me sens retrouvée avec la même ambiance que comme j'étais avec mes parents dans mon pays natal, pas d'origine, parce que j'ai vécu dans mon pays natal.
- C'est-à-dire?
- Mon pays d'origine c'est le Maroc
- Oui,
- Mes parents sont marocains d'origine
- Père et mère mais mon pays natal c'est l'Algérie,
- Voilà c'est ce qui me manque de mon pays, de la Côte d'Ivoire en tant qu'Ivoirienne parce que là-bas on a des rapports assez particuliers, c'est beaucoup plus éclaté, beaucoup plus chaleureux on rencontre énormément de gens mais ici j'ai l'impression de vivre en vase clos, d'être coupée de tout le

monde même j'ai des parents ici, j'ai des oncles ici, j'ai des tantes ici, j'ai mes frères ici mais on se fréquente à peine on a intégré le mode de vie à la française si bien que chacun reste chez lui, quoi. On se voit peut-être une fois par mois, on s'appelle peut-être au téléphone mais c'est vraiment pas ça.

Section 6
1 (p 141)
- Dans le quartier on trouve de toutes les nationalités de toutes les origines, maghrébins, par exemple, Marocains, Tunisiens, Algériens, Afrique Noire le Congo, le Zaïre, le Sénégal, les Français également, les Espagnols, les Yougoslaves, les Portugais y en a de tout, de tout, de tout dans ce quartier et d'ailleurs on trouve même de leur nourriture dans ce quartier il font, la France fait venir du monde entier, produits alimentaires, produits comment dirais-je de toutes les origines
- Donc des spécialités des différents pays
- Des différents pays voilà.
- Et tous ces gens donc de toutes ces nationalités ça se passe bien les relations?
- Ça se passe bien les relations. Bien pour un commerçant il faudrait qu'il soit gentil quand même pour recevoir sa clientèle de toutes origines si on a une idée disons une mauvaise idée il faut la garder dans sa tête à soi-même, il faut pas quand même ...
- Donc on a parlé des inconvénients on peut y revenir, est-ce que par exemple toi qui es une Ivoirienne tu as rencontré des comportements racistes ici en France?
- Oui, ça m'a marquée la première fois que je suis arrivée ici en France si tu veux un exemple l'année dernière quand je cherchais un logement je suis allée au Crous on m'a donné donc une adresse , le service qui s'occupe de loger les étudiants étrangers, on m'a donné une adresse, je suis allée contacter la personne et tout, le monsieur m'a reçu bon enfin je ne sais pas peut-être que mon accent au téléphone ne lui a pas mis la puce à l'oreille mais il m'a dit 'bon écoutez l'appartement est libre vous pouvez passer voir et si ça vous intéresse on signe le bail tout de suite'. Je suis allée, j'ai vu la maison et tout ça m'intéressait, j'ai dit bon qu'est-ce qu'on fait j'avais mon chèque qui était prêt pour la caution il dit 'mais non il faut, excusez-moi mais je vais vous rappeler dans deux jours parce qu'il y a deux ou trois personnes qui m'ont déjà contacté et je ne peux pas décider comme ça à la hâte' évidemment il ne m'a jamais rappelé er j'ai compris après que c'était parce que j'étais noire, bon, ça ne m'a pas, ça m'a fait mal mais ...

4 (p 141)
- Il fait très beau aujourd'hui.
- Oui, très, très beau. Mais pas très chaud. En plus j'aime beaucoup la mer. Ça me rappelle ma jeunesse.
- Ça fait longtemps que vous habitez en France?
- Oh..depuis, euh, vingt ans. Oui, c'est ça, j'ai quitté le Maroc quand j'avais 10 ans.
- Alors vous êtes venue avec vos parents? Parliez-vous français à l'époque?
- J'ai commencé à apprendre le français à l'école et j'ai appris très vite quand je suis venue vivre en France. Vous connaissez le Maroc?

- Je suis allée à Fez et à Marrakech il y a quelques années?
- Et ça vous a plu?
- Ah oui, c'était formidable
- Et vous, vous vous plaisez ici?
- Oui. Je me plais beaucoup maintenant. Le plus difficile au début, c'était de s'habituer au climat. Pour nous qui avions l'habitude de mois entiers sans pluie, vous pensez bien que c'était un choc!
- Est-ce que le climat du Maroc vous manque toujours?
- Oui, mais je me suis habituée au climat d'ici. Maintenant, je trouve qu'il fait trop chaud quand je retourne au Maroc.
- Vous y retournez souvent?
- Oh, une fois tous les deux ans, en général. Mes grands-parents habitent toujours au Maroc et c'est vrai qu'ils me manquent.
- Evidemment.
- Mais on se plaît bien ici. La ville est agréable. On trouve tout ce qu'il faut, la nourriture ... les épices africaines. Si seulement il pouvait faire un peu plus chaud pendant l'été!
- Glaces, coca cola, vanille, chocolat pistache, framboise, fraise!
- Voulez-vous une glace, madame?
- Oh, avec plaisir. même quand il ne fait pas chaud j'adore ça.
- Vanille, chocolat…
- Framboise s'il vous plaît.

2 & 3 (p 146)
- Ce qui m'a frappée, je trouve que c'est merveilleux que l'Afrique ait donné, ait fait ça pour glorifier Dieu alors que nous en Europe on n'est même plus capable de faire ça.
- Comme ma femme vient de le dire c'est assez exceptionnel de voir ce qui a pu être fait pour la dimension spirituelle. Il y a un exactement je voyais la Grande Mosquée de Casablanca. Je trouve que les deux plus récentes et plus belles constructions de l'homme, comme par hasard, c'est en Afrique, est-ce que c'est vraiment un hasard?
- Je crois que le guide l'a bien dit, c'est un cadeau et un cadeau n'a pas de prix mais peut-être moi je le vois différemment hein et ce luxe à côté de ces enfants, de ces personnes qui n'ont peut-être pas tout à fait tout ce qu'il faut pour vivre à mon avis hein, c'est mon avis de française là, c'est peut-être quelque chose de choquant.

4 & 5 (p 147)
- Ah! je trouve ça extraordinaire. Je suis tellement impressionnée. C'est grandiose, magnifique. J'ai rarement vu une basilique aussi belle. Bravo!
- Moi je suis plutôt en faveur de ce genre de construction. Ça donne une grande fierté aux habitants d'un pays, un sentiment d'unité, d'identité. C'est comme Notre-Dame de Paris pour les Français, hein!
- Je comprends pourquoi un pays comme la Côte-d'Ivoire veut avoir une magnifique basilique. Mais, d'un autre côté, c'est tout de même choquant quand d'autres besoins plus urgents dans le pays ne sont pas satisfaits.
- C'est de l'argent gaspillé! Je suis tout à fait contre. Un nouvel hôpital, oui, d'accord; une basilique grandiose, alors là, non, je ne suis pas d'accord!
- C'est de la mégalomanie!

6 (p 147)

- Et toi, dis-nous ce que tu en penses. Tu es pour ou contre ce théâtre?
- D'un côté ça me paraît être une bonne idée -, Mais il y a d'autres priorités aussi.
- Eh oui, il y a d'autres besoins dans la ville. Notre terrain de rugby tombe en ruine: tu as vu les vestiaires et les douches c'est tout de même plus important qu'un théâtre. Notre maire est tombé sur la tête!
- Oui, mais c'est un peu choquant pas de théâtre dans une ville comme la vôtre.
- Tu trouves que c'est choquant! Tu es d'accord avec notre maire!
- Eh bien j'accepte son point de vue.
- Le rugby est très important pour la réputation de cette ville.
- Mais il y a des gens qui aiment autre chose aussi.
- Oh, vous êtes marrants, vous les Bretons, vous n'aimez pas le rugby en Bretagne, j'en suis sûr!
- Pas beaucoup, c'est vrai mais, ça ce n'est pas la raison.
- Ta ville peut avoir un nouveau théâtre et aussi un nouveau terrain de rugby.
- Enfin j'espère qu'on résoudra le problème rapidement. Si on est obligé d'avoir le théâtre avec un peu de chance il y aura assez d'argent pour refaire aussi le terrain de rugby.
- Alors un autre petit pastis!
- Alors là je suis d'accord!
- Gaston, deux petits Ricard, s'il vous plaît!

Profil (p 145)
- Vichy est une ville qui représente une certaine période de l'histoire de France est-ce que vous pourriez m'en parler?
- Bien sûr c'est une histoire très difficile et qui encore aujourd'hui n'est pas encore complètement digérée . Vichy a été la capitale de la France pendant la Seconde Guerre Mondiale de 1940 à 1944 alors on peut se demander pourquoi Vichy. Une première raison c'est que après la déclaration de guerre en septembre 1939 et surtout l'invasion allemande en mai-juin 1940 la France a été coupée en deux, une zone nord, englobant Paris qui était sous administration allemande et une zone sud qui était libre. Donc le gouvernement ne pouvait plus rester à Paris et a cherché dans la zone libre, une ville pour se replier. Alors le gouvernement a voyagé un petit peu et puis finalement on s'est retrouvé à Vichy parce que Vichy se trouvait en plein cœur de la France d'une part, en zone libre, mais d'autre part il y avait des hôtels à Vichy puisque Vichy c'est une grande ville thermale depuis le XVIe siècle, il y avait près de 30 000 chambres à peu près possibles ça fait que le gouvernement a réquisitionné les hôtels de Vichy, ils se sont installés dans les hôtels réquisitionnés alors on voyait par exemple pour vous donner un exemple le ... un chef de cabinet par exemple installé dans une chambre d'hôtel et sa secrétaire installée dans la salle de bains on a même vu des photos de la secrétaire carrément dans la baignoire avec une petite planche en travers de la baignoire pour taper à la machine. Les habitants de Vichy n'aiment pas du tout qu'on leur rappelle ce passé douloureux et ils essaient tous de l'oublier. 'L'Etat Français installé à Vichy' égal pour les Français 'collaboration' donc pas de plaque pour le moment, d'autant

plus que pour les Vichyssois ne veulent pas être assimilés à des collaborateurs, ils refusent toutes assimilations entre Vichy et ne nazisme et la collaboration avec l'Allemagne. Même en France encore aujourd'hui cette période est une période très douloureuse et on commence seulement à fermer les vieilles blessures parce que en fait il y a eu en France une espèce de guerre civile entre les résistants et les collaborateurs.

UNITÉ 10: LOISIRS
A l'écoute
1 (p 150)
- Comment aimez-vous passer vos weekends?
- Est-ce que vous pratiquez des sports?
- Comment aimez-vous vous détendre?
- J'aime jouer au tennis
- J'adore faire du vélo
- J'aime aller au théâtre de temps en temps.
- Je fais du piano.
- Je fais du canoë-kayak
- Je fais du yoga
- Je joue au rugby!
- Mon ami Georges joue de la trompette!
- Vous jouez souvent au tennis? J'y joue deux fois par semaine
- Vous jouez souvent du saxophone? J'en joue le plus souvent possible.

3, 4, 5 (p 151)
- Comment passez-vous vos week-ends?
- Alors comme je suis une mère de famille qui travaille je prends un bon, une bonne matinée je dirais pour faire le ménage, pour essayer de laver le plus possible de linge, m'occuper des tâches ménagères en fait on essaie de faire beaucoup de choses avec les enfants sortir, faire du vélo, aller visiter quelque chose ou simplement faire un jeu mais faire quelque chose avec les enfants, on essaie de voir un peu plus de temps une fois dans la semaine aussi pour lire voir des amis, ou sortir ou recevoir des amis et puis en général on n'y arrive pas.
- Et est-ce qu'il y a une grande différence entre vos loisirs en été et vos loisirs en hiver?
- Les loisirs d'été ça inclut aussi des après midi dans le jardin à s'occuper du jardin ou à profiter un peu, à être allongée dans une chaise longue pour lire par exemple alors que l'hiver c'est plutôt la lecture au coin du feu et puis ça veut en fait beaucoup plus d'activités à l'extérieur.

2 (p 152) & 4 (p 153)
- Qu'est ce qu'il y a comme activités sur le lac? Qu'est-ce qu'on peut faire?
- Sur le lac on peut pratiquer différentes activités nautiques à partir de 7 ans 8 ans selon les compétences, c'est-à-dire la première compétence requise c'est de savoir nager. Evidemment. Donc on peut pratiquer de l'Optimist, c'est un petit voilier prévu poiur des enfants jeunes et qui veulent s'initier à la voile on peut pratiquer ensuite des dériveurs un peu plus grand et puis aussi la planche à voile.
- Donc la voile, la planche à voile, c'est tout?
- On peut aussi pratiquer le canoë, le kayac mais c'est moins intéressant sur un plan d'eau intérieur que sur une rivière, mais on peut effectivement pratiquer ces activités aussi.
- Et il y a la plage aussi
- Il y a la plage bien sûr.
- Donc on peut se baigner

- On peut se baigner quand il fait un petit peu plus chaud.
- L'eau est froide
- L'eau est froide oui.
- On peut faire du ski-nautique, de la plongée sous-marine?
- La plongée sous marine n'est pas recommandée dans ce lac parce que les fonds sont très vaseux, mais par contre on peut pratiquer le ski nautique.
- Et vous en faites, du ski-nautique?
- Non, je ne pratique pas le ski-nautique. Je suis trop vieille pour ça.

9 (p 154)
- Bonjour madame
- Bonjour
- Pouvez-vous me dire quelles activités on peut pratiquer sur le lac?- Alors, sur le lac, on peut pratiquer toutes sortes d'activités nautiques. Est-ce que vous avez vu notre petit dépliant?
- Non, je ne crois pas
- Bon, alors en voici un. Vous allez voir qu'il contient un résumé de toutes nos différentes activités .
- Merci, très joli! On a deux enfants de 8 et 11 ans
- Aucun problème. Nous avons prévu plein d'activités pour les jeunes, selon leurs compétences. Est-ce qu'ils savent nager, madame?
- Oui, ils savent nager tous les deux.
- Bon, eh bien, dans ce cas-là ils peuvent faire de la voile. Nous avons un petit voilier, l'Optimist, qui est prévu pour les jeunes qui veulent s'initier à la voile.
- Est-ce que la voile est la seule activité pour les enfants?
- Ou bien est-ce qu'ils peuvent faire de la planche à voile?
- Alors, la planche à voile, c'est réservé pour les plus de 14 ans. Malheureusement les vôtres sont trop petits.
- C'est dommage!
- Mais il y a aussi la plage, qui est très appréciée
Est-ce qu'on peut se baigner?
- Ah oui, bien sûr. La baignade est surveillée, l'eau reste assez froide, même en été, c'est vrai, mais quand il fait chaud ça ne fait pas peur aux jeunes!
- C'est vrai et est-ce qu'il y a d'autres activités?
- D'autres activités à part les activités nautiques, vous voulez dire? Oui, nous avons prévu sur place des activités comme le ping-pong, le tir à l'arc, la pétanque, le tennis, et le soir, il y a aussi une discothèque.
- Et toutes ces activités sont gratuites?
- Alors, certaines des activités sont gratuites, comme le ping-pong ou la pétanque, par exemple. Mais pour les activités nautiques, il faut payer 25 francs par demi-journée et par personne.
Et quelles activités nautiques y a-t-il pour mon mari et moi?
- Alors, pour les adultes, nous avons la planche à voile, le canoë-kayak...
- On peut faire du ski-nautique?
- Ah oui, le ski nautique est très populaire.
- Et la plongée sous-marine?
- Ah non, la plongée n'est pas recommandée.
- Et pourquoi pas?
- Parce que les fonds du lac sont très vaseux. On n'y voit rien.

- Merci beaucoup de ces renseignements, madame
- De rien. J'espère que votre séjour à Langres sera bien agréable. Au revoir, madame.

2, 3, 4 (p 155)
- Depuis que je travaille je n'ai pas encore pris de congés annuels ça fait quatre ans que je travaille et c'est pas parce qu'on refuse de me donner des congés non mais ...
- Vous avez droit à des congés?
- Pourquoi pas? Tout le monde a droit à des congés c'est un droit absolu mais jusque là je n'ai pas encore senti ..
- Combien de jours, combien de semaines par an?
- Qu'on nous donne?
- Oui
- Mais si vous avez un problème de santé, ou que vous sentez la ... vous demandez dix jours on peut vous donner ou quinze jours et puis après vous pouvez prendre, même dire que vous allez en congés un, mois ou deux mois ça n'existe pas enfin ça existe mais nous ne sentons pas la nécessité ou alors le besoin de prendre un mois ou deux mois de vacances, non, par contre quand nous avons besoin d'une semaine de repos parce qu'on se sent fatigué on peut l'obtenir ça y a pas de problème.
- Donc vous n'allez jamais en vacances?
- Là je vais y aller j'aurai dix jours de vacances.
- Et vous irez où?
- J'irai au festival panafricain du cinéma à Wagadougou. Ça me fait des vacances je ne vais pas dans le cadre du travail mais si j'ai l'occasion de travailler, je travaillerai.

6 (p 155)
- Combien de semaines de congé est-ce que vous avez par an?
- Je n'ai pas pris de vacances depuis que j'ai commencé à travailler.
- Ah non? Et ça fait combien d'années que vous travaillez?
- Ça fait quatre ans que je travaille.
- Et on refuse de vous donner des congés?
- Non c'est pas ça mais ...
- Vous avez donc droit à des congés quand même?
- Oui, bien sûr tout le monde a droit à des vacances.
- Alors, pourquoi n'avez-vous pas pris de congés jusque-là?
- Jusqu'à maintenant je n'ai pas voulu prendre un mois de vacances!
- Même par exemple, si vous avez des problèmes de santé?
- Bien sûr mais ce n'est pas la même chose.
- Mais quand je suis malade ou que je me sens fatigué, je reste à la maison!
- Mais en fait, vous n'avez jamais pris de vacances?
- Non, mais cette année je prends deux semaines de vacances.
- Ah oui. Où est-ce que vous allez?
- Je vais au festival du cinéma panafricain à Abidjan.
- Et j'y vais pour me reposer un peu.
- Alors bonnes vacances.
- Merci

Echange
1 (p 162)
- Bonjour!
- Bonjour
- J'ai téléphoné hier pour louer deux

motoneiges pour une demi journée, je suis Louise Hélène Riopel
- Ah oui madame. Est-ce que vous aviez demandé à être accompagnée d'un guide?
- Oui, et nous voulons aussi louer les vêtements.
- Parfait aujourd'hui, je serai votre guide. Je vais commencer par vous demander votre carte de crédit et votre permis de conduire.
- Bien sûr, voilà.
- Merci
- La caution s'élève à combien?
- A 500 dollars, madame. Les assurances sont comprises dans votre location et couvrent les dommages à la motoneige en cas d'accident. Et voilà, votre signature s'il vous plaît.
- Merci

2 (p 162)
- Bonjour, monsieur
- Bonjour madame.
- Je m'appelle Louise Riopel
- Et j'ai téléphoné hier pour louer une motoneige.
- Oui madame. C'est pour combien de temps?
- C'est pour une demi-journée
- Et j'aimerais aussi prendre un guide. D'accord, aucun problème. Est-ce que vous avez besoin de vêtements?
- Oui, il fait très froid j'aimerais louer des vêtements
- Alors pour aujourd'hui, je serai votre guide. Je vais commencer par vous demander votre permis de conduire et votre carte de crédit, s'il vous plaît.
- Oui, bien sûr, mais pourquoi avez-vous besoin de mon permis de conduire?
- C'est la loi. Vous n'avez pas le droit de conduire une motoneige si vous n'avez pas votre permis de conduire.
- Ah bon je vois, et est-ce que l'assurance est comprise dans le prix?
- Oui madame, toutes les assurances sont comprises dans votre montant de location, mais il y a aussi une caution à payer.
- Une caution? Combien?
- Elle s'élève à 500 dollars, madame. Voilà, votre signature s'il vous plaît et nous pouvons partir.

2 & 3 (p 163)
- Allô.
- Allô. C'est bien le garage Dupont?
- Oui, c'est ça. Albert Dupont à l'appareil.
- Ah, bonjour, Monsieur. J'ai un problème. Notre voiture est tombée en panne. Vous pouvez faire venir quelqu'un pour nous dépanner?
- Bien sûr, on fera ce qu'on pourra. Donnez-moi d'abord quelques précisions. Où êtes-vous en ce moment?
- Nous sommes sur la N7, pas trop loin de Nevers, à une dizaine de kilomètres, peut-être... j'ai oublié le nom du village...
(*Excusez-moi, madame mais nous sommes où exactement?*
- *Nous sommes où, mais nous sommes à deux kilomètres de Magny-Cours*) Bon d'accord, tout près de Magny Cours.
- D'accord, pas de problème. Je connais Magny. Et quel est le problème?
- Et justement, je ne sais pas. Le moteur a commencé à caler et puis il s'est arrêté complètement.
- Et vous avez essayé de redémarrer?

- Bien sûr, mais pas de succès.
- C'est peut-être un problème de batterie?
- Non, la batterie est en bon état. D'ailleurs, elle est toute neuve.
- Et vous n'êtes pas en panne d'essence?
- Non. Nous avons fait le plein il y a moins de cent kilomètres.
- Il reste de l'eau dans le radiateur?
- Ça, je n'ai pas vérifié. Mais je n'ai pas l'impression que le moteur ait chauffé.
- Bon, alors, je crois que je vais venir en personne pour essayer de vous dépanner. Vous avez quelle voiture?
- C'est une Ford, une Mondeo.
- Ah, c'est dommage. S'il vous faut des pièces de rechange, j'en ai très peu pour les Ford. J'ai tout ce qu'il faut pour les voitures françaises mais pas pour les voitures étrangères.
- Alors, qu'est-ce qu'on va faire si vous n'arrivez pas à nous dépanner sur place?
- Ecoutez, je vais venir avec la dépanneuse, au cas où...
- D'accord. Vous arrivez tout de suite?
- Ah oui. Je suis là dans un quart d'heure. Où est-ce que vous vous trouvez exactement?
- Sur la N7, à environ deux kilomètre de Magny-Cours, en direction de Nevers. C'est une voiture rouge. Vous ne pouvez pas nous rater.
- D'accord. J'arrive.
- Merci bien. A tout à l'heure.

4 (p 163)
- Allô!
- Allô c'est le garage Dupont?
- Oui, c'est bien le garage Dupont. Robert Dupont à l'appareil.
- Bien, j'ai un problème, ma voiture est tombée en panne.
- D'où est-ce que vous téléphonez?
- Je ne connais pas le nom du village
- Mais je suis sur la nationale sept à environ 12 kilomètres de Nevers.
- Vous êtes au nord ou au sud de Nevers?
- Je suis au sud de Nevers, je suis passé à Moulin il y a une demi-heure.
- D'accord. Vous êtes peut-être à Magny-Cours. Quel est votre problème?
- Je ne sais pas, le moteur ne veut pas démarrer.
- Est-ce que la batterie est à plat?
- Non, ce n'est pas ça, la batteries est presque neuve.
- Et vous n'êtes pas en panne d'essence?
- Non, j'ai fait le plein à Moulin. Bon, alors je crois que je dois venir avec la dépanneuse pour vous dépanner. Qu'est-ce que vous avez comme voiture?
- C'est une Honda
- Ah, c'est dommage!
- Ah oui, mais pourquoi?
- Parce que c'est plus difficile d'obtenir des pièces pour les voitures étrangères.
- Et si vous ne pouvez pas réparer la voiture sur place
- Je vais venir avec la dépanneuse. Mais espérons qu'elle ne sera pas nécessaire. C'est peut-être quelque chose de très simple.
- Vous venez tout de suite?
- Oui, j'arrive tout de suite. Comment est-ce que je vais vous reconnaître?
- C'est une Honda rouge numéro d'immatriculation 677 EUL.
- D'accord, alors j'arrive dans un petit quart d'heure si vous voulez bien attendre avec

votre véhicule.
- Pas de problème monsieur à tout à l'heure.

Profil (p 163)
- Je suis musulmane, pratiquante, croyante également
- Donc vous faites le Ramadan.
- Je fais le Ramadan
- Est-ce que vous pourriez nous expliquer ce que c'est que le Ramadan, à quelle période ça se passe?
- Le Ramadan, je vous donne un exemple cette année par exemple nous avons commencé le 31 janvier et ça c'est terminé le premier, on a déjeuné le matin du premier mars.
- Et pourquoi cette période là, à quoi c'est dû le changement de date?
- Ça décale d'année en année de onze jours alors comme par exemple cette année nous avons fait le 31 janvier, l'année prochaine il se peut vers le 20 janvier
- D'accord.
- Ça avance de onze jours chaque année et il dure 29 jours ou 30 jours. Nous ne mangeons pas et nous ne buvons pas du lever du soleil jusqu'au coucher du soleil. Voilà.
- Et pourquoi est-ce qu'il y a onze jours d'écart?
- Ça été d'après la lune, les savants autrefois, c'était d'après la lune ça je ne sais pas j'ai pas encore relu.
- Et donc à la fin du Ramadan qu'est-ce qui se passe?
- Nous célébrons une très grande fête religieuse c'est une fête sacrée religieuse, d'ailleurs si vous avez un ennemi à qui vous n'avez pas parlé pendant des mois ce jour-là vous faites la paix vous vous embrassez sur les joues et vous dites bonnes fêtes, vous présentez tous vœux de fêtes, les enfants sont bien habillés, on leur a mis du neuf qu'on avait acheté quelques jours avant la fin du Ramadan , nous les habillons, ils reçoivent des vœux des voisins, de la famille, ils sont bien contents ce jour-là et voilà, nous recevons de la famille également.
- Donc c'est une grande fête?
- C'est une grande fête. Et déjà vers la dernière semaine du Ramadan nous préparons des petis gâteaux aux amendes que nous servons le jour de la fête.
- Donc en fait la fête, c'est un grand repas.
- C'est un grand repas familial, voilà, de paix, de tranquillité.
- Donc pendant le Ramadan, vous ne buvez pas de la journée, vous ne mangez pas non plus?
- Nous ne buvons pas nous ne mangeons pas du lever du soleil, jusqu'au coucher du soleil
- Même si vous avez soif?
- Même si on a soif , même si on fait des travaux pénibles, même si on voyage, sauf si quelqu'un est vraiment malade c'est des jours récupérables. Quand il sera en forme,quand la personne sera en forme, sera remise après le Ramadan, elle peut récupérer ses journées, les femmes enceinte si vraiment elles se sentent fatiguées elles sont autorisées à manger également mais qu'elles récupèrent de nouveau ces jours de ...
- quand elles auront accouché
- Voilà.
- Et les enfants est-ce qu'ils doivent aussi suivre le Ramadan?
- Non, les enfants en général, à partir de

sept, huit ans ils peuvent faire un jour deux jours, à partir de dix ans deux trois jours, à partir de douze ans une dizaine de jours, à partir de 13, 14 ans une quinzaine de jours et à partir de quinze ans, il faudrait que le mois entier. A partir de 15, 16 ans le mois entier. Ça a été dans notre famille comme ça. Et d'ailleurs chez tout le monde, chez les musulmans entiers en général.
- Je vous remercie beaucoup.
- Je vous en prie, madame.

SELF-ASSESSMENT TEST 5
8 (p 167)
- Comment est-ce que j'ai passé le week-end dernier?
- Alors je suis allée voir deux expositions.
- Sur quoi?
- Alors je suis allée voir une peintre russe, je suis allée voir une exposition d'estampes japonaises , je suis allée au ... est-ce que je suis allée au cinéma? Oui, je crois que je suis allée au cinéma et puis je suis allée me promener au bord du lac pendant deux heures.

9 (p 167)
- Vous avez un grand jardin?
- J'ai un assez grand jardin oui. J'ai un petit jardin potager et un grand jardin d'agrément.
- Qu'est-ce qu'il y a dans le jardin potager, qu'est-ce que vous faites pousser?
- Je fais pousser des tomates, je fais pousser des poireaux, des pommes de terre, des haricots verts et puis surtout ma grande passion c'est quand même les fleurs, les arbres, les arbres fruitiers,...
- les pommiers?
- Les pommiers, les cerisiers, les poiriers, les pruniers et puis sinon des arbres d'ornement, des arbres à fleurs
- Et vos enfants vous aident au jardin?
- Un petit peu, mais surtout le jardin sert de lieu de détente et de lieu de loisirs pour elle aussi puisque on peut y trouver la balançoire, les anneaux, la cabane avec tout ce qui faut à l'intérieur pour jouer à la poupée, et pour s'amuser et rêver.
a) Hallo! C'est bien le camping des Granges?
b) J'aimerais recevoir des renseignements sur votre camping
c) Vous avez une piscine sur place?
d) Vous êtes à quelle distance de la rivière?
e) Il est possible de nager dans la Dordogne?
f) Est-ce que les enfants peuvent apprendre à faire du canoë-kayak?
g) Est-ce que nous pouvons louer des vélos pendant notre séjour?
h) Pourriez-vous m'envoyer une brochure s'il vous plaît?
i) Mon adresse, c'est le 14 (quatorze) Brookside Gardens, Wilton
j) Ça s'écrit:
B.R.O.O.K.S.I.D.E.G.A.R.D.E.N.S.W.I.L.T.O.N.
Au revoir

Abbreviations used:
m - masculine
f - feminine
pl - plural

A

à   *to; at; with*
s' abaisser   *to decline, to be lowered*
abolir   *to abolish*
l' abonnement (*m*)   *subscription, season ticket*, la carte d'abonnement *(concessionary) bus pass*
d' abord   *first (adverb)*
aborder   *to approach; to start on*
l' aboutissement (*m*)   *outcome*
aboyer   *to bark*
l' abri   *shelter*
Acadie   *Acadia (former region of Canada)*, acadien/enne *of/from Acadia*
accéder   *to attain*
l' accès (*m*)   *access*
accomplir   *to accomplish*
l' accord (*m*)   *agreement*; d'accord *agreed!, all right!*
accorder   *to accord, to grant*
accoucher   *to give birth*
l' accroissement   *rise, growth*
l' accueil (*m*)   *welcome, reception*, l'hôtesse d'accueil *receptionist*
accueillir   *to welcome*
l' achat (*m*)   *purchase*; le pouvoir d'achat *purchasing-power*
acheter   *to buy*
l' acte (*m*)   *deed (legal document)*
l' activité (*f*)   *activity, function*, economic activity
actuel(le)   *present, current*; actuellement *at present; nowadays*
l' addition (*f*)   *bill*
l' adjoint (*m*)   *assistant, deputy*
l' ado   *adolescent (slang)*
l' adolescent/ente (*m/f*)   *teenager*
s' adonner à   *to devote oneself to*
s' adresser à   *to enquire at/from*
aérien(ienne)   *air; aerial*, les transports aériens *air transport*
l' aéroglisseur (*m*)   *hovercraft*
les affaires   *business*
affectif(ve)   *emotional*
affectueux(euse)   *affectionate*
affreux(euse)   *dreadful, awful*
s' affronter   *to clash*
afin de   *in order to*
âgé(e)   *aged, elderly*
l' agence (*f*)   *agency, bureau*
s' agir de   *to be a matter of*
agiter   *to shake; to disturb*, agité(e) *restless; disturbed*
l' agneau (*m*)   *lamb*
agréable   *pleasant*
agréer   *to accept*
l' aide (*f*)   *help*, à l'aide de *with the help of*
aider   *to help*
l' aiguilleur   *(railway) pointsman*
l' ail (*m*)   *garlic*
ailleurs   *elsewhere*; d'ailleurs *moreover*; par ailleurs *moreover*
aîné(e)   *eldest (child of family)*
ainsi   *thus, so*, ainsi que/qu' *just like, as well as*
l' air (*m*)   *air; look*
ajouter   *to add*
l' alcool (*m*)   *alcohol*

alcoolisé(e)   *alcoholic (drink)*
alémanique   *German-speaking*
l' alerte (*m*)   *warning, alert*
alimentaire   *alimentary; food-related*
l' alimentation (*f*)   *food*
l' alizé (*m*)   *trade wind*
l' Allemagne (*f*)   *Germany*
allemand(e)   *German*
aller   *to go; to be going to*; aller de soi *to go without saying*
l' alliance (*f*)   *alliance; wedding-ring*
allongé(e)   *stretched out*
l' allure(*f*)   *speed*
alors   *then; well then, now then*; alors que   *when, while*
alsacien(ne)   *Alsatian*
l' amant (*m*)   *lover*
l' ambiance   *atmosphere*
l' amélioration (*f*)   *improvement*
améliorer   *to improve*
aménagé(e)   *laid out*
l' amende (*f*)   *fine, penalty*
amener   *to bring, to lead*
l' ami/amie (*m/f*)   *friend*
amical(e)   *friendly*, amicalement *with best wishes*
l' amitié   *friendship*, amitiés! *best wishes!*
l' amnistie (*f*)   *amnesty*
l' amour (*m*)   *love*
l' amoureux(se) (*m/f*)   *lover*
amuser   *to amuse*, s'amuser *to enjoy oneself*
l' an (*m*)   *year*
l' analyse (*m*)   *analysis*
ancien(ne)   *ancient, old; former*
ancrer   *to anchor*
anglais(e)   *English*
anglophone   *English-speaking*
animé(e)   *busy, animated*
l' année (*f*)   *year*
l' anniversaire   *birthday; anniversary*, l'anniversaire de mariage *wedding anniversary*
l' annonce   *announcement, newspaper advertisement*, les petites annonces *classified advertisements*
l' annuaire (*m*)   *directory*
annuel(le)   *yearly, annual*
annuler   *to cancel*
anti-démarrage   *anti-start, immobilization*
les Antilles (*f*)   *West Indies; Antilles*
anti-vol   *anti-theft*
AOF   *Afrique-Occidentale Française (French West Africa)*
apparaître   *to appear*
l' appareil (*m*)   *machine; telephone*
l' appel (*m*)   *call, telephone call; appeal*
appeler   *to call; to appeal to; to telephone*; s'appeler *to be called*
appliquer   *to apply*, s'appliquer *to apply oneself; to be applied*
apporter   *to bring*
apprendre   *to learn*
l' apprentissage   *learning; apprenticeship*
s' appuyer sur   *to lean on*
après   *after*; d'après *according to*
arabophone   *Arabic-speaking*
l' arachide (*f*)   *groundnut, peanut*
arboré(e)   *with trees, wooded*
l' archipel (*m*)   *archipelago*
l' argent (*m*)   *money; silver*; les noces d'argent *silver wedding*
l' argot (*m*)   *slang*

l' arme (*f*)   *weapon, arm*
l' armoire (*f*)   *wardrobe*
l' arrêt (*m*)   *stop; cessation*, arrière *back, backward*; sen arrière *backwards*; la marche-arrière *reverse gear*
arriver   *to arrive; to happen; to manage*
l' arrondissement (*m*)   *administrative district (of large city), 'postal district'*
arroser   *to sprinkle; to water*
l' artisan   *craftsman*
artisanal (e; *pl* artisanaux)   *concerned with handcrafts/traditional methods*
les asperges (*f*)   *asparagus*
l' aspirateur   *vacuum cleaner*
l' assaisonnement   *seasoning*
assez   *fairly, quite; enough, sufficiently*, assez de   *enough of*
l' assiette(*f*)   *plate*
assister   *to help*
assurer   *to assure, to insure; to ensure*
l' astuce (*f*)   *shrewdness; trick, tip*
l' atout (*m*)   *advantage; trump (card)*
l' attachement (*m*)   *attachment; fondness*
attacher   *to attach*
atteindre   *to reach, to attain*, atteint(e) de   *affected by, suffering from*
attendre   *to wait; to wait for*
attentionné(e)   *attentive, considerate*
attirer   *to attract*
s' attrouper   *to flock*
l' auberge (*f*)   *inn*, l'auberge de jeunesse *youth-hostel*
aucun(e)   *any (at all), none*
augmenter   *to increase*
auparavant   *before*
auprès   *nearby*, auprès de   *with, at; next to*
aussi (*adv*)   *also, too, as well*
aussi (*conjunction*)   *as, so, just as*; aussi bien   *also, equally, likewise*
austral(e)   *southern*
l' autochtone *m/f*   *native*
autocollant(e)   *self-adhesive*
l' automate   *automatic machine*
autonome   *independent; separate*
l' autonomie   *independence*
autour de   *around; approximately*
autre   *other*; d'autre   *else*
l' Autriche (*f*)   *Austria*
l' avance (*f*)   *advance*; à l'avance *in advance*; en avance *in advance, early*
l' avenir (*m*)   *future*
s' aventurer   *to venture*
l' avion (*m*)   *aircraft, plane*
l' avis (*m*)   *opinion*
l' avocat (1) (*m*)   *avocado pear*
l' avocat/e (2) (*m/f*)   *barrister, advocate*
avril   *April*
l' azur (*m*)   *azure blue*

B

le baba au rhum   *rum baba*
le bac   *ferry*
le Baccalauréat   *school-leaving certificate, 'A-Levels'*
les bagages   *luggage*
le bagnard   *convict*
la bague   *ring (jewellery)*
la baignade   *(sea) bathing*
baigner   *to bathe (something)*; se baigner   *to bathe (oneself)*
la baignoire   *bath (tub)*
le bail   *lease*
le bain   *bath/bathing; sea-bathing*

GLOSSARY

le baiser *kiss*
baisser *to lower, to decline*
le baladeur *'Walkman' (portable tape-recorder)*
balayer *to sweep, to sweep clean*
Bâle *Basel*
baliser *to mark, to signpost*
la balle *ball; bullet; franc (slang)*
la bananeraie *banana plantation*
bancaire *(to do with) banks/banking*
la bande *strip,* la bande dessinée *strip cartoon*
la banlieue *suburb*
bas(sse) *low*
la base *basis; base;* à base de *based on*
la basilique *basilica*
le bastingage *rail of ship*
le batavia *crisp lettuce*
bavard(e) *talkative, chatty*
beau (bel/belle/beaux) *beautiful, lovely; fine* avoir beau (faire) *(to do) in vain*
beaucoup *much, many*
le bec *beak*
belge *Belgian*
le/la Belge *Belgian person*
bénéficier de *to get, enjoy; to have the advantage/benefit of*
le Bénélux *Benelux countries (Belgium/Netherlands/Luxembourg)*
le benjamin *youngest child of family*
le/la Berbère *Berber*
le berceau *(pl* berceaux) *cradle*
le besoin *need;* avoir besoin de *to need*
la betterave *beet*
le beurrex *type of samosa*
bien *well; very;* bien que/qu' *although*
le bien *good, commodity*
bientôt *soon*
bilingue *bilingual*
le billet *note; banknote; ticket*
le bip *beep/bleep,* le bip sonore *'tone' of answerphone*
la bise *kiss*
le blé *wheat*
blesser *to wound*
la blessure *wound*
le bœuf *beef; ox*
boire *to drink*
le bois *wood*
la boisson *drink*
le boîtage *packaging in boxes*
la boîte *box; tin*
le bol *bowl*
le bonheur *happiness*
le bord *edge*
border *to border*
borgne *one-eyed, blind in one eye*
la bouchée *mouthful*
le boucher *butcher*
la boucherie *butcher's shop; meat goods*
le bouchon *cork*
la boue *mud*
la bougie *candle*
bouillir *to boil*
le bouillon *stock; broth*
le/la boulanger/ère *baker*
la boulangerie *baker's shop*
les boules *(f) bowls*
le boulot *job (slang)*
la Bourgogne *Burgundy*
bourguignon(ne) *Burgundian;* à la bourguignonne *Burgundy style*
le bout *end*

brancher *to switch on, to plug in*
le brassage *mixture; intermingling*
la brassée *armful*
braver *to brave*
la brebis *ewe,* le fromage de brebis *sheep's-milk cheese*
brestoise *of/from Brest*
la Bretagne *Brittany*
breveter *to patent*
le bricolage *do-it-yourself*
le bricoleur *handyman*
brillant(e) *shiny, shining; sparkling*
briller *to shine*
le brugnon *nectarine*
le bruit *noise*
brut(e) *gross (not net)*
Bruxelles *Brussels*
bruyant(e) *noisy*
la bûche *log*
le buffet *sideboard*
le buffle *buffalo*

C

ça *that*
le cabinet *consulting-room, surgery*
cacher *to hide*
le caddie *trolley (supermarket etc.)*
le cadeau *(pl* cadeaux) *gift*
le cadenas *padlock*
le/la cadet/ette *youngest (child of family)*
le cadre *manager, executive; frame, framework, setting*
le café *coffee; café,* la cuillère à café *teaspoon*
le cahier *notebook, exercise book,* le cahier de rapport *log-book*
le caillou *(pl* cailloux) *pebble, rock*
la caisse *till; cash-desk; fund*
caler *to stall (engine)*
le/la camarade *friend,* le/la camarade de classe *classmate, schoolfriend*
le Cambodge *Cambodia*
le caméscope *camcorder*
la campagne *country, countryside*
le camping *camping; camping-site*
le canapé *settee, couch*
la canne *cane,* la canne à sucre *sugar cane*
le canotage *boating*
le Cap-Vert *Cape Verde*
car *for (conjunction)*
le car *coach*
caraïbe *Carib; Caribbean*
les Caraïbes *(f) Caribbean lands*
le carburant *fuel*
le cari *curry*
le carnet *book (of tickets etc.)*
carré(e) *square;* carrément *purely and simply;* le mètre carré *square metre*
le carré *square*
le carrefour *crossroads*
le carrelage *tiles, tiling*
la carte *card; map; menu;* la carte grise *vehicle log-book*
le carton *cardboard box*
le cas *eventuality;* au cas où... *in case...*
la case *hut, cabin*
casser *to break*
le cassis *type of blackcurrant liqueur*
la caution *deposit*
le cavalier *mounted soldier, cavalryman*
la cavité *hollow, cavity*
ceci *this*
céder *to yield,* céder le passage *to give way*

CEE *Communauté Européenne Économique (EC)*
cela *that*
célèbre *famous*
célibataire *unmarried, single*
celui/celle/ceux/celles *he/she/that/those*
cent *(a) hundred*
la centaine *hundred (or so)*
cependant *however*
cesser *to cease, to stop*
ceux *(those)*
la CFA *Communauté Financière Africaine (African Financial Community)*
chacun(e) *each, each one*
le chagrin *sorrow*
la chair *flesh*
la chaleur *heat, warmth*
chaleureux(euse) *warm, affectionate*
se chamailler *to squabble*
la chambre *room/bedroom;* la chambre à coucher *bedroom*
le champignon *mushroom*
la chance *luck; opportunity, chance*
la chanson *song*
chanter *to sing*
le/la chanteur/euse *singer*
le chantier *roadworks; building site*
le chaperon *chaperone*
chaque *each*
le charbon *coal*
la charge *load; costs,* prendre...en charge *to take charge of...*
le chasseur *huntsman, hunter*
le château *country mansion, 'big house'; castle*
chaud(e) *hot, warm;* le vin chaud *mulled wine*
le chauffage *heating*
chauffer *to heat*
la chaussée *road, carriageway; causeway*
le chef *chef; chief, boss*
le chemin *path; way;* le chemin de fer *railway*
cher(ère) *dear (liked/loved); dear*
chercher *to look for, to seek; to search*
le cheval *(pl* chevaux) *horse,* à cheval *on horseback*
la chèvre *(nanny)goat*
le chèvre *goat's-milk cheese*
chez *to/at the house/premises of*
le chiffre *figure, number,* le chiffre d'affaires *turnover*
se chiffrer *to be quantified*
chimique *chemical*
le chinois *Chinese language*
le chirurgien *surgeon*
choisir *to choose, select*
le choix *choice*
le chômage *unemployment*
le/la chômeur/euse *unemployed person*
choquant(e) *shocking*
la choucroute *sauerkraut*
la chute *fall*
chuter *to fall dramatically*
la cible *target*
le ciel *sky*
la cinquantaine *fifty or so*
la circonférence *circumference*
la circulation *traffic; circulation*
circuler *to drive (around)*
citer *to cite, to name*
classer *to classify*
le clavier *keyboard*
le coco *coconut*

le cœur   *heart*, l'achat coup-de-cœur *impulse-buy*
le collectif   *collective, joint committee*
coller   *to stick, to glue*
le colon   *colonist*
la colonie   *colony*
coloré(e)   *colourful, coloured*
le combat   *fighting, battle*
combattre   *to fight (against), to combat*
combien   *how much, how many*
le/la comédien/ienne   *actor/tress*
commander   *to order*
le/la commerçant/ante   *shopkeeper; tradesman; dealer*
le commerce   *trade, business; shop*
commettre   *to commit*
le commissaire   *'inspector' (police)*
le commode   *chest of drawers*
commuer   *to commute*
le/la compagnon/compagne   *gentleman/lady friend*
complet(ète)   *complete; full*
le/la complice   *accomplice; collaborator*
le comportement   *behaviour*
se comporter   *to behave*
composer   *to compose; to type, to key in, to dial*
comprendre   *to understand*
le compte   *account;* les comptes   *accounts*
compter   *to count*
le concentré   *concentrate, purée*
le/la concubin/ine   *non-married partner*
la concurrence   *competition*
la condamnation   *conviction (judicial)*
le conducteur   *driver*
conduire   *to drive; to conduct*
confectionner   *to make; to manufacture*
la confiance   *trust, confidence*
le/la confident/ente   *confidant*
confier   *to confide; entrust*
le confit   *potted meat*
confondre   *to take/put together; to mix*
le congé   *leave, holiday*
le congélateur   *freezer*
le congrès   *conference, congress*
le/la conjoint/e   *husband/wife, spouse*
la connaissance   *knowledge, acquaintance*
connaître   *to know*
la conscience   *awareness*
conscient(e)   *aware, conscious*
le conseil   *council; advice*
conseiller   *to advise*
la conserve   *tinned food*
conserver   *keep; preserve*
la consigne   *instruction*
la console   *console,* la console de jeu *video-game console*
consolider   *to make fast*
la consommation   *consumption*
constater   *to point out, to recognize*
constituer   *to set up, to establish*
le constructeur   *builder*
construire   *to build, to construct*
le conte   *story, tale*
contracter   *to take out (loan/insurance); to incur*
la contrainte   *constraint, force; restriction*
la contravention   *fine (penalty)*
contre   *against,* par contre   *on the other hand*
le contrôle   *control; checking procedure*
contrôler   *to control; to check*
convaincre   *to convince; to persuade*
convenir à   *to suit; to be convenient*
la convention   *agreement*

les coordonnées (f)   *details*
le/la copain/copine   *friend; boy-/girlfriend*
le corail   *coral*
la cornemuse   *bagpipes*
correct(e)   *correct, proper*
la correspondance   *correspondence; mail-order; connection (travel)*
le/la correspondant(e)   *correspondent, pen-friend*
la Corse   *Corsica*
le corse   *Corsican language*
la corvée   *chore, task*
le côté   *side;* d'un côté...de l'autre...   *on one hand...on the other hand...;* de son côté   *for his/her/its part*
la côtelette   *chop, cutlet*
le coton   *cotton; cotton wool*
se côtoyer   *to live alongside each other*
le coulis   *purée sauce*
la cour (1)   *yard, courtyard*
la cour (2)   *courtship*
couramment   *fluently*
courant(e)   *everyday; fluent*
le courant   *current, flow; movement*
le courrier   *mail*
le cours   *course;* au cours de   *in the course of;* en cours   *in progress, current*
la course   *race,* les courses   *shopping, errands*
le coût   *cost*
le couteau (pl couteaux)   *knife*
coûter   *to cost*
coûteux(se)   *costly, expensive*
la couture   *sewing; dressmaking*
craindre   *to fear*
créateur(trice)   *creative*
la crémerie   *dairy; dairy products*
le créneau   *market, niche*
crever   *to burst,* le pneu crevé   *flat tyre*
crier   *to call, to shout*
la criminalité   *crime (rate)*
croire   *to believe*
croiser   *to cross,* se croiser   *to 'bump into' each other*
la croissance   *growth*
croissant(e)   *increasing, growing*
croître   *to grow*
la croix   *cross,* la Croix-Rouge   *Red Cross*
CROUS   *Centre Régional des œuvres Universitaires et Scolaires*
la croyance   *belief*
le/la croyant/ante   *believer*
cru(e)   *raw*
les crudités   *raw vegetables*
la cuillerée   *spoonful,* la cuillerée à soupe *tablespoonful*
cuire   *to cook*
cuisiner   *to cook*
la cuisinette   *kitchenette*
la cuisinière   *cook; cooker (stove)*
la culture   *culture; arts; cultivation (agriculture)*

D

danois(e)   *Danish*
le/la danseur/euse   *dancer*
la datte   *date (fruit)*
la daube   *casserole, stew*
davantage   *more, to a greater extent*
de   *of; from; some*
le dé   *dice, die*
débarquer   *to land*

se débarrasser de   *to get rid of*
le débitant   *licensee,* le débitant de tabac *tobacconist*
debout   *standing, upright*
se débrouiller   *to 'get by', to manage*
le début   *beginning*
le décalage   *gap*
décaler   *to move forward*
le décès   *death*
déchirant(e)   *heart-breaking*
décimer   *to decimate, to wipe out*
découper   *to cut up, to cut out*
la découverte   *discovery*
décrire   *to describe*
décrocher   *to pick up the receiver*
défectueux(se)   *faulty, defective*
le défilé   *procession; passing stream*
la déformation   *corrupted form*
dégorger   *to sweat (vegetables)*
dehors   *outside,* en dehors de... *outside...; apart from*
déjà   *already*
delà   *beyond,* au-delà de   *beyond*
se délecter de   *to delight in*
le/la délégué(e)   *delegate*
le délit   *offence, crime*
demain   *tomorrow*
la demande   *request, demand,* la demande en mariage   *proposal of marriage*
demander   *to ask; to ask for*
démarrer   *to get going; to start*
déménager   *to move home*
la démence   *dementia*
demi(e)   *half*
démontable   *removable*
le dépannage   *repair; breakdown service*
dépanner   *to get (someone/some machine) going again*
le dépanneur   *mechanic, repair man*
la dépanneuse   *breakdown truck*
le département   *département (administrative area)*
dépasser   *to exceed; to be ahead of*
se dépêcher   *to hurry, to make haste*
la dépendance   *dependency; outbuilding*
la dépense   *expenditure; expense*
dépenser   *to spend*
se déplacer   *to move*
déposer   *to put down; to tip*
le dépôt   *deposit*
depuis   *since; for (time)*
le député   *representative, MP*
déranger   *to disturb*
le dériveur   *dinghy*
dernier(ère)   *last*
le déroulement   *unfolding (of events)*
dès   *right from, as early as,* dès que *as soon as*
le désamour   *cessation/failure of love*
descendre   *to go/come down;to get out*
désolé(e)   *very sorry*
désormais   *henceforth*
le DESS   *Diplôme d'Études Supérieures Spécialisées (Diploma of Specialist Higher Education)*
dessécher   *to dry (something) out*
le dessin   *drawing*
détenir   *to hold (record); to detain (prisoner)*
la détente   *relaxation, 'unwinding'*
devant   *in front of*
le devant   *front*
devenir   *to become*
déverser   *to pour out; to drop*
la déviation   *diversion (traffic)*

GLOSSARY

la devise currency (money); motto
devoir to have to, must; to owe
le devoir duty; homework
le diesel diesel fuel
diffuser to spread; to broadcast
digérer to digest
diluvien(ienne) torrential, flood-like
dimanche Sunday
diminuer to decrease, to diminish
la diminution decrease, lessening
la dinde turkey (hen)
le diplôme diploma; qualification
dire to say; to tell
le dirigeant leader
diriger to direct, se diriger à to turn to, to make one's way to
disparaître to disappear
la disparition disappearance
disperser to scatter
la disponibilité availability
disponible available
disposer to arrange
le disque record, disc
la dissuasion dissuasion; deterrence
le distributeur distributor; dispensing machine
divers(e) diverse, miscellaneous
diversifier to diversify
les DOM (m) Départements d'Outre-Mer (Overseas Départements)
le domicile place of residence, à domicile at one's home
domicilié(e) domiciled, resident
dominical(e; pl dominicaux) (to do with) Sunday
donc therefore, so
les données (f) data, la banque de données data bank/base
donner to give
dont of whom, of which
dormir to sleep
doter to endow
la douane customs (import/excise)
la douche shower (for washing)
la douleur pain
douloureux(euse) painful
le doute doubtsans aucun doute, without a doubt; sans doute, probably, doubtless
doux(ce) gentle, sweet; mild
le droit right; law; à droite on/to the right; avoir droit... to be allowed to...; le droit de vote right of suffrage
drôle funny
du (of/from the; some) see de
durable lasting, durable
la durée duration
durer to last

E

l' eau (f) (pl eaux) water; la ville d'eau spa
l' écart difference, gap
échangeable exchangeable
l' échappement (m) exhaust
l' échec (m) check, setback, les échecs chess
l' échelle (f) ladder; scale
l' échevin (m) alderman
l' éclair lightning-flash; éclair (pastry)
l' éclairage (m) lighting
l' éclaircie (f) bright period
éclater to explode, to burst out, éclaté(e) exuberant
écœurant(e) sickly

l' économie (f) economy; economics
l' Écosse (f) Scotland
écouter to listen; to listen to
écraser to crush, to run over
s' écrier to call out, to exclaim
écrire to write, s'écrire to be written
écrit(e) (written) see écrire
l' écrit (m) (piece of) writing
l' écriture (f) handwriting
l' écrivain (m) writer
l' édition (f) publication, edition
l' effarement (m) alarm
effectuer to effect, to make
l' égard respect
l' église (f) church
égoutter to drain
l' élevage (m) cattle-/stock-rearing
l' élève pupil (school)
élever to raise, cultivate; to bring up (children); des prix élevés high prices; s'élever à to amount to
élire to elect
s' éloigner to move away
emballer to wrap, to wrap up
l' embouteillage (m) traffic jam
embrasser to kiss
émietter to crumble
emmener to lead, to bring, to take
empêcher to prevent
l' emploi (m) job; employment
l' employé(e) (m/f) employee
émulsionner to emulsify
en (preposition) in, into
en (pronoun) of it/them
enchanté(e)! how do you do!; delighted!
enclaver to embed, to hem in
encore still, as yet; again
s' endormir to go to sleep
l' endroit (m) place
l' enfance f childhood
l' enfant (m/f) child
enfermer to shut in, to shut up
enfin finally; in short
enfourcher to get astride, to mount
engager to engage, to commit; engager une vitesse to put the car in gear
englober to include, to encompass
enlever to remove
énormément tremendously; énormément de a huge number of
l' enregistrement checking in
enregistrer to register, to record
l' enseignant (m/f) teacher
l' enseignement teaching; education
enseigner to teach
ensemble together
l' ensemble (m) whole, dans l'ensemble by and large, on the whole
ensoleillé(e) sunny
ensuite then, next, thereafter
entamer to start on
entendre to hear; to understand, bien entendu of course
enterrer to bury, enterrer sa vie de garçon to have a stag-party
entier(ère) whole, entire
l' entourage (family) circle; network
entraîner to carry along; to bring about, to lead to, to entail
entre between, among
entre (come in) see entrer
l' entrée (f) entrance; first course
l' entreprise (f) business
entretenir to maintain, to tend

l' entretien (m) cleaning, maintenance
l' envie desire, wish; envy
environ about, approximately
envoyer to send
épais(se) thick
épargner to spare; to save
épépiner to de-seed, remove seeds
éplucher to peel
l' époque (f) period, era, à l'époque at that time
épouser to marry
l' époux/épouse (m/f) husband/wife
l' épreuve test; (sporting) event
épuiser to exhaust
l' équipe (f) team
l' équipement facility
l' érable (m) maple
l' escalade (m) climbing, le mur d'escalade climbing-wall
l' esclavage (m) slavery
l' esclave (m/f) slave
l' escrime (f) fencing (sport)
l' espace (m) space
l' Espagne (f) Spain
espagnol(e) Spanish
l' espèce (f) sort, kind; cash
espérer to hope
l' espoir (m) hope
l' esprit (m) mind; spirit
l' essai (m) test; attempt
essayer to try, to attempt
l' essence (f) petrol; essence; species
essentiel(le) essential
estival (e; pl estivaux) summer(-related)
l' estragon (m) tarragon
l' étage (m) storey, floor, à l'étage upstairs
étaler to spread out
l' étape (f) stage, stop
l' état (m) state; condition
l' été (f) summer, en été in the summer
étendu(e) extensive, large
l' éthique ethics, ethical values
l' ethnie (f) ethnic group
l' étiquette (f) label
étonnant(e) astonishing
étonner to astonish
étourdi(e) thoughtless, scatterbrained, distracted
étranger (ère) foreign
l' étranger (ère) (m/f) foreigner, alien
être to be
étroit(e) narrow; close
l' étude (f) study
étudier to study
eux them, eux-mêmes themselves
l' évasion (f) escape
l' événement (m) event
éventuel(le) possible
évidemment obviously, of course
l' évidence (f) obviousness
évident(e) obvious
l' évier (m) sink
éviter to avoid
l' examen (m) examination
exclure to exclude; to rule out
l' expérience (f) experience; experiment
expérimenté(e) experienced
l' explication (f) explanation
expliquer to explain
l' exploitation (f) holding, farm, business
exploiter to exploit, to operate in
s' exprimer to express oneself
extérieur(e) outside, exterior
l' extérieur the outside

F

fabriquer *to make; to manufacture*
la face *face, front;* 4F (quatre faces) *detached (building)*
facile *easy,* facilement *easily*
faciliter *to facilitate, to make easier*
le facteur (1) *postman*
le facteur (2) *factor*
fade *tasteless, insipid*
faible *weak; slight*
faire *to make, to do*
le faire-part *invitation*
le fait *fact;* du fait de *from the fact of, because of*
fameux(euse) *famous*
familial(e; pl familiaux) *(to do with) family*
fantaisiste *unconventional*
la farce *joke, comedy; stuffing (cookery)*
farcir *to stuff*
la farine *flour*
fasciner *to fascinate*
la fatigue *fatigue, tiredness*
fatiguer *to tire*
faucher *to mow, to knock down;* fauché(e) *'broke'*
la faune *wildlife, wild animals*
il faut *it is necessary; must; one need*
le fauteuil *armchair*
faux(sse) *false;* le faux-filet *sirloin*
la fécondation *fertilization*
la fécondité *fertility*
la fenêtre *window*
le fer *iron*
férié(e) *(official) holiday,* le jour férié *'bank holiday'*
la ferme *farm; farmhouse*
fermer *to close*
le fermier *farmer,* le poulet fermier *free-range chicken*
la ferraille *scrap metal*
ferroviaire *rail, railway*
la fête *celebration; party*
fêter *to celebrate*
le feu (pl feux) *fire,* le coin du feu *fireside*
la feuille *leaf; page, sheet of paper*
le feuilleté *(pastry) puff, roll*
fiable *reliable, trustworthy*
les fiançailles (f) *engagement, betrothal*
se fiancer *to get engaged*
fier(ère) *proud*
la fierté *pride*
le fil *wire; thread,* le coup de fil *telephone call*
le fils *son*
fin(e) *fine, delicate,* finement *finely*
la fin *end*
financier(ière) *financial*
fissurer *to split*
fixe *fixed,* les frais fixes *fixed costs*
flamand(e) *Flemish*
la Flandre *Flanders*
fleurir *to flourish; to flower*
le fleuve *river*
la flore *flora, vegetation*
la fois *time, occasion*
le/la fonctionnaire *official*
le fond *bottom, depths; background*
fonder *to found, to base*
la force *strength,* à force de *as the result of*
forcément *of course, inevitably*
forfaitaire *inclusive; flat-rate*
la formation *training*

la forme *form, shape*
la formule *formula; 'package'*
fort (adverb) *very; strongly; loudly*
fort(e) (adjective) *strong*
fouetter *to whip*
fournir *to supply*
le/la fournisseur/euse *supplier*
frais (fem fraîche) *cool; fresh;* les ultra frais *fresh produce*
les frais (m) *costs; charges*
la framboise *raspberry*
français(e) *French*
francophone *French-speaking*
la Francophonie *French-speaking world; 'commonwealth' of French-speaking nations*
frapper *to strike*
le frein *brake,* le frein à main *hand-brake*
fréquemment *frequently*
se fréquenter *to meet/visit (each other)*
le fric *money (slang)*
le frigidaire *fridge*
la frite *chip (potato)*
froid(e) *cold*
la froideur *cold*
le fromage *cheese*
le front *forehead*
frontalier(ière) *(to do with) frontier/border*
le fruit *fruit;* les fruits de mer *seafood*
fuir *to flee, to run away; to leak*
fumer *to smoke*
le fumeur *smoker*
la fusée *rocket*

G

gagner *to earn; to win*
gai(e) *cheerful*
la galette *pancake*
le galicien *Galician language*
le gallois *Welsh language*
le/la gamin/ine *kid (child)*
le gant *glove*
le garagiste *garage mechanic*
le garçonnet *little boy*
la garde *guard;* la garde d'enfant *baby-sitter;* la mise en garde *warning*
garder *to keep*
la gare *station*
garer *to park*
garnir *to garnish*
la gastronomie *food, gastronomy*
le gâteau (pl gâteaux) *cake*
gauche *left,* à gauche *on the left*
la gaze *gauze*
gazeux(euse) *fizzy, sparkling*
le gazon *lawn*
(la) GDF *Gaz de France*
geler *to freeze*
gênant(e) *annoying*
le gendarme *policeman*
la gendarmerie *police station*
générer *to generate, to give rise to*
gêner *to disturb, to annoy*
Gênes *Genoa*
Genève *Geneva*
le genre *sort, kind, type*
les gens (m) *people*
gentil(ille) *kind, nice*
gérer *to manage, to be in charge of*
la gestion *management*
le gibier *game (food)*
le gigot *leg of lamb*
le gîte *self-catering accommodation*

H

la glace *ice; ice-cream*
gonfler *to swell; to inflate*
le gosse *kid (child)*
gourmand(e) *greedy*
la gousse *clove (of garlic etc.)*
le goût *taste*
goûter *to taste*
le goûter *'tea', afternoon snack*
la goutte *drop*
la graisse *fat*
la grandeur *greatness; size*
grandir *to grow up*
grandissant(e) *growing*
gratuit(e) *free (of charge)*
grave *serious, grave*
la gravité *seriousness*
le grenier *attic*
gris(e) *grey*
grisant(e) *heady, exhilarating*
le grondement *roaring/rumbling sound*
gros(se) *large; fat*
guadeloupéen(éenne) *of/from Guadeloupe*
le gué *ford*
la guêpe *wasp*
guère *hardly, scarcely;* il n'y a guère *not long ago;* ne...guère *hardly, scarcely*
la guerre *war*
le guerrier *warrior*
la gueule *jaw, mouth,* les amuse-gueule (m) *'nibbles'*
le guide *guide; guide-book*
les guillemets (m) *inverted commas*
la guirlande *garland; scroll, ribbon*

l' habillement *clothing*
les habits *clothing, clothes*
l' habitation (f) *house, home*
habiter *to live (dwell)*
l' habitude *habit*
habituer *to accustom;* s'habituer à *to get used to*
hâcher *to mince, to chop*
la haine *hatred*
le hall *entrance hall*
le hameau (pl hameaux) *hamlet, settlement*
le haricot *haricot bean*
le hasard *chance,* par hasard *by chance*
haut(e) *high*
la Haye *The Hague*
hebdomadaire *weekly*
l' hébergement *lodging, accommodation*
helvétique *Helvetic, Swiss*
l' herbe (f) *grass; herb*
héréditaire *hereditary*
hériter *to inherit*
le héros *hero*
l' heure (f) *hour;* à l'heure *on time*
heureux(euse) *happy,* heureusement *fortunately, happily*
l' hexagone (m) *hexagon,* l'Hexagone (National) *France*
hier *yesterday*
l' hippodrome (m) *racecourse*
hispanophone *Spanish-speaking*
l' hiver (m) *winter*
le hollandais *Dutch language*
le homard *lobster*
honnête *honourable, decent*
honteux(se) *shameful*
l' horaire (m) *times (of opening/working etc.), timetable, schedule*

GLOSSARY

l' horlogerie (f)   clock-making
hors de   outside
l' hôtellerie (f)   hotel business
l' hôtesse (f)   hostess; landlady, l'hôtesse
  d'accueil   receptionist
le houblon   hops (plant)
l' huile (f)   oil
l' huître (f)   oyster
humide   damp
l' hymne national   national anthem

I

ici   here
l' igname (f)   yam
ignorer   to be ignorant of
l' île (f)   island
l' image (f)   image; picture, l'image de
  marque   brand image
l' immatriculation (f)   registration
l' immigré/ée (m/f)   immigrant
l' immobilier   property (buildings)
impliquer   to imply, to involve
l' importation (f)   import
l' impôt (m)   tax
impressionné(e)   impressed
imprévu(e)   unforeseen
l' imprimante   printer (of computer)
l' impulsion (f)   pressure, drive
incarner   to embody, to incarnate
l' incitation (f)   incitement
inciter   to incite, to encourage
inclure   to include
l' inconvénient (m)   disadvantage,
  drawback
inculper   to charge, to find guilty
les Indes (f)   Indies
l' indicatif (m)   indicator, code
indiquer   to indicate; to denote
individu(e)   individual; private
l' Indonésien/ienne (m/f)   Indonesian
  person
inédit(e)   novel, new
infirmer   to invalidate
influent(e)   influential
l' informaticien/ienne (m/f)   information
  scientist
l' infraction (f)   offence
l' ingénieur (m)   engineer
inhabité(e)   uninhabited
l' initiateur(trice) (m/f)   initiator
s' initier à   to start
l' innocuité (f)   harmlessness
l' inscription (f)   registration; inscription
inscrire à   to register for
s' installer   to settle
instantané(e)   instantaneous
l' instauration (f)   establishment
l' instituteur/trice (m/f)   teacher (in
  primary/nursery school)
l' insurrection (f)   rising, rebelion
s' intensifier   to intensify, to grow in
  strength/influence
l' interdiction (f)   ban, forbidding
interdire   to forbid, to ban
s' intéresser à   to be interested in
l' internement (m)   internment; admission
  (to psychiatric hospital)
interroger   to question; to interrogate
interrompre   to interrupt
l' intersection (f)   junction
intervenir   to intervene, to function
islamique   Moslem
s' isoler   to cut oneself off
issu(e)   coming from, born of
ivoirien(ne)   of/from Ivory Coast

J

jamais   ever; never; ne...jamais   never,
  not...ever
la jambe   leg
le jambon   ham
janvier   January
le jardinage   gardening
jeter   to throw
le jeu (pl jeux)   game
jeudi   Thursday
le jeûne   fast, fasting
la jeunesse   youth; young people
la joie   joy
joindre   to join
joli(e)   pretty
jouer   to play; to gamble
le jouet   toy
le joueur   player
jouir   to rejoice, jouir de   to enjoy
le jour   day; à jour   up to date
le journal (pl journaux)   newspaper
journalier(ière)   daily
la journée   day
juif(ive)   Jewish
juillet   July
juin   June (month)
le jumelage   twinning
juridique   legal
le jus   juice
jusqueà   as far (as), up (to)
juste   exactly; just

K

les Kanak (m)   Melanesian inhabitants of
  New Caledonia
le kayak   canoe, canoeing
le kir   type of apéritif

L

là   there
le lac   lake
lâcher   to loosen
laid(e)   ugly
la laine   wool
laisser   to leave, to let
le lait   milk
laitier(ière)   dairy, milk-related
lancer   to throw; to launch
la langue   language; tongue
la laque   lacquer
large   broad, wide
le large   open sea, au large de   off (at sea
  in the vicinity of)
largement   largely
le   lavabo   wash-basin
laver   to wash
le lave-vaisselle   dishwasher (machine)
la lecture   reading
léger(ère)   light; slight
légitime   legitimate, permissible
le légume   vegetable
le lendemain   day after, next day
lent(e)   slow
la lèpre   leprosy
lequel/laquelle/lesquels/lesquelles   which
lever   to raise, lift, se lever   to get up
  (from bed)
le/la libraire   bookseller
la librairie   bookshop
libre   free
la licence   degree (qualification)
le lien   bond, tie
lier   to bind, to tie; to link
le lieu (pl lieux)   place, avoir lieu   to
  take place

la ligne   line
la ligue   league
limaugeaud(e)   of/from Limoges
le lin   flax; linen
le linge   household linen, clothes
liquoreux(se)   over-sweet; fortified
lire   to read
la lire   lira
le lit   bed
la livre   pound (weight, money)
le livre   book
le locataire   hirer, tenant
le locateur   hirer-out, owner
la location   hiring, letting; renting
le logement   accommodation
loger   to accommodate, to lodge
la loi   law; le projet de loi   Bill
  (Parliament)
loin   far
les loisirs   leisure activities
londonien(ne)   of/from London
Londres   London
longtemps   a long time, for a long time
la longueur   length, la longueur d'ondes
  wavelength
lors   then, lors de   at the time of
lorsque   when
le loto   (national) lottery
louable   laudable, noteworthy
louer   to rent
lourd(e)   heavy, le poids lourd
  heavyweight; heavy goods vehicle
la loyauté   loyalty
le loyer   rent
LS   le libre service (self-service)
lui   he, himself; to him/her/it; lui-même
  himself, itself
lundi   Monday
la lune   moon
la lutte   struggle
le lycée   secondary/grammar school
lyonnaise   of/from Lyon

M

le magasin   shop, store
le Maghreb   north-west Africa
le/la Maghrebin/ine   inhabitant of Maghreb
le magnétoscope   video-recorder
mai   May
la main   handà; la main   by hand; avoir
  sous la main   to have at hand/nearby;
  en main propre   in/into one's own
  hand; la main d'làœuvre   work-force
maintenant   now
maintenir   to keep, to maintain
la mairie   town hall
mais   but
la maison   house
le maître   master, Maître (Me) X   title
  for lawyer
la maîtrise   mastery; master's degree, MA
maîtriser   to control
majeur(e)   major, main
majoritaire   in the majority
mal   badly; pas mal de   quite a lot of
le mal (pl maux)   evil; sickness, le mal
  d'émancipation   longing for freedom
malade   ill
la maladie   disease, illness
le malentendu   misunderstanding
malgré   in spite of
malin(igne)   crafty, cunning
la malle   trunk (luggage)
la manche   sleeve
manger   to eat

la mangue *mango*
se manifester *to be evident, to appear*
le manque *lack*
  manquer *to lack; to be missing*il
    manque une pièce *a part is missing*
le manteau(*pl* manteaux) *coat, overcoat*
le maquis *the bush, undergrowth;*
  Ivoirien open-air eating-place
le/la marchand(e) *shopkeeper*
la marche *walking; stair, step; working*
  order; la marche-arrière *reverse gear*
le marché *market;* bon marché *cheap*
  marcher *to walk; to work (machines)*
  mardi *Tuesday*
le maréchal *marshal*
le mari *husband*
le marin *sailor*
le/la marinier(ière) *boatman, bargee*
le Maroc *Morocco*
  marocain(e) *Moroccan*
la marque *brand (of goods)*
  marquer *to mark; to emphasize*
  mars *March*
  marseillais(e) *of/from Marseille*
le massif *clump; massif*
la maternité *maternity, motherhood*
la matière *matter,* en matière de *as*
  regards, in matters of
le matin *morning*
la matinée *morning*
  Maurice (île) *Mauritius*
  mauvais(e) *bad*
le médecin *doctor*
le médicament *drug, medical preparation*
se méfier de *to mistrust*
  meilleur(e) *better, best*
le mélange *mixture*
  mélanger *to mix*
  même (conjunction) *even*
  même (adjective) *same*
la menace *threat*
  menacer *to threaten*
le ménage *household; housework,* la
  femme de ménage *cleaner, charlady*
  ménager(ère) *household*
  mener *to lead; to conduct*
  mensuel(le) *monthly*
  menu(e) *slight, small*
la mer *sea*
  mercredi *Wednesday*
  merveilleux(se) *wonderful, marvellous*
la messe *Mass*
  messine *of/from Metz*
la mesure *measure;* à mesure que *in*
  proportion as
la métallurgie *metal industries*
la météo *weather; weather forecast*
le métier *career, job, profession*
  métissé(e) *of mixed race*
  métropolitain(e) *metropolitan,* la
  France métropolitaine *mainland*
  France
  mettre *to put; to put on (clothes)*
le meuble *piece of furniture*
le/la meunier(ière) *miller*
le Mexique *Mexico*
le mezoued *mezoued (Arab bagpipes)*
  mi- *mid-,* à mi-temps *half-time*
  midi *noon;* le Midi *South of France*
le miel *honey*
  mieux *better, best (adverb)*
le milieu (*pl* milieux) *middle;*
  environment, background
  militairement *by force*
  mille *(a) thousand*

le milliard *thousand million (US billion)*
le millier *thousand*
la minceur *slimness*
le minitel *electronic telephone directory*
  minuit *midnight*
le ,miroir *mirror*
la mise *arrangement, putting;* la mise en
  garde *warning*
la misère *poverty*
la mode *fashion; style* à la mode
  fashionable
le mode *method*
le modèle *model*
les mœurs (*f*) *customs, morals, ways*
  moi *me, to me; myself*
  moindre *lesser, least*
le moins (pronoun) *least*
  moins (adverb) *less;* de moins en
  moins *less and less*
le mois *month*
la moitié *half*
le môme *kid (child)*
  mon (ma, mes) *my*
le monde *world; people*
  mondial(e) *world, in the world*
la mondialisation *globalization*
le moniteur *instructor, supervisor*
la monnaie *currency; change (money)*
le monoplan *monoplane*
le mont *mountain, hill*
la montagne *mountain; mountains*
  montagneux(se) *mountainous*
le montant *total amount*
la montée *climb, ascent; rise*
  monter *to go up, to climb*
la montre *watch (timepiece)*
  montrer *to show,* se montrer *to*
  appear
le morale *moral values, ethical code*
  mordre *to bite, to gnaw*
  mort(e) *dead*
la mort *death*
la morue *cod*
  Moscou *Moscow*
la mosquée *mosque*
le mot *word*
le moteur *engine, motor*
la moto *motorbike*
la motoneige *snowmobile, skidoo*
la moule *mussel*
  mourir *to die*
  mousseux(euse) *sparkling; foaming*
la moustique *mosquito*
le mouton *sheep; mutton*
  mouvementé(e) *eventful*
  moyen(enne) *average,* en moyenne
  on average
le moyen *means, method*
le Moyen-Age (*m*) *Middle Ages*
le mur *wall*
  mûr(e) *ripe*
le musée *museum*
  musulman(e) *Moslem, Islamic*

N

la nage *swimming*
  nager *to swim*
la naissance *birth*
  naître *to be born*
  natal(e) *of birth*
la natalité *birth (rate)*
la natation *swimming*
  nautique *nautical, water,* le ski
  nautique *water-skiing*
le navarin *type of casserole*

la navette *shuttle service*
  ne *not, lest*
  ne...aucun *no, not any*
  ne...guère *scarcely, hardly*
  ne...jamais *never*
  ne...pas *not*
  ne...plus *no longer*
  ne...que/qu' *only*
  ne...rien *nothing*
le néerlandais *Dutch language*
la négritude *negritude; black African*
  being and culture
  neiger *to snow*
  net(te) *net;clean, neat;clear-cut*
  neuf(ve) (adj.) *new*
  ni *nor,* ni...ni *neither...nor*
le nid *nest*
le niveau (*pl* niveaux) *level,* le niveau
  d'essence *petrol gauge*
les noces (*f*) *wedding*
le nœud *knot*
le Noël *Christmas*
  noir(e) *black*
le nom *name, surname*
  nombreux(se) *numerous, many*
  normand(e) *of/from Normandy*
le notaire *solicitor*
la note *bill (account)*
  notre (*pl* nos) *our*
  nourrir *to feed*
le nourrisson *infant*
la nourriture *food*
  nous *we; us; ourselves;* nous-mêmes
  ourselves
  nouveau(el/elle; *pl* nouveaux/elles)
  new; de nouveau *once again;* les
  nouvelles *the news;* nouveau-né(e)
  newborn
  novembre *November*
le noyau(*pl* noyaux) *stone (of fruit); nub,*
  core
  nu(e) *bare*
le nuage *cloud*
  nuageux(se) *cloudy*
le nucléaire *nuclear power*
la nuisance *environmental*
  damage/hazard
la nuit *night*

O

l'objet (*m*) *object,* les objets trouvés
  lost property
l'oblitération (*f*) *stamping/cancelling (of*
  ticket etc.)
  obtenir *to obtain, get*
l'occasion *occasion; bargain*
  occidental(e) *western,* Afrique-
  Occidentale Française (AOF) *French*
  West Africa
  occuper *to occupy* la ligne est occupée
  the number is engaged
l'œil (*m, pl* yeux) *eye*
l'œuf (*m*) *egg*
l'œuvre (*f*) *work;* la main d'œuvre
  work-force
l'oiseau (*pl* oiseaux) (*m*) *bird*
l'olivier(*m*) *olive-tree*
  omnisports *multi-sport*
  on/l'on *one (person), they, we*
l'onde (*f*) *wave; airwave*
l'ondée (*f*) *shower (rain)*
  onéreux(euse) *burdensome; expensive*
l'ONU (*f*) *Organisation des Nations*
  Unies (UNO)
l'opérateur(trice) (*m/f*) *agent, operator*

GLOSSARY

s' opposer à   *to oppose*
l' or (*m*)   *gold*, les noces d'or   *golden wedding*
l' orage (*m*)   *storm*
orageux(se)   *stormy*
l' ordinateur (*m*)   *computer*
l' oreille (*f*)   *ear*
l' orphelin(e) (*m/f*)   *orphan*
l' orthophoniste (*m/f*)   *speech therapist*
oser   *to dare*
l' otage (*m*)   *hostage*
l' OTAN (*f*)   *Organisation du Traité de l'Atlantique Nord (NATO)*
ou   *or*
où   *where; when*
oublier   *to forget; to leave behind*
l' ouest (O) (*m*)   *west*
l' outil (*m*)   *tool, instrument*
outre   *beyond; ultra; as well as* en outre   *in addition*; outre-mer   *overseas*
l' ouverture (*f*)   *opening*
ouvrable   *working*
l' ouvrage (*m*)   *work, book*
l' ouvrier/ère (*m/f*)   *worker*
ouvrir   *to open (something)*

P

pacifique   *peaceful*
le pain   *bread; loaf*
la paix   *peace*
pallier   *to make up (for)*
la pancarte   *notice, sign*
paniqué(e)   *in panic*
la panne   *breakdown*; en panne d'essence   *out of petrol*; être en panne   *to have broken down*
le panneau (*pl* panneaux)   *sign, signal*
le panonceau (*pl* eaux)   *sign*
le pantalon   *trousers*
le papier   *paper*
les Pâques (*f*)   *Easter*
le paquet   *parcel*
par   *by; per*
paraître   *to appear, to look*
le parapluie   *umbrella*
parce que   *because*
parcourir   *to travel, to cover (distance)*
le pare-brise   *windscreen*
la parenthèse   *bracket*, entre parenthèses   *incidentally, by the way*
les parents (*m*)   *parents; relatives*
la paresse   *laziness*
paresseux(euse)   *lazy*
parfait(e)   *perfect*
parfois   *sometimes, at times*
le parking   *car-park*
parler   *to speak*
parmi   *among*
la parole   *word*, croire sur parole   *to take at (someone's) word*
la part   *proportion, part, share*; d'une part...d'autre part   *on the one hand...on the other hand*
partager   *to share*
la particularité   *peculiarity, special characteristic*
particulier(ère)   *particular, special; private (not publicly-owned)*
le particulier   *private individual*
la partie   *part*
partir   *to leave, set off, depart; go away (on holiday)*; à partir de   *from, since*
partout   *everywhere*
pas (1)   *not*; ne/n'...pas   *not*

le pas (2)   *step, pace*
le passé   *past (noun)*
passer   *to spend/pass (time); to pass; to go/come over/across; to pass on*; passer un coup de fil   *make a phone-call*; se passer   *to happen*
le passe-temps   *hobby, pastime*
la pâte   *pasta; dough, pastry*
la pâtisserie   *cakes and pastries*
le/la pâtissier/ière   *pastry-cook*
le patois   *dialect*
la patrie   *homeland*
payer   *to pay; to pay for*
le pays   *country (nation)*
le paysage   *landscape*
le péage   *tollgate, toll booth*
la peau (*pl* peaux)   *skin*
peaufiner   *to polish up, to put the finishing touches to*
la pêche (1)   *fishing, catch (of fish)*
la pêche (2)   *peach*
peindre   *to paint*
la peine   *sorrow; difficulty; penalty*, à peine   *hardly, scarcely*
le/la peintre   *painter*
la peinture   *painting*
la pelote   *ball*
le peloton   *squad*
pendant   *during; for (time)*
pénible   *difficult, painful*
penser   *to think*
la perceuse   *drill*
percevoir   *receive (payments)*
perdre   *to lose*
périphérique   *passing around*, route périphérique   *ring road*
la permanence   *permanence; headquarters of a movement*
permettre   *to allow, to permit; to make possible*; se permettre de   *to afford to*
le permis   *permit*, le permis de conduire   *driving-licence*
perpétuel(elle)   *perpetual, permanent*
personne   *anybody; nobody*; ne...personne   *nobody, no-one*
la perte   *loss; waste*
peser   *to weigh*
la petite-nièce   *great-niece*
le pétrole   *oil*
peu   *little (of something)*
le peuplement   *populating*
peupler   *to people, to populate*
la peur   *fear*
peut-être   *perhaps, maybe*
la phare   *lighthouse; headlamp*
le/la pharmacien/enne   *chemist, pharmacist*
le pic   *peak*
picard(e)   *of/from Picardy*
la pièce   *room (in house); coin; item*
le pied   *foot*, à pied   *on foot*
pile   *precisely, prompt (of time)*
la pile   *battery (electrical)*
le pilote   *pilot, driver*
le piment   *pimento*
le pin   *pine tree*
la pincée   *pinch (salt etc.)*
la piscine   *swimming-pool*
la piste   *trail, track; ski-run*
le pitre   *clown, fool*
le placard   *cupboard*
la place   *room (space); square (open space in town); seat/space (theatre etc.)*
la plage   *beach*
se plaindre   *to complain*
la plainte   *complaint*

plaire   *to please*
le plaisir   *pleasure*
le plan   *plan; plane*, le plan d'eau   *stretch of water; man-made lake*
la planche   *board, plank*, la planche à voile   *wind-surfing*
le plancher   *floor*
plat(e)   *flat; still (water)*, le pneu à plat   *flat tyre*
le plat   *dish (cookery); serving-plate*; le plat du jour   *speciality of the day*; le plat principal   *main course*
le plateau (*pl* plateaux)   *tray*
plein(e)   *full*
pleuvoir   *to rain*
le pli   *fold, crease*
la plongée   *diving*; la plongée sous-marine   *scuba-diving*
la pluie   *rain*
la plupart   *majority*
pluri-culturel(le)   *multi-cultural*
plus   *more* de plus en plus   *more and more*; de plus   *moreover, in addition*; en plus de   *in addition to, as well as*;
plusieurs   *several*
plutôt   *rather; largely, in general*
le pneu   *tyre*
la poche   *pocket*
le pognon   *money (slang)*
le poids   *weight*
la poignée   *handful*
poinçonner   *to punch (ticket etc.)*
la pointe   *point, headland*
le poireau (*pl* poireaux)   *leek*
la poissonerie   *fishmonger's shop*
le poisson   *fish*
le poivre   *pepper*
le poivron   *pepper (vegetable)*
poli(e)   *polished; polite*
politique   *political*, un homme politique   *politician*
la politique   *policy*
le/la polluant(e)   *pollutant*
le pompier   *fire*, les pompiers   *fire service/brigade*
populaire   *popular; working-class*;
le portefeuille   *wallet*
porter   *to carry; to wear*, on a porté les salaires à...   *wages were increased to...*
poser   *to place, to put; to submit*
posséder   *to own, to possess*
la poste   *job, position; appliance*
la poste   *mail, post; post-office*
le/la postier/ière   *postal worker*
le pot   *jar, pot*
le poulet   *chicken*; le poulet fermier   *free-range chicken*
la poupe   *stern (of ship)*, avoir le vent en poupe   *to have the wind in one's sails*
pour (preposition)   *for*
pour (conjunction)   *to/in order to*
pourquoi   *why*
pourtant   *however, yet*
pousser   *to push; to grow (plants)*
pouvoir   *to be able, can*
le pouvoir   *power; ability*
la pratique   *practice*
pratiquer   *to practise, to carry out*, pratiquant(e)   *practising*
la préfecture   *capital of region*
préférer   *to prefer, to like...better/best*
premier(ère) (1er/1ère)   *first*
prendre   *to take*
le prénom   *forename*
près (de)   *near*; à peu près   *about*

220

présenter *to present; to introduce*
presque *nearly, almost*
la presse *press,* le rayon presse *the newspaper counter*
presser *to press (upon); to be urgent*
pressant(e) *urgent;* pressé(e) *in a hurry*
la prestation *benefit (payment); service*
le prêt *loan*
la prétention *claim, ambition*
prêter *to lend*
prévenir *to warn*
la prévision *forecast; prediction*
prévoir *to foresee; to intend*
prier *to pray, to beg*
le printemps (*m*) *spring (season)*
priori: a priori *from first principles*
la priorité *priority; right of way*
la prise *hold, grasp,* la prise de conscience *awareness*
privilégier *to favour*
le prix *price; prize*
le problème *problem*
prochain(e) *next; forthcoming*
proche *near, close,* les proches et les amis *nearest and dearest*
la procréation *reproduction*
le professeur *teacher*
profiter de *to take advantage of*
profond(e) *deep*
le projet *project,* le projet de loi *Bill (Parliament)*
la promenade *walk; drive, outing*
le promeneur *walker, stroller*
à propos de *with regard to*
propre (1) *clean*
propre (2) *own, peculiar*
le/la propriétaire *owner*
la provenance *coming, origin,* en provenance de *from*
provençal(e; *pl* provençaux) *of/from Provence*
provisoirement *for the time being*
la publicité *advertising, publicity*
la puce *flea; microchip;* le marché aux puces `flea-market'; mettre la puce à l'oreille *to set someone thinking*
puis *then;* puis alors...! *so...!, then...!*
puisque *since, as*
la puissance *power*

Q

quand *when*
le quart *quarter (fraction),* (les) trois quarts *three quarters*
le quartier *district (of town)*
quasiment *almost*
que (conjunction) *that; than*
que (pronoun) *whom; which, that; what*
québécois(e) *of/from Quebec*
quel(le) *which, what;* quel(le) que soit... *whatever may be...*
quelque chose *something*
quelquefois *sometimes*
quelques *a few*
qui *who, whom, which*
quitter *to leave*
quoi *what; whatever* quoi qu'il en soit *whatever/however it was/may be*
quoique *although*
quotidien(ne) *daily; everyday*

R

le rabachage *harping (on)*
raccrocher *to put down the receiver*
la racine *root*

le radis *radish*
le raisin *grape*
ralentir *to slow down*
le ralentissement *slowing-down*
la randonnée *outing, excursion*
le rang *rank; order*
râper *to grate*
rapide *rapid, swift*
rappeler *to call back*
le rapport *relationship; understanding;* par rapport à *in relation to*
rapprocher *to bring together*
le rassemblement *(political) party*
rater *to miss*
ravitailler *to restock*
le rayon *shelf; section of shop*
réaliser *to effect, to bring about*
le recensement *census*
la réception *party*
la recette *recipe*
la rechange *replacement*
réchauffer *to heat, to reheat, to warm*
la recherche *research; search*
rechercher *to seek, to look for*
la récidive *re-offending*
le récif *reef*
le récit *account, narrative*
la reconduction *renewal*
reconnaître *to recognize*
le reçu *receipt*
reculer *to back down, to move back*
récupérer *to get (something) back, to recover; to make up, to make good*
redevenir *to become again*
rédiger *to draft*
redouter *to fear, to dread*
réduire *to reduce*
réfléchir *to reflect; to think*
la refonte *melting down*
regarder *to look at, to watch*
la règle *rule*
régler *to pay, to settle (bill, account); to adjust, to put right, to sort out*
le regroupement *bringing together*
regrouper *to group; to group together*
rejoindre *to reach, to get/get back to*
le relais *shift, relay; shelter*
prendre le relais de *to take over from*
relancer *to throw back; to relaunch*
la relation *relationship*
relevé(e) *spicy*
relever *to pick up, to set upright again*
relier *to bind; to link*
la religieuse *nun*
religieux(se) *religious*
remarquer *to notice*
remballer *to pack up*
rembourser *to pay back, to reimburse*
remercier *to thank*
remettre *to put back,* remettre en cause *to call into question*
le rencontre *meeting*
rencontrer *to meet*
le rendez-vous *appointment*
rendre *to give back; to render, make*
rennaise *of/from Rennes*
rénover *to renovate, to modernize*
le renseignement *item of information*
renseigner *to inform*
rentrer *to come home*
se répandre *to spread*
la réparation *repair*
le repas *meal*
repasser *to iron*
se replier *to pull back*

le répondeur *answerphone*
le repos *rest,* le jour de repos *day off*
se reposer *to rest; relax*
le/la représentant(e) *representative*
le reprisage *to darn, to mend*
la reprise *resumption; mending*
le réseau (*pl* réseaux) *network*
la réserve *stock, store*
réservé(e) *reserved, shy*
résoudre *to resolve*
respirer *to breathe*
la restauration *catering, restaurant business; refreshments; restoration,* la restauration rapide *fast-food restaurant*
se restaurer *to have some refreshment*
rester *to stay, to remain*
restituer *to restore*
le retard *delay,* en retard *late*
retarder *to slow down*
retirer *to take away; to withdraw*
le retour *return*
les retrouvailles (*f*) *reunion*
la réussite *the success*
le réveillon *party for Christmas Eve/New Year's Eve*
la revendication *claim; demand*
revendiquer *to claim*
revenir *to come back;* faire revenir *to brown (cookery)*
le revenu *income; revenue*
rêver *to dream*
la richesse *wealth; source of wealth*
rien *anything; nothing;* ne/n'...rien *nothing, not...anything;* rien d'autre *anything/nothing else*
les rillettes (*f*) *type of pâté*
rire *to laugh*
le riz *rice*
la robe *dress, frock*
le robinet *tap*
rochelaise *of/from La Rochelle*
le roi *king*
le rôle *role, part;* le jeu de rôle *role-playing*
romain(e) *Roman*
le roman *novel,* le roman policier *detective story*
le romanche *Romansch language*
romande *French-speaking*
rompre *to break (something)*
le rôti *roast (joint)*
la roue *wheel*
rouler *to roll; to drive along*
la roulette *roller-skate,* la planche à roulettes *skateboard*
le roumain *Romanian language*
la route *road, way;* en route *on the way; started, switched on (machines etc.);* la route nationale *main road*
routier(ère) *highway, to do with roads,* le chauffeur routier *lorry-driver*
le royaume *kingdom, monarchy*
la rue *street, road*
le russe *Russian language*

S

le sable *sand*
le sac *bag,* le sac à main *handbag*
la sacoche *sack*
saignant(e) *bleeding, rare (steak)*
saint(e) *holy*
saisir *to seize; `snap up'*
salarié(e) *wage-earning*
salé(e) *salty*

GLOSSARY

la salle *hall; room (in house)*
le salon *sitting-room, drawing-room*
samedi *Saturday*
sans *without*
la santé *health*, (à votre) santé! *your health!, cheers!*
satisfaire *to satisfy*
le saucisson *sausage*
sauf *except*
le saumon *salmon*
sauter *to jump*
sauvage *wild*
le savant *scholar*
la saveur *flavour*
savoir *to know (facts); to know how to, to be able to*
le schéma *plan, formula*
scolaire *educational, school*
la scolarité *schooling*
sec (sèche) *dry*, en panne sèche *out of petrol*
le sèche-linge *tumbler-drier*
sécher *to dry*
la sécheresse *drought*
le secours *help*, les secours *emergency services*
le sein *bosom, lap, 'heart'*
le séjour *stay; living-room*
le sel *salt*
selon *according to, in the opinion of*
la semaine *week*
semblable *similar*
sensible *sensitive*
le sentier *path, pathway*
le sentiment *feeling*
sentir *to feel (something); se sentir to feel*
séparer *to separate*
serein(e) *serene, peaceful*
le serre *greenhouse, hothouse*, l'effet de serre *'greenhouse effect'*
serrer *to press; to put on (brakes)*
le/la serveur/euse *waiter/waitress*
servir *to serve; à quoi ça sert? what's the point?/what's that for?*
le serviteur *servant*
seul(e) *alone; (the) only; single*
seulement *only*
si (conjunction) *if*
la sidérurgie *iron and steel industry*
le siècle *century*
le siège *seat; head office, headquarters*
siéger *to sit (in official position)*
le sigle *acronym, abbreviation*
sinon *if not*
le sirop *syrup, sweet fruit drink*
le site *site; tourist 'place of interest'*
se situer *to be situated*
le slow *slow dance; slow fox-trot*
la SNCF *Société Nationale des Chemins de Fer (French national railway organization)*
la société *society; company*
la sœur *sister*
soi *oneself; aller de soi to go without saying; soi-même oneself*
soigné(e) *well-groomed*
soigner *to care for*
le soir *evening, ce soir this evening*
la soirée *evening*
le sol *ground, soil*
le soldat *soldier*
le soleil *sun, il fait du soleil it is sunny*
la solitude *loneliness*
la somme *sum, total*

le somnifère *sleeping-pill*
son (sa, ses) *his, her, its, one's*
le sondage *survey, opinion poll*
songer *to dream*
la sonnerie *ringing (of telephone)*
la sortie *exit; outing; motorway junction*
sortir *to go out*
le sou *five centimes*
souhaiter *to wish, to wish for*
soulager *to comfort*
soumettre *to submit; to subject*
soupeser *to weigh*
la source *spring, well; source*
sourire *to smile*
sous *under, underneath*
sous-marin(e) *under-sea*, la plongée sous-marine *scuba-diving*
le sous-sol *basement*
souterrain(e) *underground*
le souvenir *memory*
se souvenir de *to remember*
souvent *often*
stable *stable, steady*
le stage *work experience; placement*
le stand *market stall, pitch*
la station *stopping-place, station; resort*, la station-service *service-station, petrol-station*
le stationnement *parking*
stationner *to park*
le stop *'stop' sign*
stopper *to stop, to switch off*
le studio *studio flat*
la stupeur *amazement*
subir *to undergo*
se succéder *to succeed each other*
le sucre *sugar; la canne à sucre sugar cane*
sucrer *to sweeten*
la sucrerie *sugar products*
la Suède *Sweden*
le suédois *Swedish language*
suffir *to be enough, to suffice*
suisse *Swiss*
la Suisse *Switzerland*
la suite *continuation; consequence*
suivant(e) *following, next*
suivre *to follow; suivi(e) de followed by; suivre une formation to undergo training*
le sujet *subject*
la superficie *surface area*
supérieur(e) *superior; upper, l'éducation supérieure higher education*
supporter *to put up with*
supprimer *to suppress, to get rid of*
sur *on*
sûr(e) *sure; secure*
surchauffer *to overheat*
la surface *surface, area, la grande surface superstore*
surgelé *frozen (food etc.)*
surnommer *to nickname*
surprendre *to surprise*
surtout *especially*
surveiller *to oversee, to supervise*
survenir *to be consequent, to occur*
la survie *survival*
sympathique *nice, congenial*
le Syndicat d'initiative *tourist information office*

T

le tabac *tobacco*
le tableau (pl tableaux) *picture*
la tablette *shelf; bar (of chocolate)*

la tâche *task, chore*
tailler *to carve, to shape*
le tamis *sieve*
tant *so/as much, so/as many*
taper *to knock; to type*
le tapis *carpet; mat, rug*, le tapis de bain *bath-mat*
tard *late; late in the day*
tarder à *to take more time (to), to delay (in)*
le tarif *tariff, scale of charges*
le taux *rate (statistical/financial)*
la taxe *tax; duty*, hors taxes *duty-free*
le Tchad *Chad*
la Tchécoslovaquie *Czechoslovakia*
tel(le) *such, such a*
le téléviseur *television (set)*
le témoin *witness; best man (at wedding)*
le temps *time; weather; à temps in time*
tendre *to stretch, to hang; to tend*
tenir *to hold; to keep*
la tentative *attempt*
tenter *to attempt*
le terme *term, expression*
terminer *to end, finish (something)*
le terrain *land, piece of land*
la terre *earth; land*
tessinois(e) *coming from Tessin*
la tête *head*, avoir en tête de *to have in mind to*
le TGV *train à grande vitesse (high-speed train)*
tiède *tepid, luke-warm*
le tiers *third (fraction)*
le timbre *stamp; postage stamp*
le tissu *cloth, fabric*
le titre *ticket*
la toilette *washing/dressing; les toilettes lavatory, toilet(s)*
les TOM (m) *Territoires d'Outre-Mer (Overseas Territories)*
tomber *to fall*
ton (ta, tes) *your*
la tonalité *dialling tone*
la tondeuse (à gazon) *(lawn-)mower*
tonifier *to tone up, to invigorate*
le tort *fault*, avoir tort *to be wrong*
tôt *soon; early, early in the day*
toucher *to touch; to draw (money/pension); to cash (cheque); to affect, to concern*
toujours *always; still (of time)*
le/la Toulousain(e) *inhabitant of Toulouse*
le tour *tour; walk/journey round; turn*
la tournée *round; tour*
tourner *to turn; to shoot (film)*
tout (m pl tous) (adjective) *all; every*
tout (pronoun) *all; everything*
tout (adverb) *quite, very*
toutefois *all the same, however*
la tracasserie *harassment, les tracasseries harassment, bother, fuss*
le tract *pamphlet*
le/la traducteur/trice *translator*
traduire *to translate*
la traite *trade, traffic*
la tranche *slice*
tranquille *peaceful*
le tranquillisant *tranquillizer (drug)*
la tranquillité *tranquillity, peacefulness*
le transit *crossing, passing through*
transmettre *to transmit, to pass on*
transvaser *to pour, to decant*
le travail(pl travaux) *work; job*
travailler *to work*

le travailleur *worker*
la traversée *crossing*
traverser *to cross (street etc.); travel through/across*
tremper *to dip; to soak*
le tribunal (*pl* tribunaux) *court of law*
le tricotage · *knitting*
tricoter *to knit*
triste *sad*
la tristesse *sadness*
trop *too; too much*
le trottoir *pavement; walkway*
le trou *hole,*
le troupeau (*pl* troupeaux) *herd, flock*
le trousseau (*pl* trousseaux) *bunch; outfit (school etc.),* le trousseau de clés *bunch of keys*
trouver *to find; to consider, to believe;*
se trouver *to be situated*
la truite *trout*
tuer *to kill*
turbulent(e) *boisterous, unruly*
tutoyer *to call someone 'tu'*
le tuyau (*pl* tuyaux) *pipe, tube,* le tuyau d'échappement *exhaust pipe*
le type *type, kind, sort; 'chap'*

U

l' UE (*f*) *Union Européenne (EU)*
ultra *extra; beyond*
unique *unique; single,* l'enfant unique *only child*
universitaire *(to do with) universities*
l' urgence (*f*) *emergency; urgency;* l'arrêt d'urgence *emergency stop*
l' usager (*m*) *user*
l' usine (*f*) *factory*
usuel *everyday, ordinary*
utile *useful*
l' utilisation (*f*) *use*
utiliser *to use, to make use of*

V

les vacances (*f*) *holiday;* les grandes vacances *summer holidays*
la vaisselle *crockery; washing-up*
le val *vale, valley*
valable *valid*
valide *able-bodied*
la valise *suitcase*
valoir *to be worth*
la vanille *vanilla*
vannetaise *of/from Vannes*
vaseux(euse) *muddy*
le vase *vase,* en vase clos *in isolation*
le veau *calf; veal*
végétal(e) (*pl* végétaux) *to do with plants/vegetation*
le vélo *bike*
le velours *velvet; bloom*
vendre *to sell*
vendredi *Friday*
venir *to come;* venir de... *to have just...*
le vent *wind,* il fait du vent *it is windy*
la vente *sale*
véritable *true, real*
le vernis *varnish*
vers *towards; about (time)*
le vêtement *garment, item of clothing*
veuf(ve) *widowed,* le/la veuf/veuve *widower/widow*
la viande *meat*
vichyssois(e) *of/from Vichy*
vide *empty,* sous vide *vacuum-packed*

la vie *life*
vieillir *to age, to grow old*
vietnamien(ne) *Vietnamese*
vieux (vieil/vieille) *old*
vif(ve) *lively*
la vignette *road-tax disc*
la villa *villa, house*
la ville *town*
le vinaigre *vinegar*
la vinasse *cheap wine, 'plonk'*
viser *to aim*
vite *quickly, fast*
la vitesse *speed; gear*
la vitre *window-pane; shop-window; car-window*
vivant(e) *living*
vivre *to live*
la vocation *calling, profession*
voici *here is/are; here he (etc.) is/are*
la voie *way, track*
voilà *there is/are; there he (etc.) is/are*
la voile *sail; sailing*
le voilier *yacht*
voir *to see,* se voir *to meet*
voire *even (adverb)*
le/la voisin(e) *neighbour*
le voisinage *neighbourhood*
la voiture *car*
le vol (1) *flight*
le vol (2) *theft,* anti-vol *anti-theft*
la volaille *poultry*
le volcan *volcano*
voler (1) *to fly*
voler (2) *to steal*
votre (*pl* vos) *your*
vouloir *to want, wish*
vous *you, to you (pl and formal sing); yourself/-selves;* vous-même(s) *yourself/-selves*
le voyage *journey; travel*
voyager *to travel*
le voyageur *traveller, passenger*
vrai *true, real*
vraiment *really, truly*
la vue *sight; view*

W

le/la Wallisien/ienne *inhabitant of Wallis and Futuna*
le wallon *Belgian French (language); Walloon*
la Wallonie *Wallonia*
les WC *lavatory*
le wolof *Wolof/Ouolof language*

X

xénophobe *xenophobic*

Y

y *there; to it;* il y a *there is/are; ago*
les yeux (*eyes*) see œil

Z

le zéro *zero, nought*

BBC Languages would like to thank the following for providing photographs and for permission to reproduce copyright material. While every effort has been made to trace and acknowledge all copyright holders, we would like to apologise should there have been any errors or omissions.

Photographs:

Air France page 118; BBC Books 34, 79; Toni Burgener 11; Mme Caron 23; J. Allan Cash 57 (b), 58, 129 (br), 148 (1), 160 (l); M .Le Chapelin 57(t); Marie-Christine Cholat 150; European Passenger Services 120; Robert Harding Picture Library 13 (H.P.Merten), 14(l) (Philip Craven), 29, 32(r), 114 (Explorer), 32(l) (Christine Osborne), 33 (Michael Jennes), 45 (N.Thibaut), 64 (Peter Scholey); Hutchison 14 (tr) (C. Friere), 14 (tc) (Christine Pemberton), 14 (br & tl) (T Souter) 48, 138(Bernard Regent), 148 (r), 149, 161(t) (Nancy Durrell McKenna); Image Bank 25, 84 (br) (Marcel Isy-Schwart), 28, 97(l) (Lisl Dennis), 52 (Andrea Pistolesi), 53 (Nevada Wier); 84(bl) (Romily Lockyer), 129 (tl) (Bernard Roussel); Impact 98 (Mark Cator), 161 (b) (Alain Le Garsmeur); Nicolas Leser 80; Magnum 128 (Erich Hartmann), 146(Godeon Mendel); Debra Miller 6, 31, 141, 151; Network 63 (Charles Bonnay/Rapho), 84(t) (Bosse/Rapho), 96(r) (Xavier Desmier/Rapho), 96 (l) (Gamazo/Rapho), 104 (Christian Sappa/Rapho), 136 (Marc Gantier/Rapho); Nigel Roberts 94; Frank Spooner 15, 21(r), 65, 117; Rex Features 21(l); Mick Webb 18; Didier Wild 12; David Wilson 2, 3; World Pictures 116, 160(r).

Text:

Gérard Mermet, Euroscopie © Larousse 1991 (p 65); Gérard Mermet, Francoscopie 1995, © 1994 (pp 48, 110, 156, 157); Le Monde (pp 60, 63)

Many thanks also to:

M. et Mme Caron; Marie-Christine Cholat; Sylviane Dupuis; Dominique Lagrange; Christine Mozian and Pierre-Yves Chestier; Swiss Embassy, London